DER RELIGIONSWANDEL UNSERER ZEIT IM SPIEGEL DER RELIGIONSWISSENSCHAFT

DER RELIGIONSWANDEL UNSERER ZEIT IM SPIEGEL DER RELIGIONSWISSENSCHAFT

Herausgegeben von
GUNTHER STEPHENSON

1976
WISSENSCHAFTLICHE BUCHGESELLSCHAFT
DARMSTADT

Bestellnummer 7473

Satz: Maschinensatz Gutowski, Weiterstadt
Druck und Einband: Wissenschaftliche Buchgesellschaft, Darmstadt
Printed in Germany
Schrift: Linotype Garamond, 10/12

ISBN 3-534-07473-4

INHALTSVERZEICHNIS

Asien

Judentum, Christentum, Islam

Antike und Gegenwart

„Profane" Heiligenverehrung

Reflexionen und Wirkungen

Methodologische Versuche

VORWORT

Selten wird zur religiösen Situation in der Welt, einem ebenso aktuellen wie faszinierenden Thema, in größerem Rahmen Stellung genommen. Dies ist um so verwunderlicher, da wir doch täglich Zeugen eines globalen Wandlungsprozesses sind, der nicht nur Politik, Wirtschaft, Gesellschaftsordnungen und überlieferte Wertmaßstäbe erfaßt hat, sondern auch ein zentrales Anliegen des Menschen – nämlich die Religion – in den Strudel der Veränderungen einbezieht. Alles ist heute in Bewegung geraten, und niemand weiß, welche Lebensformen die Zukunft heraufführen wird.

Die allgemeine Religionswissenschaft erforscht bekanntlich seit ihrer Entstehung im späten 18. Jahrhundert die Religionen aller Völker, Kulturen und Zeiten. Angeregt durch das voraufgehende Zeitalter der Entdeckungen, die christliche Mission, die Aufklärung und den erwachenden Sinn für die Geschichte, läßt sich heute ihre Methode als 'beschreibendes Verstehen' auf anthropologischer Grundlage kennzeichnen.

Während die Spätaufklärung noch die 'wahre' Religion zu ermitteln suchte, das 19. Jahrhundert Vergleich und Parallelen bevorzugte, historischer Positivismus und theologisch beeinflußter Irrationalismus wechselnd das Feld beherrschten, Werturteile gefällt und Wahrheitsansprüche begründet wurden, ist die Religionswissenschaft unserer Tage vorsichtiger geworden. Ihre Aufgaben stellen sich heute dank subtiler Informationen und in einer kleiner gewordenen Welt drängender und zugleich schwieriger dar. Religionswissenschaft will lediglich erkunden, wie sich das gemeinmenschliche Phänomen 'Religion' strukturell und genetisch in all seinen persönlichen, dinglichen und gesellschaftlichen Auswirkungen dem beobachtenden Auge des Forschers darstellt. Sie möchte wissen und – *soweit möglich* – mit rationalen Mitteln erforschen, wie der 'religiöse' Mensch glaubt, denkt und sich verhält, was er tut und erwartet. Das Bild des Menschen in seiner Bezogenheit auf eine 'andere', für ihn 'heilige' Wirklichkeit zu erhellen, ist das Ziel der Religionswissenschaft.

Damit ist ihre interdisziplinäre Position im Kreise verwandter Wissenschaften bereits angesprochen. Ohne die Einbeziehung der Sprach- und Geschichtswissenschaft, Psychologie, Soziologie, Ethnologie und nicht zuletzt der Kunstgeschichte ist religionswissenschaftliches Forschen heute nicht mehr denkbar. Somit reiht sie sich nur konsequent in die zunehmend interdisziplinär werdende Forschungspraxis anderer Wissenschaften ein.

Das gilt in ganz besonderem Maße für die zeitbezogene Thematik der vorliegenden Sammlung von Beiträgen, die in etwas veränderter Form die Vorträge wiedergibt, die anläßlich der XIII. Tagung der „Deutschen Vereinigung für Religionsgeschichte" 1975 in Darmstadt gehalten wurden. Das von dem derzeitigen Vorsitzenden dieser Gesellschaft, Herrn Dr. Peter Weidkuhn/Basel, inspirierte Rahmenthema 'Religionswissenschaft im Religionswandel der Gegenwart' umfaßt Forschungsergebnisse, neue Anregungen, Detailanalysen sowohl historischer wie theoretischer Art, die dem schwierigen Problem des religiösen Pluralismus in seiner Verquickung mit den kulturellen, politischen und sozialen Phänomenen unserer Zeit je auf ihre Weise gerecht zu werden versuchen.

Die vielfältigen Aspekte des Rahmenthemas gliedern sich auf natürliche Weise in einen historisch-geographischen und einen mehr theoretisch-methodischen Teil. Die geschichtlichen 'Räume' Amerika, Afrika, Indien, Ostasien, Judentum, Christentum und Islam bilden den Eingang. – Sie werden ergänzt durch Exkurse in die Vergangenheit, die das Bleibende religiöser Praktiken und Vorstellungen vergegenwärtigen. Das heute so erregende Thema 'profaner' Heiligenverehrung schließt sich an. Da auch die gegenwärtige Situation nicht aus sich selbst entstanden ist, sondern ihre Wurzeln in der neueren Geschichte hat, darf es nicht verwundern, wenn einige Aufsätze sich mit Bewegungen und Gestalten des 19. Jahrhunderts befassen. Thematisch reichen sie bis in unsere unmittelbare Gegenwart hinein, zumal der Veränderungsprozeß unseres Bewußtseins durch Wissenschaft, Technik, politische und soziale Bewegungen nicht erst neueren Datums ist. – Insbesondere werden Randerscheinungen außerhalb der offiziellen Religionen häufig zur Sprache kommen.

In einem kürzeren zweiten Teil findet der Leser zunächst einige Beiträge zu grundsätzlichen Fragen des Religionsverständnisses, den historischen Folgen religionswissenschaftlicher Forschung und den neueren theologisch-philosophischen Wandlungsprozessen. In diesen Rahmen gehört auch der Aufsatz über die gegenwärtige religionspädagogische Diskussion, ein Thema, das heute im Hinblick auf den religiösen Pluralismus besonders heftig diskutiert wird. – Die Frage, was man in unserer Zeit eigentlich noch unter 'Religion' zu verstehen hat, wird in etlichen Aufsätzen anklingen.

Im letzten Abschnitt findet man schließlich vier Beiträge, deren wissenschaftstheoretische Untersuchungen in die Diskussion über Zielsetzung und Arbeitsweise der Religionswissenschaft eingreifen. Ob und wie solche Ansätze, die sich gerade im internationalen Raum stark bemerkbar machen, geeignet sind, die religionswissenschaftliche Methodik nachhaltig zu beeinflussen, bleibt abzuwarten. Daß ein höherer Grad rationaler Reflexion der Forschungspraxis der Religionswissenschaft dienlich sein könnte, ja ein dringliches Desiderat darstellt, scheint mir unabweisbar zu sein, *sofern* das religiöse Phänomen selbst nicht einem unangemessenen Anspruch auf totale

Ableitbarkeit verfällt. – Religionswissenschaft – wie jede Wissenschaft – muß sich für neue Impulse ständig offenhalten, deren Fruchtbarkeit prüfen und sie, wenn nötig, in die traditionelle Methodik integrieren. Sie muß bereit sein, sich in Frage stellen zu lassen, hat aber im Hinblick auf ihre Zielsetzungen auch kritische Gegenfragen zu stellen.

Das Gebot der Toleranz einerseits und der faktische Pluralismus in Geschichte und Methodik andererseits mahnt den Herausgeber, möglichst vielfältige Zugänge zum Phänomen 'Religion' zu Worte kommen zu lassen. Ein Kongreßband wird immer als ein Forum kontroverser Thesen und Ansätze verstanden werden müssen und kann leider nicht die lebhafte Diskussion mit ihren jeweils kritischen Gegenstimmen einbeziehen. – Das Urteil über Gültiges und Bleibendes fällt die Wissenschaft. Selbstverständlich zeichnet jeder Autor allein verantwortlich, ohne daß sich seine Intentionen mit denen des Herausgebers decken müssen.

Leider war es unumgänglich, etliche Beiträge in gekürzter Form zu präsentieren, um den vom Verlag schon großzügig bemessenen Umfang nicht zu überschreiten. (Eine Ausnahme bildet lediglich der Eröffnungsvortrag von P. Weidkuhn.) Dennoch dürfte das Ziel dieses Bandes erreicht werden, neuere Ergebnisse religionswissenschaftlicher Arbeit zum Religionswandel unserer Zeit vorzulegen sowie Denkanstöße und Anregungen für die eigene Forschung zu bieten. Mancher Autor wird das, was im Rahmen dieses Buches nur angeschnitten werden konnte, ohnehin durch weitere Publikationen noch ausführlicher behandeln. Bedauerlicherweise konnte der Beitrag von H. Cain (über Samoa) aus Termingründen in diesem Rahmen nicht mehr erscheinen.

Um einen größeren Leserkreis über unsere Grenzen hinaus mit den Ergebnissen dieses Sammelbandes vertraut zu machen, wurden jedem Aufsatz eine englische Zusammenfassung beigegeben.

Der Unterzeichnete möchte sowohl den Autoren der „Deutschen Vereinigung für Religionsgeschichte" wie der Wissenschaftlichen Buchgesellschaft seinen ganz besonderen Dank zum Ausdruck bringen, daß die hier vorliegenden Beiträge zur Verfügung gestellt und vom Verlag in dieser ansprechenden Form einer breiteren Öffentlichkeit zugänglich gemacht werden konnten.

Oktober 1975 *Gunther Stephenson*

PRESTIGEWIRTSCHAFT UND RELIGION

Überlegungen eines Ethnologen

Von Peter Weidkuhn

„Es liegt nicht im mindesten in unserer Absicht, die verschiedenen Praktiken, die man unter der Bezeichnung religiöse Gebräuche zusammenfaßt, oder die geistigen und intellektuellen Merkmale, denen diese Gebräuche Ausdruck verleihen, entweder zu loben oder zu tadeln; wir wollen vielmehr die alltäglichen Ausdrucksformen anthropomorpher Kulte unter dem Gesichtspunkt des Interesses betrachten, das sie für die ökonomische Theorie besitzen. Wovon wir daher zu sprechen haben werden, sind die äußeren greifbaren Formen der frommen Gebräuche. Den moralischen oder den religiösen Wert eines Lebens im Glauben in Betracht zu ziehen, würde den Rahmen der vorliegenden Untersuchung sprengen.“ [1]

Mit diesen Worten beginnt das zwölfte Kapitel eines der brillantesten Bücher, die sich je mit der religiösen Verschwendung von Arbeitspotential und Produktionsmitteln befaßt haben, ›The Theory of the Leisure Class‹ (›Theorie der feinen Leute‹) des norwegischen Amerikaners Thorstein Veblen, das 1899 zum ersten Mal erschienen ist. Veblen versucht darin die wichtigsten Determinanten individuellen und sozialen Verhaltens zu ergründen.

„Das Prinzip, das die Menschen zum Handeln antreibt, das hinter fast jeder einzelnen Lebensäußerung steht, ist das Bedürfnis, sich vor anderen Menschen auszuzeichnen, ‚neidvolle Vergleiche‘ zu ziehen, wie Veblen sagt, kurz, das Verlangen nach *Prestige*“,[2]

Ausführliche bibliographische Angaben befinden sich am Schluß dieses Beitrages.

[1] Veblen, Theorie, S. 281. [2] P. u. S. Heintz, Vorwort, S. 9.

wie es besonders die Verhaltensweisen der herrschenden Oberklasse kennzeichnet. Für diese ist – so Veblen – „die Enthaltung von der Arbeit nicht nur eine ehrenwerte und verdienstvolle Tat, sondern sogar . . . Voraussetzung der Vornehmheit“;[3] „ostentativer Müßiggang“ und „ostentative Verschwendung“ sind primäre Zeichen ihrer hervorragenden gesellschaftlichen Stellung, Zeichen, die nach Veblen auch den von ihm sogenannten „frommen Konsum“ charakterisieren. Er sagt:[4]

„Der Konsum von zeremoniellem Zubehör, den jeder Kult erfordert, etwa von Altären, Tempeln, Kirchen, Gewändern, Opfern, Sakramenten, Feiertagskleidern etc., dient keinem unmittelbar materiellen Zweck. Dieses gesamte materielle Zubehör kann deshalb als Bestandteil der demonstrativen Verschwendung gekennzeichnet werden. Dasselbe gilt im allgemeinen für die persönlichen Dienste, die in diesem Zusammenhang geleistet werden, wie etwa die priesterliche Erziehung und die priesterlichen Tätigkeiten, die Pilgerfahrten, Fasten, Feiertage, häuslichen Andachten und ähnliches ... Es besteht ein erstaunlicher Parallelismus ... zwischen dem Konsum im Dienste einer anthropomorphen Gottheit einerseits und demjenigen im Dienste eines müßigen Herrn – eines Häuptlings oder Patriarchen – zur Zeit der barbarischen Kultur andererseits. Sowohl für den Häuptling als auch für die Gottheit werden kostspielige Gebäude errichtet, die – genau wie die übrigen dem Dienst der Gottheit oder des Häuptlings gewidmeten Besitztümer – nicht gemein oder gewöhnlich sein dürfen, sondern von verschwenderischer Pracht zeugen müssen. Bemerkenswert ist ferner, daß Fassade und Ausstattung immer ein archaisches Gepräge aufweisen. Auch die Diener, seien es nun die Diener des Häuptlings oder der Gottheit, müssen sich im Angesicht ihrer Herren in besondere, reich geschmückte Gewänder kleiden. Deren typisches ökonomisches Merkmal besteht in einer mehr als üblich betonten demonstrativen Verschwendung, ferner auch in einem sekundären Kennzeichen, das im Fall der priesterlichen Diener mehr in den Vordergrund tritt als im Fall der Dienstboten und Gefolgsleute eines barbarischen Potentaten, nämlich in dem mehr oder weniger archaischen Schnitt dieser Hofgewänder. Auch die Kleider, welche die Laienmitglieder der Gemeinde im Angesicht des Herrn tragen, sollten kostspieliger sein als die Alltagskleider. Auch hier tritt der

[3] J. Maier, S. 590.

[4] Veblen, Theorie, S. 294 ff.

genannte Parallelismus in Erscheinung; es herrscht nämlich eine erstaunliche Ähnlichkeit zwischen den Sitten und Gebräuchen in der Empfangshalle eines Häuptlings und denjenigen im Gotteshaus. Beim Betreten beider wird eine gewisse konventionelle ‚Reinlichkeit' der Kleidung verlangt, deren wesentlicher Faktor, ökonomisch gesprochen, darin besteht, daß die bei diesen Gelegenheiten getragenen Gewänder keine Spur einer Arbeit oder gar einer gewohnheitsmäßigen Hingabe an Beschäftigungen von materiellem Nutzen aufweisen.

Die Forderung der demonstrativen Verschwendung und der konventionellen Reinlichkeit erstreckt sich auch auf jene Kleidung . . ., die an heiligen Feiertagen getragen wird, das heißt an Tagen, die tabu sind, die zu Ehren der Gottheit oder zu Ehren irgendeines Mitglieds der überirdischen müßigen Klasse ausgezeichnet wurden. In der ökonomischen Theorie bedeuten heilige Feiertage offensichtlich nichts anderes als eine Zeit der stellvertretenden Muße, die man im Dienste der Gottheit oder irgendeines Heiligen leistet, in dessen Namen das Tabu auferlegt und zu dessen höherer Ehre und Prestige keine nützliche Arbeit vollbracht wird . . .

Neben den echten entstehen . . . allmählich halbheilige Feiertage, wie etwa die Geburtstage von Königen und großen Männern, die in gewissem Sinne heiliggesprochen wurden, ferner willkürlich erfundene Feiertage, die dem guten Rufe und dem ehrenvollen Andenken irgendeines bemerkenswerten Ereignisses oder einer ungewöhnlichen Tat gewidmet sind oder die deren Prestige – das dessen offenbar bedarf – wiederherstellen sollen.

Diese weitere Verfeinerung im Gebrauch der stellvertretenden Muße, wodurch das Prestige eines Phänomens oder eines Zeitpunktes erhöht wird, tritt am deutlichsten in einer der jüngsten Schöpfungen in Erscheinung, nämlich im Tag der Arbeit, den gewisse Gesellschaften als Feiertag begehen. Ausgerechnet ein Feiertag ist dazu ausersehen, das Prestige der Arbeit zu erhöhen, und dies mit Hilfe . . . einer erzwungenen Enthaltsamkeit von jedem nützlichen Bemühen. Diesem Tag, der der Arbeit im allgemeinen gewidmet ist, wird also das Prestige zugeschrieben, das eigentlich der finanziellen Macht zukommt, die sich gerade dadurch auszeichnet, daß sie keine Arbeit leistet."

Soweit der Ökonom, Soziologe und Satiriker Veblen. Hat man sich von der ersten Überraschung erholt, fragt man nach der Angemessenheit solchen Denkens. Als Ethnologe hat man zunächst das unbestimmte Gefühl, Veblen habe in einer nahezu unheimlichen Weise die Wahrheit sowohl genau auf den

Kopf getroffen wie auch haarscharf, aber sicher verfehlt. An dem, was er sagt, ist nichts falsch; und doch ist es als Ganzes nicht richtig. Woran das liegt, soll hier nicht untersucht werden; hingegen wollen wir versuchen, über die Erscheinungsformen der Prestigewirtschaft, die Veblen geißelt, etwas mehr Klarheit zu gewinnen. Hierzu stehen uns zwei Wege offen, ein negativer und ein positiver. Der negative besteht darin, nachzuweisen, daß die Hoffnungen, die auch ein Agnostiker wie Veblen in die religionsüberwindende Kraft der Industrialisierung gesetzt hat, sich nicht erfüllt haben: selbst so extrem durchrationalisierte Organisationsformen, wie moderne Industriebetriebe sind, unterliegen dem irrationalen Zwang zur prestigiösen Gebärde, ja sogar zur Behinderung und Zerstörung ihrer eigenen Produktivität, was in seltsamem Gegensatz zur proklamierten und geglaubten Effizienz und Rationalität ihrer Planung steht. Poirier spricht in diesem Zusammenhang von der Optimierung der schlechten Qualität moderner Industrieprodukte (« mauvaise qualité optimale »).[5] Er meint damit die Tendenz der Industrie, eine Balance zwischen dauerhafter Funktionstüchtigkeit und eingebautem Verschleiß ihrer Erzeugnisse zu finden. Der zweite, positive Weg, der uns unserm Ziel näherbringen soll, besteht darin, prestigewirtschaftliche Systeme in nicht-industrialisierten Kulturen zu untersuchen. Diesen Weg wollen wir einschlagen.

Den Ausdruck „Prestigewirtschaft" wird man in einem deutschsprachigen Wörterbuch schwerlich finden.[6] Er ist denn auch eine Übersetzung des amerikanischen *prestige economics* und des französischen *économie ostentatoire*. Mit dem Phänomen hat sich die deutschsprachige Ethnologie meines Wissens nie befaßt, wenn man von den Bemühungen Richard Thurnwalds in den dreißiger Jahren absieht. Die Bezeichnung *prestige economics* ist die Schöpfung des amerikanischen

[5] J. Poirier (b), p. 874.

[6] Vgl. S. Morenz 3.6, Anm. 5.

Ethnologen Melville Herskovits, der das erste bedeutende Handbuch der Wirtschaftsethnologie 1940 veröffentlicht hat. Der Ausdruck *économie ostentatoire* stammt von dem schon erwähnten französischen Ethnologen und Ökonomen Jean Poirier, der sich 1968 in mehreren Publikationen zum Thema geäußert hat.[7] Herskovits bezieht sich ausdrücklich auf Veblens Buch ›The leisure class‹. Daß Veblen vierzig Jahre brauchte, bis er von einer anthropologischen Wissenschaft rezipiert wurde, und nach siebzig Jahren erneut aktuell wurde, spricht für seine Größe, dies um so mehr, als seine Frühwerke seinerseits von den amerikanischen Intellektuellen regelrecht verschlungen wurden. Nicht immer hat der Zeitgeist mit Geist nichts zu tun.

Herskovits geht von der Überlegung aus,[8] der Wunsch nach Prestige sei ein in allen menschlichen Gesellschaften verbreiteter Elementarzug. Er weist darauf hin, daß die Träger von Sozialprestige in der Regel auch die Kontrolle über die wirtschaftlichen Ressourcen ausüben, d. h. aber, daß Prestige auch eine politische Kategorie ist. Während bei Veblen der Eindruck entstehen kann, Prestige lasse sich in notwendiger und hinreichender Weise aus wirtschaftlichen Voraussetzungen ableiten, zeigt Herskovits, daß das Prestige die autonomen Bereiche der Wirtschaft und der Herrschaft miteinander verklammert. Das Spielfeld des Prestiges erstreckt sich auch auf den religiösen Bereich. Herskovits erinnert z. B. an die religiös begründeten kulturellen Schöpfungen des europäischen Mittelalters und bemerkt dazu, die Macht des Sozialprestiges gründe meist nicht auf der Anhäufung von Reichtum, sondern auf anderen kulturellen Höchstleistungen des Prestigeträgers, die denn auch von der Gesellschaft mit anderen als pekuniären Mitteln abgegolten würden. In der Tat darf man vorerst

7 J. Poirier (a/b/c).

8 M. J. Herskovits (a), p. XVII s. v. Prestige. Ders., vgl. (b), p. 274, 279, 284–288.

behaupten, im Phänomen Prestige gerönnen Wirtschaft, Herrschaft und Religion zu einer geschlossenen Einheit zusammen.[9] Die Rolle der Religion in dieser Trinität ist unser Thema.

Herskovits umreißt die Bedingungen, unter denen in je verschiedenen sozialen, kulturellen und ökologischen Verhältnissen ein Produktionsüberschuß, ein sog. *surplus,* erzielt werden kann. Dieses surplus soll einerseits die Vorbedingung zur *leisure*, zur Muße, zur Befreiung von Arbeit sein. Aus dieser letzteren Annahme ergeben sich aber mindestens zwei Probleme. Das eine lautet: Wie gelingt es einem Vertreter der Veblenschen leisure class, z. B. einem Stammes- oder Dorfoberhaupt, das selber keine lebensnotwendigen Güter produziert, seine Mitbürger nicht nur zur zusätzlichen Produktion für ihn, den Müßiggänger, zu bewegen, sondern auch noch dazu, daß sie, die Produzenten, den erzielten Produktionsüberschuß ihm, dem Nicht-Produzenten, zur Verteilung, zur Allokation überlassen? Und das zweite Problem lautet: Wie stellt es das nicht-produzierende Oberhaupt an, daß die Produzenten mit ihrem Los zufrieden sind? Ja noch mehr, wieso sind überall in der Welt primitiver Gesellschaften die Produzenten nicht nur zufrieden damit, sondern sogar noch stolz darauf, einen Teil ihres Arbeitsprodukts abzuliefern, um damit den Lebensunterhalt einer nicht-produzierenden Klasse zu sichern, die erst noch in der Hierarchie gesellschaftlichen Ansehens weit über den Produzenten steht? In der Beantwortung dieser Fragen, sagt Herskovits, betreten wir das Reich der Prestigewirtschaft, in welchem die gewöhnlichen subsistenzwirtschaftlichen Prinzipien auf den Kopf gestellt sind, ein Reich, in dem die Entstehung gesellschaftlichen Ansehens durch die wirtschaftliche Verschwendung nützlicher Güter begünstigt wird. Je offensichtlicher und spektakulärer der unrationelle Verschleiß durch die Herrschenden geübt wird, desto sicherer ist ihre Macht im Unbewußten der Beherrschten

[9] P. Weidkuhn, Einführung . . ., S. 13.

verankert, desto sicherer haben sie eben dieses *surplus,* diesen Produktionsüberschuß, im Griff, auf dem ihre Herrschaft beruht. Man braucht an dieser Stelle nicht Vulgärmarxist zu sein, um zu Gegenargumenten zu greifen, die sich in Schlagworten wie Ausbeutung oder Verschleierung von Herrschaftsinteressen durch Religion niederschlagen. Aber davon einmal abgesehen: Herskovits bedient sich hier offensichtlich des Prinzips der stotternden Begriffsbildung, indem er Volkswirtschaft künstlich in die Bereiche Prestigewirtschaft und Subsistenzwirtschaft einteilt. Daraufhin behauptet er, zwar nicht ausdrücklich, aber doch implizit, die Irrationalität wirtschaftlichen Handelns sei nur auf das sogenannte Feld der Prestigewirtschaft beschränkt; auf dem entgegengesetzten Feld, demjenigen der Subsistenzwirtschaft, triumphiere die reine Rationalität. Dreißig Jahre nach Herskovits sind hier schwerste Bedenken anzumelden. Wäre es nicht denkbar, daß Prestigewirtschaft nicht einen *besonderen* Teil der Volkswirtschaft als vielmehr eine der *ganzen* Wirtschaft innewohnende Tendenz darstellt, die darauf ausgeht, wirtschaftliche Mittel zur Formulierung und Mitteilung außerwirtschaftlicher Nachrichten einzusetzen, und zwar deshalb, weil diese Nachrichten anders als mittels Verschwendung und Zerstörung gar nicht darzustellen wären?

Wir lassen diese Fragen zunächst offen. Herskovits führt seinen Gedankengang in folgender Weise zu Ende: Soweit wirtschaftliche, technologische und ökologische Faktoren dies gestatten, sind die Anteile der Bezüger bei der Verteilung des von ihnen hervorgebrachten Sozialprodukts beinahe überall ungleich. Einerseits erfreuen sich bei der Zuteilung von Überschüssen einige Individuen gewisser Privilegien; andererseits sind gerade die Träger solcher Privilegien zu besonderer Freigebigkeit und Großzügigkeit verpflichtet, zu einer wirtschaftlichen Haltung also, die sich äußert in zeremonieller Verschwendung, in Zurschaustellung und in ritueller Zerstörung von Eigentum. Diese destruktiven Akte sichern ihrerseits rückwirkend von neuem den Produktionszyklus und Mechanismus der ungleichen Verteilung.

Sowohl Veblen wie Herskovits stehen mit ihrer Theorie vom Surplus, vom Überschuß, als der Voraussetzung zur Entwicklung von Freizeit, Muße, Kunst und Religion in der Linie jener Entwicklungstheoretiker, die behaupten, jegliche kulturelle Entwicklung könne erst dann anlaufen, wenn ein wirtschaftliches Surplus zur Verfügung stehe. Es wird so argumentiert: Ein bestimmter Teil der Bevölkerung müsse zuerst einen Nahrungsüberschuß produzieren, damit ein anderer Teil sich auf die Produktion der übrigen kulturellen Bestandesmittel spezialisieren könne. Daß ein voller Magen die Voraussetzung von Kultur sei, hat Bert Brecht in einem bekannten Wort viel prägnanter ausgedrückt; aber wieder ist dem entgegenzuhalten, daß in allen nicht-exakten Wissenschaften eine Erkenntnis, die nicht falsch ist, nur deswegen noch nicht richtig zu sein braucht. Eine ethnologische Methode, die menschliches Handeln als Sprachform versteht, wird sich jedenfalls nicht damit begnügen, die physiologischen Voraussetzungen dieser Sprache zu erforschen; uns interessiert weniger, wie das Handeln der Menschen zustande kommt: wichtig ist hier vor allem, was sie damit sagen wollen.[10]

Die wohl berühmteste prestigewirtschaftliche Erscheinungsform ist der Potlatch der nordamerikanischen Nordwestküste, ein großes Geschenkverteilungsritual, an welchem Matten, Körbe, Decken, Muschelgeld, besonders geformte Kupferplatten und anderes den Besitzer wechseln.[11] Das Wort selbst bedeutet soviel wie „eine Gabe geben". Veranstalter sind ein Häuptling samt seiner lokalen Verwandtschaftsgruppe. Als Gäste werden ein anderer Häuptling oder mehrere Häupt-

10 Zur Surplus-Theorie vgl. LeClair u. Schneider, p. 7, 469–70.

11 Das Folgende nach Ph. Drucker, p. 55–66; auch abgedruckt bei Dalton, p. 481–493.

linge mit ihren Gruppen eingeladen, wobei die Gastgeber den Gästen die vorhin erwähnten materiellen Güter als Geschenke überreichen. Ein Potlatch ist also eine Form des Dialogs zwischen einer Geber- und einer Empfängergruppe. Die Indianer unterscheiden Anlässe, bei denen nur Nahrungsmittel überreicht und unmittelbar verzehrt oder nach Hause getragen werden, vom eigentlichen Potlatch, der dem Austausch von Wertgegenständen dient. Nicht jedes Festessen muß einen Potlatch nach sich ziehen; dagegen ist ein Potlatch ohne einleitendes gemeinsames Mahl nicht denkbar.

Sowohl Festessen wie Potlatch dienten dazu, gesellschaftlich wichtige Ereignisse zu dokumentieren; die Heirat eines Würdenträgers, die Geburt eines Kindes, das damit Erbe von Titeln, Wappenpfahl und entsprechendem gesellschaftlichen Rang wurde, den formellen Antritt einer Erbschaft oder eines durch entsprechenden Wappenpfahl symbolisierten Titels sowie die Auslösung und Wiedereinsetzung eines Kriegsgefangenen in seine bürgerlichen Ehren und Rechte. Die entsprechende Rezitation erfolgte mit großer Feierlichkeit. Wenn sie einen Titel betraf, enthielt sie eine Darstellung von dessen Ursprung, wobei nicht nur die Ahnenkette der früheren – oft mythischen – Eigentümer aufgezählt, sondern auch erwähnt wurde, ob der Titel von einem Jenseitswesen verliehen oder aufgrund kriegerischer Taten erworben worden war. Dazu wurde ein Großteil der legendenhaften Geschichte der betreffenden Lokalgruppe rezitiert, um die Berechtigung des Anspruchs auf Namen oder Privilegien nachzuweisen. Anschließend wurden die Gaben überreicht, wobei ein strenges Protokoll die Reihenfolge der Empfänger nach ihrer Ranghöhe regelte. Zu jedem Geschenk wurde die mythische Geschichte des betreffenden Privilegs rezitiert und mit dem Überreichen der je einzelnen Gaben von neuem bekräftigt. Alle anwesenden Gäste waren somit Zeugen dafür, daß jeder Anwesende mythologisch berechtigt war, sich als derjenige aufzuführen, als den er sich verstand. Das Überreichen der Gabe diente gewissermaßen als notarielle Beglaubigung einer nur mündlich überlieferten Urkunde. Deshalb konnte ein Adliger mit Anspruch auf ein Privileg dieses erst ausüben, wenn er einen Potlatch veranstaltet und dort formell seinen Stand und seine Privilegien geltend gemacht hatte. Vorher war er ein sozialer „Niemand“, der weder zum Potlatch eines anderen Adligen eingeladen wurde noch entsprechende Gaben erhielt. Jedes einzelne der Zehntausende von individuellen Rechten in den Kulturen der Nordwestküste wurde auf diese Weise übertragen und in Kraft gesetzt. Es handelte sich nicht nur um Recht auf Namen und Titel der Person, sondern auch um das Recht, Häuser und andere Besitzgegenstände zu benennen, das Recht, besondere Kultmasken und andere Kultsymbole zu tragen, das Recht, einen bestimmten Kult auszuüben, das Recht, bestimmte Schnitzereien herzustellen und bestimmte Festgerichte zu kochen, anzubieten und zu verspeisen sowie das Recht, Kultplätze oder Handelsplätze zu benützen. Gewöhnliche Festessen hatten dieselbe Funktion. In der Regel wurde den Gästen z. B. mitgeteilt, sie seien eingeladen, Rotlachs aus dem und dem Fluß zu verzehren, Lachs, der in einer bestimmten übernatürlichen Weise von einem Ahnen entdeckt und ihm übereignet oder dessen Fischereirecht im Krieg erworben worden war und auf die und die Weise bzw. über die und die Ahnenkette auf den gegenwärtigen Gastgeber übergegangen war. Die öffentliche Einladung und deren stillschweigende Annahme durch die Gäste rechtfertigten die bestehenden Ansprüche des Gastgebers in wirtschaftlicher, politischer und religiöser, d. h. kosmologischer Hinsicht: sie bestätigten von Anfang oder von neuem seine soziale und personale Identität und sicherten damit seine totale Selbstverwirklichung.

Vom hohen Grad der Formalisierung und Zeremonialisierung sozialer Interaktion machen sich höchstens Leute eine

Vorstellung, die – wie unser Gewährsmann schreibt – die Tischordnung für ein Bankett in Washington erstellen müssen, an welchem die Admiräle der verschiedenen Flotten teilnehmen. Nur Gästen von ausgesprochen niederem Rang sowie dem gemeinen Volk wurden kollektive Plätze zugeteilt. Noch weiter wurde die individuelle Differenzierung getrieben, wenn riesige Mengen von Gütern verschenkt wurden. Jedesmal, wenn Gäste ankamen und wenn sie eine Gabe erhielten, wurden besondere Willkommensadressen an sie gerichtet und ebenso zeremoniell von ihnen erwidert. Dabei bedienten sich der Gastgeber oder Gäste von hohem Rang besonderer Sprecher, welche sich auf die Einzelheiten des Protokolls spezialisiert hatten. Das formelle Zurschaustellen der Wappenpfähle wurde begleitet von Tänzen und entsprechenden Gesängen. Sie dienten weniger der Unterhaltung der Gäste als vielmehr der Sichtbarmachung und Bekräftigung der gesellschaftlichen und kosmologischen Ordnung. Man ging dabei so weit, bei der Rezitation der Ahnenkette Klagelieder und Brandopfer für die einzelnen verstorbenen Honoratioren einzublenden. Wenn der neue Titular vorgestellt wurde, kündigten Sprecher Art und Menge jeder einzelnen Gabe an die Gäste mit lauter Stimme an, und bestimmte Funktionäre, die die Transaktionen kontrollierten, bündelten emsig zählend ihre Zählstäbe, um über Gaben und Empfänger Buch führen zu können. In moderner Zeit betrauten die Häuptlinge regelrechte mit Notizblock und Füllfeder ausgerüstete Sekretäre mit dieser Aufgabe. Nach dem Empfang der Gabe bedankte sich jeder Gast formell dafür. Am Schluß der Verteilung ergriff der Würdigste aller eingeladenen Häuptlinge im Namen der Gäste nochmals das Wort und dankte nicht nur für die Gaben, sondern auch dafür, daß den Gästen wieder einmal vergönnt gewesen war, die so hoch verehrten Symbole der alten Privilegien und den neuen Titular mit eigenen Augen anzuschauen.

Was im Gefolge der Veblenschen und Herskovitsschen Gedankengänge als rein wirtschaftlich völlig sinnloses Austauschen von Produkten erscheint, das die Gesamtproduktivität nicht erhöht, also rein wirtschaftlich einen riesigen Leerlauf darstellt, der mittels zeremonieller Macht nur verschleiert wird, ist im Lichte einer Theorie, die darauf ausgeht, den außer- und überwirtschaftlichen Mitteilungscharakter wirtschaftlichen Handelns zu entdecken, etwas überaus Sinnvolles, das wir mit der Bezeichnung „Prestige" zunächst nur einfangen, ohne es zu erklären. Für den Fachmann mag die Erwähnung der Forschernamen Marcel Mauss, Claude Lévi-Strauss und Jean Poirier vorerst genügen; doch muß der um Verständnis sich Bemühende keineswegs Ethnologie studiert haben, um das Geheimnis des Potlatch zu verstehen. Die elementarste Form nicht-phonetischer sozialer Beziehung ist die Gabe. Indem ich gebe, gebe ich etwas von mir im doppelten Sinn: ich gebe etwa *von* mir, und: ich gebe etwas von *mir.* Damit verbinde ich mich mit dem Empfänger und allem, was an Heiligem und Profanem hinter ihm steht und selbst wieder mit ihm verbunden ist. Aber – und diese andere Seite ist ebenso wichtig wie die erste – auch indem ich *annehme,* gebe ich etwas von mir im Doppelsinn des Wortes: mit meiner Zustimmung zur Gabe eröffne ich dem Geber meine ganze innere und äußere Lebenswelt und verbinde mich so in mannigfaltiger Weise mit ihm. Hingeben und Annehmen sichern so in doppelter Weise eine persönliche Beziehung, deren Inhalt der Begriff „Prestige" andeutet.

Diese Beziehung umfaßt viel mehr Dimensionen als nur die eine der Wirtschaft. Wohl erschließt Hingeben und Annehmen die Ressourcen, die Arbeitskraft, die Produktionsmittel und das Know-how des je anderen Partners, aber darüber hinaus werden noch andere Wirkungskreise erschlossen: der soziale, welcher die Anerkennung durch den je anderen und dessen Gruppe sowie seine Zuneigung und Hilfsbereitschaft umfaßt;

der politische, der Zugang zu den Machtmitteln und Herrschaftsinstrumenten des je anderen gewährt und damit für die Existenz von Krieg oder Frieden lebenswichtig werden kann, und schließlich der religiöse, in welchem die Ursprünge von Privilegien wie vornehmer Herkunft, Freiheit und Gerechtigkeit verborgen liegen.

So weit, so gut. Aber hier erhebt sich der wenigstens rein verbal so sehr auf Gleichheit und Brüderlichkeit versessene Zeitgeist und macht ein gewichtiges Bedenken geltend. Es ist eine gut bezeugte Tatsache, daß quer durch die verschiedenen verwandtschaftlichen Residenzgruppen der Nordwestküste eine scharfe Trennlinie verläuft, welche die Mitglieder eines bestimmten Clans in zwei ungleich privilegierte Klassen unterteilt: in Adlige und Gemeine. Es ist eines der elementarsten Kennzeichen des Prestiges, daß es die Menschen nicht nur *verbindet*, sondern sie auch *trennt*. Prestige als empirischer Tatbestand ist immer nur hierarchisch gegliedertes Prestige. Prestige und Gleichheit schließen sich in jeder Gesellschaft, in der Geschichte überhaupt, aus. Warum es sich so verhält, wollen wir später erörtern. Zunächst wenden wir uns jener Klasse zu, die an der Nordwestküste die materiellen Voraussetzungen für die Prestige-Transaktionen der Adligen erbringt: der Klasse der commoners, der Gemeinen. Wie nicht anders zu erwarten, sind es in erster Linie die commoners, die die Tauschgüter produzieren und bereitstellen und die Zurüstungen zum Potlatch vornehmen, ihre Arbeitskraft also dem Sippenoberhaupt zur Verfügung stellen. Prestige wirkt differenzierend. Aber andererseits hebt es Vereinsamung und Isolation auf. Als Mitglied seiner Sippe oder Lokalgruppe, die den Potlatch veranstaltet, nimmt jeder commoner, wie fern oder nah auch immer mit dem Sippenoberhaupt verwandt, als Gastgeber am Prestige des Häuptlings teil. Adlige und Gemeine begeben sich beim formellen Empfang gemeinsam an den Strand, um korporativ ihre Gäste zu begrüßen. In welcher Form auch immer ein commoner seinen Dienst am Potlatch seines Häuptlings versieht, ob als Sprecher, Gabenkontrolleur, Platzanweiser, Tänzer oder Sänger, er wird mit seiner sozialen Gruppe identifiziert und nimmt am Gruppenprestige teil. Wer etwa die Frage nach dem Arbeitslohn des commoner stellt, muß den Umstand berücksichtigen, daß in einer Welt, in der die Beziehung zwischen Produzent und Distribuent bzw. Konsument nicht durch Geld vermittelt wird, sondern eine unmittelbar menschliche ist, auch der Arbeitslohn unmittelbar menschliche, also nicht-monetäre, Form annimmt. Man kann als diese Form „das Gefühl des Eingeordnetseins, der belangvollen gesellschaftlichen Existenz“ [12] bezeichnen, die dadurch zustande kommen, daß die Anerkennung durch die Umwelt mit der eigenen Definition der je individuellen Situation übereinstimmt.[13] Wer in dieser Sicht etwa eine romantische Verherrlichung verabscheuungswürdiger feudaler Zustände erblicken möchte, muß sich von der Ethnologie sagen lassen, daß eine Kategorie wie „Ausbeutung“ wiederum einen jener Begriffe darstellt, die im Falle einer vom modernen Kapitalismus relativ verschont gebliebenen primitiven Wirklichkeit haarscharf, aber völlig sicher an der Wirklichkeit vorbeischießen, dies im übrigen nicht nur an der Nordwestküste. Der Begriff „Ausbeutung“ ist hier deshalb so falsch, gerade *weil* er andernorts richtig ist. Nur wer von den zentralen Werten und Inhalten einer Gesellschaft gerade als Produzent ausgeschlossen ist, wird ausgebeutet.[14] Wer aber, wie der commoner an der Nordwestküste, an den für das Wertbewußtsein der Gesellschaft bedeutsamen gesellschaftlichen Inhalten, Zielen und Leistungen – auf welch bescheidener Stufe auch immer – teilhat, ist im konstitutiven Prozeß des Hingebens und Annehmens von Prestige einge-

[12] H. Kluth, S. 94.

[13] H. Kluth, S. 86.

[14] H. Kluth, S. 79.

schlossen.[15] So gibt es denn in der Tat auch commoners, die während eines Potlatchs Titel und Privilegien, wenn auch geringeren Rangs, zugesprochen erhalten. Auf alle Fälle ist im Potlatch ein commoner in erster Linie immer entweder Gast oder Mit-Gastgeber und erst in zweiter Linie ein Teilnehmer minderen Standes. Eine Feudalismus-Kritik ist übrigens ja auch nur von einer rational nicht zu begründenden wissenschaftlichen Position aus möglich, die die Gleichheit der Menschen unbewußt oder bewußt zum zentralen Wert, zum Ursprung und Ziel menschlicher Geschichte, erhebt.

Das Bild des Potlatchs, das hier gezeichnet worden ist, widerspricht leider sogar demjenigen in der wissenschaftlichen Sekundärliteratur und in gewissen wissenschaftlichen Handbüchern.[16] Das rührt davon her, daß der traditionelle Potlatch verwechselt wurde mit der Institution verzinslicher Anleihen, die an der Nordwestküste ebenfalls vorkommen. So herrscht zum Teil in Handbüchern immer noch die Mär von Potlatchgaben, die beim Gegenpotlatch mit hundert Prozent Zins zurückerstattet worden sein sollen. Wohl erhärtete, aber noch nicht überall durchgedrungene Tatsache ist demgegenüber, daß Potlatch und verzinsliche Anleihe nichts miteinander zu tun hatten. Das einzige, worauf ein anständiger Gastgeber achten mußte, war dieselbe Regel, die ein moderner europäischer Gastgeber zu beachten hat, der eine Einladung nicht zu lange unerwidert läßt oder beim Gegenbesuch nicht mit Orchideen auftrumpft oder die Dame des Hauses mit Wiesenblumen abspeist, wenn er selber seinerzeit Rosen oder Nelken erhalten hat. In der Tat lassen sich zwar mit verschiedenen Blumen verschiedene sprachliche Inhalte ausdrücken; aber auch im modernen europäischen Gabenaustausch ist diese Oberflächensprache der Blumen zweitrangig; von erstrangiger

15 H. Kluth, S. 94.
16 Vgl. R. Benedict, W. Hirschberg (Hrsg.), S. 345 f.

Bedeutung dagegen ist die Tiefensprache, wie sie im Hingeben und Annehmen von Gaben überhaupt zum Ausdruck kommt.

Der zweite Grund für die Verwirrung in den Handbüchern besteht in einer Verwechslung des gewöhnlichen Potlatch mit dem aggressiven Konkurrenz-Potlatch, der sich erst in den letzten Jahrzehnten des vorigen Jahrhunderts – wahrscheinlich unter europäischem Einfluß – entwickelte. Im Konkurrenz-Potlatch wurden, wie wohl weithin bekannt, riesige Mengen von Gütern verschenkt oder zerstört, Kupferplatten, wahrscheinlich prähistorischer Herkunft, zerbrochen, Kanus zerschmettert, Fässer voll Fischöl und Geld verbrannt, Sklaven erschlagen – und das alles einzig und allein zu dem Zweck, einen Prestigepartner womöglich zu demütigen, der nicht imstande war, im Gegenpotlatch mit noch gewaltigeren Zerstörungen aufzutrumpfen. In diesen Konkurrenz-Potlatches wich die heitere, überhöfliche Atmosphäre einer gereizten, bitteren Stimmung, anstatt wohlgesetzter Worte wurden Beleidigungen ausgetauscht und die Gäste durch das tonnenweise Ausschütten von Fischöl ins Feuer gezwungen, fluchtartig ihre Sitze zu verlassen.

Zum Mittel des Konkurrenz-Potlatchs wurde gegriffen, wenn zwei verschiedene Anwärter auf ein und denselben bestimmten Titel in guten Treuen Anspruch erheben zu dürfen glaubten. Da der normale Potlatch einen Titel in Kraft setzte, hatte eine Kandidat B, nachdem Gegenkandidat A einen normalen Potlatch veranstaltet hatte, keine andere Möglichkeit, seinen eigenen Anspruch geltend zu machen, als indem er selber einen Potlatch durchführte und dabei seinen Gegner zu übertrumpfen suchte. Das Ziel der Konkurrenten bestand demnach nicht, wie die Ethnologie ursprünglich fälschlicherweise annahm, darin, den Konkurrenten durch Zurschaustellung des Reichtums auszustechen, sondern darin, die Meinung der am Potlatch teilnehmenden übrigen Häuptlinge, von deren öffentlicher Anerkennung die Rechtmäßigkeit des Titels ja abhing, günstig zu beeinflussen. Diese Häuptlinge, deren Rechtstitel selber unangefochten war, fungierten als Appellationsgericht. Wie anders als mit einem Potlatch hätte in einer Kultur argumentiert werden sollen, die keine schriftlich festgehaltenen, historisch dokumentierten, sondern nur mythologisch begründete und mündlich überlieferte Rechtsansprüche kannte?

In diesem Zusammenhang ist doch immerhin zu bedenken, bei welchen Gelegenheiten sonst noch ein Häuptling vom Rechtfertigungsinstrument des Potlatch Gebrauch machte. Wenn er bei einer öffentlichen Zeremonie zufällig stolperte und zu Boden fiel, oder wenn er aus Versehen bei einem Potlatch einen Sitz unter seinem Stand zugewiesen erhielt, schließlich wenn er das Pech hatte, in Stammesfehden gefangengenommen zu werden, so gab es in allen diesen Fällen nur *ein* Mittel, die Scharte auszuwetzen und die versehrte Ehre wiederherzustellen: nämlich einen Potlatch anzukündigen und durchzuführen. Waren die Umstände des Ehrverlusts geringfügig, so genügte eine kurze Ansprache und eine kleine Gabe, um das verlorene Prestige wiederzugewinnen. Waren sie es aber nicht – das peinliche Ausgleiten und Hinfallen in aller Öffentlichkeit zum Beispiel konnte das Ergebnis magischer Manipulationen übelgesinnter Sippengenossen sein –, so mußte das Ritual in voller Pracht und unter Zuhilfenahme reichlicher Geschenke zelebriert werden. Hinzu kamen mehr säkulare Gelegenheiten, bei denen dank der Allianzpolitik gewisser Häuptlinge das traditionelle Rangsystem der einzelnen Sippen gestört wurde: in allen diesen Fällen wurde versucht, mittels Potlatch das gestörte Prestigegleichgewicht wiederherzustellen.

Bezeichnenderweise bildete die europäische Handelsniederlassung der Hudson Bay Company ein Zentrum, von dem der Konkurrenz-Potlatch in die umliegenden Gegenden sich wie ein Geschwür ausbreitete, und ebenso bezeichnend ist es, daß im Konkurrenz-Potlatch vorwiegend europäische Handelsgüter wie z. B. Decken vernichtet wurden. So hat es den Anschein, daß der Konkurrenz-Potlatch, so wie er sich in seiner letzten berüchtigten Phase entwickelte, das Ergebnis der Kollision zweier Prestige-Systeme darstellte, die auf je verschiedenen Werthaltungen und Wertstrukturen beruhten. Ein Prestige-System, das auf unvermitteltem Hingeben und Annehmen beruhte, versuchte so in traditioneller Weise auf die Herausforderung eines neuen Prestige-Systems zu antworten, dessen elementarste menschliche Beziehung in der Formulierung von Engels die Barzahlung ist, d. h. eines Systems, in welchem die Akte der Schöpfung, der Hingabe und der Annahme von Werten nicht direkt, sondern über das Medium des Geldes erfolgen.

Es hat in der Ethnologie nicht an politik- und wirtschaftswissenschaftlichen Versuchen gefehlt, das innerweltlich Vernünftige prestigewirtschaftlicher Vorgänge nachzuweisen, Versuche, auf die wir hier, obwohl sie teilweise sicher gelungen sind, nicht eingehen.[17] Uns interessiert ja das innerweltlich radikal Widervernünftige, wie es sich – und dies ist ein weiteres Beispiel – in der Wirtschaft der Hirtenvölker des südlichen Madagaskar äußert.[18] Hier fällt vor allem die Diskrepanz zwischen deren Behausungen für die Lebenden und denjenigen für die Toten auf. Die ersteren sind wenig dauerhafte Gebilde aus Holz, dünnem Bambus, Schilf und Gras, die hin und wieder eine Deckschicht aus Erde erhalten. Die da und dort vorkommenden Dachsparren in Horn- oder Vogelform zeigen Privilegien von Familien prinzlichen oder königlichen Geblüts an. Außer bei den Mahlzeiten und dem Eheleben spielt sich aber der Familienalltag außerhalb des Hauses in der Öffent-

17 Hierzu ausgew. Lit. bei: Bascom, Bohannan, Cuypers, Duran, Etienne, Hogbin, 1932, 1938, 1970, – Meillassoux, Nicolas, Piddocke, Rehfisch, Ruyer, Sahlins 1960, 1974, Thomas u. a.

18 Das Folgende nach Faublée.

lichkeit ab. Die Dörfer werden schon bei relativ geringfügigen Anlässen aufgegeben und anderswo wieder aufgebaut. Die Orte diesseitigen sozialen Geschehens unterliegen dem Fluß der Zeit.

Ganz anders verhält es sich mit den Behausungen für vornehme Tote. Diese bezeugen – in der Formulierung Nietzsches – die Lust zur Ewigkeit. Sie sind gemauert und mit Steinplatten bedeckt. Die große Deckplatte dient nicht nur dem Toten als Schutz gegen Regen, Wind und Diebe, sondern auch – durch ihr Maß, Volumen und Gewicht – den Lebenden zur Demonstration ihrer Kraft und Macht. Die Gruppe, die ein neues Grab baut, beurkundet damit, daß ihre eigene Verwandtschaftslinie von den übrigen Abstammungsgruppen des Clans in gewissem Maß unabhängig geworden ist. Die riesige Deckplatte ist Zeichen der Gruppen- oder Linienvitalität. Die alten und erwachsenen Linienmitglieder, welche die Platte auswählen, müssen dabei von der Zahl der zur Verfügung stehenden jungen Männer ausgehen, die den Felsblock vom Boden lösen, hochheben und forttragen müssen. Die Arbeit ist um so härter, als die Notabeln die Grabmale vorzugsweise hoch oben auf Berggraten aufrichten lassen, damit man sie von weitem sieht. Da das Gelände sehr zerklüftet ist, kann der Felsblock weder geschleift noch auf Rollen fortbewegt werden. Er wird deshalb auf einem großen, starken, langen Balkengerüst festgebunden. Das Ganze hissen sich die jungen Männer auf ihre Schultern und legen so in schwierigem Gelände oft mehrere Kilometer zurück. Auch die unverheirateten Mädchen und die jungen Frauen helfen mit, indem sie als singender Chor den materiellen Akt geistig unterstützen. Wenn die Lastträger unter dem Gewicht ächzen, versprechen die nächsten Verwandten des Toten, sie würden beim anschließenden Festmahl noch mehr Fleisch verteilen. Dann fangen die Träger an zu jauchzen und erklären sich bereit, noch einen viel größeren Felsbrocken zu holen. Ja, sie fordern die

Leidtragenden sogar auf, sich auf die Platte zu setzen, damit sie, wie sie sagen, leichter wird.

Diese Grabbauten und Gedächtnismale für hochstehende Verstorbene sowie die viereckig zugehauenen Baumstämme, die andernorts an Stelle der Megalithen treten, dienen aber nicht etwa dem Gedächtnis der Toten, sondern – zuhanden fremder Passanten oder der übrigen Sippen – der Kundgabe der Lebenden. Die Haufen der Zebuschädel, die die Grabbauten krönen, dienen demselben Zweck. In der Regel wird bei einem Todesfall mindestens ein Drittel der Herde geschlachtet, und zwar immer die besten, schönsten und fruchtbarsten Tiere.

Auch andere rituelle Praktiken sind prestigewirtschaftlicher Natur. Es kommt immer wieder vor, daß Naturgeister gewisse Personen „lieben", wie der einheimische Ausdruck lautet, so daß sie besessen werden. Die Besessenheit kann auch vom Menschen her gesucht und erreicht werden. In ihr tut sich der Einbruch des gesellschaftlichen Jenseits, der Ewigkeit, wenn ich so sagen darf, in das Alltagsleben und die alltägliche Zeit kund. Das Alltagsleben gerät durcheinander – in religiösem Sinn – und muß wiederhergestellt werden. Zu diesem Zweck bildet sich eine Art Stab oder „Hof" von Begleitern um den Besessenen oder die Besessene. Der vom Jenseits derart Ausgezeichnete paradiert, umgeben von seinem „Hof", von Dorf zu Dorf. Gelegentlich beschlagnahmen seine Begleiter die Sänfte einer Amtsperson oder eines Europäers und tragen den Besessenen, wobei zwei Vierermannschaften einander ablösen. Die Sippe des Besessenen aber muß den Einbruch des Jenseits festlich ritualisieren. Zum Fest werden so viel Leute wie nur möglich eingeladen. Der Rum fließt in Strömen. Die wildesten und gefährlichsten Stiere der Herde werden unter riskanten Umständen – ein Lasso ist verpönt – gewissermaßen „im Nahkampf" von den jüngeren Männern eingefangen, auf einer Estrade ausgestellt und von einem der

Mittler zwischen Geistern und Menschen, also von einem Besessenen, geschlachtet, so daß die Besessenen das noch warme Blut trinken können. Die zu Rate gezogenen Geisterkundigen, Magier usw., sowie die Musikanten werden für ihre Dienste nicht etwa bezahlt, obwohl die Möglichkeit dazu bestünde; denn das wäre ehrenrührig. Man beschenkt sie mit Opfergaben und gibt ihnen andere Geschenke. Dazu speist man die geladenen Gäste mit Reis, der im südlichen Madagaskar Luxuslebensmittel ist, und mit Unmengen von Fleisch. Jede ökonomische Rücksicht wäre gegen die Etikette. Es sind übrigens die Geister, die durch den Mund des oder eines Inspirierten entscheiden, welche Tiere geschlachtet werden. Das prunkvolle Schauspiel gipfelt im Aufbau der Zebuschädel-Pyramide auf den Grabmälern als Zeichen der ruhmvollen Auseinandersetzung für spätere Generationen.

Das Verhältnis dieser Viehzüchter zu ihren Tieren ist geradezu familiärer Art. Alte Männer werden ihrem Wunsch gemäß oft so begraben, daß ihr Kopf zwischen den Hörnern ihres Lieblingstiers ruht. Wenn in langen Trockenzeiten ausnahmsweise geschnittenes Grün verfüttert wird, so wird der Viehzüchter damit nicht eine Kuh versorgen, die gerade gekalbt hat, sondern den langjährigen Freund und Gefährten: einen alten Stier. Und dennoch kann ein Besessener gerade das Opfer eines solchen Zebus verlangen, an dem er besonders freundschaftlich hängt. Die ganze Viehzucht beruht also nicht nur auf keinerlei profitwirtschaftlichen Erwägungen – der für die Reproduktion notwendige Bestand umfaßt nämlich nicht einmal ein Drittel der ganzen Herde –, sondern läßt sich nicht einmal als Liebhaberei erklären. Materiell oder auch psychologisch ist sie nicht zu begründen; die Logik dieses wirtschaftlichen Systems reicht über das rein Gesellschaftliche weit hinaus, wie die folgende Legende erklärt, die in der Gegend erzählt wird:

Zwei Brüder – der eine Reisbauer, der andere Viehzüchter – streiten sich darum, wem das höhere Prestige eigen sei. Der Jüngere, der Reisbauer, beansprucht den Vorrang mit dem Argument, er erhalte durch seine wirtschaftliche Tätigkeit die ganze Familie am Leben, während sein älterer Bruder nur unnütze Tiere aufziehe. Der zur Entscheidung des Streits aufgerufene Patriarch gibt zu, daß der Reisbauer materiell den ganzen Clan am Leben erhält. Dennoch ist der Hirte seinem jüngeren Bruder überlegen; denn seine Tiere dienen als Opfertiere. Ohne ihn könnten die Riten nicht gefeiert werden. Auf Reis kann man verzichten und sich statt dessen von geringwertigeren Nahrungsmitteln ernähren; aber auf Rinder ist Verzicht unmöglich. Ohne Viehherde ist ein Volk vom wahren Leben, vom spirituellen, ethischen, sozialen und religiösen Leben ausgeschlossen.

Soweit die madegassischen Tatsachen. Was haben sie für unser Thema zu bedeuten? Zunächst sagen sie dasselbe aus wie die Berichte von der nordamerikanischen Nordwestküste: Prestige – was das auch immer sei – tut dreierlei: Es unterscheidet, so daß der Handelnde weiß, er sei nicht niemand, sondern jemand. Es stellt fest, so daß der Handelnde weiß, er sei der und der, nicht soviel wie dieser, aber doch mehr als jener; und schließlich verbindet Prestige, so daß der Handelnde weiß, daß er da und da und nirgendwo anders hingehört. Auf soziologisch, aber deswegen nicht klüger, heißt das: Prestige differenziert, es identifiziert und es integriert. Das Erstaunliche dabei ist die Tatsache, daß eine Macht, die Ungleichheit schafft, gerade dadurch Menschen verbindet. Wie ist das möglich?

Hier wirft eine kürzlich erschienene Studie des Zürcher Ethnologen Mario Erdheim neues Licht auf das Phänomen des Prestiges. Für Erdheim besteht das Prestige eines Individuums aus dem Wissen, das die Angehörigen seiner Bezugsgruppe von seiner *Vorbildlichkeit* haben. Das Vorbild stellt dabei für die Gesellschaft den Typus des Menschen dar, der sie zur Vollendung – so wie sie sie versteht – führen soll. Entsprechend ist das Gegenbild der Typ, der diese Vollendung verhindert. Vorbild und Gegenbild sind – immer nach Erdheim – somit auf den *Entwurf*, den die Gesellschaft sich von ihrer Zukunft gemacht hat, bezogen. Das gesellschaftlich gültige Vorbild ist jeweils die Verkörperung der Fähigkeiten, welche notwendig sind, um diesen Entwurf zu verwirklichen.

Auf die übrigen Kriterien, die nach Erdheim das Prestige kennzeichnen, brauchen wir hier nicht einzugehen, mit einer Ausnahme: Nach Erdheim dient das Prestige als Verwirklichungsfaktor derjenigen Werte, die die Herrschaft begründen, und vermittelt so zwischen der Vorstellung eines sinnvollen Lebens und den bestehenden Machtverhältnissen.

Es sei mir hier erlaubt, aufgrund ethnographischen Befunds die Thesen Erdheims, die der Kollege aus aztekischem Material herausgefiltert hat, angemessen zu verändern. So ist die Aussage, Prestige legitimiere oder rechtfertige Herrschaft, gegenstandslos in herrschaftslosen Gesellschaften. Gesellschaften ohne Herrschaft, d. h. ohne Befehlsgewalt und entsprechende Gehorsamschance, sind der Ethnologie wohlbekannt. Für solche Gesellschaften müßte Erdheims These lauten, Prestige diene als Verwirklichungsfaktor derjenigen Werte, die die gesellschaftliche *Ordnung* begründen, und es vermittle so zwischen der Vorstellung eines sinnvollen Lebens und den bestehenden Machtverhältnissen. Diese These trifft zum Beispiel für südafrikanische Buschmänner zu, die zwar Herrschaft als Befehlsgewalt nicht kennen, bei denen aber das Prestige eines erfolgreichen Jägers das Prestige einer erfolgreichen Sammlerin bei weitem übersteigt, und zwar ungeachtet der Tatsache, daß die Sammlerin 80 Prozent des Bedarfs, der Jäger aber nur 20 Prozent des Bedarfs an Lebensmitteln herbeischafft.

Ferner ist Erdheims Zuordnung des gesellschaftlichen Entwurfs auf die Dimension der Zukunft hin nicht haltbar für Gesellschaften, die – wie die meisten ethnographischen Kulturen – Zeit nicht linear verstehen und deshalb weder Vergangenheit noch Zukunft in derselben Weise begreifen wie

z. B. westlich orientierte Kulturen. Nicht daß die Menschen in nicht-westlichen Kulturen nur naiv auf die Gegenwart bezogen lebten; auch sie kennen Quellen *jenseits* des gesellschaftlichen Hier und Jetzt, aus denen ihr Entwurf die Faszination des Vorbildlichen schöpft, aber es sind nicht die Quellen des *Einst* – sei damit Vergangenheit oder Zukunft gemeint –, sondern die Quellen des *Anderswo.* Dieses Anderswo – die Religionswissenschaft gebraucht dafür den Begriff der Transzendenz, ich verwende dafür den Ausdruck des „Jenseits der Gesellschaft“ – bricht in Form von Träumen, Visionen, Besessenheit, Krankheit, Todesfällen, Hexerei, Initiationszeremonien und anderen sozialen Ausnahmezuständen ständig in das gesellschaftliche Hier und Jetzt ein und offenbart damit die Zweideutigkeit und Doppelwertigkeit aller Vorbildlichkeit: reine Vorbildlichkeit tötet das Leben ebenso wie absoluter Mangel an vorbildlichem Gehalt. Zum besseren Verständnis möge der Hinweis dienen, daß überall auf der Welt das individuelle Anderswo in Form des Spiegelbildes, Schattens oder Doppelgängers erscheint. Geister haben bezeichnenderweise keinen Schatten, und wer zu oft in den Spiegel sieht, wird zuletzt von seinem eigenen Jenseits verschluckt und geht dem Hier und Jetzt verloren.[19] Dieses soziale Grundproblem des „Anderswo“ oder „Jenseits mitten unter uns“ läßt sich nur durch sorgfältige Balance lösen, die dem Anderswo gibt, was des Anderswo ist, ohne dabei dem Hier und Jetzt vorzuenthalten, was des Hier und Jetzt ist. Dieser Balanceakt wird durch ungleiche Verteilung des Prestiges nicht nur erleichtert, sondern geradezu überhaupt erst ermöglicht. In jeder Gesellschaft gibt es Individuen oder Personen, die ein größeres Maß von Vorbildlichkeit verwirklichen und ertragen, ohne dabei Schaden zu nehmen, d. h. ohne sich dabei einzubilden, selber Quell der eigenen Vorbildlich-

[19] Ethnolog. Material dazu z. B. bei Fischer, Strauss/Tischner, S. 145 f. u. v. a.

keit zu sein: Schamanen, Priester, Häuptlinge, Krieger, Jäger, Könige, Seher, Ärzte. Sie alle haben solange Erfolg und Prestige, als sie sich nicht als Schöpfer, sondern als Zeugen der Vorbildlichkeit verstehen. Als Zeugen eines Entwurfs sind sie nämlich – wie der Entwurf selber – dem Zugriff der Zeit entzogen und damit dem Zugriff der Entropie, d. h. dem Zerfall von Ordnung, wie ihn die eiserne Notwendigkeit der Zeit mit sich bringt, z. B. als Zerfall eines alternden und sterbenden Leibes. Ungleichheit des Prestiges verbindet die Menschen also insofern, als sie von den Anforderungen der Zeugenschaft und der Vorbildlichkeit entlastet.

Ein letzter Punkt bleibt aber immer noch rätselhaft: Wieso äußert sich absolute Vorbildlichkeit in der Zerstörung des Materiellen, in der Opferung des Lebendigen? Wieso stehen sich Haben und Sein derart diametral gegenüber, daß je mehr einer weggibt und infolgedessen je weniger einer *hat* (« moinsavoir »), er desto mehr *ist* (« plus-être »)? Oder wieder anders ausgedrückt: Wieso setzt die Bezeugung absoluter Werte die Vernichtung relativer Werte voraus?[20] Wieso entspringt das Ganze, Allumfassende aus dem Nichts? An dieser Stelle dürfte sich ein Rückgriff auf die zur Zeit vielverlästerte und vielgelobte und leider auch modisch gewordene Methode des Strukturalismus lohnen. Strukturalistisch arbeitende Ethnologen in Frankreich, England und den Niederlanden haben nämlich zeigen können, daß das Anderswo oder Jenseits einer Gesellschaft als totale Umkehrung des Hier und Jetzt entworfen wird in einem sehr bildlichen, aber auch im übertragenen Sinne. Diese Umkehrfähigkeit scheint eine der grundlegenden Strukturen menschlichen Denkens überhaupt zu sein.[21] Soweit ich selber die Tatsachen überblicke, darf man ohne zu übertreiben feststellen, die Fähigkeit zur Negation,

[20] Poirier (b), p. 885 u. 873 ff.

[21] Zwei Beispiele für viele: Leach u. Needham, vgl. auch Weidkuhn, On the neg. foundations.

zur Verneinung des hier und jetzt Gegebenen und Angetroffenen sei die allerelementarste Voraussetzung zur Wahrnehmung von Vorbildlichkeit überhaupt. Für die Beziehung zwischen dem Jenseits und dem Diesseits einer Gesellschaft bedeutet das, daß, wer die Schwelle zwischen den beiden Bereichen überschreitet, selber total verwandelt und umgekehrt wird. Diese elementare ahistorische, „natürliche“ Denkstruktur bildet – wie sollte sie nicht? – die Voraussetzung sogar christlicher Heilsgeschichte und Eschatologie. Vom Menschen und vom Diesseits her gesehen bedeutet das, daß die Ersten die Letzten sein werden; daß, wer die Welt gewinnt, Schaden nimmt an seiner Seele; daß, wer sein Leben behalten will, es verlieren wird, und so fort. Vom Jenseits her gesehen bedeutet es aber, daß Gott als die personal verstandene Macht der absoluten Vorbildlichkeit, sobald sie die Schwelle zum Diesseits überschreitet, total umgekehrt wird und auf Erden als das absolut Geringschätzige und Verächtliche erscheint, als ein Mensch ohne jedes Prestige. Dieses Gesetz der radikalen negativen Reziprozität zwischen Entwurf und Wirklichkeit scheint mir verantwortlich dafür zu sein, daß, wer am Prestige der Ewigkeit teilhaben möchte, hier in der Zeit alles, was er hat, rücksichtslos hingibt; all sein Hab und Gut und vielleicht zuletzt sein Leben, um das Hingegebene nach dem Überschreiten der Schwelle um so sicherer in absolut vorbildlicher Form wieder annehmen zu dürfen.

Literaturnachweise

W. R. Basçom, Ponapean Prestige Economoy. In: Southw. Journal of Anthropology 4 (1948), p. 211–221.

R. Benedict, Patterns of Culture. Boston 1959².

P. Bohannan, The Impact of Money on an African Subsistence Economy. In: The Journal of Econ. Hist. 19 (1959), p. 491–503. (abgedruckt in: Dalton [s. u.] p. 123–135).

J. B. Cuypers, Ostentation et sollicitation dans l'économie Shi. In: Economies et Sociétés 10 (1967), p. 215–236.

G. Dalton (Ed.), Tribal and Peasant Economies. Garden City (N. Y.) 1967.

Ph. Drucker, Cultures of the North Pacific Coast. New York 1965. [Die Seiten 55–66 über Potlatch sind abgedruckt bei Dalton, p. 481–493.]

P. Duran, La consommation ostentatoire en milieu rural à Madagascar. In: L'Homme 7 (1967), p. 30–47.

M. Erdheim, Prestige und Kulturwandel. Eine Studie zum Verhältnis subjektiver und objektiver Faktoren des kulturellen Wandels zur Klassengesellschaft bei den Azteken. Wiesbaden 1973. (Kulturanthropologische Studien z. Geschichte, Bd. 2.)

P. Etienne, Les aspects ostentatoires du système économique baoulé (Cote d'Ivoire). In: Economies et Sociétés 11 (1968), p. 793–817.

J. Faublée, Note sur l'économie ostentatoire. In: Revue Tiers-Monde 9 (1968), p. 17–23.

H. Fischer, Studien über Seelenvorstellungen in Ozeanien. 1965.

P. u. S. Heintz, Vorwort zur deutschen Ausgabe von Veblen, S. 7–18.

M. J. Herskovits (a), Economic Anthropology. The Economic Life of Primitive Peoples. New York 1952².

M. J. Herskovits (b), Man and His Works. The Science of Cultural Anthropology. New York 1967².

W. Hirschberg (Hrsg.), Wörterbuch der Völkerkunde. 1965.

H. I. Hogbin, Polynesian Ceremonial Gift Exchange. In: Oceania 3 (1932), p. 13–39.

H. I. Hogbin, Social Advancement in Guadalcanal, Solomon Islands. In: Oceania 8 (1938), p. 289–305.

H. I. Hogbin, Food Festivals and Politics in Wogeo. In: Oceania 40 (1970), p. 304–328.

H. Kluth, Sozialprestige und sozialer Status. 1957.

E. Leach, Melchisedech and the Emperor: Icons of Subversion and Orthodoxy. In: Proceedings of the Royal Anthropological Institute of Great Britain and Ireland for 1972, p. 5–14.

E. E. LeClair u. H. K. Schneider (Eds.), Economic Anthropology. Readings in Theory and Analysis. New York 1968.

J. Maier, Veblen, Thorstein Bunde. In: W. Berndorf (Hrsg.), Internationales Soziologenlexikon. 1959, S. 588–590.

C. Meillassoux, Ostentation, destruction, reproduction. In: Economies et Sociétés 11 (1968), p. 759–772.

S. Morenz, Prestige-Wirtschaft im alten Ägypten. In: Sitzungs-Ber. d. Bayr. Akad. d. Wiss., phil.-hist. Kl. Jg. 1969, H. 4.

R. Needham (Ed.), Right and Left. Essays on Dual Symbolic Classification. Chicago 1973.

G. Nicolas, Une forme atténuée du 'potlatch' en pays Hausa (République du niger: le 'Dubu'. In: Economies et Sociétés 10 (1967), p. 151–214.

S. Piddocke, The Potlatch System of the Southern Kwakiutl: A New Perspective. In: Southw. Journal of Anthropology 21 (1965), p. 244–263.

J. Poirier (a), L'économie d'oblation. In: Econ. et Soc. 11 (1968), p. 725–727.

J. Poirier (b), L'économie quaternaire et l'oblation. De la destruction de biens économiques à la création des valeurs sociales. In: Econ. et Soc. 11 (1968), p. 867–892.

J. Poirier (c), Problèmes d'ethnologie économique. In: ders. (Ed.), Ethnologie générale. Paris 1968, p. 1545–1624.

F. Rehfisch, Competitive Gift Exchange among the Mambila. In: Cahiers d'Etudes Africaines 3 (1962), p. 91–103.

R. Ruyer, Nutrition psychique, ostentation, prestige. In: Econ. et Soc. 11 (1968), p. 729–757.

M. D. Sahlins, Political Power and the Economy in Primitive Society. In: G. E. Dole and R. L. Carneiro, Essays in the Science of Culture. New York 1960, p. 390–415.

M. D. Sahlins, The Original Affluent Society. In: ders., Stone Age Economics. London 1974, p. 1–39.

H. Strauss u. H. Tischner, Die Mi-Kultur der Hagenberg-Stämme im östlichen Zentral-Neuguinea. Hamburg 1962.

L. V. Thomas, Un exemple de comportement ostentatoire: Les Diola de Casamance (Sénégal). In: Econ. et Soc. 10 (1967), p. 123–150.

T. B. Veblen, The Theory of the Leisure Class. An Economic Study of Institutions (N. Y. 1899). London 1970².

T. B. Veblen, Theorie der feinen Leute. 1959 (dt. Übers. von Veblen 1899, hrsg. von P. u. S. Heintz).

P. Weidkuhn, Einführung in die Wirtschaftsethnologie. Basel 1968 (Ethnol. Seminar der Univ.).

P. Weidkuhn, On the Negative Foundations of Positive Social Reality: Rituals of Reversal in Primitive Society.

Summary

The paper investigates, from a strictly structuralist point of view, some phenomena displaying the characteristics of a "prestige economy" such as the potlatch of the American Indians of the North West coast and some death and spirit possession rituals of Southern Madagascar. The pertinent theories set up by Veblen, Herskovits, Poirier, and Erdheim are critically examined as to whether and how they solve three fundamental problems: (1) How does a "tribal" or village chief, i. e., a representative of Veblen's "leisure class", who himself does not contribute to the production of subsistence goods, manage to induce his fellow citizens to produce *additional* goods in his favour? (2) How is it that the producers cede their "surplus" to him, the non-producer, for *allocation*? (3) Why is it that in primitive society producers are even *proud* of delivering up part of their labour product in order to secure the livelihood of a non-producing class, whose reputation ranks highly above their own?

It is suggested that, contrary to Herskovits' opinion, "prestige economics" and "prestige economy" are not a special part of the all-embracing economy but a tendency more or less inherent in all economic acts and processes which aims at using economic means to formulate, express, and communicate extra-economic messages. A problem of peculiar interest is the fact that these messages cannot by symbolized but by waste and destruction. After having described the achievements of prestige, which are differentiation, identification, and integration, the reasons of the efficiency of prestige are explored in the light of the category of exemplariness („Vorbildlichkeit") which has been developed by Erdheim.

GEBET UND HEILUNG IM BRASILIANISCHEN SPIRITISMUS

Von Ernst Benz

Vor einiger Zeit erhielt ich von einem brasilianischen Freund einen Brief mit einer eigentümlichen Briefmarke. Sie trug das Porträt des Begründers des wissenschaftlichen Spiritismus, des Franzosen Allan Kardec, und wurde zum 100-jährigen Jubiläum seines Todestages 1969 herausgegeben. Die Tatsache, daß dem Begründer des Spiritismus eine Ehre zuteil wurde, die die Postdirektionen anderer Länder höchstens Naturwissenschaftlern vom Rang eines Einstein zubilligen, kennzeichnet in einer trefflichen Weise die Stellung des Spiritismus in Brasilien, die nicht nur auf den Briefmarken, sondern auch im Stadtbild zum Ausdruck kommt. In Curitiba, der Hauptstadt des Staates Parana, befand sich meine Bushaltestelle vor einem großen hochmodernen Gebäudekomplex, der sich durch seine Inschrift als Spiritistisches Gymnasium erwies. In Porto Allegre führt mich ein Spaziergang auf den Hügeln über dem Lagõa dos Patos an eine neu errichtete hochmoderne Klinik mit acht Stockwerken, von einer eleganten Siedlung für Ärzte und Angestellte umgeben, die sich als „Spiritistische Klinik" bezeichnete. In den Straßen Porto Alegres stieß ich auf eine große spiritistische Buchhandlung, die einem spiritistischen Zentrum des Staates Rio Grande do Sul angeschlossen war, das in den Schaufenstern die Veranstaltung eines spiritistischen Jugendmissions-Werkes ankündigte. Die ausgestellten Werke waren zum großen Teil portugiesische Übersetzungen der Werke Allan Kardecs, die ich im übrigen auch in allen anderen Buchläden brasilianischer Städte, die ich besuchte, in großer Anzahl vorfand, sowie eine riesige Literatur an Werken, Broschüren und Zeitschriften von Autoren des brasilianischen Spiritismus, der in einzelnen Landesverbänden organisiert ist, die zu einem brasilianischen Zentralverband zusammengeschlossen sind. Der Verband umfaßt auch verschiedene Berufsgruppen, die einen großen Einfluß auf das öffentliche Leben ausüben, u. a. auch eine Föderation spiritistischer Oberster, deren Einfluß sich spürbar in die Politik erstreckt. Ich lernte dann bei weiteren Erkundigungen nicht nur die unerwartet starke Verbreitung des Spiritismus gerade in den oberen, akademisch gebildeten Schichten Brasiliens kennen, sondern auch die sehr entschiedene Abwehrstellung, die nicht nur die katholische Kirche, sondern in einem noch viel schärferen Maße die protestantischen Freikirchen wie etwa die Pfingstler, die Baptisten und die Methodisten gegen den Spiritismus einnehmen.

Der Grund dieser Ablehnung wurde mir klar, als ich anfing, die Schriften Allan Kardecs zu lesen: der brasilianische „wissenschaftliche Spiritismus“ Allan Kardecscher Prägung versteht sich nämlich als christlicher Spiritismus. Er beruft sich ständig auf das Alte und Neue Testament, sieht aber die göttliche Offenbarung nicht in diesen beiden Testamenten abgeschlossen, sondern versteht sich selbst als „die dritte Offenbarung“, die die früheren Offenbarungen durch eine ständige Verbindung mit der anderen Welt ergänzt, die durch Medien aufrechterhalten wird. Die „dritte Offenbarung“ ist ihrem Anspruch nach die fortlaufende Ergänzung der Offenbarung des Alten und des Neuen Testaments durch authentische Mitteilungen über die andere Welt, über die die beiden früheren Offenbarungen so wenig Einzelheiten berichten und deren Aufbau nun durch die Berichte der Medien erhellt wird, deren Mitteilungen für sich den Charakter experimentell erwiesener Gewißheit beanspruchen.

Eines der meistverbreiteten und in den spiritistischen Sitzungen zu Lesungen und Gebeten benutzten Büchern Allan Kardecs ist das ›Evangelium nach dem Spiritismus‹ – ›O Evangelho segundo o Espiritismo‹. Dieses Buch enthält „eine Erläuterung der moralischen Grundsätze Christi in Übereinstimmung mit dem Spiritismus und ihre Anwendungen auf verschiedene Lebensumstände". Mein eigenes Exemplar der portugiesischen Ausgabe entstammt der 57. Auflage, 791 000 bis 830 000! Es enthält nicht nur eine spiritistische Auslegung der Evangelien, sondern auch eine Art von Brevier, das aus Mitteilungen besteht, die Allan Kardec auf medialem Wege von zahlreichen Heiligen der katholischen Kirche wie dem heiligen Augustinus, dem heiligen Ludwig, aber auch von großen Theologen wie Fénélon, Lacordaire, Pascal und sogar von dem Apostel Paulus zugegangen sind. Von hier aus wird verständlich, wie auf der einen Seite der Spiritismus die christlichen Kirchen, vor allem die katholische, aufs stärkste unterwandert hat, wie aber auf der anderen Seite die Kirchen immer neue, allerdings oft vergebliche Versuche machen, die Umklammerung durch den Spiritismus zu lösen, z. T. durch parapsychologische Institute der katholischen Universitäten, die sich aus apologetischen Gründen mit dem Studium des Spiritismus und der Parapsychologie befassen. Schon die amtlichen statistischen Angaben zeigen die unerwartet starke Verbreitung des Spiritismus: über 3000 spiritistische Zentren sind in der „Spiritistischen Föderation" Brasiliens zusammengefaßt, die über einen großen Propaganda-Apparat verfügt. Allein in São Paulo arbeiten 7 Verlage und 17 Zeitungen für seine Verbreitung, 76 brasilianische Rundfunkstationen bringen regelmäßig spiritistische Sendungen. Die Föderation unterhält 357 Schulen, 243 Bibliotheken, 41 Krankenhäuser, 21 Asyle und zahlreiche andere soziale Einrichtungen. Die Zahl der Mitglieder umfaßt viele Millionen Anhänger.

Wer ist nun dieser Allan Kardec, der große Nationalheilige des brasilianischen Spiritismus?

Die Entstehung des modernen Spiritismus hängt unmittelbar mit dem Mesmerismus zusammen, jener großen Bewegung der Heilung, die auf Franz Anton Mesmer, den Entdecker des animalischen Magnetismus, zurückgeht und die für einige Jahrzehnte die ganze europäische Medizin revolutionierte. In Frankreich haben sich eine Reihe von Anhängern des Mesmerismus als magnetische Heiler betätigt. Schon Mesmerschüler wie Puysegur und Deleuze studierten in Paris aufmerksam die parapsychischen Phänomene, die im Zusammenhang mit den somnambulen Trancezuständen hervortraten, die eine große Rolle in dem mesmerischen Heilverfahren spielten. Sie beschäftigten sich vor allem mit den Ahnungen, den Präkognitionen und prophetischen Erfahrungen, den telepathischen und telekinetischen Erscheinungen, den visionären Erlebnissen im Zustand der Entrückung, die von den Betroffenen als Begegnung mit der Welt der Engel und der heimgegangenen Seligen verstanden wurden. Ganz besonders beschäftigte man sich mit Fällen von Besessenheit, in denen ein zweites Ich in die im Trance befindliche Persönlichkeit einzuziehen schien, was wieder im Sinn der Bekundung der jenseitigen Welt interpretiert wurde. Bei einer der Somnambulen des Magnetiseurs Roustan, Mademoiselle *Célina Bequet,* offenbarten sich die „Geister" verstorbener Ärzte, u. a. auch der Geist Mesmers, die medizinische Diagnosen und therapeutische Anordnungen gaben. Das genannte Pariser Medium schrieb auch automatisch, angeblich unter dem Einfluß von Geistern. Der Inhalt dieser Geister-Aufzeichnungen war philosophisch-religiöser Art, ein Lieblingsthema war die Seelenwanderung, die Reinkarnation.

Im Jahre 1856 wurde ein gewisser Hippolyte Denizard Rivail in diesen Kreis eingeführt. Rivail (1804–69) war ein Mann mit einer interessanten Vergangenheit. Er hatte zuerst die höhere Schule in Lyon besucht, kam dann als junger Mann nach Yverdon in der Schweiz, wo er Schüler Johann Heinrich Pestalozzis wurde. 1826 gründete er in Paris ein pädagogisches Institut nach der Methode Pestalozzis, machte aber finanziellen Bankrott. Seit 1854 geriet er unter den Einfluß zweier Personen aus den Kreisen des Pariser Mesmerismus, eines Magnetiseurs namens Fortier und eines Korsen namens M. Carlotti, die ihn in die spiritistischen Zirkel von Paris einführten. 1858 gründete er die erste spiritistische Zeitschrift in Paris, die ›Revue Spirite‹, dann die ›Société Parisienne des études spirites‹ und wurde Verfasser verschiedener spiritistischer Lehrbücher. Seit 1855 hielt er selber spiritistische Sitzungen mit Medien ab. Hippolyte Rivail hat versucht, die Offenbarungen, die ihm von seiten der Bewohner der Geisterwelt durch seine beiden Medien, Madame Bodhi und Mademoiselle Rose, zukamen, zu einem System zusammenzufassen. Dies erfolgte 1857 in seinem ›Livre des Esprits‹, das auch die ›Offenbarungen der Mademoiselle Célina Bequet‹ verarbeitete. Bald folgten weitere Bücher, die eine unerwartete Verbreitung erfuhren und in viele Sprachen übersetzt wurden. Mit der Verbreitung der Schriften Hippolyte Rivails breitete sich auch die spiritistische Praxis in ganz Europa und in der Neuen Welt mit einer unerwarteten Geschwindigkeit aus.

Rivail hat auch die Terminologie des „Spiritismus" geschaffen. Bis dahin benutzte man den Begriff des „Spiritualismus", der den Gegensatz zum Materialismus bezeichnet: Ein „Spiritualist" ist ein Mensch, der an die geistige Natur des Menschen, an den Vorrang des Geistes vor der Materie, glaubt. Aber das bedeutet nicht, sagt Rivail, „daß er auch an die Existenz von Geistern glaubt und daran, daß sie mit der sichtbaren Welt in Verbindung treten können". Menschen, die an die Existenz von Geistern sowie an die Möglichkeit eines Kontaktes zwischen ihnen und den Erdenbewohnern glauben, nennt Rivail „Spiritisten". Die Wissenschaft von dieser Begegnung nennt er „Spiritismus".

Nun waren seine bisherigen Mitteilungen dadurch zustande gekommen, daß sich seiner Auffassung nach Geister von Verstorbenen spontan durch Medien offenbarten. In seiner ›Livre des Médiums‹ aber teilt Kardec seinen Lesern mit, daß man die Geister auch herbeirufen könne. In seinem Buch ›Le Ciel et l'Enfer‹ gibt es mehrere Angaben, wonach herbeigerufene Geister über die Erfahrungen berichtet hätten, die sie nach dem Tod ihrer Leiber gemacht haben sollen. Auf einer dieser Sitzungen teilte ihm ein Geist, sein « esprit protecteur », mit, er, Hippolyte Rivail, sei ihm bereits im alten Gallien unter dem Namen *Allan Kardec* begegnet; von da an führte Hippolyte Rivail den gallischen Namen seiner Präexistenz als literarisches Pseudonym, das in diesem Fall seinem Selbstbewußtsein nach nicht ein Pseudonym, sondern sein eigentlicher Name war. Allan Kardec wurde bald Mittelpunkt eines regelrechten Kultes; er galt als der Prophet seiner Zeit, der endlich die Geheimnisse der Geisterwelt und des Lebens nach dem Tode enthüllte.

Die Verbreitung der Ideen und Praktiken Allan Kardecs erfuhr einen außerordentlichen propagandistischen Auftrieb durch die Tatsache, daß der Erzbischof von Barcelona nach dem Erscheinen spanischer Übersetzungen der Schriften Allan Kardecs eine öffentliche Verbrennung dieser Schriften anordnete. Es kam zum letzten Mal in der spanischen Kirchengeschichte zu einem großen öffentlichen Autodafé. Auf einem öffentlichen Platz wurden die Schriften Kardecs auf einem Scheiterhaufen aufgestapelt; ein Priester, der in der einen Hand ein Kreuz, in der anderen eine brennende Fackel trug, steckte mit dieser Fackel den Scheiterhaufen in Brand. Damals gab es schon eine Presse; zahlreiche Journalisten wohnten dem historischen Ereignis bei. Die Kunde von diesem Schauspiel trug zur Verbreitung der Schriften Kardecs in

Europa, vor allem aber in den südamerikanischen Ländern bei: für die antiklerikalen und freimaurerischen Kreise wurde Allan Kardec zum Vorkämpfer und Märtyrer des sogenannten „wissenschaftlichen Spiritismus". Vor allem in Brasilien haben die Schriften Kardecs in portugiesischer Übersetzung eine ungeheure Verbreitung erfahren. Die Auflageziffer der Schriften Allan Kardecs in Brasilien übertrifft die Auflageziffer der Bibel.

Diese weite Verbreitung des Spiritismus in Brasilien bleibt für einen Europäer unverständlich, wenn man nicht eine andere Tatsache in Betracht zieht: die Tatsache nämlich, daß es eine außerordentlich breite alte spiritistische Tradition in den unteren Volksschichten Brasiliens gibt, in denen die alten afrikanischen und indianischen Religionen mit ihren Geisterkulten bis zum heutigen Tage in ungebrochener Kraft weiterleben. Im Unterschied zu dem Schicksal der Negersklaven auf nordamerikanischem Boden, die ihren afrikanischen Überlieferungen vollständig entfremdet wurden, haben die Neger Brasiliens, deren Nachfahren vor allem im Norden Brasiliens noch heute die Hauptmasse der brasilianischen Bevölkerung bilden, ihre afrikanischen religiösen und kulturellen Traditionen weithin bewahrt, weil sie zum großen Teil auch in der Sklaverei in Gruppen aus denselben heimatlichen Bezirken Afrikas zusammenblieben und weil die Sklaven von ihren portugiesischen Herren viel liberaler behandelt wurden und auch in der Sklaverei ihre heimatlichen Sitten einschließlich ihrer Volkskunst weiterpraktizieren durften. Den Erforschern des brasilianischen Negertums ist es gelungen, die Zusammenhänge der brasilianischen Negerreligionen, die sich unter einer katholischen Camouflage bewahrt haben, mit bestimmten afrikanischen Stammesreligionen nachzuweisen; ja manche alten afrikanischen Lebens- und Kultformen haben sich auf brasilianischem Boden reiner bewahrt als auf afrikanischem Boden, wo infolge der Wanderung der Stämme und der intensiveren Missionierung viele der alten afrikanischen Traditionen stärker verändert wurden, als dies unter den aus Afrika weggeschleppten Negern auf brasilianischem Boden der Fall war.

Dem leistete die Missionsmethode der Portugiesen Vorschub. Die Schichten der indianischen Bevölkerung wie auch der importierten Negerklaven sind durch die portugiesischen Missionare nur oberflächlich christianisiert worden. Die Priester der portugiesischen Mission der Kolonialzeit haben sich die kirchliche Unterweisung dadurch erleichtert, daß sie die alten afrikanischen Göttergestalten durch entsprechende Gestalten christlicher Heiliger ersetzten und damit den Negern den Zugang zur katholischen Kirche ebneten. So hat sich inmitten des katholischen Kultes die alte afrikanische Religion unter christlichem Namen erhalten. Die alte Religion aber war Ahnenkult, und d. h. Geisterkult, da die Geister der Ahnen bei allen wichtigen Gelegenheiten des Lebens durch mediale Priester oder Priesterinnen konsultiert wurden.

Dieser alte Geisterkult hat in den vergangenen Jahrhunderten vielerlei Stufen der Umwandlung erfahren, vor allem erhielt er im 19. Jahrhundert seinen unerwarteten geistigen Auftrieb dadurch, daß er mit dem aus Europa einwandernden „wissenschaftlichen" Spiritismus Allan Kardecscher Prägung in Verbindung kam und sich fortan selber als spiritistisch bezeichnete. Heute ist dieser populäre Spiritismus afrikanischer und indianischer Wurzel, aber mit dem starken Einschlag des modernen Spiritismus, in dem *Umbanda-Kult* repräsentiert.

In den beiden letzten Jahrzehnten ist in diesem Umbanda-Kult eine erstaunliche Entwicklung eingetreten. Im Zusammenhang mit der Ausbreitung eines brasilianischen Nationalbewußtseins, ja Sendungsbewußtseins hat sich der Umbanda-Kult immer mehr zu einer selbständigen Nationalreligion entwickelt und ist heute in ein Stadium eingetreten, in dem er sich bewußt von seiner traditionellen Verbindung mit der katholischen Volksreligion und der katholischen Kirche löst und sich als eigene brasilianische Nationalreligion organisiert, die bereits im Jahr 1956 etwa 8 Millionen Mitglieder umfaßte und die bis zum heutigen Tage beständig anwächst und die Mitgliederzahlen anderer kirchlicher Institutionen bei weitem überflügelt hat. Dieser Umbanda-Kult spielt sich in zahlreichen Kultstätten ab, die den Titel Centros, Cabanas, Tendas oder Terreiros führen, die alle in der Spiritistischen Föderation zusammengeschlossen sind und deren Zahl sich täglich vermehrt.

Heute spricht der Umbanda-Kult nicht nur die negroide und indianische Bevölkerung an, die meistens arm ist, sondern auch viele wohlhabende Gläubige weißer Abstammung. Selbst Akademiker und Mitglieder der höheren Stände besuchen die Umbanda-Terreiros und nehmen an den Kulten der Geisterbeschwörung teil, ja betätigen sich selbst als Medien. Die verschiedenen Terreiros haben in früheren Zeiten eine sehr individuelle Entwicklung je nach der Herkunft ihrer Mitglieder genommen. Heute besteht die Tendenz der Spiritistischen Föderation darin, den ziemlich undisziplinierten Haufen der verschiedenartigen Terreiros zu einer einheitlich geordneten Kultorganisation zusammenzufassen, einheitliche Regeln für die Ausbildung der Medien, für die Ausübung des Kultes, für den Religionsunterricht, für die Information der Anhänger einzuführen und das bunte Chaos der Umbanda-Gemeinschaften, die ganz verschiedene Stufen der Afrikanisierung und der Christianisierung aufweisen, in eine brasilianische 'Volkskirche' mit einer einheitlichen Organisation umzuwandeln und ihre staatliche Anerkennung durchzusetzen.

Der Spiritismus des populären Umbanda-Kultes tritt im öffentlichen Leben Brasiliens viel stärker in Erscheinung als der „wissenschaftliche" Spiritismus der oberen Schichten. Auf allen Märkten finden sich zwischen den Verkaufsständen von Lebensmitteln und Utensilien zahlreiche Stände, die Gegenstände des Umbanda-Kultes verkaufen – kleine und große afrikanische Göttergestalten, die Gipsfiguren der entsprechenden christlichen Heiligen, vor allem des Hl. Georg und des Hl. Hieronymus, Figuren von katholischen Wunderheilern wie dem Padre Reus oder dem Padre Cicero, die im Katholischen Kult ebenso verehrt werden wie im Umbanda-Kult, Räucherkerzen, zahlreiche Heilpflanzen, Ausstattungsstücke für die Umbanda-Priester und die Medien; aber auch in den Straßen finden sich immer wieder solche Umbanda-Läden, deren Verbreitung und hochmoderne Aufmachung auf die Verbreitung des Kultes selber schließen läßt. In allen diesen Läden sind neben den übrigen Kultutensilien regelmäßig auch Schriften Allan Kardecs oder Schriften aus dem Bereich des Kardecianismus neben den besonderen Werbe- und Aufklärungsschriften der Umbanda-Organisationen zum Kauf angeboten. Man kann sicher sein, daß die Inhaber solcher Läden selbst oder ihre Frauen eine führende Stelle in einem Terreiro ihrer Nachbarschaft als Priester oder als Medien spielen. In dem riesigen mehrstöckigen Markt am Hafen von Salvador de Bahia entdeckte ich in einem besonders reich ausgestatteten Umbanda-Stand große Fotos der Ladenbesitzerin, die sie in ihrer kultischen Gewandung als Medium des Oberhauptes der Umbanda in Bahia, des Pai Edu, zusammen mit ihrem Oberpriester darstellt, der im übrigen im Staate Bahia auch eine große politische Rolle spielt.

Der brasilianische Spiritismus kennt zahlreiche Fälle der Heilung. Ich beginne mit solchen Fällen, wie sie in den modernen spiritistischen Kliniken der großen Städte praktiziert werden, die die normalen Einrichtungen einer modernen Klinik aufweisen, in denen aber ein Teil der Krankheiten auf spiritistische Weise behandelt wird. Diese kann darin bestehen, daß sich in besonderen Sitzungen eine Gruppe von Ärzten mit Hilfe von Medien mit „Endidades“ (= Wesenheiten, höheren Wesen), meist verstorbenen Ärzten aus der

Geisterwelt, in Verbindung setzt und von ihnen aufgrund ihrer höheren geistigen Einsicht diagnostische Eröffnungen über den Zustand bestimmter Patienten, aber auch Hinweise auf ihre therapeutische Behandlung erhält. Dies entspricht der Praxis, die sich bereits in den spiritistischen Zweigen des Mesmerismus entwickelt hatte, aus denen Allan Kardec hervorging, ist aber in Brasilien weiterentwickelt und mit einer normalen medizinischen Behandlungsweise und der Verwendung der modernsten klinischen Apparatur verknüpft. Ich war zu einer solchen Sitzung eingeladen, konnte aber nicht teilnehmen, da ich zur selben Zeit meinerseits eine Vorlesung hatte.

Dagegen hatte ich Gelegenheit, an einer anderen Form spiritistischer Heilung teilzunehmen, die sich mit der Behandlung von Fällen der Schizophrenie befaßte. Es handelte sich um solche Fälle, die von den behandelnden Ärzten als Fälle von Besessenheit diagnostiziert waren. Die Behandlung dieser Fälle – es handelte sich um insgesamt 16 Fälle – erfolgte in der Form, daß der die Sitzung leitende Arzt durch drei anwesende Medien die Verbindung mit den Geistern aufzunehmen versuchte, die die betreffenden Patienten besetzt hielten. Die Patienten waren bei der Behandlung nicht anwesend, sondern lagen in ihren Zimmern. Der Name dieser Heilungsmethode ist *desobsessão,* von obsessão, – Besessenheit; desobsessão ist die Rückgängigmachung, Aufhebung der Besessenheit. Die Sitzung fand im sechsten Stock der Klinik statt. In einem großen Zimmer steht in der Mitte ein Tisch, an dem der Leiter der Sitzung, der Präsident der Klinik, ein Protokollant, zwei leitende Ärzte und die drei Medien Platz nehmen, der Wand entlang sitzen einige wenige Zuschauer, außer mir zwei Ärztinnen und der Chefarzt der Klinik.

Der Leiter beginnt mit einer Lesung aus Allan Kardecs Werk ›Das Evangelium nach dem Spiritismus‹, in diesem Fall ein christlicher Text aus Blaise Pascal. Dann folgt ein langes, freies Gebet mit der Anrufung Gottes und Jesu. Hernach versetzen sich die drei Medien in Trance; sie schließen die Augen, halten die Hände vors Gesicht, atmen tief. Nach einiger Zeit tritt die Trance ein; sie fallen vornüber, wobei sie teils mit flachen Händen, teils mit der Faust auf den Tisch schlagen, und richten sich dann langsam wieder auf.

Der Präsident ruft jetzt nacheinander verschiedene „Linien" von Geistern auf. Das Einteilungsprinzip der Geister nach bestimmten „Linien" ist in der brasilianischen Umbanda entwickelt. Dahinter steht eine ganz bestimmte, für den Außenstehenden schwer zu durchschauende Auffassung von der im Geisterreich bestehenden Hierarchie. Insgesamt werden während der Sitzung der « desobsessão » vier Linien von Geistern aufgerufen, unter denen man die Geister vermutet, die die hier zu behandelnden Patienten besessen halten, die « Magos Negros » – die schwarzen Magier –, die die Kranken mit den Mitteln schwarzer Magie verzaubert halten, die *Malfeitores* (Übeltäter), Geister, die den Kranken bestimmte Übel in Form von geistigen und leiblichen Erkrankungen zufügen, die *« Inconscientes »* (die Unbewußten), Geister, die sich unbewußt, ohne Absicht, in einem Kranken eingenistet haben, und die *« Conscientes »* (Bewußten), Geister, die bewußt von einem Kranken Besitz ergriffen haben, um ihn zu schädigen oder zu vernichten.

Der Leiter versucht nun, mit Hilfe der Medien mit den einzelnen Geistern, die von den Kranken Besitz ergriffen haben, in Verbindung zu kommen. Die Geister melden sich in der Reihenfolge der aufgerufenen Linien in den verschiedenen Medien, d. h. sie beginnen durch die Medien zu sprechen. Die Behandlung besteht aus einem seelsorgerlichen Gespräch, das der Leiter mit den durch den Mund der Medien sich bekundenden Geistern führt. Inhalt dieses Gesprächs ist der Versuch, die Geister davon zu überzeugen, daß ihr Aufenthalt in dem von ihnen okkupierten Menschen auf einem Irrtum oder auf einer bösartigen sträflichen Absicht beruht, und sie durch seelsorgerliche Beeinflussung in Gestalt von sittlichen und religiösen Argumenten, durch gütiges Zureden zum Verlassen der Kranken und zur Beendigung der von ihnen hervorgerufenen Störung zu bewegen. Das Gespräch mit den Geistern verläuft sehr angespannt, emotional und dramatisch. Der Leiter wendet sich bald mit beruhigenden, bald mit drohenden, bald mit belehrenden Bewegungen seinen Geisterpartnern zu. Will ein Geist sich nicht überzeugen lassen, auszufahren, so kommt es zu einem regelrechten exorzistischen Ritus.

Die Abfolge der einzelnen Geister-Linien äußerte sich in der höchst individuellen Ausdrucksform, die sich in Mimik, Tonhöhe, Gestikulation, Motorik, emotionalen Äußerungen in dem Verhalten der Medien bemerkbar macht, eine Variation des Ausdrucks, die als eine rein schauspielerische Leistung der einzelnen, nacheinander sich äußernden Medien nicht erklärt werden kann. Die Medien wechselten mit dem Wechsel der Geister, die sich durch sie äußerten, nicht nur die Stimme, den Tonfall, die Körperhaltung, sondern auch die Physiognomie: die Gesichter nahmen ganz veränderte Ausdrucksformen des Mundes, der Augen, der Gesichtszüge an, sie durchliefen auch alle emotionalen Stufen seelischer, geistiger und körperlicher Reaktion. Das alles machte auf mich nicht den Eindruck eines gespielten Theaters, einer einstudierten, durch Gewohnheit fixierten spiritistischen „Rolle“, sondern erschien mir als Äußerung echter Personifikationen.

Besonders auffällig erschien mir der grundsätzlich christliche Inhalt der seelsorgerlichen Gespräche mit den Geistern – immer aufs neue wies der Leiter die Geister auf Gott, unseren Vater und Schöpfer, hin, der den Menschen nach seinem Bild geschaffen hat, er hob die Schuld der Geister hervor, die darin besteht, durch Besitzergreifung von einem Menschen den göttlichen Plan, der diesem Menschen vorgezeichnet ist, zu stören und das Gottesbild zu schänden. Immer wieder bittet er um den Frieden Gottes, und immer wieder weist er auf die Liebe Gottes hin, gegen deren Grundanliegen das Störungswerk der einsitzenden Geister verstößt. Die ganze « desobsessão » schließt mit einem über den Medien gesprochenen Vaterunser. Nach dem Vaterunser erwachen die Medien ziemlich rasch wieder aus ihrem Trancezustand.

Natürlich war es mir nicht möglich, die Heilwirkung dieser Aktion an den Patienten selbst festzustellen, die ja nicht sofort einzutreten braucht, sondern sich in einem längeren oder kürzeren Prozeß der Genesung zu äußern pflegt. Die Klinik veröffentlicht aber eine Wochenzeitschrift mit dem Titel: « desobsessão », in denen sie die ärztlich nachgeprüften und über eine bestimmte Zeit hin nachkontrollierten spiritistischen Heilungserfolge veröffentlicht.

Machen sich in diesem „wissenschaftlichen" Spiritismus die Umbanda-Traditionen der Heilung nur in der Beibehaltung der alten umbandistischen Auffassung von der Hierarchie des Geisterreiches bemerkbar, so waren diese Einwirkungen der Umbanda noch sehr viel deutlicher in einem Heilungsgottesdienst bemerkbar, der in einem Gemeindehaus der spiritistischen „Bruderschaft der Ritter des Heiligen Georg" (« Fraternidade Espiritualista Cavaleiros de São Jorge ») stattfand.

Den Mittelpunkt des Ordenshauses bildete ein großer zentraler Gottesdienstraum. In dem vorderen Teil saßen in gespannter Erwartung dicht gedrängt Hunderte von Gläubigen, Männer, Frauen und Kinder in spürbarer Erwartung. Die Rückwand des Altarraums bedeckte ein hell angestrahltes Gemälde, es zeigt die überlebensgroße Gestalt der Meeresgöttin Yemanja, eine Meerjungfrau mit Fischschwanz, die in der Umbanda-Religion mit der Jungfrau Maria, der stella maris identifiziert wird. Zur Rechten erscheint vom Himmel herab der hl. Georg, hoch zu Roß, mit erhobener Lanze, den besiegten Drachen zu seinen Füßen, hinter ihm das mutig heransprengende Heer der Ritter des hl. Georg. In der Mitte erschien in grünfarbener Umrandung das dreieckige 'Auge Gottes'. Vor dem Bild der Rückwand fand sich ein Räucheraltar. Rechts und links dem Altarraum entlang standen in tiefstem Schweigen je 5 Gruppen von Medien. Jede dieser Gruppen bestand aus je drei Medien in langen weißen Kleidern mit roten Borten um Hals und Ärmel, jeweils zwei weiblichen und einem männlichen Medium. Die drei Medien gruppierten sich jeweils um einen Stuhl mit hoher Rücklehne, auf dem ein heilungsuchender Angehöriger der Gemeinde Platz nahm, zwei weibliche Medien rechts und links, das männliche Medium hinter dem Rücken des Patienten. Es handelte sich, wie mir bereits der Leiter mitgeteilt hatte, um eine Bruderschaft, die sich offenbar aus den höheren sozialen Schichten der Stadt zusammensetzte; man sah nur gutgekleidete Damen, Herren und Kinder, offensichtlich portugiesischer oder deutscher Herkunft, keine Schwarzen. Der Leiter hatte mir auch bereits angedeutet, daß sie die afrikanischen Traditionen nicht akzeptierten. Trotzdem war auch hier das entscheidende Merkmal der Umbanda-Heilung beibehalten: nämlich das Abstreichen der Krankheit vom Körper durch magnetische Striche dem Kopf, dem Nacken, der Schulter, dem Oberkörper entlang und das eigentümlich schnalzende Abschütteln der Krankheitskräfte durch ein Wegschlenkern der Hände nach rechts und links.

Was sich hier abspielte, war ein allgemeiner Gemeindegottesdienst mit Heilzwecken, der nicht auf eine Spezialbehandlung von bestimmten schweren Krankheitsfällen abgestellt war, sondern dem einzelnen Gemeindeglied Gelegenheit gab, sich sozusagen auf spiritistischem Weg von schädlichen Krankheitskräften entschlacken zu lassen. Die Einzelbehandlung dauerte nur wenige Minuten, die Inhaber der einzelnen Stühle wechselten rasch aufeinander und begaben sich dann durch eine Tür links von der Altarwand in einen Nebenraum, wo ihnen ein Täßchen Kaffee kredenzt wurde und sich die

Gruppen zu privaten Gesprächen zusammenfanden. In dem religiösen Bewußtsein der Mitglieder der Bruderschaft wird zwischen der moralischen und gesundheitlichen Wirkung dieser Befreiung von bösen Kräften nicht unterschieden – für die meisten wird wohl der Nachdruck auf der Erwartung einer heilenden Wirkung im physischen Bereich liegen. Wie ich erfuhr, kommen häufig auch Fälle einer auffälligen Heilung an Ort und Stelle in Form des Verschwindens von sichtbaren Krankheitssymptomen während der Bestreichung durch die Medien vor. Ich selber konnte nur eine allgemein gelöste, heitere und herzliche Stimmung unter den Besuchern feststellen, die nach der Zeremonie ihren cafecito tranken.

Eine ähnliche Heilungsszene hatte ich bereits einige Wochen früher in der Stadt Cali in Columbien erlebt, allerdings in einem andersartigen sozialen Milieu. Dort bemerkte ich in einem Elendsviertel (Barrio) in einer Vorstadt gegenüber dem staatlichen Centro Social eine niedere Bude, mit Bambusstangen und Wellblechplatten abgedeckt, mit der anspruchsvollen Inschrift: « Centro espirita mondial ». Der niedere Raum war von Menschen überfüllt, die offensichtlich allen Schichten und Rassen entstammten: alte verhutzelte Indianerinnen, Negermammies in grellbunten Blusen, elegante junge Frauen von spanisch-europäischem Typ, altersgebeugte Indios und elegante ältere weiße Herren in maßgeschneidertem Tropenanzug. An der Wand stand eine Bank, auf der eine dicke rothaarige Frau kniete, die aus einem Büchlein in liturgischem Sprechgesang Gebete vorliest, in denen Christus, die Jungfrau Maria, die Heiligen angerufen werden. Die Wartenden stimmen in die Gebete ein, sobald allgemein bekannte Gebetstexte wie das ›Vaterunser‹ oder das ›Ave Maria‹ wiederkehren. An den Wänden finden sich lauter Christusbilder, nicht nur die katholische Darstellung des Christus mit dem blutenden Herzen, sondern auch die blonde, athletische Christusfigur, wie sie sich in amerikanischen Baptistenkirchen findet.

Im Hintergrund der überfüllten Hütte steht der Heiler, ein Mann in mittlerem Alter, in offensichtlichem Trance-Zustand, die Augen geschlossen, die Wangen zitternd, völlig nach innen gekehrt in einem somnambulen Zustand, da er auch die Augen nicht öffnet, wenn ein neuer Besucher vor ihn hintritt. In diesem Zustand tastet er mit seinen Händen jeden Besucher ab, der sich vor ihn hinstellt. Die Hände streichen in einer geringen Entfernung vom Körper den Leib des Besuchers entlang, verweilen dann je nach dem bei dem offenbar besonders erspürten kranken Organ und streichen dem betreffenden Organ mit besonderer Intensität entlang. Dann macht der Heiler mit den Händen eine wegschlenkernde Geste, um die weggestrichenen Krankheitswellen wegzuschleudern, wobei es zu einem schnalzenden Geräusch der aufeinanderschlagenden Finger kam. Eine besondere Technik war eine Art von zitterndem Trommeln der Finger beider Hände auf bestimmte Stellen des Kopfes, des Nackens, der Schulter, auch dies von wegschlenkernden Bewegungen unterbrochen. Den Schluß der Behandlung bildete eine Bewegung, bei der der Heiler beide Arme hoch erhob, über seinem Kopf eine Art von segnendem Kreuzeszeichen machte, dieses Zeichen dann etwas tiefer vor seiner Brust wiederholte, dann aufs neue beide Arme zu einer Art Bekreuzigung über dem Kopf des Patienten erhob und dann mit einem kurzen unartikulierten Laut die Streich-Praxis beendete. Sofort trat ein anderer Patient an seine Stelle, an dem der Heiler, ohne Pause und Frage oder ein Wort der Information und ohne seinen Trancezustand zu unterbrechen, mit seinen Streichungen wieder begann.

Im Hintergrund der dunklen Hütte wurde dann die spiritistische Behandlung durch eine pharmazeutische ergänzt – dort saß eine Alte, die auf Befragen auf ein Stück Packpapier Rezepte auf bestimmte Heilkräuter ausstellte, die man dann bei einer Negerin in dem anschließenden Korridor kaufen konnte. Sie hatte einen langen Tisch voll von Heilkräutern und Tees vor sich. Offensichtlich wirken in dem populären Spiritismus genauso wie in dem Umbanda-Spiritismus alte pharmazeutische Praktiken der afrikanischen und indianischen Volksmedizin mit der spiritistischen Heilpraktik zusammen.

Die reinsten afrikanischen Traditionen haben sich noch in dem *Candomblé* erhalten, ein Kultus, der vor allem in Nordbrasilien noch unter der einfachen Bevölkerung praktiziert wird. Ich hatte Gelegenheit, in Recife einer Nachtsitzung des Candomblé beizuwohnen. Als wir nachts um 9 Uhr ankamen, hatte das Kultfest bereits begonnen. An einem niederen Haus hingen Trauben von Menschen vor allen Fenstern, aus denen ein hinreißender Trommelrhythmus drang. Ein Türhüter winkte uns in den vollgedrängten, überhitzten, von tanzenden Leibern erfüllten Raum. Auch hier fand sich an der Frontseite ein großes Gemälde der Yemanja, der Meeresgöttin mit langem Fischleib, aus dem Meer auftauchend, mit erhobenem Zeigefinger und dem Gruß: „Friede sei mit euch!" Rechts und links an der Wand hingen Fotografien der früheren Leiter des Terreiros. Vor dem Bild der Yemanja saß eine Gruppe von drei Trommlern, von denen jeder eine der großen afrikanischen Trommeln (Atabaques) bearbeitete, neben ihnen betätigte ein vierter Musiker ein Rasselinstrument, einen mit Perlenketten bespannten Kürbis, oder schlug den Takt auf einer Metallröhre. Die Trommler trommelten sich das Herz aus dem Leibe, waren mit voller Ergriffenheit bei ihrem Spiel und spielten ohne Erschöpfung stundenlang in einer lachenden Ekstase. Die Tanzenden bildeten keine einheitlich geschlossene Gruppe. Zuschauer, die sich der Wand entlang quetschten, und die Tanzenden in der Mitte wechselten sich ständig ab. Die Fläche war aber immer von Tanzenden völlig ausgefüllt; der brodelnde Kreisel in der Mitte zog wie der Mahlstrom immer neue Zuschauer in sich hinein.

Die Menschen im Saal, der einen festgestampften Erdfußboden hatte, wie das die alte Tradition der Terreiros verlangt, setzten sich aus allen Altersklassen und sozialen Schichten zusammen. Die Mehrzahl waren dunkelhäutige Brasilianer, es gab aber auch viele weiße Gesichter. Unter den Tanzenden hoben sich einige Figuren besonders ab. Da waren die Medien, ältere Negerfrauen, die sich mehr in der Mitte des Tanzgewoges bewegten, mit langen weißen buntbestickten Röcken und Blusen und Häubchen, alle Stickereien in bestimmten Farben, die in symbolischer Beziehung zu den bestimmten Göttern (exus) stehen, die sich in ihnen inkorporieren. In dem Tanz der Medien realisiert sich der Tanz der Götter und Geister, die von ihnen Besitz ergriffen haben.

Solche Besitzergreifungen durch die exus kommen während des Tanzes immer wieder vor. Ein Mann neben mir, dessen irrer Blick mir auffällt, fängt plötzlich an, wilder zu tanzen und stürzt mit einem Schrei vor dem Zeremonienmeister zu Boden. Dieser winkt, und zwei Männer drängen sich herbei, ziehen dem Liegenden die Schuhe aus, krempeln ihm die Hosenbeine hoch bis zum Knie und richten ihn auf. Jetzt fängt der vom exu Ergriffene an, wie rasend herumzutanzen, vor allem unmittelbar vor den Trommlern, und stürzt sich dann auf einzelne Tanzende, an denen er seine ihm nunmehr innewohnende Heilwirkung ausübt: er umarmt sie rechts und links, streicht ihnen mit der Hand über Kopf und Hals, Schulter, Oberkörper, kniet nieder, streicht die Hüften und Beine entlang, steht auf, macht schnalzende Bewegungen mit den Fingern und schlenkert die abgestreiften Krankheitsgifte nach oben in die Luft zum Fenster hinaus. Dies wiederholt sich in kurzen Abständen mit immer neuen Tanzenden, die sich dies ohne Widerspruch gefallen lassen und dabei auf der Stelle weitertanzen.

Inzwischen gerät auch ein anderer Mittänzer in den Zustand der Besessenheit durch einen exu, ein Mulatte in rotem

Hemd und gelben Hosen, der gleichfalls anfängt, in ekstatischen Tanzbewegungen den Oberkörper hin- und herzuwerfen, den Kopf nach vorn und hinten zu schlagen, vor einzelnen Tanzenden sich auf den Boden zu werfen und sie zu bestreichen. Seine Ekstase erreicht einen Punkt, an dem er wie wild um sich schlägt. Auf ein Zeichen des Leiters hin packen ihn einige Männer, halten ihn fest; einer wirft ihm ein Tuch über den Kopf, unter das er auch seinen eigenen Kopf steckt, und schließlich wird der Ekstatiker steif wie ein Brett aufrecht hinausgetragen.

Das Vorherrschen der alten afrikanischen Traditionen kommt auch in der Sprache zum Ausdruck. Die Tanzenden singen zu den Rhythmen der Trommler Lieder in der Nagõ-Sprache, ursprünglich der Sprache eines Bantu-Stammes, die sich unter den nach Brasilien verschleppten Negern als Kultsprache durchsetzte. Auch andere archaische Elemente haben sich im Candomblé erhalten. So war dem Tanz eine Opferung von Tieren zur Einweihung von Medien vorangegangen. In einem Nebenraum lagen getötete Hähne und Stücke von Ziegen. Das Fleisch und Blut stank in der Hitze. In einem weiteren verschlossenen Raum hinter dem Opferraum standen die Götterbilder, denen Opfergaben dargebracht wurden. Den Raum mit den Götterbildern durfte man aber nicht betreten, „weil die Götter jetzt essen". Das Fest, das oft bis 3 Uhr morgens dauert, endet mit einem gemeinsamen Mahl der Teilnehmer, bei dem die Opferspeisen verzehrt werden.

Dank der Vermittlung eines brasilianischen Freundes konnte ich in Salvador de Bahia die Oberpriesterin der Candomblé von Bahia besuchen, die einen französischen, bürgerlichen Namen hat und in einer alten Eingeborenen-Gegend von Bahia wohnt. Es empfing uns zunächst ihre Tochter, eine akademisch ausgebildete praktizierende Ärztin, die sich auf die Nachfolge ihrer Mutter im Amt der Leiterin des Candomblé vorbereitet. Sie führte uns in den Terrero, der an der

Vorderwand im Osten einen grünbezogenen Sessel aufwies, den Ehrenplatz, den die Menininha (kleine Mutter, Mütterchen) während des Kultes einnimmt. Rechts davon ist ein Bild der Yemanja als Meeresjungfrau, links von ihr der hl. Georg hoch zu Roß, mit dem Speer den Drachen durchbohrend, links von dem Mittelthron der hl. Hieronymus mit dem Löwen, der dem afrikanischen Gewittergott entspricht, rechts daneben der hl. Rochus mit der Beule auf dem Oberschenkel und dem Hund zu seinen Füßen, in der linken Ecke der hl. Lazarus, dessen Schwären die Hunde lecken.

Dann werden wir ins Zimmer der Menininha geführt. Sie sitzt feierlich wie eine Statue, eine wahre Hohepriesterin, mit ihren priesterlichen Gewändern angetan, einer gestickten weißen Bluse und einem weißen Rock, die Arme mit goldenen Ringen geschmückt. Sie ist 81 Jahre alt und sehr wohlbeleibt, ihre Stimme ist sanft, sanft auch ihr Lächeln. Sie erzählt, sie sei Trägerin der priesterlichen Tradition des Candomblé, die in ihrer Familie seit ihrer Urgroßmutter erblich ist. Es gäbe mindestens 1000 Terreros in Salvador, aber die Tradition ihres Terreros sei die älteste und werde nur mündlich überliefert; es gebe keinerlei schriftliche Aufzeichnung; eine solche sei sogar ausdrücklich verboten. Spontan kam sie auf ihre Stellung zur katholischen Kirche zu sprechen: sie lege in ihrem Terrero Wert darauf, daß nur getaufte Christen am Candomblé-Kultus teilnehmen, auch dürfen Weihegrade ihres Kultus nur an getaufte Christen verliehen werden, was bedeutet, daß auch die ordinierten Medien getaufte Christen sind. Sie erklärt uns dann die Bedeutung der katholischen Heiligen, deren Bilder an der Wand hängen: für sie sind die afrikanischen Götter identisch mit den entsprechenden christlichen Heiligen: es ist jeweils derselbe Gott unter verschiedenen Namen: Hieronymus ist Gewittergott, Lazarus ist Sturmgott, der hl. Georg ist Jagdgott. Die Götter tanzen gern, jeder hat seinen besonderen Tanzrhythmus. Wenn dieser

Rhythmus auf der Trommel geschlagen wird, kommen die Götter, ergreifen Besitz von den Medien und tanzen in den Leibern der Medien. Menininha singt uns dann einen Joruba-Hymnus vor, in dem Gott-Vater, Gott-Sohn und Gott-Heiliger Geist mit ihren afrikanischen Namen angerufen werden. Sie behauptet, die echte afrikanische Joruba-Tradition zu besitzen, im Gegensatz zu modernen Formen der Umbanda. Beim Abschied erzählt sie uns scherzend, ihr christlicher Taufname sei Scholastica, der Name der Schwester des hl. Benedikt; an ihrem Namenstage lasse sie daher immer eine Messe in der Kirche des hl. Benedikt lesen.

Es wäre unrecht, diese Überlagerung der afrikanischen durch katholische Traditionen als Tarnung zu bezeichnen: was sich in Brasilien vollzieht, ist ein religionsgeschichtlich einzigartiger Vorgang: während sonst in der Geschichte der christlichen Mission die alten heidnischen Schichten vollständig ausgerottet oder unterdrückt wurden, hat in Brasilien eine eigentümliche Überlagerung der verschiedenen religiösen Schichten stattgefunden, die zu einem einzigartigen Prozeß der Akkulturation geführt hat. An Stelle der Ausrottung und Verdrängung der älteren Schichten tritt ein Prozeß des *Aufstiegs* dieser älteren Schichten in höhere Stufen des religiösen Bewußtseins, in denen sich das Alte und das Neue in ganz verschiedenen Formen und Dichtigkeitsgraden vermischen und verwandeln. So kommt es gerade in Brasilien zu dem merkwürdigen Phänomen, daß sich unter und neben den traditionellen Formen katholischen und protestantischen Christentums eine neue Volksreligion entwickelt, in der gerade ein Kennzeichen der älteren religiösen Schicht, nämlich die Verbindung mit der Geisterwelt und die Heilung, eine maßgebliche Rolle spielt.

Man sollte nicht übersehen, daß die spiritistischen Praktiken sich darauf berufen können, eine Lücke in der traditionellen christlichen Glaubenswelt auszufüllen. In den christlichen

Kirchen ist das Charisma der Heilung, das in den ersten Jahrhunderten eine entscheidende Rolle spielte, fast ganz verlorengegangen; sogar der letzte Rest der kirchlichen Heilungspraxis, die Ausübung des Exorzismus, wurde im Zeitalter der Aufklärung untersagt. Ebenso steht es mit den Aussagen über die jenseitige Welt. In der Zeit der alten Kirche waren die Gläubigen noch auf das unmittelbar bevorstehende Kommen des Gottesreiches eingestellt. Mit dem Ausbleiben der Parusie verwandelte sich die Naherwartung des Gottesreiches in eine Lehre von den letzten Dingen, die in ihrer praktischen Bedeutung für das religiöse Leben immer mehr verblaßte.

Nun werden aber gerade die Fragen das Leben nach dem Tode betreffend und nach der Verbindung mit der jenseitigen Welt überall dort unmittelbar aktuell, wo der Tod den Einzelnen vor die Frage seines Schicksales nach dem Tode stellt oder wo der Tod ein enges Verhältnis zwischen Menschen – Verwandten, Ehegatten, Liebenden, Freunden – zerreißt und sich für den Überlebenden ganz spontan die Frage nach der Weiterführung dieser das bisherige Leben beherrschenden persönlichen Beziehungen zu den Verstorbenen stellt.

Der weitgehende Verzicht der Kirchenlehre auf eine Auskunft über diesen Bereich, ja die betonte Abwendung der Theologie von dieser ganzen Sphäre des Jenseits unter dem Einfluß des modernen Säkularismus kann leicht den Anstoß dazu geben, in einem bereits von spiritistischen Kulten erfüllten Milieu die spiritistischen Lehren und Praktiken zu Hilfe zu nehmen, um diesen Mangel zu beheben und dieses Vakuum mit konkreten Anschauungen und Hoffnungen zu erfüllen. Das Problem des brasilianischen Spiritismus ist also gerade im Hinblick auf seinen Anspruch der Christlichkeit vielschichtiger, als es auf den ersten Blick zu sein scheint und läßt sich nicht durch den Hinweis abtun, es handle sich um ein folkloristisches Randphänomen des Karnevals von Rio.

Summary

The article intends to give a preliminary report on field studies, achieved in some districts of Brazil (Rio Grande do Sul, Parana, São Paulo and Bahia). It deals with some modern healing methods in Brasilian spiritism. Modern spiritism in Brazil derives from French "scientific spiritism", founded by Hippolyte Denisard Rivail (celtic pseudonym: Allan Kardec), a disciple of J. H. Pestalozzi. In Paris A. Kardec was deeply impressed by Anton Mesmers' theory on animal magnetism and the organizing of mediumistic 'seances'. In 19th century Kardec's Spiritualism spread rapidly in Brazil, at the same time, when A. Comte's Positivism was penetrating into the country.

The wide extension of a spiritistic movement in Brazil was supported by the fact, that an older popular spiritistic movement existed, based on the older African and Indian ancester-cults, still living in the lower classes of the people. This kind of chtonic spiritistic cults is till now alive under a roman-catholic camouflage, called Umbanda (Candomblé).

So 'scientific' spiritism of western style, generally spread in the higher classes, has given some impulses to revival of the Umbanda cult, which understands itself today as a 'spiritistic' movement. It is nowadays organizing itself as an independent Brazilian popular religion with its regular 'ecclesiastical' institutions.

One of the main activities of the higher spiritism as well as of the Umbanda-cults is the 'healing'. The author describes his personal observations of different types of spiritistic healing, f. e. in a modern spiritistic hospital and participating in a meeting of an Umbanda fraternity (the Cavaleiros de São Jorge) and Candomblé (North of Brazil). The article ends with a short report on the author's visit in the 'terreiro' of the high priestess of Candomblé (Salvador de Bahia).

ASPEKTE DER SÜDAMERIKANISCHEN BEFREIUNGSTHEOLOGIE

Von Peter Antes

„Religionswandel der Gegenwart“ heißt ein maßgebliches Stichwort dieses Bandes, und es muß überraschen, daß in diesem Zusammenhang vom Katholizismus die Rede sein soll. Kann man wirklich von einem Wandel des Katholizismus in der Gegenwart sprechen, weil mutatio auch ihn mit seiner „philosophia perennis“ erfaßt hätte? Manches deutet in der Tat darauf hin. Die entscheidende mutatio aber vollzieht sich offenbar durch den Verlust einer bisherigen, angeblichen Einheit. Nationale und regionale Theologien scheinen den Rahmen einer einzigen Theologie für alle zu sprengen. Während das II. Vatikanische Konzil (1962–65) eine indische, japanische, afrikanische Theologie usw. forderte, schloß Papst Paul VI. die Bischofssynode 1974 in Rom mit einem Aufruf zur Einheit, die vor der Vielheit Vorrang habe.

Die erwähnte Einheit ist aber in diesem Jahrhundert bei weitem weniger uniform zutage getreten, als dies in den neueren Aufrufen zur Einheit den Anschein hat. So hat z. B. das II. Vatikanische Konzil durch die Anwesenheit der mit Rom unierten Bischöfe des Orients erneut die oft vergessene Tatsache bewußt gemacht, daß die katholische Kirche nicht mit der lateinischen identisch ist, woraus sich eine selten erwähnte Vielheit der katholischen Kirche bis in die Liturgie hinein ergibt. Aber auch innerhalb der lateinischen Kirche gibt es seit einigen Jahrzehnten in Frankreich die sog. « Nouvelle Théologie », die eine ganz bestimmte Spiritualität betont und sich für ein starkes politisches Engagement der Christen in der Welt einsetzt. Letzteres bewirkten vor allem der Philosoph Jacques Maritain (1882–1973) [1] und für den sog. Linkskatholizismus Emmanuel Mounier (1905–1950). Auch die deutsche Theologie setzte durch historische Fragestellungen neue Akzente. Ähnliches gilt inzwischen für die anglo-amerikanische und die spanische Theologie. Zum Problem wurde diese Vielfalt jedoch erst, seit sie auch außerhalb Europas im Bereich der lateinischen Kirche die gewünschte Einheit der Lehre bedroht.

Als erste bedeutende Theologie, die historisch außerhalb Europas entstanden ist, muß wohl die Theologie der Befreiung gelten. Die lateinamerikanische Bischofskonferenz von Medellín im Jahre 1968 rief sie ins Leben, und seither finden sich viele südamerikanische Theologen, die sie systematisieren und kommentieren. Bevor diese Theologen zu Wort kommen, soll der eigenartige Beginn der Befreiungstheologie in doppelter Hinsicht angesprochen werden:

Es ist zunächst das für die neuere Kirchengeschichte ungewöhnliche Ereignis, daß eine Bischofskonferenz eine neue Theologie initiiert, die sich zu einer kontinentalen Bewegung ausweitet, und zum andern die Tatsache, daß dieses kontinentale Bewußtsein selbst ein Ergebnis dieser lateinamerikanischen Bischofskonferenz (CELAM) ist. Die traditionellen Nationalismen, die politisch in den einzelnen Ländern Südamerikas neuerdings noch zunehmen, wurden im kirchlichen Bereich durch die Bischofskonferenz zugunsten eines kontinentalen Zusammengehörigkeitsgefühls weitgehend überwunden.

Theologisch findet dieses kontinentale Bewußtsein in der Erwartung der Befreiung seinen Ausdruck. „Die Theologie der Befreiung ist eine Theologie des Heils in den konkreten,

[1] Es wäre sicher lohnend, die Reden und Enzykliken Pauls VI. auf ihre Abhängigkeit von Maritains Gedankengut hin zu untersuchen.

historischen und politischen Lebensbedingungen von heute", definiert der wohl bekannteste Theologe Gustavo Gutiérrez.[2] Dieser unmittelbare Bezug zum Hier und Heute setzt eine lateinamerikanische Wirklichkeit voraus, die alle Staaten dieses Kontinents in ähnlicher Unterentwicklung und wirtschaftlicher Abhängigkeit vom Kapitalismus nordamerikanischer bzw. westeuropäischer Prägung begreift. Im Gegensatz zur offiziellen Politik der einzelnen Staaten Südamerikas erkennt diese Theologie keine unabhängige brasilianische, chilenische oder peruanische Problematik an, sondern sie ordnet all dies in den großen Komplex kontinentaler Unterentwicklung und kapitalistischer Machtstrukturen ein.[3] Da der ganze Mensch befreit werden soll, muß nach dem „Heil in den konkreten, historischen und politischen Lebensbedingungen von heute" [4] gesucht werden. Daraus ergeben sich für uns drei Bereiche, die hier durch fünf Thesen angesprochen und erläutert werden sollen.

I. Die Heilsgeschichte

1. Christ-Sein ist die ideale Form von Mensch-Sein. „Erlösung" darf nicht als Erwartung eines jenseitigen „Heiles" mißverstanden, sondern muß als ganzheitliche und folglich auch politische und ökonomische „Befreiung" begriffen werden. Sie ist nur als Befreiung aller denkbar und läßt keinen Raum für individuell erstrebtes Heil. Deshalb kann Gutiérrez sagen:

[2] Fe cristiana y cambio social en América latina. Encuentro de El Escorial 1972. Instituto Fe y Secularidad. Salamanca (Sígueme) 1973 (im folgenden zit. als « Fe cristiana »), S. 245.

[3] Zu Lateinamerika im allgemeinen vgl. den hervorragenden Band aus Fischer-Länderkunde Bd. 7: Lateinamerika, hrsg. von G. Sandner u. H.-S. Steger. 1973.

[4] Fe cristiana, S. 245.

„Radikalität und Totalität des Heilsprozesses fordern dieses Ineinander von Befreiung und Erlösung. Denn nichts bleibt vom Heilswerk unberührt. Die Tat Christi und die Gabe des Geistes umgreifen alles. So gewinnt die menschliche Geschichte ihre tiefe Einheit. Wer den Begriff des Heils beeinträchtigt, das sind vor allem diejenigen, die die Erlösung auf das bloß ‚Religiöse' einengen und nicht mehr seine umfassende Weite sehen. Das sind diejenigen, die der Meinung sind, das Werk Christi erreiche die gesellschaftliche Ordnung, in der wir leben, nur im Gegenschlag und von der Seite und nicht von der Wurzel her, um sie in Frage zu stellen. Das sind diejenigen, die – in der Absicht, das Heil zu schützen (oder eigene Interessen zu verteidigen ...) – es von dort fernhalten, wo der Puls der Geschichte schlägt und wo Menschen und soziale Klassen kämpfen, um sich von Sklaverei und Unterdrückung zu befreien, in die sie andere Menschen und andere soziale Klassen gestürzt haben. Das sind diejenigen, die es für unmöglich halten, daß die erlösende Tat Christi eine radikale Befreiung von allem Elend, aller Ausbeutung und aller Entfremdung ist. Das sind diejenigen, die – in der Absicht, das Werk Christi zu ‚retten' – es zugrunde richten.

In Christus und kraft des Geistes gelangt der Befreiungsprozeß mit all seinen Aspekten zu seinem vollen Sinn." [5]

Begriffe wie Heil, Erlösung und Befreiung erhalten folgerichtig eine konkret diesseitige Assoziation und dienen nicht als Tarnung für Weltflucht. Bleibt tatsächlich nichts „vom Heilswerk unberührt", so kann das Heil sich nur gemeinschaftlich und erst durch die Gemeinschaft für den einzelnen ereignen und nicht umgekehrt. Damit rühren wir indirekt an einen Schlüsselbegriff der südamerikanischen Theologie: den des « pueblo », des Volkes.

„Mehr als den Sozialismus", sagt Joseph Comblin,[6] „mehr als den sozioökonomischen Wandel, mehr als die Demokratie, mehr als die Gerechtigkeit sucht die lateinamerikanische Revolution den Ausdruck, die Bestätigung und die Anerkennung des Volkes als Volk. Man sollte einmal die historisch-sozio-kulturelle Analyse dieses Begriffes ‚Volk' machen, der in anderen Erdteilen keine Entsprechung hat. In Lateinamerika ist Freiheit die Existenz des Volkes, die Anerkennung des Volkes in der Nation."

[5] G. Gutiérrez, Theologie der Befreiung. 1973, S. 172.

[6] Fe cristiana, S. 103.

Die Forderungen der verschiedenen Reformbewegungen scheinen stets dieser Intention zu entsprechen, wenn es darum geht, den Imperialisten die Bodenschätze durch Verstaatlichung und den Großgrundbesitzern die Erträge der Landwirtschaft durch Landreform zu entreißen. Denn „befreien heißt, dem Volk sein Land geben, sein Land ihm zurückgeben".[7] Selbst der militärische « populismo », des Heeres Berufung zur Politik in neuester Zeit, scheint an diese Vorstellung vom Volk anzuknüpfen. In der Theologie findet das „Volk" rasch seine Entsprechung im „auserwählten Volk" der Bibel, im alttestamentlichen Volk Israel.

2. Dies macht deutlich, weshalb Israel zum Vorbild des lateinamerikanischen « pueblo » wird, und dem Hier und Heute des « pueblo » entsprechend, sucht man die Parallele im Israel während der Knechtschaft in Ägypten. Der Glaube an Gott war im Israel der biblischen Zeit stets der Glaube an den Gott, der Israel aus der Knechtschaft in Ägypten befreit hat. Es ist ein Gott, dessen Wirken geschichtlich, und zwar heils-geschichtlich ist.

Die Kirchengeschichte des abendländischen Christentums kennt zahlreiche Beispiele einer Erwartung der Parusie oder des tausendjährigen Friedensreiches in der Geschichte. Vielleicht sind gerade deshalb und aufgrund der tragischen Konsequenzen solcher Erwartungen europäische Theologen am wenigsten geneigt, diesen Aspekt für ihre Theologie aufzugreifen. Ein Vermittlungsvorschlag könnte sein, zu prüfen, inwieweit Christus in dieser Linie alttestamentlicher Prophetentradition, die primär auf die Befreiung des Menschen und die soziale Gerechtigkeit ausgerichtet ist, gesehen und interpretiert werden kann und darf. Während die deutsche Theologie sehr stark die Andersartigkeit Christi und damit seinen grundsätzlichen Unterschied zum AT betont, geht bisweilen die Gleichsetzung bei den Südamerikanern so weit, daß man den Eindruck gewinnt: man

[7] Fe cristiana, S. 103.

sagt Jesus und meint Moses.[8] Völlig alttestamentlich ist, wenn Gutiérrez die christliche Armut als Ausdruck von Liebe mit „Solidarität mit den Armen und Protest gegen die Armut" [9] gleichsetzt.

II. Das Gottes- und Menschenbild

3. Zentrale Bedeutung hat folglich für diese wie für jede christliche Theologie Jesus Christus, der hier als „Retter (Befreier) von der Sünde und allen ihren persönlichen und sozialen Konsequenzen" [10] gesehen wird. Es gehört zweifellos zur Besonderheit der lateinamerikanischen Befreiungstheologie, daß man neben den persönlichen auch „soziale Konsequenzen" [11] bei der Sünde annimmt. Es gibt, wie P. Hünermann feststellt,[12] „so etwas wie objektivierte Sünde, gesellschaftlich verfaßte Widergöttlichkeit". Sie findet sich nach Pironio in der ungerechten Abhängigkeit.

„Es bestehen ungerechte Strukturen – schuldhaft von machtgierigen Gruppen aufrechterhalten –, welche vielen den Zugang zur Kultur und die Partizipation in der Politik verwehren und eine bessere Verteilung der Güter der Natur verhindern." [13]

[8] Solche Versuche, Jesus aus der Sicht des AT zu verstehen, werden neuerdings in Spanien gemacht. Vgl. José María Díez-Alegría¡ Yo creo en la esperanza . . .! Bilbao 1972, S. 61 ff. – Javier Dominguez¡ Yo creo en la justicia! Bilbao 1973, S. 35 ff. und Enrique Miret Magdalena, Catolicismo para mañana. Bilbao 1974, S. 239 ff. [Die genannten Bändchen sind die Bände 3–5 der Reihe: El Credo que ha dado sentido a mi vida.] – Zu Moses vgl. vor allem die Diss. von G. del Olmo Lete, La vocación del líder en el Antiguo Testamento. Salamanca (Univ. pontificia) 1973.

[9] Gutiérrez, S. 283.

[10] Fe cristiana, S. 155.

[11] Fe cristiana, S. 155.

[12] Gott im Aufbruch. Die Provokation der lateinamerikanischen Theologie, hrsg. u. eingel. von Peter Hünermann und Gerd-Dieter Fischer. 1974, S. 18 f.

[13] Gott im Aufbruch, S. 47.

Es ist in der Tat der „Egoismus, welcher Ungerechtigkeit, Knechtschaft und Abhängigkeit hervorbringt".[14]

Das ist eine ganz andere Sicht der Institution als die, die wir durch die bekannte Diskussion um Röm. 13, 1–7 kennen. Hier ist im Gegensatz zu dieser Diskussion von Institutionen und Machtstrukturen die Rede, die selbst Produkte sündhaften Denkens sind, eines Denkens, das die Sklaverei und die Abhängigkeit, die Herrschaft des Menschen über den Menschen will und fördert. Wer zum Glauben kommt, entschließt sich zur Nachfolge Christi, muß deshalb den eigenen Totalitätsanspruch aufgeben und den anderen ernstnehmen. Sein eigenes Handeln muß er in den Dienst der Befreiung stellen, und zwar nicht nach seinen Plänen, sondern so, wie es die Erfordernisse vom anderen her spontan verlangen. Enrique Dussel umschreibt dies so:

„Wer glaubt, kann sich bei der Befreiung der Armen kompromittieren,[15] jedoch nicht aufgrund seines eigenen Befreiungsmodells, sondern wegen des Bildes, das die Offenbarung des anderen im Halbdunkel der Geschichte Tag für Tag zeigt. Der Glaube hat seinen Ausgangspunkt beim anderen, der verändert. Die Eroberung (conquista) dagegen hat ihren Ausgangspunkt ganz und gar bei der eigenen Totalität." [16]

Fassen wir diesen Punkt mit Gutiérrez zusammen:

„Sünde fordert eine radikale Befreiung, die jedoch notwendigerweise eine politische Befreiung miteinschließt. Nur wenn wir uns im historischen Prozeß der Befreiung engagieren, werden wir imstande sein, die fundamentale Entfremdung aufzuzeigen, die in jedem Einzelfall von Entfremdung steckt.

[14] Gott im Aufbruch, S. 56.

[15] Daß Glaube kompromittiert, ist eine beliebte Aussage der spanisch-südamerikanischen Theologie. Sie findet systematisch ihren Niederschlag in der lesenswerten Schrift von José María Gonzáles Ruiz, Creer es comprometerse. Barcelona 1970. [Anm. des Übers.]

[16] Fe cristiana, S. 78.

Radikale Befreiung ist das Geschenk, das Christus bringt. Durch seinen Tod und seine Auferstehung erlöst er den Menschen von der Sünde und all ihren Folgen." [17]

An dieser Stelle sei eine kleine Randbemerkung gestattet. Es muß betont werden, daß der Akzent der südamerikanischen Befreiungstheologie ausschließlich auf dem Menschen als Objekt der Befreiung liegt. Dies ist notwendig zu sagen, da es seit 1974 auch im Libanon eine Art Befreiungstheologie gibt, der es darum geht, Christus von der Kirche, dem Christentum und den Christen zu befreien.[18]

4. Wenn Christus der Retter bzw. Befreier von der Sünde ist, dann hat das auch Folgen für das Gottesbild. Juan Luis Segundo stellt das biblische Gottesbild dem der bisherigen Katechese mit folgenden Worten gegenüber:

„Tatsächlich gibt es einen Gott der Offenbarung, der leidenschaftlich – bis zur Hingabe seines Lebens – an der Befreiung des Menschen interessiert ist. Weiterhin gibt es in der Theologie und in der christlichen Lehre einen Gott, der nicht leiden und sich nicht ändern kann und mit seiner unendlichen Vollkommenheit zufrieden ist, welche Bestimmung auch der Mensch seiner Freiheit geben will." [19]

Dem unwandelbaren, erhabenen und vollkommenen Gott der christlichen Lehre wird der biblische Gott gegenübergestellt, der sich aktiv für die Befreiung des Menschen einsetzt. Nicht der barmherzige, gnädige Herr, sondern der Schützer der Witwen und Waisen steht im Vordergrund.

Damit scheint ein auch in Europa ersehnter Wandel in den menschlichen Erwartungen gegenüber Gott eingetreten zu sein. Wenn wir die neuere Geschichte richtig einschätzen, so zeigt sie Kampf und Einsatz des Menschen für seine Rechte.

17 Gutiérrez, S. 170.

18 Vgl. dazu P. Antes, Die Befreiungstheologie des Erzbischofs Ḥaddād, Referat vom 19. Deutschen Orientalistentag vom 28. Sept.–4. Oktober 1975 in Freiburg i. Br.

19 Fe cristiana, S. 211.

Verbriefte, vertraglich abgesicherte Menschen- und Bürgerrechte, Rechte der Arbeiter und Angestellten gegenüber Unternehmern werden erkämpft. Die Schwächeren fordern Rechte, auf die man sich berufen und die man im Notfall sogar einklagen kann. Güte, Großzügigkeit oder gar Barmherzigkeit der Machthaber bzw. Reichen sind nicht gefragt. Selbst innerhalb der christlichen Kirchen und speziell der katholischen setzt sich diese Tendenz fort. Die Laien verzichten auf Beraterfunktionen; sie wollen ein rechtlich abgesichertes Mitspracherecht. Kleriker und Ordensgeistliche fordern Statute, auf die sie sich ihren Oberen gegenüber berufen können. Ja, selbst die Bischöfe verlangen eine Art Mitbestimmung in Rom. Rechtliche Bestimmungen sollen das Vertrauen in die weise Führung des Oberen ersetzen. Dies ist die sublimste Form der modernen Autoritätskrise, und es scheint, daß dieser Prozeß auch vor dem Gottesbild nicht haltmacht. Immer mehr Leute sind eher bereit, auf die ewige Seligkeit zu verzichten, als sie demütig als Geschenk vom gnädigen Gott zu erbitten.

Die Richtung, die daraus innerhalb der katholischen Theologie die Konsequenz gezogen hat und den offenen Bruch mit dem traditionellen Katechismus-Gottesbild wagt, ist wohl die südamerikanische Befreiungstheologie. Gott selbst wird unter Bezugnahme auf alttestamentliche Äußerungen zu einem Gott, der nicht nur Verständnis für diese Rechtsforderungen aufbringt, sondern selbst tatkräftig den Kampf der Rechtlosen unterstützt.

Man wird gegen eine solche Sicht einwenden, wie es dann mit dem Problem des Bösen und der Allmacht steht. Die Antwort der Bibel auf die Frage des Leides aber ist eindeutig: sie ist, sagt der französische Philosoph Jacques J. Natanson,[20]

[20] Dieu aujourd'hui. Semaine des Intellectuels Catholiques (10–16 mars 1965). Paris (Desclée de Brouwer, Reihe: Recherches et Débats 52) 1965, S. 64 f.

„am Kreuz, am Abend des Karfreitag, der nicht theoretisch war. Das Böse, das Leid des Unschuldigen, den schmachvollen Tod des Sklaven auf dieser Erde zu erleiden, ist Gott selbst gekommen. Gegenüber einem unzugänglichen Gott, der nicht leiden kann, würde das Leid der Unschuldigen die absolute Revolte rechtfertigen, die sich in so einer Formulierung wie der von Bakunin ausdrückt: ‚Selbst wenn es einen Gott gäbe, müßte man ihn zerstören.' Tatsächlich ist es für uns unerträglich, von einem himmlischen Machthaber von oben herab gerichtet zu werden, der von uns Rechenschaft über das verlangt, was wir in dieser Welt von Schlamm und Blut, in die wir geworfen wurden, getan haben. Das Antlitz unseres Gottes aber ist das des Mannes der Schmerzen, des leidenden und zu Tode gebrachten Dieners, von dem Jesaja sagte: ‚Unsere Leiden trug er, und von unseren Schmerzen wurde er niedergedrückt.' (53, 4) Man kann Gott das Böse, das er nur besiegt hat, indem er es erlitt, nicht zum Vorwurf machen.

Ich weiß sehr wohl, daß eine solche Antwort, falls man dies eine Antwort nennen kann, wenigstens ebenso viele Probleme aufwirft, wie sie löst. Man kann sich vor allem fragen, warum Gott leiden mußte, um das Böse zu besiegen, und schließlich, warum seine sogenannte Antwort ihm keine andere Möglichkeit ließ, als gewissermaßen dazu verpflichtet zu sein, selbst zu kommen und eine gescheiterte Schöpfung wieder in Ordnung zu bringen. Ich meine, solche Fragen sollten uns helfen, unsere Art, Gott vorzustellen, ins rechte Lot zu bringen. Im Grunde genommen wissen wir sehr wohl, daß Gott für uns Christen Liebe ist. Wir akzeptieren aber auch, daß er Macht, ja All-Macht ist. [...] Ich frage mich, ob wir uns nicht eine Vorstellung von Allmacht zurechtbiegen, die ausgeht vom Vorbild eines menschlichen Machthabers, der alles machen könnte [...] Gott erscheint in Jesus Christus wie einer, der dient (Lk 22, 25–27), die Füße seiner Jünger wäscht und die irdische Macht verschmäht."

Diese Sätze, die Natanson 1965 geschrieben hat, formulieren trefflich den genannten Bruch mit dem traditionellen Gottesbild auf europäischem Boden und noch vor dem Entstehen der Befreiungstheologie. Sie zeigen aber zugleich, wie weit er selbst vom Gottesbild der Befreiungstheologie entfernt ist. Die Liebe, die Jesus lebt und zu der der Christ als „neuer Mensch" gerufen ist, setzt sich aktiv für die Strukturveränderungen in der Gesellschaft ein. Der „neue Mensch" nämlich ist jener, sagt Pironio,

„der frei seine Geschichte gestalten, wahrhaft sein Geschick formen und vollkommen seine menschliche und göttliche Berufung verwirklichen kann.

Dieser ‚neue Mensch' existiert: denn der Geist des Herrn Jesus ist ständig dabei, uns ‚in Christus neu zu schaffen'. Doch er lebt noch gefangen von verschiedenen Verknechtungen, welche aus der Selbstsucht und der Ungerechtigkeit hervorgehen und ihn daran hindern, er selbst zu sein, d. h. zum wahren Träger und Subjekt seiner ganzheitlichen Entwicklung hin auf seine Vollendung zu wandeln.

Es ist dringend notwendig, daß dieser neue Mensch zahlreich werde." [21]

Die Äußerungen über das Gottesbild führten – wie meistens im Christentum – zu Aussagen über den neuen Menschen und die Liebe. Was hier mit Liebe umschrieben wird, ist der mutige Einsatz für die Armen oder wie es Emmanuel Mounier, dessen Ideen neuerdings sehr stark in Südamerika wirken,[22] in seiner Schrift ›L'Affrontement chrétien‹ sagt: eine Männlichkeit, die die Christen befähigt, „im Wind und allein zu gehen" [23].

III. Die Kirche

5. Wer zur Nachfolge Christi bereit ist, muß sich bekehren.

„Die Hinwendung (conversión) zur Person Christi", sagt der brasilianische Benediktiner Cándido Padín, „schließt notwendigerweise die Hinwendung zum Menschen mit ein, der durch die Fleischwerdung des Wortes Gottes angenommen wurde. Nachdem Christus das Menschsein angenommen hat, gehört der Mensch zu Gott. Die menschliche Person verletzen, heißt [folglich] Gott verletzen. Die Werte eines menschlichen Wesens zerstören, heißt die Anwesenheit Gottes zerstören." [24]

Bekehrung erfordert grundlegendes Umdenken, um bereitwillig an einer qualitativen Veränderung des Bestehenden im Sinne einer menschlicheren Welt mitzuwirken, deren dyna-

[21] Gott im Aufbruch, S. 59.

[22] Vgl. Fe cristiana, S. 124.

[23] Emmanuel Mounier, Œuvres, Vol. III. Paris 1962, S. 56.

[24] Fe cristiana, S. 280.

mische Entwicklung für die eschatologischen Inhalte der Heilsbotschaft transparent ist. Deshalb kann die Mission der Kirche auch niemals auf ein spirituelles, weltfremdes und entfremdendes Leben reduziert werden. Ihre Botschaft ist somit eine Herausforderung an alle.

„In Lateinamerika", heißt es bei Gutiérrez, „ist die Lage, in der die christliche Gemeinde zu leben und ihre eschatologische Hoffnung zu feiern hat, durch die soziale Revolution gekennzeichnet. Die Aufgabe der Kirche muß angesichts dieser Situation definiert werden. Ihre Treue zum Evangelium läßt ihr keine andere Wahl: Die Kirche muß das sichtbare Zeichen der Gegenwart des Herrn im Verlangen nach Befreiung und im Kampf für eine menschlichere und gerechtere Gesellschaft sein. Nur so kann sie die ihr anvertraute Liebesbotschaft glaubwürdig und wirksam werden lassen." [25]

Daraus leitet der bereits genannte Segundo die Forderung ab, auch die Texte der Liturgie diesen Erkenntnissen anzupassen. Er schlägt vor, man solle bei der Taufe eines Kindes ruhig den Teufel beim Namen nennen und die Sakramentenspendung nicht wie üblich völlig ahistorisch handhaben. So könnte man seiner Meinung nach etwa bei der Taufe des Kindes eines Armen sagen: „Zieh aus, unreiner Geist des Kapitalismus, aus diesem Kind, damit es in die Gesellschaft eintritt als eine schöpferische Hoffnung und nicht als ein Erdenbürger mehr." Handelt es sich dagegen um das Kind eines Reichen, so könnte man beispielsweise an folgende Formel denken: „Zieh aus, unreiner Geist der Gewinnsucht, aus diesem Kind, damit es fürderhin menschliche Beziehungen und nicht versachlichte mit den anderen Menschen haben kann." [26]

Es war nicht unsere Absicht, systematisch die südamerikanische Befreiungstheologie darzustellen, sondern lediglich einige bedeutsame Aspekte schlaglichtartig zu beleuchten, um

[25] Gutiérrez, S. 246.

[26] Fe cristiana, S. 208.

ein besseres Verständnis zu ermöglichen. Zugleich stellt gerade diese Theologie ein hervorragendes Beispiel für „Religionswandel" in der Gegenwart dar.

Summary

The following five statements are offered in order to express a better understanding of what is going on in Latin America's "Theology of Liberation":

1. Salvation, redemption and liberation there express the same idea of liberating man in his actual situation. Salvation therefore, is not a reality of the hereafter but the concrete liberation from all kinds of pressure and injustice as well as political and economic oppression.
2. The idea of such a liberation does not require an individual salvation but the welfare of the people. The biblical reference, consequently, is that of the chosen people of the OT and of a God acting in history.
3. Christ is understood as the liberator from sin and its personal and social consequences. So, institutions and structures can be considered as visible expressions of human sin.
4. God is no more the merciful Lord in heaven as taught in the traditional catechism. He is seen as acting in history and struggling for man's liberation.
5. Conversion means radical change of mind and should find its concrete expression even in liturgy.

AUTOCHTHONE RELIGION UND KATHOLISCHER VOLKSGLAUBE

Kontinuität und Wandel religiöser Vorstellungen in den Zentralanden

Von Ana Maria Mariscotti de Görlitz

Die religiösen Vorstellungen der heutigen Landbevölkerung der Zentralanden und nördlichen Südanden sind erst dann recht zu verstehen, wenn man die vorspanische Zeit und die tiefgreifenden Wandlungen ökonomischer, demographischer, politischer und kultureller Art, die die Conquista und der Missionseifer der Conquistadores in Gang setzten, in gleicher Weise beachtet. Verschiedene Faktoren, etwa die 1565 aufgedeckte messianische Erhebung der Indios, welche die geringen Erfolge der ersten Christianisierungsversuche der Spanier deutlich machte, führten 1610 und 1649 zu zwei großen Aktionen gegen die noch immer blühende „Abgötterei", mit dem Ziel, sie auszurotten und dem katholischen Glauben allgemeine Anerkennung zu verschaffen. Auch dieser Heidenmission war jedoch kein großer Erfolg beschieden.

Ein „funktionaler Teil" der zentralandinen Kultur begann der Katholizismus erst von dem Augenblick an zu werden, als die spanischen Missionare eine konziliantere Haltung gegenüber den Glaubensüberzeugungen der Einheimischen einnahmen.[1] Die alte scholastische Unterscheidung von Idolatrie und

Ausführliche bibliographische Angaben am Schluß dieses Beitrages.

[1] Hierzu und zum Folgenden Kubler, S. 400 ff.; vgl. auch Duviols, S. 337 ff.

Aberglauben, beruhend auf der Frage, ob die essentia divina sich in den Kultgegenständen, die die Indios verehrten, manifestierte oder nicht, ermöglichte diesen Wandel. Für die getauften Indios bedeutete das, nun viele ihrer alten religiösen Gebräuche praktizieren zu können, ohne damit Götzendienst zu betreiben. Etwa um das Jahr 1660 wurde dieser Wandel deutlich. Seitdem traten an die Stelle harter Feldzüge zur Ausrottung der Abgötterei und zur Verfolgung der Götzendiener in zunehmendem Maße friedliche Methoden der Christianisierung.

Hierbei waren am wichtigsten die Gründung von Laienbruderschaften in allen Pfarreien und die Einführung eines umfassenden Festkalenders. Die Laienbruderschaften hatten Organisation und Kosten der vorgeschriebenen Feste zu übernehmen – sie tragen sie noch heute – und steuerten außerdem das hierarchische Modell bei, auf welches das Prestige-System der heutigen comunidades, d. h. der indianischen Gemeinden, zurückgeht. Obwohl es nicht gelang, alle christlichen Lehren durchzusetzen und so tief verwurzelte Gebräuche wie die Naturverehrung zu beseitigen, hat die erfolgreiche Einführung beider Institutionen doch bewirkt, daß viele alte Götter im Laufe der Zeit verblaßten oder mit verschiedenen christlichen Heiligen vermischt wurden und daß viele althergebrachte Rituale in die inoffizielle oder private Sphäre des Kultes verdrängt wurden.

Während der erwähnten Aktionen in der ersten Hälfte des 17. Jahrhunderts entstand ein umfangreiches Schrifttum, das eine unersetzliche Quelle zum Studium der alten autochthonen Religion ist und wertvolles Material liefert, um im Vergleich mit den Ergebnissen moderner Feldforschungen und diese ergänzend räumliche und zeitliche Kontinuität bzw. den Wandel der zentralandinen Religiosität zu erkennen und einige religionswissenschaftliche Folgerungen daraus zu ziehen. Zwei markante Beispiele sollen das im folgenden aufzeigen.

Eine der bedeutendsten Gottheiten der autochthonen Religion und diejenige, die sich bis heute am besten erhalten hat, ist ohne Zweifel Pachamama.[2] Die heutigen wie die historischen Nachrichten über ihre Gestalt und ihren Wohnsitz zeigen, daß sie mit der Erde identifiziert und als Frau gedacht wird. In zahlreichen Handlungen und Glaubensvorstellungen vollzieht die autochthone Bevölkerung noch heute in lebendiger Weise Pachamamas Identifikation mit der Erde. So beobachtete ich in der nordwestargentinischen Provinz Jujuy, wie Töpferinnen da, wo sie ihren Ton graben, ein kleines Opfer darbringen und beim Formen des Tons verschiedene Riten ausführen: Kokakauen, rauchen, Kokablätter auf den Boden ihres Werkstücks legen. Denn der Ton ist Pachamama und macht die Finger derjenigen steif, die diese Riten vernachlässigen. Man glaubt auch, und zwar seit altersher, daß die häufigen Erdrutsche und Erdbeben Ausdruck ihres göttlichen Zorns sind. Besonders deutlich wird die Furcht, die die heilige Erde noch immer einflößt, wenn im August die wichtigsten Zeremonien zu Ehren Pachamamas veranstaltet werden. Es ist dann Ende des Winters; die Landschaft ist verödet, und die Menschen betrachten sie als ein gefräßiges und bedrohliches Wesen, das sich nur jenem gegenüber wohlwollend zeigt, der die traditionellen Riten vollzieht.

Die heutige Bevölkerung schildert Pachamama übereinstimmend als eine kleine alte Frau, die unter der Erde wohnt und feine Kleider aus Vicuña-Wolle trägt. Die Ansicht reicht in frühe Zeiten zurück; denn Chronisten berichten, in inkaischer Zeit hätten die Einheimischen Frauenkleider « en miniature » dort niedergelegt, wo sie die Anwesenheit der Göttin vermuteten. Außer der Erde als ihrer Wohnstatt gibt es die Vorstellung, Pachamama halte sich an markanten geographischen Punkten, z. B. hohen Bergen, Felsen, Salinen und bei jenen

[2] Ausführlich über Gestalt und Kult der Pachamama: Kill und die Verfasserin.

Einzelsteinen oder Steinhaufen auf, die als ihre Opferstätten dienen. So manifestiert sie sich dem Gläubigen in der Landschaft, die ihn umgibt, mit ihren segenbringenden und feindlichen Zügen. Zugleich lebt sie aber auch nahe seiner Behausung und differenziert sich so in eine Vielzahl örtlich gebundener Numina. Von diesen hat die autochthone Bevölkerung heute nur noch ziemlich verschwommene Vorstellungen; früher aber – das lassen einige Chronisten deutlich erkennen – waren sie recht klar als mythische Gestalten ausgeprägt.

Pachamama ist, wie ihr Name schon sagt: *pacha* = Erde, *mama* = Mutter, eine ausgesprochen mütterliche Gottheit. Demgemäß bezeichnen sich die Einheimischen vielfach als ihre Kinder und rufen sie zärtlich mit denselben Diminutiva an, mit denen sie ihre leibliche Mutter anreden. Entsprechend der der Erde inhärenten Mütterlichkeit ist auch der Glaube verbreitet, die Urahnen bestimmter Sippen seien an besonderen, *pacarina* genannten Plätzen, die noch heute heilig sind, der Erde entsprossen. – Möglicherweise hat Pachamama auch als Mutter aller Dinge gegolten. Denn den Chronisten zufolge war im Volk die Vorstellung verbreitet, alle Dinge hätten eine arteigene Mutter und ihre Vermehrung werde von dieser Mutter beeinflußt.

Wie andere tellurische Gottheiten wird Pachamama auch als allgemeine Vegetations- und Fruchtbarkeitsgöttin verehrt. Ihr Wirken in diesen Bereichen beweisen viele Kulthandlungen, die noch heute zur Zeit von Aussaat und Ernte und bei den der Fruchtbarkeit der Tiere gewidmeten Festen vorgenommen werden.

Es gibt viele Zeugnisse – verschiedene noch lebendige Riten, Überlieferungen, Mythen-Fragmente und archäologische Funde –, die zeigen, daß die einheimische Bevölkerung der Zentralanden seit alters die Kröte symbolisch mit der Pachamama identifiziert und der Kröte deshalb numinosen Charakter zuschreibt. Sie ist das Tier der Pachamama, und man verbindet sie zugleich symbolisch mit dem weiblichen Prinzip, der landwirtschaftlichen Tätigkeit, der fruchtbaren Feuchte.

Zu Beginn des 17. Jahrhunderts weist der Chronist Arriaga (S. 45) darauf hin, daß die Indios unter dem Mantel des Katholizismus weiterhin ihre alte Religion praktizierten und z. B. im Hinterland von Lima das Bildnis mit der Darstellung Mariae Himmelfahrt feierten, um Chupixamor, die lokale Personifizierung der Mutter Erde, zu verehren. Die hier sich anbahnende Vermischung ist heute in den Zentralanden allgemein verbreitet, so weitgehend, daß in bestimmten Anrufungen der Name der Jungfrau Maria mit dem der Kröte, Symbol der Pachamama, verbunden ist; z. B. heißt es: María *toka-toka,* María sapo! (sapo = Kröte). Phänomenologisch gesehen erklärt sich die Verknüpfung der Mutter Erde mit der Jungfrau Maria aus dem betont Mütterlichen im Wesen beider Gestalten und aus der beiden gemeinsamen Tendenz, sich in zahlreiche kultbedingte örtliche Personifizierungen zu differenzieren. Die Annahme des Neuen erfolgt eben selektiv da, wo Altes und Neues so zueinander passen, daß eine Zuordnung und Angleichung möglich ist. Dafür ließen sich noch mannigfache Beispiele anführen. Ich erwähne hier nur die Gleichsetzung des Gewittergottes mit dem Apostel Jakobus, dem „Donnersohn“, und die Synkretisierung des lamm tragenden Johannes Baptista und anderer Heiliger mit den alten Herren der Haustiere.

Die folgenden, sich auf den Kult der Pachamama beziehenden Ausführungen beruhen auf Beobachtungen, die ich 1962 und 1965 in der nordwestargentinischen Provinz Jujuy, insbesondere im Dorf Santa Catalina machte. Sie können aber auch für viele andere Orte in den Zentralanden und Nordchile gelten.

Am 1. August feiert die Landbevölkerung das große Jahresfest der Pachamama.[3] Es bezeichnet den Beginn des landwirt-

[3] Hierzu Mariscotti 1966.

schaftlichen Jahres. Schon vor Sonnenaufgang besprengen die Familien ihre Häuser, Viehkraale, Weiden und Äcker mit Maisbier und bringen Rauchopfer dar. Später geben sie dort „der Erde zu essen", indem sie an bestimmten Stellen, die mit kopfgroßen weißen Steinen oder kleinen Steinhaufen – den sog. „mojones" oder „Häuschen" der Pachamama – markiert sind, ein Loch in den Boden graben und verschiedene Gaben hineinlegen: kleine Flaschen mit alkoholischen Getränken, Kokablätter, Zigarren und die „Erstlinge" des für den folgenden Festschmaus vorbereiteten Mahles. Nach dem Schmaus wiederholen sie das am Pachamama-Stein bei den Quellen, die ihre Felder bewässern. Sie bereichern die Zeremonie noch mit Trankopfern und Hüpftänzen, um das Weiterfließen des befruchtenden Wassers besonders nachhaltig zu fördern. Die Mitteilungen der Chronisten machen deutlich, daß es sich bei alledem um Überbleibsel eines alten Frühlingsfestes handelt.

Zwei Wochen später, am Fest Mariae Himmelfahrt, das jedes Jahr von anderen Familien Santa Catalinas ausgerichtet wird, bringt man im Dorf einer wundertätigen Marienstatue Verehrung dar. Die Legende berichtet, man habe vor vielen Jahren etwa 15 km entfernt eine estampa, ein kleines Heiligenbild, der Jungfrau Maria gefunden; der Stein, der es bedeckte, sei in die Kirche von Santa Catalina gebracht worden, doch ganz allein wieder an den Fundplatz zurückgekehrt. Das Wunder war Anlaß, hier eine Marienkapelle zu errichten und diese mit einem Standbild der Madonna auszuschmükken. – Einige Meter neben der Kapelle markiert übrigens ein weißer Stein die Stelle, wo die Familie, unter deren Obhut die Kapelle seit mehreren Generationen steht, am 1. August der Pachamama „zu essen gibt". – Alljährlich findet nun zum Fest Mariae Himmelfahrt eine Translatio der Madonna in die Kirche von Santa Catalina statt. Um sie feierlich einzuholen, pilgern am 12. August zahlreiche Bewohner von Santa Catalina und seiner näheren und weiteren Umgebung zur Kapelle.

Am nächsten Tag beginnt die Prozession, an der Spitze die Trage mit der Statue, gefolgt von Flötenspielern und den Ausrichtern des Festes. Der Zug macht an vier Stellen halt, wo es Vorrichtungen zum Ablegen der Trage gibt und zugleich mojones aus weißen Steinen, also Kultstätten Pachamamas.

Die Feiern am Vorabend und am Festtag selbst haben institutionellen Charakter: der katholische Geistliche, zu diesem Zweck herbeigeholt, liest zwei Messen und leitet eine Prozession um das Dorf, Gruppen von maskierten Personen führen Pantomimen teils spanischer, teils autochthoner Herkunft auf, die Veranstalter des Festes verpflegen die Teilnehmer. Das Fest endet am Abend des 16. August: Dann begibt sich eine Gruppe, angeführt von drei Musikanten in ärmlicher ländlicher Kleidung, zur ersten Raststelle, kniet dort neben dem Steinhaufen für Pachamama nieder, murmelt eine Mischung von Gebeten (Vaterunser, Ave Maria) und Anrufungen in Quechua, bringt Rauchopfer dar, besprengt bzw. bestreut den Steinhaufen mit alkoholischen Getränken, Kokablättern und Konfetti und verabschiedet sich dann von Pachamama bis zum nächsten Jahr! An dieser Zeremonie beteiligen sich weder der katholische Priester noch die Oberschicht des Dorfes, die im übrigen aber an den offiziellen Akten der vorangegangenen Festtage regen Anteil nahmen.

Was ich über Pachamama vortrug, zeigt exemplarisch, daß die lange Koexistenz von autochthoner Religion und Katholizismus in den Zentralanden nicht zu einer festen Ausbildung einer neuen synkretistischen Religion geführt hat. Es entstanden vielmehr nichtinstitutionalisierte Mischungen, die recht mobil sind und sich deshalb auch häufig wieder in ihre Teile trennen.

Als zweites Beispiel, Kontinuität und Wandel der religiösen Vorstellungen und Bräuche in den Zentralanden darzustellen, sollen die Bewässerungskulte dienen. Sie sind eine weitverbreitete Erscheinung. Die Quellenlage über sie ist sehr gut.[4]

Die künstliche Bewässerung [5] reicht in den Zentralanden mindestens bis zur Formative genannten Periode (900 bis 200 v. Chr.) zurück und wurde einst ebenso an der wüstenartigen Küste Perus wie auf dem Altiplano betrieben. Zweifellos handelt es sich bei ihr um einen derjenigen Faktoren, die besonders viel zur Entwicklung einer Hochkultur in den Zentralanden beitrugen.

Der *yarqa aspiy*, die alljährlich erfolgende Reinigung und Instandsetzung der Bewässerungskanäle, wird mit einem sehr reichen, regional etwas variierenden Ritual begleitet. Die jeweilige Dorfgemeinde nimmt in ihrer Gesamtheit daran teil, angeführt von den auf ein Jahr dazu gewählten Funktionären (Cequia Mayordomos, Capitanes, Varayoq und Cequia Regidores). Ausgeschlossen allerdings bleibt sie vom wichtigsten Akt, einer Prozession zu jenen heiligen Steinen, die an das heilbringende Wirken der mythischen Gründer des jeweiligen Bewässerungssystems erinnern und sie zugleich verkörpern. Zu ihnen gehen nur wenige Vertreter der Gemeinde oder lediglich die offiziellen Kultdiener der alten Religion, die *paqo*, und diese vollziehen dann neben jenen Steinen die esoterischen Zeremonien zu Ehren der Kulturheroen und legen dort oder an einer nahen Quelle die Gaben der Gemeinde nieder. Das Öffnen der Schleusen und das Einfließen des Wassers in die gesäuberten Kanäle ist Anlaß zu einer Reihe sehr lebendiger Zeremonien. Die Kultgemeinde beteiligt sich daran noch heute mit großer Anteilnahme: sie spendet Trankopfer, ruft die Gottheiten, darunter die Berggötter und die Mutter Erde, an, besprengt mehrfach mit *coca* und *chicha* das Wasser (wie dieses nun die Äcker benetzt), springt ausgelassen darin

[4] Arguedas, S. 204 ff.; Barthel; Mitchell, S. 216 ff. und 235 ff.; Tello und Miranda, S. 523 ff.; Trimborn und Kelm, S. 288 ff.

[5] Sherbondy de Tord, S. 115 ff. und Mitchell, S. 5 ff. und 243 ff.

umher, führt Hüpftänze auf und läuft, in zwei Parteien geteilt, mit dem einströmenden Wasser um die Wette.

Diese Art ritueller Wettkämpfe ist ebenso wie andere Kulthandlungen, durch die die Polarität, z. B. der Geschlechter oder der Himmelsrichtungen, zum Ausdruck gebracht wird, symptomatisch für die Existenz eines Dualsystems. Territorial äußert es sich in der Zweiteilung der Siedlungen, Dörfer wie kleiner Städte, einer Teilung, die nach Mitchell (S. 45 f. und 207) auf den hydrographischen Bedingungen des jeweiligen Gebiets beruht.[6] Diese Gliederung in einen unteren und oberen Ortsteil, *Hurin Sayoc* und *Hanan Sayoc*, ist in den Zentralanden alt und hat große kultisch-weltanschauliche wie soziale und politische Bedeutung.[7] Aus zahlreichen Angaben der historischen Quellen erkennt man,[8] daß die mit den genannten Ortsteilen identifizierten Gruppen sich einst *Llacta* bzw. *Llacuaz* nannten und moieties waren, höchstwahrscheinlich exogame moieties. Die *Llacta* hielten sich für die Urbewohner ihrer Region und glaubten, von Vorfahren abzustammen, die an bestimmten Orten *(pacarina)* aus der Erde selbst hervorgekommen seien. Die *Llacuaz* dagegen betrachteten sich als Nachkommen vor langer Zeit Eingewanderter und glaubten, von Söhnen des Blitzes, d. h. des Gewittergottes, abzustammen. Bei kultischen Anlässen identifizierten sich die *Llacta* symbolisch mit dem Begriff des 'unten', dem weiblichen Prinzip, dem Kult der Mutter Erde, während die *Llacuaz* mit dem Begriff des 'oben', dem männlichen Prinzip und dem Kult des Gewittergottes sich gleichsetzten.

Wie jüngste Forschungen zeigen, besteht diese Zweiteilung bis in die Gegenwart fort, jedoch als Pseudo-moieties, die sich mit den beiden Schichten identifizieren, die die heutige ländliche Bevölkerung ausmachen: den *misti*, Mestizen,

[6] Hierzu auch Barrette, S. 262 ff. und Palomino Flores, S. 236 ff.

[7] Vgl. Trimborn und Kelm, S. 216 ff. und Zuidema 1964.

[8] Mariscotti 1970, S. 429 ff.

und den *chutu*, Indios.[9] Obwohl sie selbst diese Gliederung als eine rassische auffassen, unterscheiden sich die Schichten in der Praxis allein auf Grund ihrer soziokulturellen Merkmale. Es gibt deshalb Mobilität zwischen beiden. Die Unterschiede bestehen in Sprache (Spanisch – Quechua bzw. Aymara), Grad der Schulbildung, Wohnsitz (im Dorf – außerhalb des Dorfes), Kleidung (städtisch – ländlich) und Beschäftigung; zudem haben beide Schichten getrennte, doch ineinandergreifende politisch-religiöse Organisationen: die der *misti* ist Teil der staatlichen Verwaltung und überwiegend nicht-traditionell, die der *chutu* ist eine lokale Verwaltung und überwiegend traditionell. Die *misti* haben, insofern sie die Staatsgewalt darstellen, die Machtposition der spanischen Eroberer geerbt.

In Quinua, Puquio und anderen Ortschaften des Departements Ayacucho zeigt sich die Trennung in zwei Schichten auch in der jeweiligen Rolle, die sie anläßlich der christlichen Patronatsfeste und des autochthonen *yarqa aspiy* (s. o.) spielen. Jene werden hauptsächlich organisiert und geleitet von den Laienbruderschaften der *misti*, dieses von den *varayoc*, den traditionellen Funktionären der *chutu*.[10] Die Feier des *yarqa aspiy* betont und bestätigt somit die traditionellen kulturellen Werte, und sie stellt für die Dauer des Festes die gewohnte hierarchische Ordnung auf den Kopf.

In Puquio zeigt sich dies bis in unsere Zeit besonders deutlich. Hier kommt nämlich über das *varayoc*-System hinaus noch das alte institutionalisierte Priestertum zur Geltung, das aus drei *paqo*, Kultdienern mit mancherlei schamanistischen Zügen, hierarchisch gegliedert in Haupt*auki*, Unter*auki* und *Pongo*, besteht.[11] Mit ihnen erhielten sich auch kennzeichnende Mythen: die von den legendären Gründern des Bewässerungs-

9 Hierzu vor allem Mitchell, S. 74 ff.

10 Arguedas, S. 184 ff. und 228 ff.; Mitchell, S. 84, 174 ff., 207 und 236 ff.

11 Arguedas, S. 226 f.

systems und der messianische Mythos von *Inkarrí*, dem enthaupteten Inka, der dermaleinst, wenn die vorspanische Ordnung wiederhergestellt ist, zurückkehren wird.[12]

Die Zähigkeit und Lebendigkeit dieser Anschauungen und der Bewässerungskulte insgesamt machen nochmals deutlich, wie wenig die Begegnung von vorchristlicher Religiosität und Christentum beide verschmolzen hat und wie stark noch ihr Nebeneinander und Miteinander ist. Eine wichtige Rolle spielen dabei die unveränderten ökologischen und ökonomischen Gegebenheiten und Notwendigkeiten. Sie haben dazu geführt, daß die Bewässerungssysteme noch in der Gegenwart den Mittelpunkt des politischen und religiösen Interesses der indianischen Gemeinden bilden. Das Beharrungsvermögen der Bewässerungskulte – und anderer Kulte, die sich erhalten haben – steht in direktem Bezug dazu. (Wie umgekehrt ökonomisch nicht mehr Relevantes auch im Kult leicht fallengelassen wird.) Anhand des fortdauernden Zusammenhangs der Bewässerungskulte mit dem vorspanischen, mittlerweile aber durch Akkulturation stark veränderten Dualsystem wird außerdem deutlich, daß tiefgreifende soziale, religiöse und kulturelle Veränderungen sich unter Beibehaltung der alten Strukturen vollzogen haben.[13] Die zentralandine Bevölkerung hat Katholizismus und westliche Zivilisation aufgenommen, ohne ihr altes duales Weltbild aufzugeben.

Literaturnachweise

J. M. Arguedas, Puquio, una cultura en proceso de cambio. In: Revista del Museo Nacional 25 (Lima 1956), p. 184–232.

P. J. de Arriaga, Extirpación de la idolatría del Piru. Ed. facsimilar. Buenos Aires 1910.

[12] Hierzu Arguedas, S. 190 ff. und Pease.

[13] Vgl. hierzu Zuidema 1970.

Ch. Barrette, Aspects de l'ethno-écologie d'un village andin. In: Canadian Review of Sociology and Anthropology 9 (Calgary 1972), p. 255–267.

Th. S. Barthel, Ein Frühlingsfest der Atacameños. In: Zeitschrift für Ethnologie 84 (1959), S. 25–45.

P. Duviols, La Lutte contre les religions autochtones dans le Pérou colonial. (= Travaux de l'Institut Français d'Etudes Andines. 13) Lima 1971.

L. Kill, Pachamama, die Erdgöttin in der altandinen Religion. Bonn 1969. Diss.

G. Kubler, The Quechua in the Colonial World. In: Handbook of South American Indians 2. Washington 1946, p. 331–410.

A. M. Mariscotti, Algunas supervivencias del culto a la Pachamama. In: Zeitschrift für Ethnologie 91 (1966), S. 68–99.

A. M. Mariscotti, Die Stellung des Gewittergottes in den regionalen Pantheen der Zentralanden. In: Baessler-Archiv N. F. 18 (1970), S. 427–436.

A. M. Mariscotti de Görlitz, El culto de Pachamama y la religión aldeana de los Andes Centrales. Marburg, Diss. 1975 (im Druck).

W. P. Mitchell, The System of Power in Quinua: A Community of the Central Peruvian Highlands. University of Pittsburgh, Ph. D., 1972. Mikrofilm.

S. Palomino Flores, La dualidad en la organización sociocultural de algunos pueblos del área andina. In: Revista del Museo Nacional 37 (Lima 1971), p. 231–260.

F. Pease, El mito de Inkarrí y la visión de los vencidos. In: Ideología mesiánica del Mundo Andino. Comp. por Juan Ossio, ed. por Ignacio Prado Pastor. Lima 1973, p. 441–458.

J. Sherbondy de Tord, El regadío en el área andina central. In: Revista Española de Antropología y Etnología Americana 4 (Madrid 1969), p. 113–131.

J. C. Tello und P. Miranda: Wallallo. Ceremonias gentilicias realizadas en la región cisandina del Perú Central. In: Inca 1 (Lima 1923), p. 475–549.

H. Trimborn und A. Kelm: Francisco de Avila. (= Quellenwerke zur Alten Geschichte Amerikas. 8) 1967.

R. T. Zuidema, The ceque system of Cuzco. The social organization of the capital of the Inca. Leiden 1964. Diss.

R. T. Zuidema, Social versus structural change in Quechua society of Southern Peru. In: Anniversary Contributions to Anthropology. Leiden 1970, p. 153–158.

Summary

This lecture draws a sketch of the endeavours at Christianization made by the conquistadores of the 16th. and 17th. centuries and its consequences. Based upon the vast literature of the time and upon the results of modern field research, we have two typical examples in the cult of Pachamama and irrigation rites, which show that the autochthonous religious ideas are still alive among the rural population of the Central Andes, and even today there is a coexistence of pre-Christian piety and Christianity on the one hand, and a mixture of their respective ideas on the other.

The first of the above examples refers to the current significance of Pachamama and to her symbolic identification with the earth and the toad. It also refers to the most important ceremonies in Pachamama's honour during the sowing and harvesting seasons, and to her nexus with the adoration of the Virgin Mary.

The irrigation cults show through their uninterrupted relationship to the pre-Hispanic dual-system, which had in the meantime been profoundly modified by acculturation, that fundamental social, religious and cultural changes had taken place without affecting the ancient structures. Not all new beliefs were accepted; certain ecologic and economic factors as well as phenomenological affinity had an important impact on the process of acceptance or non acceptance of new ideas. The long coexistence of Catholicism and autochthonous religion did not lead to the formation of a new syncretistic religion, but to the growth of mixed cults which have not been institutionalized and which are not static, but rather mobile and therefore often tend to separate.

NEUE RELIGIÖSE BEWEGUNGEN IN AFRIKA

Von Ernst Dammann

Seit etwa 100 Jahren gibt es, wenn man von einigen Einzelerscheinungen absieht, in Afrika religiöse Bewegungen, die man weder mit den traditionellen Stammesreligionen noch mit den in geschichtlicher Zeit nach Afrika gelangten sog. Hochreligionen, also dem Judentum, dem Christentum oder dem Islam gleichsetzen kann. Die meisten von ihnen weisen Beziehungen zum Christentum auf. Nicht wenige dieser Erscheinungen beanspruchen für sich das Prädikat christlich, bisweilen sogar in rigoroser Ausschließlichkeit. Andere Bewegungen lehnen Verbindungen mit dem Christentum ab und versuchen, sich in ihrer Eigenständigkeit zu profilieren. Da sie sich vor allem in Schwarzafrika finden, beschränken wir uns im folgenden auf Afrika südlich der Sahara.

Sofern Beziehungen zum Christentum bestehen, spricht man in einer normsetzenden Theologie häufig von Sekten oder auch neuerdings von independenten Kirchen.[1] In einer religionsgeschichtlichen oder gar religionswissenschaftlichen Betrachtung, die sich von Normen freizuhalten bemüht, ist die Wahl eines allumfassenden Terminus schwieriger. Unter dem historischen Aspekt kann man von nachchristlichen oder, wenn man auch muslimische Entwicklungen berücksichtigt, von nachklassischen Erscheinungen sprechen. Eine andere Frage ist, ob es sich dabei um Neureligionen handelt. Es besteht die Möglichkeit, daß eine ursprünglich nachklassische Religion zu

[1] Dabei verzichtet man oft auf eine Definition der Termini 'Sekte' oder 'Kirche'.

einer Neureligion wird. Dann muß sie aber wirklich etwas Neues darstellen, was in Lehre und Praxis seinen Niederschlag findet. Dieses Neue wird in unserer Zeit, in der auch in Afrika Lesen und Schreiben immer mehr zum Allgemeingut werden, seine Ausprägung in der Form von Religionsurkunden finden. In dieser Beziehung ist bisher in Afrika noch wenig zu verzeichnen. Es scheint mir daher angebracht zu sein, den allgemeinen Terminus „religiöse Bewegungen" zu gebrauchen.[2]

Zum Verständnis dieser Erscheinungen ist es nötig, einen Blick auf ihre Entstehung zu werfen. Die im alten Schwarzafrika des 19. Jahrhunderts noch weithin unberührten Stammesreligionen waren autark. Ihr Charakteristikum war das Gefühl und das Erleben der Ganzheit. Da diese die gesamte Welt im Hinblick auf Fühlen, Denken und Gestalten umfaßte, bestand von ihnen her kein Bedürfnis, aus diesem Kreis, für den das zyklische Denken charakteristisch ist, herauszubrechen. In der Regel finden daher auch außerhalb der Stammesreligionen liegende Faktoren nur schwer Eingang. Die besonders in der zweiten Hälfte des 19. Jahrhunderts in verstärktem Maße einsetzende Christianisierung brachte Erfolge und schien an manchen Stellen Afrikas die Stammesreligionen dem Ende zuzuführen. Das Christentum und die alten afrikanischen Religionen waren unvereinbar. Demgegenüber bedeutete der Islam keine radikale Bedrohung der Stammesreligionen. Er ließ sie fast überall unter einem muslimischen Oberbau bestehen. – Der Einzug der modernen Technik in Afrika, das damit verbundene naturwissenschaftliche Denken, die rationale Gestaltung vieler Lebensvorgänge ließen die alte Ganzheit häufig zurücktreten und schufen Verhältnisse, die für

[2] Auch der Terminus „Neureligion" wird oft benutzt, ohne genau definiert zu werden; vgl. E. Benz, Neue Religionen. 1971, der für Südafrika die sog. *Amanazaretha* darstellt und als messianische Sekte bezeichnet, S. 144.

eine Säkularisierung günstig waren. In religiöser Beziehung ergab sich daraus eine bunte Mannigfaltigkeit.

Die jetzige Lage ist dadurch gekennzeichnet, daß in Schwarzafrika keine Religion eine ausschließliche Stellung einnimmt. Auch da, wo das Christentum einen großen Prozentsatz der Bevölkerung umfaßt, ist die alte afrikanische Religiosität nicht vollends geschwunden. Davon zeugt u. a. das breite Spektrum, das sich von einer sog. African Theology bis zu einer Black Theology über viele Variationen erstreckt.[3] Die Virulenz afrikanischer religiöser Vorstellungen im Islam wurde bereits erwähnt. Sie ist aber auch nicht minder stark im modernen säkularen Bereich. An die Mächtigkeit der Ahnen oder an die reale Wirksamkeit magischer Kräfte glauben viele Afrikaner, obwohl sie eine auf einem anderen Weltbild beruhende Ausbildung in westlichen Ländern oder neuerdings auch in Afrika erhalten haben. Mit einem Wort: Die afrikanische Religiosität ist nicht tot. In der Form einer unbewältigten Vergangenheit ist sie zu einem modernen religiösen Problem geworden. Hinzu kommen andere Faktoren. Dazu gehört, daß man sich – besonders im kolonialen Zeitalter – gegen eine Überfremdung wehrte. Oft war das religiöse Gebiet der einzige Bereich, in dem Afrikaner eine führende Rolle übernehmen konnten. Hinzu tritt innerhalb einzelner Gruppen das Rangstreben, worauf Katesa Schlosser in ihren Arbeiten besonders hingewiesen hat.[4] Ein weiterer Faktor in diesen Strömungen ist das, was man vor allem, nachdem sich in den meisten Teilen Afrikas selbständige Staaten gebildet haben, mit verschiedenen Worten bezeichnet. Ausdrücke wie Afrika-

[3] Vgl. Näheres bei E. Dammann, Das Problem einer afrikanischen Theologie, Oberurseler Hefte, H. 3. 1975.

[4] K. Schlosser, Eingeborenenkirchen in Süd- und Südwestafrika. 1958; dies., Profane Ursachen des Anschlusses an Separatistenkirchen in Süd- und Südwestafrika. In: Messianische Kirchen, Sekten und Bewegungen im heutigen Afrika, hrsg. v. E. Benz. Leiden 1965, S. 23–45.

nische Identität, Authentizität oder Black Consciousness gehören hierher.

Es soll nicht im einzelnen aufgeführt werden, wie sich im christlichen Raum eine Fülle von sog. nachchristlichen Bewegungen gebildet hat, die teilweise zu straffen Organisationen geworden sind. Unterteilungen dieser in die Tausende gehenden Gruppen sind unter verschiedenen Gesichtspunkten vorgenommen worden. In deutschen Kreisen ist die Einteilung von Bengt Sundkler am bekanntesten geworden. Er unterschied für das südliche Afrika ursprünglich einen äthiopischen und einen zionistischen Typ,[5] dem er später einen messianischen Typ anfügte. Seine neuesten Forschungen haben ihn zu anderen Konzeptionen geführt. Er macht die erwähnten Unterschiede nicht mehr, sondern spricht von „ikonischen Kirchen". In ihnen steht der Leiter, z. B. J. G. Schembe, „als Ikone, als ‚Maske' Gottes, in seiner Kirchengemeinschaft und führt sein Volk auf einem afrikanischen Wege zum lebendigen Gott"[6]. In anderen Teilen Afrikas liegen die Verhältnisse anders, so daß wir dort zu anderen Klassifizierungen kommen. In diesem Zusammenhang sei auf die Studien von Harold W. Turner hingewiesen.[7]

Im folgenden soll nun versucht werden, die ganze Breite aufzuzeigen, in der uns neue religiöse Bewegungen in Afrika begegnen.

1. Stammesreligionen. In der Suche nach Identität meinen manche Afrikaner, daß eine Rückbesinnung auf die Stammesreligion auch und vielleicht gerade in der modernen Zeit wichtig ist. Im Zusammenhang damit stehen Verordnungen, z. B.

[5] B. Sundkler, Bantu Prophets. Oxford 1948; 1961². (Dts) Bantupropheten in Südafrika. 1964.

[6] Vgl. H.-J. Becken, Das Evangelium begegnet den vorchristlichen Religionen Afrikas, Die Brücke Nr. 1/42, März 1973, S. 4.

[7] Vgl. u. a. A Bibliography of modern African Religious Movements by R. C. Mitchell and H. W. Turner with ass. of H.-J. Greschat. Northwestern Univ. Press 1966.

in Zaïre, im Tschad und in Togo,[8] durch die das Führen nichtafrikanischer Namen untersagt wird. Darunter fallen naturgemäß auch die christlichen Namen. Am stärksten wird m. W. seit etwa zwei Jahren die Wiederbelebung der Stammesreligionen im Tschad betrieben. Auch in Europa ist in letzter Zeit der Name *Yondo* bekanntgeworden. Er ist ursprünglich die Bezeichnung für einen Geheimbund. Seine Mitglieder nannten sich „Löwenmenschen", die früher, in Löwenfelle gekleidet und mit Löwenklauen angetan, auf Menschenjagd gingen, sich aber später auf Ziegenraub spezialisierten. Das Yondo-Ritual war im Tschad unter den Sara heimisch. Es ist aber auch in ähnlichen Formen für viele Teile Westafrikas bezeugt. Die neue Entwicklung im Tschad hat auf Veranlassung des Staatspräsidenten Ngarta Tombalbaye[9] aus dem Yondo das Moment der Initiation herausgegriffen und es zu einer viele Stämme im Süden der Republik Tschad verpflichtenden Übung gemacht. Auch den Staatsbeamten wurde befohlen, das Yondo zu absolvieren. Es handelt sich um ein kultisches Initiationslager, in dem mancherlei Nützliches gelernt werden mag, das aber nicht von der ursprünglichen Stammesreligion getrennt werden kann. Überdies wird es anscheinend rigoros gehandhabt, so daß nicht wenige Teilnehmer darin umgekommen sind. Die christlichen Kirchen haben sich durchweg dem Yondo widersetzt, was zu zahlreichen Märtyrern geführt hat. Tombalbaye, der sich selbst als Christen bezeichnet, schien den Gegensatz zwischen Yondo und Christentum nicht in dem Maße zu empfinden wie viele Christen.[10]

[8] E. Viering, Togo in Zahlen, Evangelische Mission 1975. 1975, S. 208.

[9] Tombalbaye hat im Zuge der Afrikanisierung der Eigennamen seinen Vornamen François in Ngarta umgewandelt, vgl. Zaïre – Afrique 78 (1973), p. 518.

[10] Zum Ganzen vgl. den Bericht eines anonymen Verfassers ›Kirchliche Krisensituation im Tschad‹. In: idea Nr. 2/75 vom 13. 1. 1975, abgedruckt

Ein anderes, im Vergleich zu dem, was sich im Tschad abspielt, harmloses Beispiel finden wir bei den Zulu in der *Ibandla lamakhehla*, der „Gemeinschaft der alten Männer". Diese umfaßt Menschen, die bewußt an die Formen der alten Zulureligion anknüpfen.[11] Sundkler macht aber darauf aufmerksam, daß sich auch diese Gemeinschaft an e i n e r Stelle auf die Bibel bezieht. Es handelt sich dabei um Hebr 10, 32 „Gedenket aber an die vorigen Tage", ein Ausspruch, der auch außerhalb der biblischen Welt gesagt werden könnte.

An anderer Stelle habe ich auf Versuche der Haya und der Yoruba, alte Religionsformen zu modernisieren, hingewiesen.[12]

2. Vom Christentum bestimmte Bewegungen. Hier handelt es sich um die größere Anzahl der in unserer Zeit etwa 6000 im einzelnen oft sehr unterschiedlichen Gruppen. Manche von ihnen unterscheiden sich nur organisatorisch von den traditionellen großen Missionskirchen, die heute durchweg zu selbständigen afrikanischen Kirchen geworden sind. Hierher gehören die Gruppen, die man mit Sundkler als äthiopisch bezeichnete.[13] Andere haben Lehre, Kultus und Ethik der konventionellen Kirchen so verändert, daß sie zu eigenen Re-

in: Das Wort in der Welt, H. 1, 1975, S. 12/13. Es bleibt abzuwarten, ob die Bewegung nach der am 13. 4. 1975 erfolgten Ermordung Tombalbayes zusammenbricht.

11 Becken, a. a. O., S. 4.

12 E. Dammann, „Primitive" Religionen der Gegenwart. In: Theologie und Religionswissenschaft, hrsg. v. U. Mann. 1973, S. 203.

13 Als Beispiel einer solchen Gruppe sei auf die Darstellung der Baluther im Pediland von H.-J. Greschat in: Glaube, Geist, Geschichte (Festschrift für E. Benz). Leiden 1967, S. 532–41, verwiesen. Schon die Bezeichnung Ba-luther (= „die Lutherleute") zeigt die Absicht der Anhänger dieser Gruppe, als Lutheraner angesehen zu werden, was sie ihrer Herkunft nach von der Berliner Mission auch sind. Daß Greschat diese Bewegung als „voräthiopisch" bezeichnet, spielt in unserem Zusammenhang keine Rolle.

ligionskörpern geworden sind. Wieweit sie als Kirchen, die meistens als independente charakterisiert werden, bezeichnet werden können, ist eine Frage, die von der jeweiligen Theologie entschieden werden mag. Auf jeden Fall haben wir es oft mit neuen religiösen Bewegungen zu tun, die sich selbst aber noch als christlich verstehen. Sie haben in das Christentum Elemente afrikanischer Geistigkeit oder Religiosität hineingebracht wie etwa das Ganzheitsgefühl, das Vorwalten emotionaler Äußerungen, z. B. der Glossolalie, eine ausgeprägte Pneumatologie oder die Bewertung von Träumen. Alle diese Dinge können Äußerungen einer Theologia Africana sein, die in dem bisherigen Erscheinungsbild des Christentums neue Aspekte zeigt.

Demgegenüber gibt es andere Gruppen, die vielleicht mindestens teilweise unter die oben erwähnten 6000 fallen, aber nicht vom Christentum ausgehen. Ihre Grundlage bilden vielmehr die alten Stammesreligionen, die mehr oder weniger stark christliches Gut in sich aufgenommen haben. Hier wären Gruppen der Sotho in Südafrika zu erwähnen, die B. A. Pauw als *thapelo ya sephiri* groups (= „Geheimgebetsgruppen") anführt.[14] Gott, Christus, der Heilige Geist, Engel und Apostel Christi haben in Denken und Handeln dieser Gruppen Eingang gefunden, wobei Uminterpretationen erfolgen können. So bezeichnet z. B. der Heilige Geist das Geisterkollektiv. In ihm nehmen die Ahnengeister den untersten Rang ein, da sie den Lebenden am nächsten stehen. Dabei tritt *ein* Ahnengeist bei dem einzelnen Menschen hervor, der ihn „besitzt" und der ihn heilt, schützt und ihm Hilfe gewährt. Einmal im Jahr wird ein Ochse geschlachtet, wobei dem Pantheon der Geister für allen Segen gedankt wird, der den Mitgliedern dieser Gruppe zuteil geworden ist.

[14] B. A. Pauw, Ancester Beliefs and Rituals among urban Africans. In: African Studies 33 (1974), p. 103 f.

Bei Erscheinungen wie diesen kann man schwerlich von einer nachchristlichen Religion sprechen. Es ist eher eine durch christliche Einflüsse bedingte Ausweitung einer Stammesreligion, die auch eine Antwort auf das Problem der Adaption darstellt und zu den neuen religiösen Bewegungen Afrikas gehört.

Ob sich im einzelnen immer feststellen läßt, ob die Grundlage das Christentum oder die Stammesreligion ist, mag offen bleiben. Im Laufe der weiteren Entwicklung dürften beide Gruppen zu verhältnismäßig gleichförmigen Körpern werden.

3. Vom Islam abhängige Bewegungen. Da der Islam viele Elemente der Stammesreligionen in sich aufnehmen und sie sogar weithin legalisieren kann, sofern er alle ihre Erscheinungen unter die allumfassende Macht und Wirksamkeit Allahs stellt, kommt es nur zu wenigen neuen Bewegungen, die sich zu eigenständigen Religionskörpern entwickeln. Änderungen und Reformen halten sich meistens in dem vorgegebenen muslimischen Rahmen, wie es z. B. J. N. Paden für die Bruderschaft der Tijaniyya in Kano gezeigt hat.[15] Eher könnte an die Muriden, eine Bruderschaft unter den Wolof in Sierra Leone erinnert werden. Wenn deren Gründer Amadu Bamba als Gott bezeichnet, als Mittler auf ein halbgöttliches Niveau erhoben oder als Ursprung alles Segens angesehen wird,[16] so haben wir es mit einer Bewegung zu tun, die über den ursprünglichen Islam hinausgewachsen zu sein scheint. In dieselbe Richtung weist die Bedeutung, die der Pilgerfahrt nach Tuba, wo der Gründer begraben ist, zukommt und die nach Meinung einiger Muriden die Pilgerfahrt nach Mekka, eine der fünf Säulen des Islam, ersetzt.

15 J. N. Paden, Religion and political Culture in Kano, Univ. of California Press. 1973, p. 105 ff.

16 D. B. C. O'Brien, The Mourides of Senegal. Oxford 1971, p. 54, 84, 98.

In dieser Bewegung haben wir anscheinend eine Lehre, die es rechtfertigt, von einer neuen religiösen Bewegung zu sprechen.

4. Formen einer politischen Religiosität. Im alten Afrika hatten die Herrscher, ob sie schwach oder machtvoll waren, religiöse Funktionen. Diese weiteten sich an manchen Stellen bis zu sakraler Bedeutung und Betätigung aus. Sakrales Königtum ist aus verschiedenen Teilen Afrikas bekannt. Es ist daher verständlich, daß diese aus dem Ganzheitsdenken der Afrikaner stammende Erscheinung auch unter veränderten Verhältnissen fortwirkt.

Sie begegnet uns unter den sog. independenten Kirchen z. B. in der Tembu-Kirche, die sich 1884 in Südafrika bildete.[17] Damals gründete der zu den Tembu gehörige Nehemiah Tile, der sich zwei Jahre zuvor von der wesleyanischen Kirche getrennt hatte, eine eigene Kirche. Ihr Leiter wurde der Häuptling Ngangelizwe. Möglicherweise wurde dadurch eine bewußte Parallele zu der englischen Königin Victoria gezogen, die als Oberhaupt der anglikanischen Kirche auch in Südafrika bekannt war. Ähnliches vollzog sich 1885 in Taung im damaligen Britisch Betschuanaland unter dem Stammeshäuptling Kgantlapane. Es müßte genauer untersucht werden, ob und wieweit die „Lehre“ dieser Gruppen politische Elemente enthält.

In neuerer Zeit finden wir die Einheit von geistlicher und weltlicher Führung bei solchen Gruppen, die ihre Anhänger um eine besondere Stätte sammeln, wo der Prophet seinen Sitz hat und wo nach Möglichkeit viele Mitglieder der Gruppe wohnen. Für Auswärtige ist dieser Platz eine Pilgerstätte, in der die wichtigsten gottesdienstlichen Handlungen verrichtet werden. Bisweilen entwickeln sich dort auch wirtschaftliche Aktivitäten. Man könnte von einer Art Kirchenstaat spre-

[17] B. Sundkler, a. a. O. 1961², p. 38.

chen. Bekannte Zentren dieser Art sind z. B. für die *Amanazaretha* der Familie Schembe das bei Durban gelegene Ekuphakameni, für die Zion City Moria der Familie Lekganyane deren bei Pietersburg in Nordtransvaal gelegene Sitz.[18]

Während die eben dargestellten Bewegungen das religiöse, konkreter gesprochen, das christliche Vorzeichen tragen, hat sich seit dem 2. Weltkrieg (1939–45) im Zusammenhang mit der Entkolonisierung und dem Entstehen unabhängiger Staaten in Afrika eine politische Religiosität eigenen Stiles entwickelt. Das erste Beispiel dieser Art, das auch in Europa weithin bekannt wurde, gab der erste, später entmachtete Staatschef des 1957 unabhängig gewordenen Ghana, Kwame Nkrumah. Schon vorher, also noch während der britischen Herrschaft, gab es ein Glaubensbekenntnis, in dem an Stelle der christlichen Trinität die Person Nkrumahs, die nationalistische Volkspartei und der „Heilige Geist unserer Zeit" als Gegenstand des Glaubens bezeichnet wurden.[19] Auch der ihm beigelegte Titel Osagyefo, der aus den Wörtern des Twi *osa* „Krieg" und *gyefo* „Sammler" besteht und der in früherer Zeit als Ehrentitel einem Manne beigelegt wurde, der mit einem freiwilligen Aufgebot in den Krieg zog und dadurch zum Sieg beitrug,[20] erfuhr eine messianische Aufwertung, so daß auch bei uns häufig von einem Erlöser gesprochen wurde. Von da aus ist der Weg zu einem unfehlbaren Führer und zu der von ihm geführten nie irrenden Partei nicht weit. An die Stelle einer echten Religion ist eine politische 'Ersatzreligion' getreten.

18 Die Literatur über diese Gruppen ist weit verzweigt. In unserem Zusammenhang sei auf die Arbeiten von K. Schlosser und von G. C. Oosthuizen hingewiesen.

19 E. Dammann, Das Christusverständnis in nachchristlichen Kirchen und Sekten Afrikas. In: E. Benz (Hrsg.), Messianische Kirchen, Sekten und Bewegungen im heutigen Afrika. Leiden 1965, S. 15.

20 Für diese Erklärung des Namens bin ich Herrn Professor D. E. L. Rapp in Mainz zu Dank verpflichtet.

Seit dem Jahre 1971 ist auch im früheren Belgischen Kongo, dem heutigen Zaïre, eine politische Religion entstanden, die manchmal als Mobutismus bezeichnet wird. Dieser knüpft an den Namen des jetzigen Staatschefs Mobutu an, der nach den ersten turbulenten Jahren der Unabhängigkeit 1965 die Macht übernahm und allmählich wieder geordnete Verhältnisse herstellte. Als Katholik hatte er zunächst ein gutes Verhältnis zu den Kirchen, unter denen die römisch-katholische Kirche seit den Tagen der belgischen Herrschaft die wichtigste Rolle spielte.[21] Im Laufe der Zeit wurde das Verhältnis kühler. Das Selbstbewußtsein Mobutus wuchs, und er drängte auf eine sog. authenticité für die Bewohner seines Landes. Als äußeres Zeichen gehört dazu das Verbot, sich mit fremden Namen zu benennen. Schritt für Schritt wurden Maßnahmen zur Schaffung eines straffgeleiteten und kontrollierten Einheitsstaates getroffen.[22] Die theologischen Fakultäten wurden aufgelöst, der Religionsunterricht in den Schulen abgeschafft. Die Einheitspartei, Mouvement Populaire de la Révolution, ist die einzige legale Organisation, welcher Regierung, Parlament, Verwaltung und Heer unterstellt sind. Die zu ihr gehörende Jugendorganisation hat ihre Vertreter sogar in den theologischen Ausbildungsstätten. Sämtliche konfessionellen Jugendverbände wurden 1972 aufgelöst.[23] Zeitweilig waren sogar Bischofskonferenzen untersagt. Im Jahre 1974 wurde das Weihnachtsfest offiziell abgeschafft. An seine Stelle trat der

[21] Wieweit die Kimbanguistenkirche in den letzten Jahren eine größere Bedeutung erlangt und wie im einzelnen ihr Verhältnis zur katholischen Kirche ist, müßte besonders untersucht werden.

[22] Vgl. den Artikel: ›Staatsallmacht im Gewande afrikanischer Authentizität‹, Herder Korrespondenz 29 (1975), S. 141–46.

[23] Zaïre-Afrique 71 (1973), S. 61. Inzwischen hat Kardinal Joseph Malula angekündigt, daß die Theologische Fakultät der früheren „Lovianum-Universität" ihren Betrieb unabhängig und außerhalb der Nationalen Universität von Zaïre weiterführen werde, vgl. Herder Korrespondenz, a. a. O., S. 372.

24. Juni als Staatsfeiertag zur Erinnerung an die Schaffung des neuen Zaïre, ein Tag, der gleichzeitig zum Tag der Fischer erklärt wurde.[24] Um dieselbe Zeit ging durch die Presse die Nachricht, daß die Regierung die katholischen Feiertage des Elegius und der Barbara abgeschafft und durch den „Tag der Kupferesser" ersetzt habe. Durch ihn soll die Erinnerung an die Vorfahren aufrechterhalten werden, die als erste die Kupferminen erschlossen.[25] Kruzifixe, christliche Bilder und Embleme sollten aus öffentlichen Gebäuden, Schulen und Krankenhäusern entfernt werden, was aber infolge Widerstands der Bevölkerung nicht immer gelang. An Stelle des Kreuzes wurden vielfach Bilder Mobutus aufgehängt. Im Zusammenhang damit wurde immer mehr auf die Schaffung einer politischen Religion hingearbeitet, in der die Einheitspartei die Funktion der Kirche, der Staatschef die eines Religionsstifters und Messias ausübt.

Es handelt sich bei dieser Bewegung nicht um Einzelerscheinungen oder übereifriges Verhalten einzelner Funktionäre. Es ist vielmehr ein fester Plan, in religiöser Beziehung etwas Neues zu schaffen. Das zeigt sich z. B. in einem Schreiben des Staatskommissars an die Lehrer, in dem es u. a. heißt [26]:

„... Die Grundlage unserer Religion ist der Glaube an einen Schöpfergott, und unser Gottesdienst ist der Ahnenkult. Unsere Vorfahren sind lebendig. Sie sind unsere Schutzgeister und Mittlergestalten. Warum sollen wir uns daher an eine hl. Philomena oder eine hl. Katharina wenden, die nichts mit uns zu tun haben? Wie es in jeder Religion Propheten gibt, so haben auch wir einen. Unser großer Prophet ist Mobutu, der uns von Gott gesandt wurde. Er ist unser Führer und hat uns von aller Überfremdung befreit. Er ist unser Messias, der Zaïre erneuert hat. Jesus war der Prophet der Juden. Er ist tot, obwohl er von sich behauptete, er sei Gott und somit unsterblich. Solche Behauptungen stellt Mobutu nicht auf. Er ist kein Gott und wird sterben, aber er ist derjenige, der sein Volk zu

24 Lengo, Nr. 144 vom 2. 2. 1975, S. 1 und 8.

25 ›Die Welt‹ vom 19. 12. 1974.

26 Herder Korrespondenz, a. a. O., S. 145.

einem besseren Leben führt. Warum nicht den verehren, der unsere neue Kirche in Zaïre gegründet hat? Unser Gesetz, unsere Religion ist die Authentizität. Darin unterscheidet sich unser Führer von anderen Regierenden. Unser Evangelium sind der Mobutismus und das Manifest von N'Sele. Wir sind keine Kommunisten und werden es niemals sein. In China anerkennt das Volk die Verdienste seines Retters, indem es sein Porträt überall in Ehren hält. Was brauchen wir daher Kruzifixe in unseren öffentlichen Gebäuden? Sie müssen durch das Bild unseres Messias ersetzt werden. An seiner Seite soll das Bild seiner glorreichen Mutter, Mama Yemo, die einem solchen Sohn das Leben schenkte, aufgehängt werden, damit sie wie die Jungfrau Maria verehrt werden kann ..."

Diese Zeilen beweisen, daß der Mobutismus eine neue religiöse Bewegung darstellt, zu deren Unterstützung der ganze Partei- und Staatsapparat zur Verfügung steht. Ihr Ziel wurde im einzelnen in einem Konklave der Einheitspartei an Bord der Yacht des Präsidenten am 30. Dezember 1974 formuliert.[27] So ist der Mobutismus möglicherweise z. Z. die stärkste Form politischer Religiosität in Schwarzafrika.

Wenn man nach den Gründen für ein solches, fast plötzlich aufgetretenes Phänomen fragt, muß man verschiedene Gründe nennen. Diese sind:

Das alte Ganzheitsgefühl, das keinen Unterschied zwischen religiösen und profanen Bereichen macht.

Das Gefühl für die Bedeutung der Religion, die auch im heutigen Schwarzafrika trotz säkularer Bestrebungen vorhanden ist.

Das Wissen um die Macht der Kirche. Zeitweilig hat während der belgischen Kolonialherrschaft die katholische Kirche im damaligen Kongo eine in vielen Bereichen führende Rolle gespielt.

Der Wunsch, in der divergierenden Völkerwelt von Zaïre ein Ferment zu haben, das zur Stabilität des Staates beiträgt. Nach den Erfahrungen der Geschichte vermag eine Religion

[27] Zaïre-Afrique 92 (1975), S. 125/6.

in dieser Weise zu wirken. Ob aber eine künstlich geschaffene politische Religion dazu in der Lage ist, mag die Zukunft lehren.

Erscheinungen einer politischen Bewegung werden wahrscheinlich auch zum künftigen Bild neuer religiöser Bewegungen in Afrika gehören.[28]

Abschließend sei gesagt, daß nach allen vorhandenen Anzeichen die Zeit der Religion in Afrika nicht zu Ende ist. Christentum und Islam in ihren traditionellen oder in den durch afrikanische Elemente (Theologia Africana) angereicherten Formen wie auch die Fülle moderner religiöser Bewegungen sind ein Beweis dafür, daß die Religion in Afrika ein wichtiger Faktor ist und bleiben wird.

Summary

Since about 100 years we have new religious movements in Africa. They have a different origin and a different development. It may be recommended to make the following differences: 1. New religious movements out of traditional religions. 2. Movements with Christian origin. Some of them are independent Christian churches, others are similar to traditional religions with christian influences. 3. Islamic movements. 4. Political religions. Instances for them are taken from Ghana and Zaïre. Especially the Mobutismus has the signs of a political religion. All the movements show that religion is an important factor to-day in Africa.

[28] So scheint die Politik z. B. im derzeitigen religiösen Leben Ugandas eine nicht geringe Rolle zu spielen. Neuestens hat sich auch der Staatspräsident von Äquatorial-Guinea mit seiner Devise „Außer Macias kein Gott" zum Führer einer politischen Religion gemacht, vgl. Herder Korrespondenz, a. a. O., S. 639.

DER POLITISCHE HINDUISMUS DER NEUZEIT

Von Hans-Joachim Klimkeit

Wenn in dem vorgegebenen Rahmen ein Thema wie dieses behandelt werden soll, so kann das nur in der Weise geschehen, daß einige Schneisen im verschlungenen Dschungel der angesprochenen Entwicklung geschlagen werden, um den Blick auch für das Unterholz und die Umrankungen dieses eigentümlichen Gewächses, des politischen Hinduismus, frei zu machen. Obwohl seine Wurzeln weit zurückreichen, hat ein organisiertes Hindutum mit programmatischen politischen Zielsetzungen die Szenerie in Indien erst ein Jahrhundert bestimmt, nämlich von der Gründung des Ārya Samāj im Jahre 1875 bis zum Verbot der hindupolitischen Parteien im Jahre 1975. Ist das gleichsam der sichtbare Stamm unseres Gewächses, so haben wir also einerseits mit einem weitgreifenden Wurzelwerk zu rechnen, andererseits aber auch mit zukünftigen, noch völlig offenen Verästelungen.

Blenden wir zunächst zurück zur Geburtsstunde des neueren politischen Hinduismus. Daß sich das Hindutum als politische Größe gibt, ist an sich ein Novum gegenüber den Ausprägungen der indischen Volksreligion im Mittelalter. Sicherlich kannte man die Institution des sakralen Königtums, sicherlich gab es da die klassisch ausformulierte Lehre vom Raum politischen Handelns, *artha*, der dem Raum diesseitiger religiöser Ordnung, *dharma*, gegenübersteht, wobei beide nur in der Person des Fürsten verknüpft sind, wie es u. a. das klassische Handbuch der Regierungspolitik, das *Arthaśāstra*, darlegt. Aber eine Gestaltung des politischen Lebens im Sinne religiöser Prinzipien und unter dem Vorzeichen religiöser Erwartungen war dem Hinduismus – im Gegensatz zum Islam – fremd. Folglich war auch eine für die moderne Zeit überzeugende Anwendbarkeit hinduistischer Grundsätze auf ein zudem pluralistisches Gemeinwohl wenig konkret vorstellbar. Das Problem sollte sich noch in voller Schärfe dort zeigen, wo der hinduistischen Gemeinschaft – wie jeder anderen auch – die Anwendung ihres eigenen Rechtes auf bestimmte Rechtsbereiche (Eherecht, Familienrecht, usw.) staatlich zugestanden wurde, diese Anwendung aber an der neuen Rahmenbestimmung der Gleichheit aller vor dem Gesetz zu scheitern drohte. Auf staatliche Anordnung hin mußten durch den ›Hindu Code Bill‹ die Voraussetzungen für ein homogenes hinduistisches Recht erst geschaffen werden. Demgegenüber hat der Islam die religiöse und politische Ordnung stets engstens aufeinander zu beziehen gewußt und auch ein entsprechendes Rechtsdenken entwickelt.

Der Islam ist es dann auch, der zuerst entscheidende Anstöße zur Entwicklung eines politischen Hindutums gibt, d. h. eines Hindutums, das religiöse Vorschriften und Symbole zu allgemein anzuerkennenden staatlichen Prinzipien erheben will. Die völlige Uneinheitlichkeit hinduistischer Glaubensvorstellungen und Rechtsprinzipien gestaltet aber die Frage nach pan-hinduistischen Universalien besonders schwierig. Ist doch selbst die häufig angeführte gemeinsame Schriftgrundlage der Veden mehr eine ideelle als konkrete Basis.

Die erste Bemühung um ein politisches Hindutum ist folglich – wie viele Nachfolgebemühungen einschließlich des nepalesischen Modells hinduistischer Sakralregentschaft – provinziell begrenzt. Es geht ihr zudem mehr um konkrete Machtergreifung als um deren theoretische Begründung. Z. Z. des zerbröckelnden islamischen Moghulreiches etabliert sich unter Führung *Śivājīs* in Mahārāshtra der Hinduismus in gewollter Abhebung vom politischen Islam als bewußt staatsprägende Macht. Dieses Staatshindutum ist zudem bestimmt durch ein Erwachen hindu-theokratischer Tendenzen, die vor allem geprägt sind von den Symbolen der Rāma-Tradition, der Frömmigkeits-Tradition also um den mythischen Gottkönig des indischen Nordens, Rāma, der den von Dämonen beherrschten Süden unterwirft und eine Herrschaft des Glücks und der Prosperität aufrichtet. Aber nicht nur die lebendige Rāma-Frömmigkeit mit ihrem Erwartungshorizont stützt diese hindu-theokratischen Tendenzen, sie sind auch getragen von der allgemeinen Erneuerungsbewegung der Bhakti-Religiosität Mahārāshtras, wie sie in Śivājīs berühmtem Zeitgenossen *Tukārām* Ausdruck findet. Dabei ist es nicht unwesentlich, daß der Gottesmystiker Tukārām Śivājī persönlich anregt.

Es ist bezeichnend, daß Śivājī trotz seiner zeitlich befristeten Erfolge ein lebendiges Symbol bleibt, sowohl in britischer wie in nachbritischer Zeit, vor allem natürlich in Mahārāshtra. Die Anziehungskraft dieses Symbols läßt sich so weit zurückverfolgen, wie sich der moderne politische Hinduismus organisatorisch im Sinne einer Kette von ineinandergreifenden Bewegungen zurückverfolgen läßt.

Der wohl bedeutendste Wegbereiter der Forderung nach hinduistisch geprägter Eigenständigkeit gegenüber *westlich-britischer* Vorherrschaft ist der eigentlich als religiöser Reformator auftretende und unter seinem Asketennamen bekannt gewordene *Dayānanda Sarasvatī.* Als Vertreter eines traditionsorientierten Reformhinduismus, der sich deutlich in den Verlautbarungen, Schriften und Aktionen des von ihm ins Leben gerufenen *Ārya Samāj* akzentuiert, ist der Gründer dieser „Ariervereinigung" zugleich einer der bedeutsamsten frühen Repräsentanten eines kulturell-religiösen Nationalismus. Zwar sind hier auch andere zu nennen wie *Hariścandra von Benares,* der bei aller Loyalität der britischen Herrschaft gegenüber den religiösen Begriff der *bhakti* (Gottesliebe) auf das Vaterland überträgt und von *deśabhakti*, Liebe zum Vaterland, spricht.[1] Dayānanda aber zeitigt zweifellos trotz seiner elementaren und wenig subtilen Denkernatur die größte historische Wirkung unter seinesgleichen.

„Er vermochte", wie Otto Wolff betont, „die von den bisherigen Reformern ausgegangene Bewegung (gemeint ist im Sinne einer Öffnung auf den Westen) einfach anzuhalten und vorläufig zum Stehen zu bringen, wie ein in falsche Richtung rollendes Gefährt." [2]

Das Werk Dayānandas, die Gründung der hinduistischen Reformbewegung des Ārya Samāj im Jahre 1875, hatte schon zu seinen Lebzeiten nicht nur eine religiöse, sondern auch eine politische Dimension, wenn auch mehr eine kommunalpolitische und sprachprovinzielle als eine internationalpolitische. Dennoch ist bei ihm bereits eine enge Verbindung gegeben zwischen dem Ruf „Zurück zu den Veden" und der Forderung „Indien für die Inder – mehr noch für die Hindus". Erneuerung hinduistischer Religion und Erlangung indisch-hinduistischer Eigenständigkeit sind für ihn durchaus verquickte Ziele. Die Einheitlichkeit hinduistischer Prinzipien ergibt sich hier recht einfach aus seiner mythischen Schau klassischer Urzeit.

Was seine politischen Forderungen anbelangt, so hat sich Dayānanda verständlicherweise in der Zeit gefestigter britischer Macht sehr zurückhaltend geäußert, aber es ergibt sich aus dem Bestand seiner Grundideen, daß die Rückkehr zur reinen Urreligion eo ipso zum Ziele der Unabhängigkeit auch im Politischen führen würde.

Kommunalpolitisch scheute sich der Ārya Samāj nicht, sich durch eine nicht ungeschickte Ausnutzung der Spannungen zwischen Hindus und Christen wie auch zwischen Hindus und Moslems Erfolge vornehmlich in den breiten Massen des

[1] Siehe J. Lütt, Hindu-Nationalismus in Uttar Prades 1867–1900. (Kieler Hist. Studien, Bd. 9) 1970, S. 65 ff.

[2] O. Wolff, Christus unter den Hindus. 1965, S. 107.

hindīsprechenden Herzlandes Indiens zu sichern. Dabei rückte er bei seinen konkreten Aktionen Fragen in den Vordergrund, die an sich innerhalb des Konzeptes von der vedischen Urreligion mit ihrem angeblich reinen Monotheismus keine übermäßige Bewertung erfahren dürften, aber auf Grund ihres besonderen Charakters als *Symbole* sozialer und kommunalpolitischer Differenzen zwischen Hindus und Nichthindus Bedeutsamkeit gewannen.

Dazu gehörte zunächst die Sprachenfrage. Der Ārya Samāj unterstützt nachhaltig die im 18. Jh. bereits spürbar werdenden Tendenzen zur Sanskritisierung des Hindī und damit zur Abgrenzung dieser Sprache von dem Persisch bestimmten Urdu. Ferner ist das bereits von Dayānanda angestrebte Verbot der Rinderschlachtung als Symbol im angedeuteten Sinne kennzeichnend. Diese Frage ist bis heute ein hochbedeutsames und brisantes innerindisches Politikum geblieben. Eine direkte Linie läßt sich von ersten diesbezüglichen Forderungen Dayānandas [3] bis zu den noch jüngst in verschiedenen indischen Bundesstaaten in Kraft gesetzten Verordnungen über den Rinderschutz verfolgen. Geht es doch hier tatsächlich um ein Symbol hinduistischer Kultur und Religion, ein Symbol, dessen Gewicht sich mehr noch aus dem Charakter des damit aufgerichteten Hoheitszeichens als aus der damit verbundenen inhaltlichen Bezogenheit (auf die Heiligkeit der Kuh) herleitet. Von daher ist es verständlich, wenn solche uns z. T. als peripher oder äußerlich erscheinende Signa und ihre Aufrichtung zu den Kernforderungen der politischen Hinduparteien werden. Hier ist ein Denken am Werk, das dem Signum oder Symbol weit mehr als nur äußerlichen Charakter zuschreibt und darin einen maßgeblichen Ausdruck einer allgemein zu akzeptierenden Lebensordnung sieht.

[3] Zuerst zu finden in der 2. A. seines „Satyārth Prakāsh". Vgl. J. Lütt, a. a. O., S. 134 f.

Besinnen wir uns nun auf die zentralen politischen Anliegen des Ārya Samāj und damit der ersten bedeutsamen Strömung des neueren politischen Hinduismus. Diese lassen sich zusammenfassend auf einige wenige Nenner bringen:

1. Grundlegend ist der Topos der *Rückkehr zur reinen vedischen Urzeit* als einem Zustand, der von sich aus Wohlergehen und Glück – auch im Politischen – garantiert und automatisch die rechten Voraussetzungen zum Fortschritt nach sich zieht.

2. Eng verbunden damit ist die Vorstellung, daß der recht verstandene *dharma*, die *hinduistische religiöse Lebensordnung*, für alle im Lande bindendes Gesetz sein müsse, da er, wie es bereits die klassische Vorstellung will (z. B. Manu 8, 15), aufgerichtet Glück und Wohlergehen im Lande garantiert, mißachtet und zerstört aber Unglück und Unheil nach sich zieht. Der dharma-Begriff mit seinen metaphysischen Implikationen soll das gesamtgesellschaftliche Leben regeln, alle im Lande haben seine *äußeren Zeichen* zu respektieren, sich seinen *Symbolen* unterzuordnen.

3. Konsequenz dieser Vorstellung ist die typisch hindupolitische *Reinigungsidee*, die noch zu manchem Blutvergießen Anlaß geben sollte. Sie besagt, daß die Reinigung des Landes im Sinne der zwangsweisen Durchsetzung der wahren Religion gegenüber ihren eigenen Fehlentwicklungen wie auch gegenüber eingedrungenen fremdreligiösen Elementen zu vollziehen sei. Alle fremden Bekenntnisse wie der Islam und das Christentum seien durch „Rückbekehrung“ ihrer Anhänger zum Hinduismus auszurotten. Es ist die Idee der Reinigung der Kaste und ihres Lebensraumes von allen sie gefährdenden, ihre Macht einschränkenden Elementen, die hier auf das als heilig empfundene Land insgesamt übertragen wird. Die Reinigungsidee wird angedeutet durch den Begriff der *Śuddhi*. Konkret ist damit jene Reinigungszeremonie gemeint, durch die Fremdgläubige – ursprünglich Unberührbare – Zutritt zur

weiteren Hindugemeinschaft gewinnen. *Śuddhi* wird nun aber nicht nur als Zeremonie, sondern als *Missionsprogramm* verstanden.

Grundsätzlich sind diese drei die Gestaltung der Gesellschaft betreffenden Prinzipien – freilich in unterschiedlicher Schärfe formuliert – zum festen Bestand der Forderungen des politischen Hinduismus geworden, in welcher organisatorischen Gestalt er auch aufgetreten ist. Die Forderungen laufen hinaus auf einen *formalen Exklusivitätsanspruch*, d. h. auf exklusive formale Anerkennung eines politischen Glaubens, wie dies schon vom islamischen Staat in seinen radikalen Ausprägungen her beispielhaft suggeriert werden konnte.

Was bei Dayānanda noch völlig offen bleibt und bei seinen Nachfolgern zu diversen Auseinandersetzungen führt, ist die Art der Führung einer hinduistischen Gesellschaft, die *Form der Autorität*, die ein hinduistisches Gemeinwesen lenken soll. Dayānanda, der selbst eine harte religiöse Lehre im Dienste eines „furchtbar strengen" Meisters durchgemacht hatte, verstand seine Position als die eines Guru, dem die Anhängerschaft blinden Gehorsam schulde. Die Idee eines religiösen *Inspirationsführertums*, wie sie in Anlehnung an altindische religiöse Autoritätsvorstellungen im Vorbild des Guru, des Asketen oder auch des Pandit gegeben ist, gehört seit seiner Zeit grundsätzlich ebenfalls zum festen Bestand der Autoritätsvorstellungen des politischen Hinduismus. Dennoch scheiden sich seine diversen Strömungen nicht zuletzt im Hinblick auf die Konkretisierung des Autoritätsbegriffs. Mit dem Resonanzboden der Anerkennung eines religiös verklärten Führertums hat der politische Hinduismus aber grundsätzlich stets rechnen können.

Das Erbe Dayānandas wurde nicht nur im Ārya Samāj sowie seinen vielen Nachfolgebewegungen auf politischer und ideologischer Ebene bewahrt. Sein Erbe wirkte überhaupt im

Milieu des religiösen Nationalismus radikaler Prägung fort; es erwies eine nachhaltige Wirkung u. a. in den zahlreichen Bestrebungen, eine Staats- und Gesellschaftsordnung zu konzipieren, die eine bewußte Alternative zum säkular-demokratischen Staatsmodell des Westens darstellen will.

Zwei Denker sind es vor allem, die als Führergestalten aus diesem radikalen Milieu hervorgehen und den Bestrebungen um Etablierung eines Hindustaates programmatischen Ausdruck verleihen: *V. D. Savarkar* (gest. 1966) und *M. S. Golwalkar* (gest. 1974).

Der aus dem Marāthenlande stammende Brahmane Savarkar war neben dem langjährigen Rektor der Hindu-Universität zu Benares, *Pandit Madan Mohan Mālavīya*, einer der führenden „Ideologen“ der 1907 gegründeten orthodoxen *Hindu-Mahāsabhā-Partei* („Partei der großen Hindugemeinschaft“). Diese Organisation hatte sich als bedeutendste hindupolitische Bewegung in der ersten Hälfte dieses Jh. etabliert, bis sie 1948 verboten wurde, als bekannt wurde, daß der Mörder Gandhis aus ihren Reihen hervorgegangen war. Aber auch andere „Rechtsparteien“ und verwandte Gruppierungen berufen sich auf Savarkar, von Gemeinschaften mit volksmissionarischen Zielen wie dem seit 1902 bestehenden *Bhārata-Dharma-Mahāmandala* („Große Gemeinschaft zur Förderung des indischen Dharma“) über die kampfbundartige Vereinigung *Rāshtriya Svayamsevak Sangh* („Nationale Eigenständigkeitspartei“) bis hin zu Nachfolgeorganisationen der Hindu-Mahāsabhā. Von diesen sind zu nennen der gleich nach ihrem Verbot ins Leben springende *Rām Rājya Parishad* („Congregatio zur Förderung der Rāma-Regierung“) und die im Jahre 1951 gegründete politische Partei *Bhāratīya Jan Sangh* („Indische Volkspartei“).

Savarkars Zielvorstellung, die auch in den Namen einer dieser Bewegungen eingegangen ist, kann durchaus als theokratisch bezeichnet werden. Die Chiffre für seine hinduistische Vorstellung von Theokratie ist *Rām-Rājya*, Herrschaft Rāmas. Hier lebt die im beliebten Volksepos, dem Rāmāyana, wurzelnde Rāma-Mythik wieder auf, mit der bereits Śivājī seinen Anspruch auf Hinduherrschaft ausflankiert hatte. Die mythische Herrschaft des jungen „arischen" Gottkönigs Rāma wird aber durchaus als geschichtliches Ereignis aufgefaßt, die eben dadurch auch für das politische Leben prototypische und verpflichtende Bedeutung gewinnt. Ferner fließen eschatologische Elemente in das Bild dieser Gottesherrschaft ein, denn die Erlangung der Rāma-Herrschaft ist eine zukunftsweisende Aufgabe. Sie muß erkämpft, erzwungen, gewaltsam herbeigeführt werden. So wie sich unter dem göttlichen König des Nordens die Vereinigung des gesamten indischen Landes vollzog und alle seine Bewohner unter einem gemeinsamen Banner vereinigt wurden, so wird auch als zukünftige Aufgabe die kämpferische Wiedergewinnung der Einheit des gesamten Subkontinents unter den nationalen Symbolen des Hindutums gefordert – des Hindutums, nicht des Hinduismus; denn *Hindutva*, Hindutum, ist für Savarkar die entscheidende und zugleich umfassendste Leitidee in der Verwirklichung der Rāma-Herrschaft. Von seinem programmatischen Aufsatz ›Essentials of Hindutva‹ [4] bis hin zu seinen diversen anderen Betrachtungen, Analysen, Aufrufen und Programmen, die sich zu sechs stattlichen, großteils Marāthi verfaßten Bänden vereinigen, geht es immer wieder um die Entfaltung der Hindutva-Idee. Die Konzeption wird dabei nach verschiedenen Richtungen hin ausgebreitet, so daß sie zwar religiöse, aber darüber hinaus auch kulturelle, sprachliche, rassische und schließlich sogar geographische Bedeutungsgehalte umfaßt. Hindutva ist also gegenüber Hinduismus die weitergreifende Idee. "Hinduism is only a derivative,

[4] In: Samagra Savarkar Wangmaya, Writings of ... V. D. Savarkar, Vol. VI, Poona 1964.

a fraction, a part of Hindutva"[5], betont Savarkar. "Hindutva embraces all the departments of thought and activity of the whole being of our Hindu race."[6]

Mit leuchtenden Farben entwirft Savarkar das Bild einer nationalen Vergangenheit, die zu einer völkischen Lebenseinheit und Eigenständigkeit gefunden habe, und die folglich alle universalen Bestrebungen, wie sie im Buddhismus aufbrachen, als Fremdkörper ausscheiden mußte.

Nicht eine Weltreligion hat das geistige und kulturelle Erbe der Nation geprägt, sondern das, was sich im Begriff des Hindutums darstellt. Hier können wir die Auserwähltheit vernehmen, die das Selbstbewußtsein dieses Denkens vermittels typisch nationalistischer Akzente vornimmt. Nicht eine in ihren Grenzen verschwommene Menschheit, sondern die Bewohner des gelobten Landes zwischen Himālaya und dem Meer sind Träger des verpflichtenden Erbes. Es liegt in der Natur der Dinge, daß die Grenzen gegenüber der nichthinduistischen Umwelt dabei in grellen Farben aufleuchten, und daß folglich auch die Rückbekehrung oder Vertreibung der islamischen Besetzer des heiligen Subkontinentes ebenso legitim erscheint wie die Vertreibung der Briten. Diese Forderung Savarkars hat dann auch prompt ihren Niederschlag gefunden in der Forderung mancher Hinduparteien nach Auflösung und Besetzung des verhaßten islamischen Nachbarstaates, eine Forderung, die durch den Śuddhi-Gedanken ohnehin nahegelegt war. Bei alledem erscheint die Inanspruchnahme religiöser Leitvorstellungen als völlig berechtigt und natürlich, auch wenn die Vorrangstellung der Religion gegenüber Zugehörigkeit zu Geschichte, Kultur, Volkstum und Lebensraum der „Hindu-Familie" eingeebnet wird. So kann es heißen: "Some of us are monists, some pantheists, some theists and

[5] A. a. O., S. 2.

[6] A. a. O., S. 3.

some atheists. But monotheists or atheists, we are all Hindus and own a common blood." [7] Dennoch wird Religion in einem bestimmten Sinn doch zu einem gleichsam durch die Hintertür eingeführten maßgeblichen Prinzip der Einheit aller Hindus. Savarkar spricht von den "common laws and rites" [8] als den Grundprinzipien nationaler Einheit neben den gemeinsamen Banden des Blutes und der Kultur. Hinter diesem Ausdruck verbirgt sich der indische *dharma*-Begriff. Die diesseitige hinduistische Lebensordnung mit ihren Implikationen einschließlich der Kastengliederung bleibt also eine entscheidende Grundlage des neu formulierten Hindutva-Gedankens.

Ganz auf der Linie der Bemühung um eine pan-hinduistische Staats- und Gesellschaftsordnung steht auch der dritte bedeutende Denker des politischen Hinduismus: *M. S. Golwalkar*. Als Schüler von Savarkar knüpft er unmittelbar an dessen Werk an, bestätigt dessen Vorstellungen vom Hindutum und von seiner inhaltlichen Ausflankierung (Golwalkar hat den programmatischen Hindutva-Aufsatz ins Hindī übersetzt) und greift auch das von ihm verkündete Rām-Rājya-Ideal auf. Diesem hatte sich übrigens der junge Gandhi verpflichtet gefühlt, als er betonte: „Rām-Rājya, oder das Reich Gottes, das wäre wahre Unabhängigkeit.“ [9]

Wie Savarkar, ist auch Golwalkar nicht nur „Ideologe“, Theoretiker, sondern auch politischer Praktiker. Als Nachfolger Savarkars im Amte des Parteiführers der militanten Hinduorganisation *Rāshtriya Svayamsevak Sangh*, kurz R. S. S. genannt, die mit ihrem streng gegliederten Aufbau selbst ein Modell für eine zu schaffende Hindu-Gesellschaft abgeben will, genießt er als guruartiger Führer hohes An-

[7] A. a. O., S. 58.

[8] A. a. O., S. 62.

[9] Young India, 1919–22. With an Historical Introduction by C. S. Ranga Iyer. Madras 1922, S. 649.

sehen unter seinen Anhängern und den Sympathisanten seiner Sache. Sein Wort ist Gebot und Weisung, seine Person vereinigt in sich den religiösen Meister, den Chefplaner und den Truppenführer zugleich.

Obwohl Golwalkar unmittelbar an das Denken Savarkars anknüpft, erweist er sich in seinem Entwurf für einen Hindu-Staat, programmatisch zusammengefaßt im Werke ›Bunch of Thoughts‹,[10] als flexibler und differenzierter, umfassender und zugleich gemäßigter als jener. Bei aller Radikalität, die ihm und erst recht seiner Organisation nachgesagt wird, erweist er sich als überraschend duldsam Anhängern anderer Glaubensanschauungen gegenüber, sofern sie nur die Symbole der Hindugesellschaft respektieren. Die Śuddhi-Idee, zwar bei ihm noch lebendig, ist hier doch weitgehend abgeschwächt und von dem alten mystischen Gedanken der Vielheit in der Einheit her abgerundet.

Grund für die größere Toleranz und Weitsichtigkeit Golwalkars im Vergleich zu Gestalten wie Dayānanda und Savarkar ist die Tatsache, daß er nicht mehr unmittelbar in der Situation des Kampfes um kulturelle oder politische Eigenständigkeit steht – jedenfalls nicht in den entscheidenden Phasen seines Wirkens –, ferner aber, daß er stark der monistischen Denktradition verpflichtet ist. Folglich ist auch seine Vision der Hindu-Gesellschaft von ausgesprochen Advaita- und Vedānta-orientierten Grundideen bestimmt. Die Beziehung des Einzelnen zur Gesamtheit der Hindugesellschaft wird im mystischen Sinne des Verhältnisses des Individuums zum "cosmic spirit" gesehen.[11] Damit wird die Hindugesellschaft selbst zur absoluten Heilsgröße. Das Schlagwort Rām-Rājya bezieht sich hier mehr auf die Göttlichkeit der Gesellschaft und ihrer Ordnung als auf eine tatsächliche Theokratie.

[10] Bangalore 1966.
[11] Golwalkar, a. a. O., S. XXIX.

Die ehrfurchtsvolle, aufopfernde und liebevolle Zuwendung zu ihr und zu dem Land, das ihren Lebensraum darstellt, kann ganz in den Farben der Verehrung der Muttergöttin dargestellt werden, ohne daß hier freilich – wie vielfach im bengalischen Hindu-Nationalismus – die grauenerregenden, ja blutrünstigen Aspekte der klassischen mutterkultischen Motivkette von Göttin und Opfer, Geburt und Vernichtung, Liebe und Schrecken, Boden und Blut politische Relevanz gewönnen.

Im Rückgriff auf religiöse, wiederum speziell Advaita-Vorstellungen lehnt Golwalkar ausdrücklich den auf Uniformität zielenden Klassenkampf-Gedanken zugunsten der Idee einer gegliederten, aber harmonischen sozialen Ordnung ab. Er glaubt durchaus noch – wie auch Dayānanda und Savarkar – an das Lebensgesetz der Kaste. Und wie auch bei Gandhi wurzelt dieser Glaube in der Überzeugung, daß grundsätzlich jeder in der ihm vorgegebenen, angestammten Ordnung und ethischen Selbstbeschränkung dem Wohle des Ganzen zu dienen habe und damit gleichzeitig an ihrem Wohlergehen partizipiere. Nicht die Auflösung jeder sozialen Struktur, sondern die Harmonie beruflich spezialisierter Gruppen, die nach Berufung und Fähigkeit aufgebaut sind, ist das von ihm verkündete Ziel. Der alte Begriff des *svadharma*, des je eigenen *dharma*, den so viele andere neo-hinduistische Denker in je eigener Weise aufgreifen, kommt auch bei Golwalkar zur Geltung.

Bewußt stellt Golwalkar bei alledem die Vedānta-Philosophie als heute noch gültige Basis für persönliche und gesellschaftliche Verhaltensmuster dar. Sie sei die gewachsene Grundlage und somit angemessene Voraussetzung für die Gestaltung einer hinduistischen Gesellschaftsordnung und den Aufbau eines Hindu-Staates. Diese bereits historisch vorgezeichnete, wenn auch weiterzuentwickelnde Lebensordnung schließt aber wiederum die Verpflichtung mit ein, ihr Gedeihen und Blühen nach Maßgabe des je eigenen dharma zu fördern.

So kommt hier – gerade auch in der neueren politischen Szenerie – ein Ton zum Klingen, der eigentlich schon von der hinduistischen Volksreligion gesetzt ist und nun religiös-sozialen, mehr aber noch religionspolitischen Tatbeständen ihre Farben verleiht. Auch das Verbot der Hinduparteien wird nichts daran ändern, daß das Bewußtsein von geistiger und sozialer Eigenständigkeit gegenüber der Umwelt lebendig bleibt. Inwiefern dieses Bewußtsein sich allerdings in Zukunft noch politisch akzentuieren kann, ist eine andere Frage.

Summary

The formation of Hindu organisations pursuing expressly political goals belongs to the modern developments of Hinduism. Though classical and medieval forms of this religion did have the institution of the sacred Hindu kingship – maintained to the present in Nepal – and did formulate theories of political activity (e. g. in the *Arthaśāstra*), differentiating between the political world of *artha* and the religious realm of *dharma*, political life and aspirations were, on the whole, not determined by religious principles, not even theoretically.

The crumbling Moghul empire already saw a change in the situation. Śivājī's kingdom in Mahārāshtra was an expressly Hindu empire, determined very much by its counterpart, the Islamic state. Hence it showed strong theocratic tendencies summarized in the ideal of *Rām-Rājya*, the Hindu kingship of the mythic, though historically conceived hero-king Rāma, whose kingship gains prototypic significance.

Śivājī remains a symbol of the Hindu state, especially in Mahārāshtra, but also in other movements aimed at creating an expressly Hindu society. These have played a role for exactly a century now, since their appearance upon the scene with the formation of the *Ārya Samāj* by *Dayānanda Sarasvatī* in 1875 to the prohibition of Hindu political parties in 1975.

The Ārya Samāj and its founder already conceived of principles that have remained part of the stock and content of Hindu-political aims and ideas. They were taken up, modified and developed further by leading thinkers of the various movements that accompanied and followed the Ārya Samāj, referring often to the same aspirations, shifting, at the same time, these aspirations more and more from the religious to the political plain.

The reflections of Hindu religious ideas on the political plain can of course be discerned in the general political milieu, the young Gandhi, for instance, taking up the idea of Rām-Rājya. They are most clearly and prototypically visible, however, in the leading thinkers of the Hindu political parties: V. D. Savarkar and M. S. Golwalkar. Their programmes epitomize the attempt on the part of Hindus to create a Hindu state.

DIE GESCHICHTE DER GOTTESBEZEICHNUNGEN UND DES GOTTESVERSTÄNDNISSES DER TENRIKYŌ AUF DEM HINTERGRUND DER RELIGIÖSEN UND POLITISCHEN GESCHICHTE JAPANS

Von JOHANNES LAUBE

Die Gottesbezeichnungen in den Mikagura-uta

Das Wort Mikagura-uta bedeutet „Kagura-Tanzlieder". Kagura werden unter anderem die rituellen Tänze des Shintō genannt. Die gottesdienstlichen Tänze der Tenrikyō müssen aber von den Shintō-Tänzen unterschieden werden.

Miki Nakayama, die Stifterin der Tenrikyō, verfaßte die heute als Mikagura-uta zusammengefaßten Liedertexte in den Jahren 1866–1875. In ihrer heutigen Textgestalt wurden sie von Shinnosuke Nakayama, Mikis Enkel,[1] im Jahre 1888 zum ersten Mal kirchenamtlich herausgegeben.

Unter welchen geschichtlichen Umständen sind diese Tanzlieder entstanden? Miki Nakayama wurde 1798 als Tochter der Bauernfamilie Maegawa geboren, heiratete 1810 den Bauern- und Dorfvorstehersohn Zembei Nakayama, fühlte sich seit dem 26. Tag des 10. Monats des Jahres 1838 [2] von einem Gott in Besitz genommen, der sich Ten no Shōgun („Shōgun des Himmels") und andere Namen gab, um den

1 Shinnosuke oder Shinjirō Nakayama, Oberhaupt der Tenrikyō mit Anerkennung durch die religiösen und politischen Behörden (bis 1914).

2 Diese Formulierung des Datums richtet sich nach dem Mondkalender. Sie enthält für die Tenrikyō eine Symbolik.

Menschen dadurch immer mehr sein Wesen zu offenbaren. Miki diente diesem Gott bis zu ihrem Tode im Jahre 1887 durch Mildtätigkeit gegenüber den Armen, wunderbare Heilungen an Kranken und Verkündigung seiner Namen in Reden, Schriften und Gottesdienst. 1864 gestattete Miki ihren bittenden Gläubigen, das erste kleine Gottesdiensthaus zu bauen. 1866 begann Miki die Tänze und Lieder in den Gottesdienst einzuführen, die heute als Mikagura-uta bezeichnet werden. In diesen Liedertexten (insgesamt 5) wird der Gottesdienst „Gottesdienst des Tenrin-Ō" genannt.[3] Durch ihn besänftigt Gott Aufstände, heilt Krankheiten und gibt reiche Ernten. Durch ihn bewirkt er die Erneuerung der Welt.

Die Erneuerung der Welt [4] war aber gerade in den sechziger Jahren des 19. Jahrhunderts in Japan die Sehnsucht vieler politischer und religiöser Gruppen. Schon längst hatte die Ratlosigkeit der Shōgunatsregierung (angesichts von Mißernten, Hungersnöten, Epidemien, Preissteigerungen, religiösen Massenbewegungen, politischen Aufständen und schließlich angesichts der Bedrohung durch die Kriegsschiffe ausländischer Mächte vor den japanischen Häfen) die Schwäche der Shōgune (der Reichsstatthalter) bloßgelegt. 1867 mußte Shōgun Yoshinobu Tokugawa, der 15. Regent aus dem Hause Tokugawa, die Ausübung der Regierungsgewalt an Kaiser Meiji abgeben. Kaiser Meiji leitete eine totale Erneuerung des japanischen Staates ein, eine Erneuerung, die sich einerseits um die Wiedergewinnung des Geistes der Japaner des Altertums und andererseits um die Einführung der Wissenschaft, Technik und Industrie des Westens bemühte.

Doch die Erneuerung der Welt, die Miki Nakayama erwartete, unterschied sich von der Erneuerung, die Kaiser Meiji plante. Miki meinte zuerst die Erneuerung der Herzen der

[3] Zur Übersetzung von Tenrin-Ō vgl. weiter unten.

[4] Erneuerung der Welt: Yo-naoshi (transitiv) oder Yo-naori (intransitiv). Miki spricht von Yo-naori.

Menschen. Sie vollzieht sich im Gottesdienst des Tenrin-Ō. Gott ist es, der die Herzen der Menschen erneuert, und die Erneuerung der Herzen der Menschen spiegelt sich als Erneuerung der Gesellschaft in der Welt ab. Wer ist dieser Gott Mikis?

In den Texten der Mikagura-uta [5] wird dieser Gott meist einfach Kami („Gott") genannt. Im allgemeinen japanischen Sprachgebrauch werden damit Götter des Shintō bezeichnet. Dann kann das Wort Einzahl oder Mehrzahl („ein Gott", „etwas Göttliches", „eine göttliche Kraft" oder „Götter" usw.) bedeuten. Miki meint mit diesem Wort aber einen ganz bestimmten Gott. Um ihn von den Göttern des Shintō zu unterscheiden, nennt sie ihn Moto no Kami (den „ursprünglichen Gott") oder Jitsu no Kami (den „wirklichen Gott"). In den gottesdienstlichen Anrufungen wurde er wohl zuerst Tenrin-Ō und dann Tenri-Ō genannt.[6] Da die Mikagura-uta-Texte nur in der Hiragana-Silbenschrift überliefert sind, deren Silben-Laute aber keine Bedeutungen signalisieren, ist unklar, an welche chinesisch-japanischen Schriftzeichen Miki dachte, wenn sie diesen Namen Tenrin-Ō (oder feierlich: Tenrin-Ō-no-Mikoto) verwendete. Je nach den Schriftzeichen nämlich, die man mit diesen Lauten assoziiert, kann man die Bedeutung der Silben Tenrin verändern. Die von den Gläubigen am meisten gebrauchte Kombination von Schriftzeichen weist auf den mahāyāna-buddhistischen „raddrehenden Weltenkönig" (Cakravarti-Rāja). Die späteren Kombinationen mit Tenri und Tenri-Ō verweisen auf die konfuzianistische Vorstellung vom „Himmel" (Ten) als dem impersonalen, universalen, absoluten Prinzip. Doch Mikis Gott ist weder aus dem Shintō noch aus dem Buddhismus oder Konfuzianismus

5 Das Original-Manuskript wurde bisher nicht gefunden. Es existieren nur Abschriften von Gläubigen.

6 Dies ist die wahrscheinlichere These der japanischen Religionshistoriker.

übernommen. Wenn Miki von Gott spricht, meint sie den, von dem sie sich in Besitz genommen erlebt. Sie nennt ihn mit vielen Namen.

Die Gottesbezeichnungen im Ofudesaki

Das Wort Ofudesaki bedeutet „Die Spitze des Schreibpinsels". Dieser Titel geht auf ein Gedicht zurück, in dem Miki sagt, sie wolle die Welt „mit der Spitze des Schreibpinsels", d. h. mit ihren Gedichten bedrängen.

Wie die Abfassung der Mikagura-uta fällt auch die Abfassung der ersten Gedichte des heute als Ofudesaki bezeichneten Sammelwerkes in die Zeit der Regierungsübernahme des Kaisers Meiji. Ab 1868 schrieb Miki ihre Offenbarungen in Gedichtform nieder, damit sie die Gläubigen leicht im Gedächtnis behalten konnten. Die letzten Gedichte stammen aus dem Jahre 1882. In ihrer heutigen Textgestalt wurden sie von Shōzen Nakayama, dem zweiten Oberhaupt der Tenrikyō im Jahre 1928 zum ersten Mal amtlich herausgegeben.

Das Sammelwerk Ofudesaki besteht aus 17 nach Entstehungsjahren geordneten Büchern mit insgesamt 1711 Gedichtversen. Ihr Hauptthema ist das Drängen auf die Feier des Gottesdienstes, insbesondere der Kagura-Tänze. Im Buch VI begründet und erklärt Miki den wichtigsten Tanz (den Tanz um die heilige Säule Kanrodai, der nur im Haupttheiligtum der Tenrikyō in der Stadt Tenri durchgeführt werden darf) als symbolische Vergegenwärtigung der Erschaffung und Erlösung der Menschen durch Gott.[7]

[7] Buch VI enthält die Hauptgedanken der „Schöpfungsgeschichte" der Tenrikyō, die später in den Kōki-banashi von Gläubigen in ausführlicherer Form niedergeschrieben wurden. In dieser „Schöpfungsgeschichte" tritt Gott als Tsukihi auf und wirkt durch 8 Schöpfungswerkzeuge die Selbstentwicklung der Welt zur Menschheit. Den 8 Schöpfungswerkzeugen gibt er göttliche Namen.

Die häufigsten Gottesbezeichnungen im Ofudesaki sind Kami („Gott"), Tsukihi („Mond-Sonne") und Oya („Eltern"). Shōzen Nakayama untersuchte diesen Sprachgebrauch des Ofudesaki und fand folgende Ordnung im Gebrauch dieser Gottesbezeichnungen: die Bücher I bis VI, die in den Jahren 1869–1875 verfaßt wurden, verwenden meist den Ausdruck Kami oder Moto no Kami („Der ursprüngliche Gott") oder Jitsu no Kami („Der wirkliche Gott"). Die Bücher VI (zweite Hälfte) bis XIV verwenden meist den Ausdruck Tsukihi („Mond-Sonne"). Diese Bücher wurden in den Jahren 1875 bis 1879 verfaßt, in denen Miki begann, ein rotes Kleid zu tragen, um den Menschen zu zeigen, daß „Mond-Sonne" in ihr wohne, daß sie „Schrein Gottes" sei. Die Bücher XIV (zweite Hälfte) bis XVI verwenden meist den Ausdruck Oya („Eltern") für Gott. Sie wurden 1879–1881 verfaßt.[8]

Shōzen Nakayama sieht nun in dieser Reihenfolge des Gebrauchs der Gottesbezeichnungen Kami, Tsukihi, Oya eine göttliche Erziehung der Menschen zu einem Glauben an Gott als den *nahen* Gott. Dabei bilden Kami und Tsukihi die Hinführung der Menschen zum Verständnis der endgültigen Selbstoffenbarung Gottes als Oya („Eltern") der Menschen. Diese Nähe Gottes als Eltern der Menschen wird dadurch betont, daß im Ofudesaki Miki Nakayama selber als „Eltern" (Oya) bezeichnet wird. Gott ist den Menschen am nächsten als Miki Nakayama. Miki ist die Selbstoffenbarung Gottes als Oya.

Mikis Anspruch, die „Eltern" der Menschheit, ja der „Elterngott auf Erden" zu sein, und die Existenz einer Gemeinde von Gläubigen, die Miki tatsächlich für (einen) Gott hielten, widersprachen dem Anspruch der Religionspolitik des Kaisers

[8] Die Bücher XVI (zweite Hälfte) und XVII, die 1881 und 1882 verfaßt wurden, verwenden wieder mehr den Ausdruck Kami. – Es existieren heute noch 2 Original-Manuskripte der Ofudesaki-Texte (Seisatsu und Gesatsu).

Meiji. Denn nach dem Vorbild des mythischen Kaisers Jimmu betrachtete sich Kaiser Meiji als Nachkomme der Sonnengöttin Amaterasu, als Gott auf Erden und als Vater der Großfamilie der Japaner. Zur Unterstützung seines Regierungsprogrammes verkündete er die Einheit von Ritenvollzug und Regieren und plante, den Shintoismus der lokalen Schreine mit dem Ise-Schrein als Zentrum zur neuen Staatsreligion zu machen. Er bestellte Shintō-Priester zu Missionaren, die das Volk im Sinne des Ise-Shintō umerziehen sollten. Zugleich versuchte er, die bisherige Staatsreligion der Tokugawa-Zeit, den Buddhismus, zu unterdrücken. Die Neugründung von religiösen Gemeinschaften blieb – ebenso wie in der Tokugawa-Zeit – zunächst verboten. Mit Hilfe von Gesetzen gegen Orakelpriester, Zauberer, Gesundbeter usw. wurden die Führer neuer religiöser Bewegungen polizeilich verfolgt. Auch Miki Nakayama wurde bis zu ihrem Tode im Jahre 1887 mehr als 10mal verhaftet und im Gefängnis festgehalten. Die Hauptanklagen gegen Miki und ihre Gemeinde betrafen die Gotteslehre, den Gottesdienst mit den Kagura-Tänzen (speziell den Kanrodai-Tanz) und die Riten für die Krankenheilung (Sazuke).

Die Gottesbezeichnungen in den Osashizu

Das Wort Osashizu bedeutet „Anweisungen (Gottes)“. Miki gab in ihren letzten Lebensjahren in täglichen Audienzen „Anweisungen“ zu konkreten Problemen des Lebens der Gemeinde oder einzelner Gläubigen. Sie wurden und werden als authentische Interpretationen des Willens Gottes für das jeweilige Hier und Jetzt aufgefaßt.

Die Texte, die heute als Osashizu vorliegen, stammen aber nur zu einem kleinen Teil aus dem Munde von Miki selbst. Der größere Teil stammt aus dem Mund ihres Nachfolgers

Izō Iburi, der nach ihrem Tode (1887) bis zu seinem eigenen Tod (1907) die Gemeinde Mikis geistlich leitete.

Die Osashizu wurden 1927 zum ersten Mal amtlich herausgegeben. Diese Textausgabe basiert auf Mitschriften von Gläubigen.

Die Gottesbezeichnungen in den Osashizu sind vielfältig und vieldeutig. Die häufigste Bezeichnung ist auch hier Kami („Gott“). Doch kann je nach Zusammenhang der „Elterngott im Himmel“ (der eine Absolute) oder der „Elterngott auf Erden“ (Miki Nakayama) gemeint sein. Auch Izō Iburi wird Kami genannt, insofern die unsichtbar gewordene Oyasama Miki Nakayama durch ihn spricht. Auch die früh verstorbene jüngste Tochter Mikis, Kokan, hatte zu ihren Lebzeiten im Auftrag ihrer Mutter „göttliche Anweisungen“ gegeben. Darum wird auch sie in den Osashizu Kami (oder Wakai Kami „junge Göttin“) genannt. Letztlich handelt es sich bei diesem Wort Kami also um einen *Funktionsbegriff*. Er wird auf alles angewandt, was Werkzeug des einen absoluten Gottes ist.[9]

Andere Gottesbezeichnungen in den Osashizu des Izō Iburi sind Tsukihi und Oya. Die Wortverbindungen mit Oya können sich auf den „Elterngott im Himmel“ (den unsichtbaren, einen, absoluten Gott) oder auf den „Elterngott auf Erden“ (die nun ebenfalls unsichtbare, aber ewig am Ursprungsort der Menschheit gegenwärtige und wirksame Oyasama Miki Nakayama) beziehen. Gerade die Tatsache, daß Izō Iburi „göttliche Anweisungen“ (Osashizu) gibt, ist ein Beweis der Gegenwart und Wirksamkeit von Oyasama Miki Nakayama. Es heißt in den Osashizu, daß Oyasama durch Izō Iburi spricht. Sie wohnt in ihrem „ursprünglichen Anwesen“ (Moto no Yashiki), auf dessen Grund sich der Ursprungsort der

[9] Auch der Mittelpunkt des Haupttheiligtums der Tenrikyō in Tenri, der Erdpunkt Jiba mit der heiligen Säule Kanrodai, der als Ursprungsort der Menschheit gilt, trägt göttliche Namen.

Menschheit Jiba befindet. Dieser Erdpunkt Jiba bildet heute den Mittelpunkt des Haupttheiligtums der Tenrikyō in Tenri.

Der Sprachgebrauch des Izō Iburi unterscheidet sich aber durchaus vom Sprachgebrauch des Ofudesaki, das unmittelbar auf Miki Nakayama zurückgeht. In den Osashizu des Izō Iburi herrschen die Wortverbindungen mit Ten („Himmel"), Tenri („himmlische oder göttliche Gesetzmäßigkeit"), Tenri-Ō-no-Mikoto („Seine Majestät, der König der himmlischen Gesetzmäßigkeit") vor.

Die Gottesbezeichnungen im Meiji-Kyōten

Während Mikagura-uta, Ofudesaki und Osashizu als Offenbarungsquellen (Genten) betrachtet werden, stellen das Meiji-Kyōten und das Shōwa-Kyōten Lehrzusammenfassungen dar, die von der Hauptverwaltung der Tenrikyō 1908 und 1949 herausgegeben wurden.

Um die Texte des Meiji-Kyōten richtig verstehen und ihre Verbindlichkeit beurteilen zu können, muß man seine Entstehungsgeschichte berücksichtigen.

Seit Mikis Enkel, Shinnosuke Nakayama, im Jahre 1882 Oberhaupt der Familie Nakayama geworden war, betrachtete er es als seine wichtigste Aufgabe, zum Schutz der Gemeinde Mikis vor Verfolgungen irgendeine Form der Legalisierung zu erreichen. 1885 wurde Mikis Gemeinde für den Bereich Ōsaka unter dem Namen Shintō-Tenrikyōkai als Untergruppe („Kirche") der Shintō-Sekte Shintō-Honkyoku anerkannt.[10] Doch die Lebens- und Arbeitsbedingungen blieben

[10] Ab 1882 wurden alle religiösen Gruppen in 3 rechtliche Kategorien eingeteilt: buddhistische, christliche und shintoistische. Die shintoistischen Gruppen wurden in „Schrein-Shintō" (= Staatsshintō) und „Sekten-Shintō" eingeteilt. Zum „Sekten-Shintō" wurden alle Gruppen gerechnet,

weiterhin ungünstig für die Tenrikyō. Anfang der neunziger Jahre erhob sich im ganzen Land eine Hetzkampagne gegen die Tenrikyō. Damals zählte sie schon über 2 Millionen Gläubige und gewann zum Ärger shintoistischer und buddhistischer Gruppen, staatlicher Behörden und „aufgeklärter" Ärzte und Journalisten täglich neue Anhänger hinzu. 1896 erließ das Innenministerium einen Geheimbefehl zur besonderen Überwachung der Tenrikyō. Daraufhin reorganisierte Shinnosuke Nakayama mit Unterstützung der Kirchengemeindeleiter die Gotteslehre, den Gottesdienst mit dem Kanrodai-Tanz und die Riten zur Heilung von Krankheiten, um den Angriffen die Spitze abzubrechen. Unter anderem wurde der Gottesname Tenri-Ō-no-Mikoto mit dem Gottesnamen Tenri-no-Ōkami ausgewechselt.[11] Von nun an bemühte sich Shinnosuke Nakayama um so mehr um die staatliche Anerkennung der Tenrikyō als selbständiger Sekte innerhalb des „Sekten-Shintō"-Dachverbandes. Von 1899 bis 1908 reichte er 5 Gesuche beim Innenministerium ein. Nach dem ersten Gesuch verlangte das Innenministerium (wie bei anderen Religionsgemeinschaften) die Abfassung eines Kyōten, als eine der Bedingungen zur staatlichen Anerkennung. In diesem Kyōten sollten die „Drei Religionsartikel" [12] des Staatsshintō enthalten sein, nämlich die Verehrung der „8 Millionen" klassischen Shintō-Götter (nach den japanischen Mythologien Kojiki und Nihongi), die göttliche Verehrung des Kaisers und die Liebe zum Vaterland, dem die ebenfalls zu verehrenden Ahnen ihr Leben lang gedient haben. Unter diesen Bedingungen wurde das Meiji-Kyōten verfaßt. Wir können hier nicht auf alle Einzelheiten des Unterschieds zwischen der früheren Gotteslehre und der Gotteslehre des Meiji-Kyōten eingehen. Jeden-

die weder buddhistisch noch christlich noch staatsshintoistisch waren (d. h. die neuen Stifterreligionen vor allem).

[11] Zur Übersetzung von Tenri-no-Ōkami vgl. weiter unten.

[12] Sanjō no Kyōsoku (oder: Kyōken), verkündigt 1872.

falls umfaßt der neue Gottesname Tenri-no-Ōkami („Großer Gott der himmlischen Gesetzmäßigkeit") jetzt zunächst 10 Götter des Nihongi, „die wegen ihrer Kraft am meisten hervorragen", und dann alle „8 Millionen" Götter des klassischen Shintō-Pantheons.

Zusammen mit der Gewährung der staatlichen Anerkennung der Tenrikyō als selbständiger Sekte innerhalb des „Sekten-Shintō" setzte das Innenministerium dieses Kyōten im Jahre 1908 endgültig in Kraft und verlangte, daß es allen Gläubigen und Priestern indoktriniert werden sollte. Bis 1945 bildete es die Pflichtlektüre jedes Mitglieds der Tenrikyō.[13]

Die Gottesbezeichnungen im Shōwa-Kyōten

Das Shōwa-Kyōten wurde unter der Leitung des zweiten Oberhauptes der Tenrikyō, Shōzen Nakayama, verfaßt und 1949 als neue normative Lehrzusammenfassung in Kraft gesetzt. Es ist ein Ergebnis der Reformbewegung Fukugen („Zurück zum Ursprung"), die 1945 die ganze Tenrikyō erfaßte. Schon 1927 und 1928 zeigte sich in der kirchenamtlichen Herausgabe der heiligen Schriften Osashizu und Ofudesaki eine Rückbesinnung der Führer der Tenrikyō auf die Stifterin Miki Nakayama. Doch wurde die Hauptverwaltung der Tenrikyō im Verlauf der totalen materiellen und geistigen Mobilmachung des japanischen Volkes durch die japanische Regierung im Jahre 1938 gezwungen, alle Texte, ausgenommen das Meiji-Kyōten und seine Kommentare, wieder einzuziehen. Erst die „Befreiung" durch die Amerikaner, die Ver-

[13] Die englischen und deutschen Darstellungen der Lehre der Tenrikyō, die von Außenstehenden geschrieben wurden, haben die Tendenz, das Meiji-Kyōten überzubewerten. – Trotz mancher Fehlinterpretationen ist das bisher beste Werk: H. van Straelen, The Religion of Divine Wisdom. Tōkyō 1954, Kyōto 1957².

kündigung der demokratischen Verfassung mit dem Artikel der realen Religionsfreiheit, die Erklärung des Kaisers, daß er „nicht Gott“ sei, und das neue Gesetz über die Zulassung von Religionsgemeinschaften – erst diese Ereignisse der Jahre 1945 bis 1947 ermöglichten die Durchführung der „Rückkehr zum Ursprung“. Sie bedeutete nicht nur, daß man die Lehre Mikis über ihren Gott wieder in den Vordergrund stellte, sondern auch, daß der eigenartige göttliche Charakter von Oyasama Miki Nakayama wieder (und wohl bewußter als vorher) an den Anfang der Lehre gestellt wurde.

Während das Meiji-Kyōten mit den Kapiteln über die Verehrung der „8 Millionen Götter“ des Shintō-Pantheons und über die Verehrung des Kaisers beginnt, beginnt das Shōwa-Kyōten mit der Vorstellung der Stifterin Miki Nakayama als Oyasama („Unsere geliebten Eltern“), d. h. als des sichtbaren „Elterngottes auf Erden“, als der Selbstoffenbarung des unsichtbaren „Elterngottes im Himmel“.

Während das Meiji-Kyōten die Schriften Mikis (und des Izō Iburi) nicht einmal erwähnt, geschweige denn zitiert, bilden die Zitate aus diesen Schriften (Mikagura-uta, Osashizu, Ofudesaki) nun das Skelett des Shōwa-Kyōten.

Als Gottesbezeichnungen finden wir im Shōwa-Kyōten Kami, Tsukihi und Tenri-Ō-no-Mikoto wieder (wie vor der Zeit des Meiji-Kyōten). Doch das Subjekt der meisten Sätze heißt Oyagami („der Elterngott“ oder „der Elterliche Gott“). Die Vorstellung von Gott als Oya („Eltern“) bestimmt das ganze Shōwa-Kyōten. Die wichtigsten Aspekte dieses Wortes Oya sind folgende:

1. Rein sprachlich gesehen kann Oya „Vater“ oder „Mutter“, aber auch „Vater und Mutter“ oder „Eltern“ bedeuten.

2. Wenn Miki ‘Oya’ genannt wird (oder in ehrfurchtsvoller Anrede: Oyasama), kann sie als „Mutter“ gemeint sein. Denn die Führer der Tenrikyō, Shinnosuke und Shōzen Nakayama, die den religiösen Sprachgebrauch der Tenrikyō

beeinflußten, standen in einem leiblichen Abstammungsverhältnis zu Miki und konnten sie daher mit Recht ihre „Mutter" nennen.

3. Daneben fühlen sich viele Menschen zu Miki emotional hingezogen und betrachten sie als Mutter aufgrund einer Gefühlsbindung, ohne ihre leiblichen Kinder oder Enkel zu sein. Hier erfüllt Miki die Rolle des Archetyps der Mutter – ähnlich wie Maria bei manchen Christen.

4. Doch innerhalb des Systems der Tenrikyō-Theologie darf das Wort Oya, wenn es auf Gott oder auf Miki angewandt wird, nicht mit „Mutter" übersetzt werden. Es muß immer mit „Vater und Mutter" oder „Eltern" übersetzt werden.

Der Gott der Tenrikyō bildet eine Zwei-Einheit. Als ruhender Gott ist er einer. Als tätiger Gott geht er in zwei unterschiedene, aber voneinander ungetrennte, weil sich ergänzende Urtätigkeiten über. Der Gottesname Tenri-Ō-no-Mikoto betont die Einheit. Der Gottesname Tsukihi betont die Zweiheit („Mond-Sonne"!).[14] Diese zwei Urtätigkeiten Gottes werden als Vaterschaft und Mutterschaft (zusammen: Elternschaft) beschrieben. Ofudesaki VI, 102 sagt: „Die wahren Eltern (Oya) dieser Welt bin ich, Tsukihi ..." – Ofudesaki VIII, 4 sagt: „Für mich, Tsukihi, sind alle Menschen der Welt meine Kinder ..." Diese Elternschaft Gottes gegenüber den Menschen bezieht sich auf die Erschaffung der Menschen, auf die Erhaltung und Erziehung der Menschen und auf die Erlösung der Menschen.

Wenn es nun von Oyasama Miki Nakayama heißt, daß sie „Schrein von Mond-Sonne" sei (Tsukihi no Yashiro), dann bedeutet das, daß in ihr dieser zwei-eine Gott gerade unter der Rücksicht der Zweiheit sich offenbart, als Tsuki

[14] Damit man nicht meine, Tsuki und Hi seien zwei getrennte göttliche Existenzen, läßt die Hauptverwaltung der Tenrikyō in Übersetzungen jetzt „Tsukihi" schreiben (zusammen!).

(„Mond“ : „Vater“) und Hi („Sonne“ : „Mutter“), als Oya („Eltern“).[15]

Oyasama Miki Nakayama nimmt an allen Aspekten der Elternschaft Gottes gegenüber den Menschen (nicht gegenüber dem Universum schlechthin!) teil, an der Erschaffung der Menschen (Moto non Oya, d. h. „ursprüngliche Eltern“), an der Glaubenserziehung der Menschen (Hinagata non Oya, d. h. „Eltern, die Vorbild geben“) und an der Erlösung der Menschen (Tasuke no Oya, d. h. „Eltern, die erlösen“). Auch nachdem sie ihren sichtbaren Leib verborgen hat, nimmt sie an allen Tätigkeiten Gottes in bezug auf die Menschen teil. Unter der Rücksicht ihres „unsichtbaren Schutzes“, den sie auch heute über alle Menschen ausübt, wird sie Gosommei no Goshugo no Oya genannt („Die Eltern, die ewig am Ort des Ursprungs der Menschheit leben und sie von dort aus beschützen“, so könnte man frei übersetzen).

Wenn wir uns vergegenwärtigen wollen, welche Anziehungskraft diese Vorstellung von Gott als Eltern auf die Gläubigen der Tenrikyō ausübt, müssen wir das Wort Oyagokoro („Elternliebe“) im Sinne der Gläubigen der Tenrikyō bedenken.

In Tenri wurde ich einmal in einem Buchladen von einem Verkäufer gefragt, wie ich die zentrale Idee des Christentums mit einem Wort kennzeichnen würde. Ich sagte: „Mit dem Wort Ai (‘Liebe’).“ Der Verkäufer lächelte sofort überlegen und sagte: „Hab ich mir’s doch gedacht! Die zentrale Idee der Tenrikyō ist Oyagokoro (‘Elternliebe’). Sie steht höher als Ai (‘Liebe’)!“ Ich fragte zurück: „Wieso höher?“ Seine Antwort war: „Ai bedeutet die Liebe zwischen Mann und Frau, Eros

15 Die Formel „Drei-Personen-Eine-Natur“ kann nicht auf den Gott der Tenrikyō angewandt werden, ebensowenig kann die Formel „Zwei-Naturen-Eine-Person“ auf Oyasama Miki Nakayama angewandt werden. Das Natur-Person-Denken überhaupt erfaßt nicht die Eigenart der Gottesvorstellung der Tenrikyō.

oder Sex. Sie ist egoistisch. Sie denkt nur an sich. Oyagokoro dagegen ist die Liebe von Eltern zu ihren Kindern. Sie denkt überhaupt nicht an sich. Sie ist reines Geben!"

Durch diese Erklärung des Verkäufers erkannte ich damals zweierlei: erstens, daß die negative Betrachtung des japanischen Wortes Ai („Liebe"), die von der buddhistischen Kritik an der „Begierde-Liebe" (Yoku-Ai) herkommt, heute immer noch lebendig ist, obwohl christliche Prediger in Japan sich dieses Wortes Ai bedienen, um auch die Liebe Gottes zu den Menschen damit zu bezeichnen. Zweitens, daß für die Gläubigen der Tenrikyō das Wort Oyagokoro die vollkommenste Form der Liebe bezeichnet: das reine Geben. Gott ist der schlechthin Gebende. Der Mensch ist der schlechthin Empfangende.

Summary

Analysing the holy scriptures of the Tenrikyō-Religion Mikagura-uta, Ofudesaki and Osashizu (which have been written between 1866 and 1907) and the official dogmatical summaries Meiji-Kyōten and Shōwa-Kyōten (which have been put into force 1908 and 1949 respectively) we tried to show connections between the religious and political situation at the time of origin of these scriptures on the one hand and the concepts and the conceptions of the Tenrikyō-God contained in these scriptures on the other hand. One of our results is that the Tenrikyō-Religion did not get freedom to express publicly the original conception of god (of its foundress Miki Nakayama) before 1945. God is a two-one-unity. He proved himself as "Father-and-Mother" (Oya) of mankind – through Miki Nakayama as Oyasama ("Our beloved Father-and-Mother"). He is the invisible Father-Mother-God. She is the visible Father-Mother-God.

CHRISTENTUM UND JUDENTUM: RELIGIÖSER WANDEL UND WANDEL DES VERHÄLTNISSES BEIDER RELIGIONEN ZUEINANDER

Von Heinz-Jürgen Loth

Vom Blickwinkel der allgemeinen Religionsgeschichte aus gesehen bestehen zwischen beiden Religionen mannigfache Beziehungen: vom biblisch-jüdischen Erbe des Christentums über den formenden Einfluß jüdischer Philosophie (z. B. Ibn Gabirol, Moses Maimonides) auf Augustinismus und Thomismus [1] und jüdischer Gelehrter auf die christlichen Hebraisten der Renaissance und Reformation [2] bis hin zum Einfluß des neuzeitlichen emanzipatorischen und nationalstaatlichen Denkens auf das Entstehen der jüdischen Nationalbewegung. Aus allgemeiner geschichtlicher Sicht ist die Beziehung dadurch bestimmt, daß die christliche Majorität des Abendlandes das äußere Geschick der jüdischen Minorität bestimmte.

Aus diesen Gründen soll im Anschluß an die Darstellung des religiösen Wandels in Christentum und Judentum der Wandel im Verhältnis der beiden Religionen zueinander dargestellt werden.

[1] Siehe G. Leff, Medieval Thought, St. Augustine to Ockham. Harmondsworth 1958, p. 162 ff.

[2] Siehe Th. Willi, Christliche Hebraisten der Renaissance und Reformation. In: Judaica 30 (1974), S. 78–85; 100–125.

I

1. Der religiöse Wandel im Christentum

a) Die Säkularisierung

Die Relativierung christlicher Wertorientierungen und der besonders in den westlichen Industrieländern zu beobachtende Rückgang expliziter Kirchlichkeit auf eine bloße nominelle Kirchenzugehörigkeit, die allenfalls noch die rituellen Akte der Kirchen in Anspruch nimmt, werden oft als Anzeichen einer Entkirchlichung oder gar Entchristlichung angesehen. Dabei wird in der Regel das dichotomische Schema einer prinzipiellen Konfrontation von Religion und Gesellschaft zugrunde gelegt. Säkularisierung ist der hierfür übereinstimmend benutzte, allerdings nicht übereinstimmend definierte Begriff.

Wenn jedoch mit Joachim Matthes die Säkularisierungsthese ein zeitgeschichtliches Interpretament ist, das seinen Ort in einer historisch konkreten Phase unserer Kulturentwicklung hat,[3] dann ist die Kirche in ihrer gegenwärtigen Gestalt selbst ein Produkt des gesellschaftlichen Emanzipationsprozesses der Säkularisierung.[4] Daraus folgt einerseits, daß Säkularisierung nicht gleichbedeutend mit Entkirchlichung und Entchristlichung ist. Andererseits hat der Prozeß jedoch zur Konsequenz, daß das Kirchensystem nicht mehr zentrale, „eigentliche“ Repräsentation von Religion ist,[5] sondern als Organisation nur noch Ausdruck systemgebundener Religiosität.

[3] J. Matthes, Religion und Gesellschaft. Einführung in die Religionssoziologie I. 1967, S. 84 f.

[4] Vgl. J. Matthes, Die Emigration der Kirche aus der Gesellschaft. 1964, S. 54.

[5] Vgl. J. Matthes, Kirche und Gesellschaft. Einführung in die Religionssoziologie II. 1969, S. 91.

Den systemgebundenen Lehraussagen und Handlungen stehen die in der Lebenswelt und sozialen Umwelt geltenden Anschauungen und Handlungsorientierungen der modernen wissenschaftlich-industriellen Gesellschaft gegenüber. Da der Einzelne, von dessen subjektiver Glaubensinterpretation religiöse Realisierung abhängig ist, stets unter den Anforderungen beider Bereiche steht, durchlaufen systemgebundene Lehren und Handlungen einen vielschichtigen Prozeß der Transformation. Kirchliches Handeln verbindet sich mit spezifischen Formen sozialen Handelns, religiöses Handeln jedoch – wenn es sich der Systemgebundenheit entledigt hat – vollzieht sich in weitaus größerem Maße „auf verschiedenen Stufen kultureller Transformation – in zahllosen anderen Syndromen sozialen Handelns“.[6]

Da jedoch der hinter den Handlungen stehende Glaube wissenschaftlichen Methoden nicht zugänglich ist, sich also mikrosoziologischen Untersuchungen nicht erschließt, und das Bestehen eines irgendwie gestalteten Verhältnisses zwischen Religion und Gemeinschaft einerseits und zwischen Gemeinschaft und Religion andererseits in der Religionsgeschichte immer vorgegeben ist, müssen wir nach allgemeineren Kriterien der Säkularisierung fragen.

Aus religionssoziologischer Sicht sind – wie Gustav Mensching mehrfach gezeigt hat – im wesentlichen drei Phänomene kennzeichnend für den Säkularisierungsprozeß im Christentum: der Übergang vom Kollektivismus des „kirchlichen Einheitsorganismus“ [7] zum Individualismus, die rationale Selbständigkeit und Befreiung des Individuums und schließlich die Profanisierung des täglichen Lebens, die zu einer Verweltlichung des Staates führt.

[6] Ebd.

[7] G. Mensching, Soziologie der Religion. 1968², S. 115; zum Folgenden siehe S. 96 ff.

Die so verstandene Säkularisierung findet sich überall dort, wo das „Totalitätsbewußtsein des Anfangs“ [8] (in den Volksreligionen) oder das Bewußtsein eines einheitlichen Kulturorganismus (in den Universalreligionen) verlorengeht. Sie ist kein ausschließlich christliches Phänomen, denn wie Hans-Joachim Klimkeit gezeigt hat, lassen sich im Hinduismus ebenfalls Säkularisierungstendenzen feststellen.[9]

b) Der religiöse Pluralismus

Kennzeichnend für den modernen säkularen Staat ist seine Neutralität in religiösen Fragen. Für die Kirchen folgt daraus eine Situation des Wettbewerbs untereinander und mit den säkularen Ideologien (Sozialismus, Syndikalismus, Humanismus usw.), die im Gefolge der Industrialisierung entstanden sind. Überdies haben Bibelkritik, Geschichtswissenschaft und Psychologie die Theologie in eine Relativierung „getrieben“. Kritik an der Kirche gehört neben dem Verlust der ursprünglichen Einheit der Kultur zu den Folgen der Säkularisierung.[10]

Das Christentum steht heute vor der grundsätzlichen Aufgabe, seine Überzeugungskraft gegenüber rationalen Anschauungen nachzuweisen. Um Überzeugungskraft geht es auch im Wettbewerb der Kirchen untereinander, ebenso in der Auseinandersetzung mit den Sekten, den sektiererischen Bewegungen der religiösen Subkultur und den missionierenden Fremdreligionen.

[8] G. Mensching, Die Religion. Erscheinungsformen, Strukturtypen und Lebensgesetze. 1962, S. 299.

[9] H.-J. Klimkeit, Säkularisierungstendenzen in den Religionen Indiens. In: Religion und Religionen. Festschrift f. Gustav Mensching. 1967, S. 209 bis 226; ders., Antireligiöse Bewegungen im modernen Südindien. Eine religionssoziologische Untersuchung zur Säkularisierungsfrage. 1971.

[10] Vgl. G. Mensching, Der offene Tempel. Die Weltreligionen im Gespräch miteinander. 1974, S. 15 f.

c) Wettbewerb und Kartellbildung

Der religiöse Pluralismus zwingt jede organisierte religiöse Gruppe zur Koexistenz mit organisierten Gruppen abweichender religiöser Anschauung und Praxis.

Wettbewerbssituation und Zwang zur Koexistenz führen zu einem weiteren Moment des religiösen Wandels, auf das Peter L. Berger und Thomas Luckmann aufmerksam gemacht haben: die Kartellbildung ("cartelization" [11]). Vor allem innerkonfessionelle und zugleich übernationale Zusammenschlüsse sowie überkonfessionelle, aber nationale Zusammenschlüsse haben erheblich zur Überwindung des protestantischen Partikularismus beigetragen. Die größere Möglichkeit sozialer Effizienz nationaler Zusammenschlüsse liegt auf der Hand.

Die für den Religionswandel typische Wettbewerbssituation kann auch zum Teil dadurch aufgehoben werden, daß die maßgeblichen religiösen Gruppen auf der Ebene gemeinsamer Interessen zu einem gewissen Konsensus gelangen. Ein solcher ist in Hinblick auf unsere beiden Volkskirchen festzustellen, was z. B. ihre Repräsentanz in öffentlichen Kontrollorganen (z. B. in Rundfunkräten) oder in Jugendwohlfahrtsausschüssen oder im Bereich der Bildung (Konfessionsschulen) angeht. Solche Aktivitäten waren dem deutschen Protestantismus ursprünglich fremd.[12]

Letztlich ist noch zu erwähnen, daß die Kirchen und christlichen Gemeinschaften durch Änderung der organisatorischen Formen und Methoden, auch des Inhaltes der christlichen Lehre und schließlich der Glaubensform um eine Anpassung (« aggiornamento ») an die moderne Welt und säkulare Gesellschaft grundsätzlich bemüht sind.

[11] Secularization and Pluralism. In: Internationales Jahrbuch für Religionssoziologie II. 1966, S. 78.

[12] Vgl. G. Mensching, Soziologie der großen Religionen. 1966, S. 270.

2. Der religiöse Wandel im Judentum

a) Diaspora und Staat Israel

Das in Europa oder in Amerika in der Diaspora lebende Judentum stand als deklassierte Minderheit immer unter dem Einfluß des Christentums und geriet daher zwangsläufig auch unter den Einfluß der Auswirkungen der Säkularisierung. Folglich gilt hinsichtlich des religiösen Wandels im westlichen Judentum auch das, was oben in Hinblick auf das Christentum gesagt wurde – wenn man einmal von typisch jüdischen Problemen absieht. Das Entstehen eines jüdischen Nationalismus, des politischen Zionismus, war jedoch nur eine parallele Erscheinung zum allgemeinen Zeitgeist.

Der von den Nationalsozialisten verübte Genozid und die Gründung des Staates Israel im Jahre 1948 markieren Wendepunkte in der Geschichte der Juden unserer Tage. Der jüdische Nationalstaat bietet den Juden in aller Welt die Möglichkeit, den spezifischen Pressionen der Diasporasituation zu entfliehen. Die Situation des Judentums hat sich damit grundlegend gewandelt. Andererseits durchläuft dieser Staat jedoch eine Entwicklung, die in mancherlei Hinsicht mit der in den anderen westlichen Industrieländern nicht übereinstimmt.

b) Pluralismus in Israel

Dem gesamtgesellschaftlichen, ethnischen und kulturellen Pluralismus (Juden, Araber, Tscherkessen) entspricht auf jüdischer Seite noch einmal ein kultureller Pluralismus, entsprechend der Herkunft der Einwanderer aus Europa, Amerika, Asien und Afrika. Auch im Verhältnis zu Samaritanern und Karäern bestehen kulturelle und gesellschaftliche Unterschiede.

Noch komplexer gestaltet sich die israelische Gesellschaft in Hinblick auf ihr Religionssystem. Neben der jüdischen Gemeinschaft sind die sunnitischen Muslime, die Ahmadis, die verschiedenen christlichen Denominationen, die Drusen und die Bahai zu nennen.

Die jüdische Gemeinschaft selbst bietet in organisatorischer Hinsicht keine Einheit. Karäer und Samaritaner stehen als organisierte Gemeinschaften an der Peripherie der jüdischen Gemeinschaft, deren einflußreichste Gruppen die orthodoxen Aschkenasim und Sephardim sind. Ihre Vertreter bilden gemeinschaftlich das Oberrabbinat. Im Gegensatz zur Orthodoxie steht das Konservative Judentum, das 1937 von deutschen Juden begründet wurde. Die Gründung des Progressiven oder Reform-Judentums im Jahre 1957 unter Führung des auch in Deutschland bekannten Schalom Ben-Chorin erfolgte auf Initiative amerikanischer Rabbiner. Die ultraorthodoxen Neturej Karta im Meah-Schearim-Viertel von Jerusalem lehnen dagegen den Staat ab. Schließlich sind noch zu erwähnen die areligiösen Juden, die keine Beziehung mehr zum religiösen Erbe ihres Judentums haben.

Eine Wettbewerbssituation besteht nur innerhalb der jüdischen Gemeinschaft, nicht jedoch zwischen den verschiedenen Religionen. Das „Ministerium für religiöse Angelegenheiten" übt nicht nur eine Aufsicht über die Amtsausübung des Rabbinats aus, sondern wacht auch über die freie und ungehinderte Religionsausübung der anderen Religionen. Es fördert und unterstützt alle Religionsgemeinschaften und zahlt auch die Gehälter für die offiziellen Rabbiner, muslimischen Vorbeter, Muezzins usw.

Die freie Religionsausübung beinhaltet auch die Regelung der Personenstandsangelegenheiten durch die religiösen Gerichte der Juden, Muslime, Christen und Drusen (Milletsystem). Die Besoldung der religiösen Richter übernimmt der Staat. Ohne Zweifel wird hier den anerkannten organisierten

Gemeinschaften ein großer Spielraum zur Selbstverwirklichung überlassen, wie ihn die säkulare Gesellschaft nicht mehr kennt. Andererseits finden jedoch die zivilrechtlichen Anschauungen der Religionsgemeinschaften ihre Grenze an dem übergeordneten staatlichen Zivilrecht, das seit Jahren jedoch zunehmend durch jüdisches Recht ersetzt wird.

Auch in anderen Sektoren der israelischen Gesellschaft läßt sich ein Eindringen systemgebundener Anschauungen und Handlungsorientierungen beobachten, z. B. im Erziehungsbereich. Der Staat unterhält neben den allgemeinen staatlichen Schulen auch staatlich-religiöse Schulen und unterstützt überdies mit finanziellen Mitteln die unabhängigen religiösen Schulen jüdischer und christlicher Prägung.

Die Vorstellungen der jüdischen Orthodoxie hinsichtlich der Sabbatruhe und Feiertage bestimmen das öffentliche Leben; die Kaschrut (die Befolgung ritueller Speisegebote) gilt in allen amtlichen und öffentlichen Institutionen. In der Armee hat jede Einheit ihre Synagoge und jeder jüdische Soldat seine Bibel. Als besonders gravierend wird dagegen auch von Israelis das von der Orthodoxie durchgesetzte Mischehenverbot angesehen.

c) Die sozialreligiöse Versäulung in Israel

Die besondere Entwicklung des Verhältnisses von Religion und Gesellschaft in Israel wird verständlich, wenn man bedenkt, daß der staatstragende politische Zionismus, der sich heute selbst als demokratischen Sozialismus bezeichnet, keine Trennung von Staat und Religion vorgenommen hat. Ohne Zweifel ist jedoch die israelische Gesellschaft als eine wissenschaftlich-industrielle zu bezeichnen. Die sozialistischen Arbeiter-Parteien beherrschen die politische Szene, der Syndikalismus (Histadrut-Gewerkschaft) die gesellschaftspolitische. Etwa 50 % der Wirtschaft sind dem sozialistischen

Sektor zuzurechnen.[13] Die im Lande bestehenden religiösen Parteien scheinen nicht in die „säkularisierte" Landschaft zu passen.

Wie ist also das Verhältnis von Gesellschaft und Religion in Israel zu definieren? M. E. kann man hier, in Analogie zu den Verhältnissen im Libanon, von einer „sozialreligiösen Versäulung" [14] sprechen. Die verschiedenen Religionen bilden vergleichbare „Kirchen"systeme – die protestantischen Denominationen sind im "United Christian Council in Israel" zusammengefaßt –, die ihre religiösen und bestimmte zivilrechtlichen Belange in einheitlich ausgerichteten Organisationen selbständig regeln und in den Bereichen Erziehung und Wohlfahrt vergleichbare Einrichtungen geschaffen haben, um die gleichen und parallelen gesellschaftlichen Aufgaben für ihre Gruppenangehörigen zu übernehmen. Die staatliche Anerkennung schließt Schutzfunktion, Subsidiaritätsprinzip und Kontrolle mit ein. Durch das die „Kirchen"systeme stabilisierende Verhalten des Staates entsteht ein gesellschaftliches Religionssystem, das verschiedene Religionsgemeinschaften und unterschiedliche Kulturmuster und Religiositätsstile zu einem einheitlichen Gebilde zusammenfaßt.

Durch das Übergewicht der sozioreligiösen Gruppe der Juden und infolge der seit dem Sechs-Tage-Krieg von 1967 zu beobachtenden, seit dem Jom-Kippur-Krieg von 1973 in verstärktem Maße anwachsenden Bedeutung der praktizierten jüdischen Religion kommt es zunehmend zu einer religiösen Dominanz der jüdischen Religion, insofern dieser eine größere konstitutive Bedeutung zugesprochen wird. Hier liegt eindeutig eine Abkehr vom politischen Zionismus vor. Gleichzeitig aber bestätigt sich die These von Pitirim A. Sorokin,

[13] Siehe H. Heimann, Die Wirtschaftsordnung. In: W. Kampmann, Israel – Gesellschaft und Staat. 1973, S. 28.

[14] Siehe J. Matthes, a. a. O., S. 133 ff.

daß in Zeiten anhaltender Krisen eine positive religiöse Polarisation erfolgt.[15]

II. Der Wandel im interreligiösen Verhältnis

Das volle Ausmaß des in unseren Tagen zu beobachtenden Wandels im Verhältnis des Christentums zum Judentum einerseits und des Judentums zum Christentum andererseits wird nur dann sichtbar, wenn wir uns das anfängliche Verhältnis beider Religionen zueinander vergegenwärtigen. Wir wenden uns daher zunächst dem historischen Wandel zu, der in den ersten vier nachchristlichen Jahrhunderten beide Religionen erfaßte.

1. Der historische Wandel

Es lassen sich drei Phasen unterscheiden: religiöse „Symbiose", Trennung von Christentum und Judentum und Verfolgung der Juden durch die Christen.

In der ersten Phase, bis zum Auszug der Judenchristen nach Pella,[16] verblieb die aus dem Meister-Jünger-Kreis [17] hervorgegangene Urgemeinde [18] als eine häretische Gruppe innerhalb des Judentums (vgl. z. B. Apg. 3, 1). Sporadische Verfolgungen seitens der jüdischen „Kirche" sind jedoch ein Indiz dafür, daß auf jüdischer Seite die Sonderart der christlichen Gemeinschaft empfunden wurde.

15 P. A. Sorokin, The Western Religion and Morality of Today. In: Internationales Jahrbuch für Religionssoziologie II. 1966, S. 9–43.

16 Siehe M. Simon, La migration à Pella. Légende ou réalité? In: Judéo-Christianisme. Recherches historiques et théologiques offertes en hommage au Cardinal Jean Daniélou. Paris 1972, p. 37–54.

17 Siehe G. Mensching, Soziologie der Religion, S. 212 ff.

18 Siehe G. Mensching, Soziologie der großen Religionen, S. 222 ff.

Die zweite Phase begann damit, daß gegen 80 n. Chr. die „Benediktion gegen die minim" in das synagogale Achtzehn-Bitten-Gebet eingefügt wurde. Zwar bezeichnet der Begriff „minim" ganz generell die Häretiker aller Art, dennoch führte die Verfluchungsformel dazu, daß die Christen ihre Teilnahme an den synagogalen Gottesdiensten aufgeben mußten.[19] Das vom Judentum völlig losgelöste Christentum war damit im rechtlichen Sinne *religio illicita*, während das Judentum weiterhin *religio licita* blieb.

Seit den Tagen des Lehrhauses von Jabne war das Judentum zu einer dauerhaften Einheit hinsichtlich der Lehre und des religiösen Lebens gelangt, das Christentum mußte noch lange um eine solche ringen. Ein wesentliches Moment auf dem Wege dahin war die antijüdische Polemik, die zum Entstehen einer umfangreichen Adversus-Judaeos-Literatur führte. Schon in Justinus Martyrs ›Dialog mit dem Juden Tryphon‹ aus dem 2. Jh. begegnet uns die These, daß die Kirche „das wahre Israel" sei. Besonders verhängnisvoll für das Schicksal der Juden sollte sich der von Eusebius von Caesarea erhobene Vorwurf des Gottesmordes (De Vita Constantini III, 492) auswirken.

Damit stehen wir bereits in der dritten Phase, die mit dem Edikt des Galerius von 311 und der Konstitution von 313 dem Christentum zunächst den Status einer *religio licita* einbrachte, mit dem Religionsedikt von 380 gar den der alleinberechtigten Staatsreligion. Die jüdische Religion wurde damit zur *religio illicita*. Mit Theodosius setzte dann eine den Juden feindliche Gesetzgebung ein; bereits 438 wurden sie zu Staatsfeinden erklärt.[20] Der Ausschluß aus allen öffentlichen

19 Siehe P. Schäfer, Die sogenannte Synode von Jabne. Zur Trennung von Juden und Christen im ersten/zweiten Jh. n. Chr. In: Judaica 31 (1975), S. 61.

20 Siehe A. M. Rabello, The First Law of Theodosius II and Celebrations of Purim. In: Christian News form Israel, New Series, XXIV (1974), p. 159 f.

Ämtern war die zwangsläufige Folge. Der durch Justinian überdies erfolgende Ausschluß auch aus der bürgerlichen Gemeinschaft [21] wurde dann zur Norm christlichen Gesellschaftsdenkens.

Zu dieser Zeit sprach der Kirchenvater Augustinus im Westen des Reiches von der Verstockung der Juden und bezeichnete diese als verflucht (Contra Faustum XIII, 11), während im Osten die Synagoge von Antiochia gewaltsam zerstört wurde (423). Aber weder das eine noch das andere vermochte den Untergang der jüdischen Religion zu bewirken. Ein wesentlicher Grund des kirchlichen Antisemitismus [22] dürfte u. a. darin zu sehen sein, daß die Kirche zwar die verschiedensten Häresien zu besiegen vermochte und schließlich auch die alten Religionen des Reiches bezwang, aber *nie* das Judentum. Die Altersschriften Martin Luthers legen davon beredte Kunde ab. Namentlich in dem Traktat ›Von den Juden und ihren Lügen‹ (Weimarer Ausgabe, Bd. 53, S. 412–552) wird ein ausgesprochen antisemitisches Programm entfaltet, das von der Verbrennung der Synagogen, Verbot der Lehre und bürgerlichen Entrechtung bis zur Vertreibung aus dem Lande reicht.

2. Der gegenwärtige Wandel

a) Christentum und Judentum heute [23]

Die Gründung des jüdischen Nationalstaates stieß auf die Ablehnung breiter kirchlicher Kreise. Eine nationale und religiöse Wiedergeburt der Juden war in den heilsgeschichtlichen Erwartungen der Christen nicht vorgesehen! Schließlich hatte

21 Siehe W. Maurer, Kirche und Synagoge. Motive und Formen der Auseinandersetzung mit dem Judentum im Laufe der Geschichte. 1953, S. 22 ff.

22 Siehe G. Mensching, Der offene Tempel, S. 76 ff.

23 Siehe grundsätzlich G. Mensching, a. a. O., S. 71 ff.

man mit den Kirchenvätern die Zerstörung des Tempels und die Zerstreuung des jüdischen Volkes als augenfälligen Beweis der göttlichen Verwerfung angesehen. Die Wiedergeburt Israels zwang die Theologen zu einem Umdenken.

Die Konzilsdeklaration ›Nostra Aetate‹ aus dem Jahre 1965 spricht in Anlehnung an Römer 11, 17 ff. bereits davon, daß die Kirche sich „von den Wurzeln des edlen Ölbaums (= Juden) nährt, auf den die Heiden als Zweige des wilden Ölbaums aufgepfropft wurden" (§ 4). Das französische bischöfliche Komitee für die Beziehungen zum Judentum ging in seiner Erklärung ›Die Haltung der Christen zum Judentum‹ von 1973 noch einen Schritt weiter. Hier ist die Rede von einer permanenten Berufung des jüdischen Volkes; die Anklage des Gottesmordes wird verworfen, das Verhältnis des Christentums zum Judentum als eine notwendige Dialektik angesehen und auf eine Mission wird verzichtet. Endlich sind noch die ›Richtlinien und Hinweise für die Durchführung der Konzilserklärung ‚Nostra Aetate' Art. 4‹ vom 1. Dezember 1974 anzuführen. Die Kirche verurteilt den Antisemitismus, kündigt einen Dialog im Sinne wirklicher Zusammenarbeit an und spricht ansatzweise von eine Ökumene.

Von nichtkatholischer Seite sei die Studie ›Peoples and Conflict in the Middle East‹ der "United Presbyterian Church in the USA" aus dem Jahre 1973 erwähnt. Hier wird – was von offizieller katholischer Seite bis heute noch nicht erfolgt ist – die Existenz des Staates Israel bejaht, wenn auch mit dem deutlichen Hinweis, daß der Staat Israel und seine Politik nicht grundsätzlich von christlicher Kritik ausgeschlossen sind. In demselben Jahr veröffentlichte die aus protestantischen, katholischen und orthodoxen Gelehrten bestehende "Israel Study Group" die Erklärung ›Israel: People, Land, State‹.[24] Die Existenz Israels wird sowohl vom humanitären

24 Abgedruckt in: Christian News from Israel. New Series, XXIV (1973), p. 52–54.

als auch theologischen Gesichtspunkt her positiv bejaht. Zu Beginn dieses Jahres hat schließlich das Institut „Kirche und Judentum" der kirchlichen Hochschule Berlin in Verbindung mit anderen Organisationen die mit konkreten Vorschlägen verbundene Forderung nach einer Politik der Sicherung der Existenz Israels erhoben. Hicr identifizieren sich erstmalig Christen mit dem Schicksal der Juden.[25]

b) Judentum und Christentum heute [26]

Die tragische Geschichte des abendländischen Judentums stellt für die jüdisch-christlichen Beziehungen ohne Zweifel eine Belastung dar. Das gilt auch von der sogenannten Judenmission, die von manchen Kirchen noch betrieben wird. Dennoch ist die Gesprächsbereitschaft relativ groß. Interreligiöse Gesprächsgruppen und Kontakte zwischen Rabbinern und christlichen Geistlichen sind zu alltäglichen Erscheinungen geworden und befinden sich bereits in einem Stadium der Institutionalisierung (so z. B. der "Jewish Council for Interreligious Contacts in Israel").

Ein auffallendes Phänomen ist das jüdische Interesse am historischen Jesus, das eine Flut von Jesus-Büchern hervorgebracht hat – vergleichbar dem neuerwachten christlichen Interesse am historischen Jesus. Nur handelt es sich jüdischerseits um eine „Heimholung" des frommen Juden aus Galiläa, der, wie andere Juden vor und nach ihm, den Märtyrertod starb.[27] Martin Buber gar hat in Jesus seinen „großen Bruder" gesehen, in ähnlicher Weise auch Schalom Ben-Chorin.

[25] Siehe H. N. Janowski, Friede mit den Juden. In: Evangelische Kommentare 8 (1975), S. 67.

[26] Siehe grundsätzlich G. Mensching, a. a. O., S. 137 ff.

[27] Siehe Sch. Ben-Chorin, Jesus im Judentum. 1970.

Auffallend ist auch, daß manche Juden den Dialog mit den Christen als ein interkonfessionelles Gespräch, als eine ökumenische Begegnung verstehen (so z. B. Pinchas E. Lapide). Christlicherseits hat man sich auf dem Ökumenischen Pfingsttreffen in Augsburg im Jahre 1971 zu einer solchen Sicht des beiderseitigen Verhältnisses durchgerungen. Mit der Entdekkung einer Ökumene aus Christen und Juden wird eine völlig neue Phase in den Beziehungen beider Religionen eingeleitet.

Summary

I. 'Secularization' and 'pluralism' are the terms by which the changes in Christianity are explained. Secularization can be described as a process of emancipation of the individual whereas the once generally accepted idea of an uniform cultural organism loses its validity by being confronted with a profane world. This phenomenon is not exclusive Christian. As for pluralism, it leads necessarily to religious competition and cartelization.

The same influences have caused similar changes in Judaism. But in Israel things are different. Although there is an ethnic, cultural and religious pluralism, religion is not separated from the secular state. The religious communities form a socially constituted and legitimated religious system in which the different types of culture and the divergent religious attitudes live in coexistence, and are fulfilling functions of the secular society. But the preponderance of the Jewish group and a positive religious polarization are leading to a Jewish dominance.

II. The change in the relations between Christians and Jews is a genuine topic for discussing the changes in Christianity and Judaism. The historical retrospection shows that the persecution of the Jews and their exclusion from society are closely connected with Christianity's rise to predominance in the Roman Empire.

The establishment of Israel has led to the great change. The Christians abrogated the theological condemnation of the Jews, the Jews no longer have to endure the often distressful situation of the diaspora. Thus the existence of Israel favours a real dialogue between independent partners.

RELIGIONSWANDEL IN EINEM WALLISER ALPENTAL

Beobachtungen und Reflexionen eines Psychotherapeuten

Von Josef Biner

Das Wallis befindet sich zwischen dem Gotthard und dem Genfer See, also im südwestlichen Teil der Schweiz, wo die Gebirgskette der Alpen die Grenze zwischen der Schweiz und Italien bildet. In diese Gebirgskette haben die Schmelzwasser des Rhonegletschers ein Tal hineingefressen, das sich nicht, wie die übrigen Alpentäler, mit dem Rücken zu den Bergen entweder nach Süden oder nach Norden erstreckt, sondern unser Alpental – von den Römern ganz prosaisch vallis getauft – liegt in ostwestlicher Richtung, d. h. es teilt das Alpenmassiv in zwei Ketten. Auf seiner nördlichen Seite und parallel zu ihm verläuft die Kette der Berner Alpen, und im Süden wird es in seiner ganzen Länge von den Walliser Alpen mit den berühmten Viertausendern wie Matterhorn, Dom, Monte Rosa eingesäumt. Auf solche Weise von Bergen und Gletschern umschlossen und abgesondert von der übrigen Welt lebten die Walliser – bis 1815, wo man sie der Schweizerischen Eidgenossenschaft eingliederte, als konstitutionelle Theokratie sozusagen: an der Spitze stand der von den Abgeordneten der Bezirke und vom Domkapitel gemeinsam gewählte Bischof; er war (so würde man heute sagen) zugleich Staatspräsident und Vorsitzender des Parlamentes. Leiter der Exekutive war der Stellvertreter des Bischofs, Landeshauptmann genannt, der auch von den Abgeordneten gewählt wurde. Das Notariatsrecht lag in den Händen des Domkapitels. Staatsreligion: römisch-katholisch. Der Klerus hatte das Schul-Monopol inne: in den Dörfern brachte der Pfarrer allen Kindern den Katechismus und jenen, die es wünschten, Lesen und Schreiben bei. Das hat sich inzwischen geändert; aber bis zum heutigen Tag befinden sich die Gymnasien in den Händen des Klerus und der Orden. Bauern brauchen keine Universität; so ist das Priesterseminar die höchste Schule des Landes. Bis vor knapp 10 Jahren wurde hier in lateinischer Sprache scholastische Philosophie und Theologie doziert. Daß es „ennet den Bergen in der übrigen Welt draußen" so etwas wie eine philosophische Strömung des Positivismus, der Aufklärung, des Rationalismus und „sogar" einen innerkirchlichen Modernismus gegeben hatte, das vernahmen wir, die Theologen, „post factum" durch die römischen damnationes, die errores-Kataloge, den Sylabus, die Antimodernisten-Dekrete. Wir selber und unser Volk blieben unberührt von alledem, in der vera religione wohlbehütet durch die hohen Berge und den Bischof mit seinem Klerus. Das in post-tridentinischen Zeiten von Kapuzinern und Jesuiten eingepflanzte und seither stets weitergepflegte barocke, katholische Lebensgefühl blühte weiter und weiter. Da es keine richtigen adversarii, keine Andersgläubigen und nicht einmal Nicht-Praktizierende gab, stand im Zentrum der Religion nicht das Dogma und sein Bekenntnis, sondern die Religion war ein selbstverständlicher Teil unseres Lebens. Sie war auch nicht etwa eine auf Sonn- und Feiertage beschränkte Tätigkeit; ich habe in meiner Jugend das Katholischsein überhaupt nicht in erster Linie als Tätigkeit erlebt, sondern vielmehr als Stimmung oder Atmosphäre, in der wir lebten, und die alles erfüllte, und die sich ausdrückte und ihrerseits wieder genährt wurde durch die vielen Kapellen und Wegkreuze, durch die Heiligenbilder und Herrgottswinkel, vor allem aber durch die Feste und Feiern des Kirchenjahres. Das alles war integraler Bestandteil unseres

Lebens; es gab keine Trennung in einen profanen und einen religiösen Bereich; in den Festfeiern unseres Volkes gingen Liturgie und Folklore, christliches und altheidnisches Brauchtum nahtlos ineinander über.

Damals hat es in den katholischen Landen noch viele Festtage gegeben, und jedes Fest und jede Kirchenjahreszeit hatte einen bestimmten 'Geruch', eine ganz persönliche Stimmung. Und doch war das, was man da im Lauf des Jahres zelebrierte, nicht nur Stimmung und Gefühl, sondern inmitten aller Liturgien und Feste und Zeremonien stand deutlich erlebbar und erfahrbar ein Jemand: Jesus Christus. Auch er war nicht in erster Linie ein Dogma, das man zu glauben hatte, sondern er war eine Wirklichkeit, die man erleben konnte. Das möchte ich an Hand eines Beispiels zu zeigen suchen. Ich nehme dazu das Fronleichnamsfest, das damals einer der größten Festtage unseres Volkes war. Schon am Vorabend schmückte man das ganze Dorf mit Heiligenbildern, Blumen und Fahnen. Und an vier Stellen im Dorf wurde mit Hilfe von Bildern und Statuen, Kerzen und Blumen ein Altar errichtet. Der Festtag selber wurde am frühen Morgen durch Glockengeläute und durch die von der Dorfmusik geblasene Tagwache angekündet. Nach dem Frühstück versammelte sich alles Volk zur Prozession: die Dorfvereine mit ihren vielen Fahnen, das Militär, die Blasmusik, der Kirchenchor, die weißgekleideten Mädchen. Wenn alle bereit stehen, fangen die Glocken zu läuten an. Und an der Kirchentüre erscheint der „Himmel", der von vier Ratsherren auf langen Stangen getragene Baldachin aus Goldbrokat, unter welchem, begleitet von einer Ehrengarde und umgeben von vielen Ministranten, der Priester mit der Monstranz schreitet. Die Musik intoniert den Prozessionsmarsch, beim Militär ertönen Kommandorufe, die Meßdiener schwenken die Weihrauchfässer, die Prozession setzt sich in Bewegung, hin zu ihrem viermaligen Höhepunkt, der immer dann erreicht ist, wenn die Prozession bei einem der vier Altäre haltmacht. Dort wird die Monstranz auf den Ehrenplatz gestellt und beweihräuchert, der Chor singt das „Tantum ergo", und dann ist es soweit: Trommelwirbel ertönt, das Tal hallt wider vom Echo der Böllerschüsse, die Ministranten läuten mit ihren Glöckchen, und alles Volk fällt auf die Knie, um von der großen weißen Hostie in der goldenen Monstranz den Segen zu empfangen. In diesem Moment sehen und wissen und erleben alle: Jesus Christus gibt uns jetzt seinen Segen. – An solches dachte ich, als ich vorher betonte, Christus sei für unser Volk nicht ein dogmatischer Lehrsatz gewesen, sondern eine erfahrbare und eine in Gebeten und Liedern, Gottesdiensten, Prozessionen und Festen immer wieder erfahrene Wirklichkeit.

Der Ablauf des Kirchenjahres ließ uns das Christus-Mysterium nicht als etwas Statisches, ein für allemal Gegebenes erfahren, sondern als ein sich aktuell immer wieder neu ereignendes Geschehnis – und die Inhalte dieses Geschehnisses, die Botschaft vom Leben, dem Sterben und dem Auferstehen, erlebt der Bauer auch außerhalb der Kirche als Wirklichkeiten seiner eigenen Existenz – der Zyklus des Lebens, Sterbens und Neuwerdens bestimmt nicht nur den Rhythmus seiner Arbeit, sondern der Bauer erlebt ihn zugleich als heilbringend, bewirkt er doch, daß die Arbeit Früchte trägt. Und eng verbunden mit dem Geschehnis der Natur spielt sich die Liturgie des Kirchenjahres ab. Im Frühling zum Beispiel, wenn der Bauer neues Leben aus der vorher todesähnlichen Erde sprießen sieht, da singt er in der Kirche: „Tod, wo ist dein Sieg? Tod, wo ist dein Stachel?". – Und zu Füßen der Friedhofsstatue mit dem Bild des Auferstandenen begräbt er seine Toten. Toten-Acker nennt er den Friedhof. Und wenn im Spätherbst alles Leben der Natur geschwunden ist und tiefer Schnee die Erde bedeckt, so legt er grüne Zweige auf die Gräber, und vor der Statue des Auferstandenen zündet er eine Kerze an. Denn er weiß: Aus dem Acker wird neues Leben erblühen. – Und in der Tiefe des Winters, dort, wo die Herrschaft der Nacht gebrochen ist und die Sonne mit neuer Kraft dem Tag zum Siege verhilft, da feiert man in der Kirche die Geburt des sol invictus, Christus, das Licht, das leuchtet in der Finsternis (s. 3. Weihnachtsmesse und Messe des 6. Januar). Und im Monat Mai, da der Schnee zurückweicht vor dem sprossenden Leben, da kniet unser Bauer vor dem Marienaltar, um der Mutter des Lebens seine Referenz zu erweisen. – Und er streut den Samen in die Furchen seines Ackers und in den Schoß seiner Frau. Im selben Bett, in dem sein Vater gestorben ist und er geboren wurde, zeugt er seine Kinder – unter dem Bild des Gekreuzigten. Hier wird er sich mühen, Ja sagen zu können zum Sterbenmüssen, wie der Mann am Kreuz es getan hat. Und wenn man ihn drei Tage später aus dem Hause trägt, da wird man Glocken läuten und Psalmen singen, und seine Frau und die Kinder und die Nachbarsleute werden das Gesetzlein des glorreichen Rosenkranzes beten: „Der von den Toten auferstanden ist."

Dieser „unus mundus", wo der Mensch sich eins weiß mit dem Zyklus des Lebens, Sterbens und Neuwerdens, dem er begegnet in den Jahreszeiten, im Kirchenjahr und im eigenen Leben; diese Welt des nahtlosen „συμβαλλείν", des Zusammenfallens von Diesseits und Jenseits, ist nicht mehr. Sie hat dem Ansturm des Pluralismus und des Materialismus nicht standgehalten. Die Berge trennen nicht mehr von der übrigen Welt: durch Eisenbahntunnel und über Paßstraßen fluten die Touristen ins Wallis, und Radio und Fernsehen sind bis ins hinterste Dorf gedrungen. Die Parole lautet jetzt: „Man muß doch mit der Zeit gehen." An die Stelle des religiösen Brauchtums ist der Tanz um das 'goldene Kalb' getreten. Touristische Erschließung, technischer Fortschritt, materieller Wohlstand: das sind die Götter, denen man jetzt Weihrauch streut. Scharenweise haben Bergbauern dem harten Leben in ihren Dörfern den Rücken gekehrt, um im Tal unten leichter und besser

Geld zu verdienen. An hohen Festtagen – an Fronleichnam etwa – kehren sie ins Dorf zurück. Die Prozession sieht sie nicht als Beter, sondern als Gaffer. Denn anstelle des Rosenkranzes tragen sie Fotoapparate und Filmkameras in den Händen. Die Prospekte der Kurvereine empfehlen das Fronleichnamsfest als folkloristische Attraktion.

Als Leidtragende an dieser Entwicklung sind an erster Stelle die Priester zu nennen. Bisher war ihre Tätigkeit von den Bedürfnissen der Volksfrömmigkeit gefordert und durch den consensus omnium getragen gewesen. Und nun sehen sie sich plötzlich isoliert und überflüssig; da ihr Dienst nicht mehr begehrt ist, wird ihr Selbstverständnis radikal in Frage gestellt.

Die einen reagieren mit Regression, und sie bemühen sich, das Rad der Zeit zurückzudrehen – wenn möglich zurück in die Zeit vor Papst Johannes XXIII. und vor das Konzil. Die „Welt draußen" soll sich ändern soviel sie will. Aber in der „Kirche drinnen" soll alles beim alten bleiben. Der Feind ist die sogenannte „neue Theologie". Um ihn zu bekämpfen, organisiert man sich auf nationaler und auf internationaler Ebene; man gibt sogar eigene Zeitschriften heraus. Und wer sich an dieser Vogel-Strauß-Politik nicht beteiligt, der ist nicht nur ein Apostat oder ein Häretiker, sondern viel gefährlicher: er ist ein 'progressistischer Linkskatholik'! Mit welchen Emotionen hier um die Möglichkeit gekämpft wird, aus der bösen Welt in die gute, alte Mutter Kirche regredieren zu können, das zeigte der „Fall Pfürtner". Prof. Pfürtners Moralthesen sind zum Inbegriff des zu verabscheuenden 'Progressiven' geworden, und konservative Kreise in der Schweiz haben nicht geruht, bis Pfürtners 'Kopf gefallen' war. – Gewiß: Inquisition und Verurteilung Andersdenkender hat es in der Kirche früher auch gegeben. Aber damals stand hinter der richtenden und verurteilenden Instanz das religiöse Leben ganzer Völker – während sich heute die konservative Gruppe durch Praktiken, die die Freiheit und Würde des Menschen verletzen, noch weiter in die Isolation treibt. Man will die Realität nicht wahrhaben. Es ist die Schwierigkeit des modernen Menschen, sein Lebensgefühl mit dem in der Kirche gepredigten Menschenbild zusammenzubringen. Und daraus erfolgt eine zweite Art der Reaktion: Weil man sich mit seinen Fragen und Problemen von der immer mehr auf reaktionären Kurs steuernden offiziellen Kirche nicht ernstgenommen sieht, verläßt man die Kirche unter stillem oder lautem Protest. So nimmt die Zahl der „praktizierenden" Katholiken ständig ab, und über 20000 Priester haben in den letzten 10 Jahren ihren Beruf gewechselt und die Laisierung verlangt. Daneben gibt es die große Dunkelziffer jener Priester und Ordensleute, die weggehen, ohne noch überhaupt Wert auf eine formelle Verabschiedung zu legen. – Andere Priester haben noch eine dritte Art entwickelt, auf das Mißbehagen zu reagieren: Man bleibt zwar im Amt. Aber man ist so sehr „entmythologisiert", daß man soweit wie möglich auf eine dogmatisch-sakramentale Beeinflussung der Menschen verzichtet. Statt dessen stürzen sie sich in soziale Betätigungen und verstehen sich als Jugendführer, Erwachsenenbildner und als Sozialfürsorger für Alte, Kranke und Alleinstehende. Oder die weniger praktisch Veranlagten ergeben sich der „Theologie der Revolution" oder „Theologie der Befreiung" und erfinden so 'am grünen Tisch' eine neue, heile Welt.

Wenn meine Ausführungen vielleicht etwas den Eindruck von Verallgemeinerungen hinterlassen – leugnen läßt es sich nicht, daß das bisherige Selbstverständnis vieler Leute über eine große Strecke hin in eine *tiefe Krise* geraten ist. Jene Werte, die dem religiös-kirchlichen Praktizieren zugrunde lagen und in ihm zum Ausdruck kamen, und denen, wie meine Ausführungen zu zeigen versucht haben, im Leben des Einzelnen und der Gemeinschaft eine sehr große Bedeutung zukamen, diese Werte sind sowohl unter dem Einfluß des Materialismus wie durch die Erfahrung des Pluralismus der Weltanschauungen äußerst fragwürdig geworden. Materielle Werte sind ein schwacher Ersatz für die bisherigen religiösen Grund-Überzeugungen und für das abhandengekommene Erlebnis der Einwurzelung in einem großen Sinn-Ganzen.

Nach C. G. Jung trägt die Verunsicherung, die die Folge solch mangelnder Sinn-Erfahrung ist, zur Neurotisierung der Menschen bei. Jung hat die Neurose einmal umschrieben als Leiden der Seele, die ihren Sinn nicht gefunden.[1] Auf die zunehmende Zahl von Neurosen, die durch Sinnlosigkeitsgefühle verursacht werden, weist auch Viktor E. Frankl, der Begründer der von ihm so genannten Logotherapie, hin.[2] Solche Annahmen finden eine Bestätigung im Faktum, daß vor kurzem der erste Psychiater im Wallis seine Tätigkeit aufgenommen hat. Ferner ist auch die rapide Zunahme des Alkoholismus bezeichnend – als Entwurzelungs-Symptom ist er uns von den Primitiven her gut bekannt – sowie die rasch ansteigende Zahl von Ehescheidungen auf Grund von Ehebrüchen. „In ein existentielles Vakuum hinein wuchert die sexuelle Libido", sagt Viktor E. Frankl.[3] Die Zunahme von Rauschgiftdelikten gehört wohl auch in dieses Kapitel der Entwurzelungserscheinungen. Vor 25 Jahren hat C. G. Jung schon gewarnt:

„Die heutige Tendenz zur Zerstörung bzw. Unbewußtmachung aller Tradition könnte ... den normalen Entwicklungsprozeß auf mehrere hundert Jahre durch ein barbarisches Intervall unterbrechen. Wo die marxistische Utopie vorherrscht, ist dies bereits der Fall. Aber auch eine überwiegend naturwissenschaftlich-technische Bildung ... kann eine Rückläufigkeit der geistigen Kultur und damit eine erhebliche Zunahme der psychischen Dissoziation bewirken. Mit Hygiene und Wohlfahrt allein ist der Mensch noch lange nicht gesund, und wenn dem so wäre, so müßten die reichsten und aufgeklärtesten Leute auch die gesündesten sein. In Hinsicht der Neurosen ist dies aber keineswegs der Fall, im Gegenteil. Die Entwurzelung

1 C. G. Jung, Ges. Werke, Bd. 11. 1963, S. 359.

2 Vgl. V. E. Frankl, Der Mensch auf der Suche nach Sinn. 1959, S. 124.

3 V. E. Frankl, a. a. O., S. 19.

und Abschneidung von der Tradition neurotisiert die Massen und präpariert sie zur Kollektivhysterie." [4]

Als Jung diese Worte schrieb, hat in unseren Landen noch die ungetrübte Fortschritts-Euphorie geherrscht. Seither ist eine gewisse Ernüchterung eingetreten, verbunden mit einem neuen Interesse für die Werte des Seelischen und des Religiösen. Im Vordergrund stehen die Religionen und Meditationsformen des Ostens. Ob das Heil wirklich im Osten zu suchen ist? Ob von dorther für unsere Leute etwas von jenem Sinn-Erleben, das für sie im harmonischen Zusammenklingen von bäuerlichem Naturerleben und religiös-kultischem Geschehen gegeben war und das der Entwicklung der letzten Jahrzehnte zum Opfer gefallen ist, wiedererlangt werden kann? Warum sollte nicht auch das Christentum, das länger als ein Jahrtausend das tragende Fundament im Leben unserer Völker gewesen ist, eine Antwort auf die neugestellte Sinn-Frage geben können? Hierzu eignet sich kaum jenes Christentum, das von der oben zuerst genannten Gruppe der Konservativen vertreten wird, und das – zusammen mit dem Konzil von Trient und der traditionellen Schultheologie – Glauben versteht als 'assensus intellectualis', als willentliches Fürwahrhalten von Sätzen. Solche Für-wahr-halte-Theologie mag als rationaler Überbau eine gewisse Berechtigung gehabt haben, *solange* der emotionale Unterbau noch funktioniert hat, d. h. solange die Berufstheologen, wie jedermann, in jener lebendigen Kirche beheimatet waren, die das in den Dogmen rational Umschriebene in Zeremonien, Symbolen und Festfeiern lebendige *Erfahrung* hat werden lassen. Doch Dogmen ohne den religiösen Unterbau des Erlebens – das zeigen die konservativen Kreise zur Genüge – führen höchstens zu Rechthaberei und Fanatismus.

Der bereits zweimal zitierte Schweizer Arzt und Tiefenpsychologe C. G. Jung (gestorben 1961) hat in seiner Arbeit

[4] C. G. Jung, in: Aion. 1951, S. 263.

mit an Sinn-Mangel leidenden Menschen die Erfahrung gemacht, daß das Christentum sehr wohl auch heute noch imstande ist, den Menschen *Sinn-Erfahrung zu vermitteln, sofern* man die Dogmen nicht bloß als Stoff zum Fürwahrhalten, sondern als existentielle Wahrheiten betrachtet, die sich unserem *Nachvollzug* anbieten. Der Sinn dessen, was die Theologie Offenbarung nennt, ist dann nicht das Herantreten Gottes „von außen her" an den Menschen, um ihm neue, bisher unbekannte Glaubenssätze mitzuteilen, die es nun fest für wahrzuhalten gilt, wofür dann der Mensch einmal mit postmortaler Seligkeit belohnt wird, sondern nach Jung ist die Offenbarung „die Eröffnung menschlicher Seelentiefe",[5] denn im Mittelpunkt steht der Mensch, der Mensch mit seinen Nöten, seinen Sehnsüchten und Fragen, aber auch mit seinen Tiefenerfahrungen und mit den Antworten, die aus der Mitte seiner Seele emporsteigen. Und wenn er diese Innen-Erfahrungen verbalisiert und formuliert, dann entstehen die Dogmen. „Das Dogma spricht die Essenz der inneren Erfahrungen aus", sagt Jung.[6] Und der Zweck solcher Erfahrungen ist es nicht, zur Kenntnis genommen und für wahr gehalten zu werden, sondern sie wollen nachvollzogen sein. Jung: „Solange die Religion nur Glaube und äußere Form und die religiöse Funktion nicht eine *Erfahrung der eigenen Seele* ist, so ist nichts Gründliches geschehen." [7]

Jung könnte darauf hinweisen, daß zu Beginn des Christentums auch nicht das Fürwahrhalten vorformulierter Glaubenssätze gestanden ist – sondern ein Mann, Jesus, und die Erfahrungen, die dieser Jesus mit dem Jahve-Gott gemacht hat, und die ihn so sehr ergriff, daß er sie nicht für sich behalten konnte. Und weil sich die von Jesu Gotteserfahrungen initiierten Leute nach Jesu Tod weiterhin trafen, um sich gegen-

5 C. G. Jung, a. a. O., S. 80.

6 C. G. Jung, a. a. O., S. 107.

7 C. G. Jung, Psychologie und Alchemie. 1944, S. 25.

seitig in der Gott-Ergriffenheit zu bestärken, ist, als 'Nebenprodukt' sozusagen, das entstanden, was man Versammlung, ecclesia, Kirche nennt. Dogmen gab es erst, als es in der Zeit nach Kaiser Constantin Mode geworden war, sich taufen zu lassen, so daß große Massen in die Kirche strömten. Da trat an die Stelle der persönlichen Ergriffenheit und der religiösen Erfahrung immer mehr das Auswendiglernen und das Aufsagen von Lehrsätzen. Das war praktisch und bequem, denn Lehrsätze lassen sich leichter vermitteln als Erfahrungen. Und wo es Lehrsätze gibt, da gibt es bald einmal auch ein Lehramt, und mit ihm kam die Beharrung, die Rechthaberei und die Intoleranz. – Gewiß: zu allen Zeiten der Kirchengeschichte hat es auch Menschen gegeben, die nicht für Dogmen, sondern für ihre persönliche Gotteserfahrung Zeugnis abgelegt haben. Den Vertretern des offiziellen Lehramtes waren solche Leute aber stets ein Dorn im Auge; man sprach von den Gefahren des Mystizismus und des Subjektivismus; man betonte den mit Verstand und Willen zu erbringenden assensus-intellectualis-Glauben; und mit Hilfe der so zum Selbstzweck gewordenen Dogmen grenzte man den Raum, der der Herzensfrömmigkeit, der adoratio, der elevatio cordis blieb, immer mehr ein. Wundert es, daß die großen Meister christlicher Mystik des Mittelalters, ein Meister Eckhart zum Beispiel, sich vor der Inquisition zu verantworten hatten? Auf Eckharts Heiligsprechung wartet man bis heute vergebens; auch auf jene des Johannes Tauler oder des Heinrich Seuse oder der Mechtild von Magdeburg. Die letzte erwähne ich deshalb, weil ihre Aussagen über ihr Glaubens-Verständnis fast identisch sind mit denen von C. G. Jung. Auf die Frage nach seinem Glauben antwortete Jung in einem BBC-Interview: "I'dont believe, I know".[8] Und Mechtild von Magdeburg bekennt, „daß der Glaube zur Einsicht geworden und die

[8] Vgl. C. G. Jung, Briefe II. 1972, S. 274, Anm. I.

Hoffnung sich in Sicherheit gewandelt hat" [9]. Hinter solchen Zeugnissen steht die Erfahrung des „Christus in nobis" paulinischer Mystik. Der Anstoß zu solchen Erfahrungen des „Christus in nobis" kann sehr gut von den Dogmen ausgehen, *insofern* es gelingt, die in ihnen konservierten ursprünglichen religiösen Erfahrungen aus der Verpackung zu befreien und wieder zum Fließen zu bringen. Jung sagt:

„Man muß den Menschen zeigen, *wo es sie angeht*, sonst führt keine Brücke über den Abgrund zwischen dem gebildeten Verstand und der Welt dogmatischer Ideen ..." [10]

Wer sich mit den Dogmen auf solche Weise einläßt, der macht die Erfahrung, die Jung so zusammenfaßt:

„Das Drama des ... Christuslebens beschreibt in symbolischen Bildern die Ereignisse im bewußten und bewußtseinstranszendenten Leben des Menschen, der von seinem höheren Schicksal gewandelt wird." [11]

In solcher anthropozentrischer Auslegung der Dogmen – man könnte das auch Aszendenz-Theologie nennen – meine ich einen Weg zu sehen, der den durch den rapiden Einbruch der Neuzeit in eine geistig-religiöse Proletarisierung geratenen Menschen eine Hilfe sein kann, den Anschluß an die Sinn-Werte der Vergangenheit wiederzufinden. – Zu ähnlichen Schlüssen scheint neuestens auch die Theologie zu kommen. Kein Geringerer als Karl Rahner hat sich zum Primat der Erfahrung bekannt:

„Weil die Frömmigkeit von morgen nicht mehr durch die ... einstimmige, selbstverständliche, öffentliche Überzeugung und religiöse Sitte aller mitgetragen wird, so wird der Fromme von morgen ein ‚Mystiker' sein, einer, der etwas ‚erfahren' hat, oder er wird nicht mehr sein." [12]

[9] Lexikon f. Theol. u. Kirche, Bd. 3. 1959, Sp. 268.

[10] C. G. Jung, Briefe I. 1972, S. 477.

[11] C. G. Jung, a. a. O., S. 171 f.

[12] K. Rahner, Schriften zur Theologie, Bd. 7. 1966, S. 22.

Wenn wir die Situationsanalysen Jungs und Rahners zusammenfügen, so tönt es etwa so: Der den religiösen Sitten und Bräuchen von gestern entwachsene, „konfessionslose“ Mensch von morgen wird entweder ein Mystiker sein, also einer, der zu innerseelischen Gotteserfahrungen gelangt ist, oder aber er entwickelt sich immer mehr zu einem an Sinn-Verlust leidenden Neurotiker.

Der nach-konfessionelle Mensch von morgen, ein Mystiker oder ein Neurotiker? Den Nachweis zu erbringen an Hand des Umbruchs, wie er sich im Wallis gegenwärtig abspielt, scheint mir keine rein akademische, sondern eine durch den Religionswandel der Gegenwart hart gestellte Frage zu sein. Das sollte der 1. Abschnitt meiner Ausführungen verdeutlichen. Im 2. Teil wollte ich mit Hilfe der religionspsychologischen Ansätze im Werk von C. G. Jung auf einen Weg hinweisen, der m. E. imstande ist zu verhindern, daß zugleich mit dem Verfall der äußeren Formen des Christentums auch seine inneren Werte abhanden kommen. C. G. Jung ist nicht der einzige, der solche Hinweise liefert – ich habe mich auf ihn beschränkt, weil mir seine Ansätze besonders fruchtbar erscheinen.

Literaturhinweise

H. Barz, Selbst-Erfahrung. Tiefenpsychologie und christlicher Glaube. 1973.

K. Dürckheim, Durchbruch zum Wesen. Bern 1972[5].

V. E. Frankl, Der Mensch auf der Suche nach Sinn. 1954.

Ders., Der Wille zum Sinn. Bern 1972.

V. E. Gebsattel, Imago himinis. 1964.

J. Goldbrunner, Personale Seelsorge. 1955.

Ders., Individuation. 1949.

O. Haendler, Tiefenpsychologie, Theologie und Seelsorge. 1971.

A. M. Haas, Nimm dein selbes war. 1971.

U. Mann, Theogonische Tage. 1971.

J. Rudin, Psychotherapie und Religion. Olten 1964[2].

R. Schütz, Psychoanalyse und christlicher Glaube. 1971.
B. Staehelin, Haben und Sein. Zürich 1972[8].
P. Tillich, Wesen und Wandel des Glaubens. 1963.
J. Wunderli, Schritte nach innen. 1975.

Summary

1. This essay does not attempt to be a scientific approach, but a personal account of religious atmosphere in a mountain valley in the south of Swizerland, where up to 30 years ago catholicism was not only a confession, but a manner of life. All feeling and thought was touched and impressed by the liturgical year, it's festivities, ceremonies, it's correspondence with the rhythm of rural life (birth, death, and resurrection) and the peasant's work.

2. Tourism and industrialisation led to materialism and religious indifference. With the loss of the religious sense of life people often lost calmness and freedom of mind too.

3. The psychological theory of Jung shows a way how christian tradition and modern individual life may be reconciled and united in modern confessionless time. According to Jung people may not suffer from the loss of religious values and the senselessness of human existence, if they accept and understand christian dogmas as symbols of an inner psychological reality.

REVITALISIERUNG ISLAMISCHER WERT-VORSTELLUNGEN IN MODERNEN ARABISCHEN STAATSVERFASSUNGEN

Von Monika Tworuschka

Das Verhältnis von Tradition und Reform im Islam war in den letzten Jahren sowohl von arabischer als auch von europäischer Seite Gegenstand zahlreicher Untersuchungen. Vor allem bemühte man sich, die Vereinbarkeit von islamischen Ideen mit modernen Ideologien, wie z. B. Sozialismus, herauszustellen.

Die folgenden Ausführungen widmen sich der Revitalisierung von vier Begriffen (Šūrā, Umma, Ǧihād und Šahīd), die sowohl in der Vergangenheit als auch in der heutigen Zeit für den in der islamischen Gemeinschaft lebenden Muslim Bedeutsamkeit besitzen. Als Beleg für den heutigen Stellenwert dieser Termini haben wir Verfassungstexte gewählt, weil sie Dokumente der offiziellen Selbstdarstellung islamischer Länder sind. Hinzu kommt, daß arabische Verfassungen im Gegensatz zu europäischen weniger *über dem Herrscher stehende Rechtsnormen* sind, die nur erschwert geändert werden dürfen, als vielmehr für einen bestimmten Zeitraum gültige *politische* und *teilweise sogar religiöse Programme.* Dieser Programmcharakter hat zur Folge, daß sie nicht immer die Verfassungswirklichkeit widerspiegeln, sondern eher Aufschluß geben über die Entwicklung, die der Verfassungsgebung vorausging, und über die Ziele, die erreicht werden sollen. Sie lassen sich daher in die Reihe solcher historischer Dokumente einordnen, die für eine bestimmte *Geschichts-*

bzw. Gegenwartsbetrachtung typisch sind. Die arabischen Verfassungstexte sind also einerseits *Proklamationen des eigenen Selbstverständnisses,* andererseits enthalten sie – für die Verfassungsgeber selbst oft unbewußt – *Deutung* und *Interpretation ihrer eigenen Geschichte.*

I. Šūrā

1. Šūrā im Koran und in der islamischen Geschichte

Šūrā ist zunächst die im Koran angeführte Aufforderung zur Beratung: „Beratschlage mit ihnen über die Angelegenheit" (III, 159) und „Ihre Angelegenheit ist die Beratung unter ihnen" (XLII, 38).

Diese beiden Verse wurden von den muslimischen Kommentatoren als Pflicht interpretiert, über Probleme zu beraten, damit sie nicht willkürlich durch eine Einzelperson entschieden würden.[1] Der Kalif ʿUmar wandte dieses Prinzip zum ersten Mal praktisch politisch an. Er gründete einen aus fünf Mitgliedern bestehenden Šūrā-Rat zur Ermittlung seines Nachfolgers, der ʿUṯmān zum Kalifen ernannte. Später wurden islamische Herrscher öfter beschuldigt, nicht durch Šūrā an die Macht gekommen zu sein. Dennoch blieb das Beratungsprinzip weitgehend ein Ideal, das selten verwirklicht wurde, aber in einigen Ḥadīṯen weiterlebte.[2]

Lediglich in Spanien wurde Šūrā praktisch angewandt, da das ʿumayyadische Kalifat in Cordoba den durch Šūrā ge-

1 T. Nagel, Untersuchungen zur Entstehung des abbasidischen Kalifates. 1972, S. 110.

2 Aḥmád Ibn Ḥanbal, Bd. I, S. 27, 48 Musnad, Kairo 1313h At Tirmidi, Fitan, 78, Kairo 1350h.

wählten ʿUṯmān als seinen Stammvater ansah.[3] In Spanien blieb Šūrā daher kein bloßes Ideal, sondern wurde eine Institution des Kalifates. Die Mitglieder dieses Rates besaßen den Titel „beratende Rechtsgelehrte" (faqīh mušawwir). Sie wurden in Rechtsangelegenheiten konsultiert und durften religiöse Gutachten (Fetwas) erlassen.[4] Sie hatten jedoch kein Mitspracherecht bei der Wahl des Herrschers.

2. Rückbesinnung auf das Šūrā-Ideal

Seit dem Ägyptenfeldzug Napoleons 1798 und den damit verbundenen politischen Verflechtungen von Orient und europäischer Welt beginnt der moderne Abschnitt der islamischen Geschichte. Als im vergangenen und in diesem Jahrhundert angesichts des wachsenden europäischen Einflusses islamische Werte neu interpretiert wurden, setzten manche Denker Šūrā mit Demokratie und Parlamentarismus gleich. So vertrat Rāšid Riḍā, der Verfechter der Wiedereinführung des Kalifates nach seiner Abschaffung durch Attatürk, die These, daß die Legislative in einem islamischen Staat durch das Šūrā-Prinzip ausgeübt werden müsse.[5] Er betonte die Notwendigkeit der Šūrā, die verhindern sollte, daß das Staatsoberhaupt zuviel Macht besitzt. Auch ʿAlī ʿAbd ur Rāziq, der die Wiedereinsetzung des Kalifen nicht als notwendig ansah, verband Šūrā wie selbstverständlich mit Demokratie.[6] Allerdings verwandte er Šūrā, um eine freie Wahl der Regierungsform zu

[3] Emile Tyan, Institutions du Droit Public Musulman. Paris 1954, p. 570.

[4] Levi-Provencal, Histoire de l'Espagne Musulmane. Paris 1953, p. 127.

[5] E. Rosenthal, Islam in a Modern National State. Cambridge 1965, S. 77.

[6] ʿAlī Abd ur Rāziq, Al Islām wa Uṣūl al Ḥukm. Beirut 1972², S. 69.

propagieren. „Šūrā ist eine gesetzliche Pflicht. Die Art ihrer Durchführung ist nicht auf eine bestimmte Methode beschränkt ...“ [7]

Obwohl die vorwiegende Mehrheit der islamischen Denker in Šūrā eher ein Verfahren sah, wurde Šūrā auch als Institution schon im 19. Jahrhundert wiederbelebt. 1829 rief Muḥammad ʿAlī einen Beratungsrat (maǧlis al mašwara) ins Leben, der für Verwaltungs- und Finanzfragen zuständig war. Auch der Khedive Isma ʿīl gründete 1866 eine Versammlung, die trotz ihres offiziellen Parlamentscharakters nur beratende Funktion besaß.[8]

3. Šūrā in modernen Staatsverfassungen

In den Verfassungen können wir parallel zu der traditionellen Bedeutung zwei Verwendungsarten des Šūrā-Begriffes nachweisen.

a) Es werden die einschlägigen Koranverse zitiert und damit wird die Forderung verbunden, daß Šūrā ein demokratisches Prinzip und daher Bezeichnung einer Staatsform schlechthin sei.

Der jemenitischen Verfassung (1970) sind die beiden Šūrā-Verse vorangestellt, um gewissermaßen Verfassungsgebung und Verfassungsinhalt religiös zu rechtfertigen.[9] Darüber hinaus bezeichnet sich der Nordjemen mit folgender Begründung als eine parlamentarische, šūrāwitische Republik: [10]

[7] Ebd. S. 39.

[8] Dustūr, A survey of the Constitutions of Arab and Muslim Countries. Repr. with additional material, from the sec. ed. of the Encyclop. of Islam. Leiden 1966, S. 25.

[9] Verfassung des Nordjemen. In: Al ǧarīda ar rasmīya. Ṣan ʿā 1970, Präambel, p. 1.

[10] Ebd., Art. 1.

„Der Prophet befahl seinen Gefährten, an der Šūrā festzuhalten und schuf so die Grundlage für eine demokratische Regierung. Die Menschen oder ihre Stellvertreter wählen den Staatspräsidenten und müssen ihm gehorchen, solange er die Bestimmungen des Islam durchführt.“ [11]

An anderer Stelle wird Šūrā als Gerechtigkeit, Freiheit und der Weg zur kollektiven Führung zitiert. „Sie ist sowohl Körper als auch Geist des republikanischen Regimes.“ [12] Hier wird Šūrā eindeutig uminterpretiert, um einen kollektiven Präsidentschaftsrat zu legitimieren. Die islamische Šūrā hingegen forderte nur zur Beratung mehrerer Personen auf. Der zu wählende Herrscher war jedoch eine Einzelperson und kein mehrköpfiges Gremium.

Auch im Verfassungskommentar Kuwaits wird die Staatsgewalt aus der Šūrā abgeleitet:

„Wir haben dem Staat Kuwait die Verfassung gegeben, indem wir die Rede des Allmächtigen ‚Beratschlage mit ihnen über die Angelegenheit‘ befolgen und indem wir aufschauen zu der Rede derer, die er in seinem mächtigen Buch durch den Satz ‚Ihre Angelegenheit ist die Beratung unter ihnen‘ würdigte und indem wir die Sunna des Propheten hinsichtlich Beratung und Gerechtigkeit pflegen ...“ [13]

b) Ebenfalls soll Šūrā als Gremium Ausdruck eines islamischen Urparlamentarismus sein. Aus diesem Grund werden in den Verfassungen Nordjemens und Qatars (1972) die gesetzgebenden Körperschaften Šūrā-Rat (mağlis aš Šūrā) genannt. Dies kann kein bloßer Zufall sein, denn die arabische Sprache kennt genügend andere Namen für Parlament, wie z. B. Barlamān, Mağlis an Nuwwāb, mağlis aš Ša ‘b und mağlis al Umma. Außerdem wird in der kuwaitischen Verfassung

11 Aš šarī ‘a wa’l qanūn, Ṣan ‘ā, April 1974, p. 12.

12 Šaih ‘Abdallāh ibn Ḥusain al Aḥmar, Barnāmiğ lil ‘amal al waṭanī wa iṣlāḥ al ḥukm, Ṣan ‘ā, Dezember 1973, p. 13.

13 Verfassung Kuwaits, maṭba‘at ḥukūmat Kuwait. Kuwait 1962, p. 50.

(1962) hervorgehoben, daß die Minister die traditionelle Beratung ausüben,[14] was unsere These noch bestätigt.

II. Umma

1. Die traditionelle Bedeutung

Die Bezeichnung Umma wurde zum ersten Mal im Gemeindevertrag von Medina [15] verwandt. Sie bezeichnete die über die Stammesbande hinausgehende islamische Gemeinschaft, in der Solidarität zwischen den Gläubigen herrschen soll. Die Umma ist ein Volk oder Teil eines oder mehrerer Völker, zu denen von Gott ein Gesandter geschickt wurde, den diese Gemeinschaft akzeptiert. Obwohl die Umma auf universalreligiöser Grundlage beruhte, trat sie in den ersten Auseinandersetzungen als volksreligiöser Stamm auf, der Verträge abschloß und Minderheiten Schutz gewährte.

Bis zu der Zeit der Abbasiden (750) bestand die Umma zum großen Teil aus Arabern. Später führte die vorwiegend freiwillige Konversion von Nichtarabern zum Islam dazu, daß aus einer *Umma der Araber* eine *Umma der Muslime insgesamt* wurde. Die Vorstellung der islamischen Umma als Glaubensmittelpunkt blieb bis in das letzte Jahrhundert bestehen. Für den Geschichtsphilosophen Ibn Haldūn (14. Jh.) hingen Aufblühen und Verfall eines Staates wesentlich von der Stärke seiner Umma ab.[16]

14 Ebd., Art. 156.

15 M. Watt, Islam and the Integration of Society. London 1961, p. 19. Vgl. außerdem: F. M. Denny, The Meaning of UMMAH in the Qur 'an. In: History of Religions 15 (1975), Heft 1, S. 34–70.

16 C. Cahen, Der Islam I. 1968, S. 142.

2. Umma im letzten Jahrhundert

Im 19. Jahrhundert wollten einige islamische Denker den Zerfall der Umma aufhalten, die sie durch europäischen Einfluß, innerislamische Differenzen und den Anspruch der Osmanen, den Islam allein zu vertreten, gefährdet sahen.

Bei diesem Wunsch, die Umma zu reaktivieren, gingen die Meinungen auseinander. Sollte die neue Umma auf panislamischer oder panarabischer Grundlage entstehen?

a) Ǧamāl ad Dīn al Afġānī billigte der arabischen Sprache zwar eine bedeutende Stellung zu und propagierte ein harmonisches Zusammenleben von muslimischen und nichtmuslimischen Arabern, glaubte aber, daß kein Patriotismus die vom Islam geschaffene Bande ersetzen könne.[17] Rāšid Riḍā trat ebenfalls für eine islamische Umma ohne Rassenunterschiede ein, wenn er auch nach der Revolution der Jungtürken nur die Araber als Träger und Bewahrer des Islam ansah.[18]

b) Sāṭi' al Ḥuṣrī als Vertreter der anderen Gruppe betrachtete hingegen den Sprachfaktor als allein ausschlaggebend, da selbst Universalreligionen keine nationalen Unterschiede auslöschen können. Die Religion kann nach Ḥuṣrī keine politische Gemeinschaft gründen, sondern sie nur stärken. Die arabische Umma ist zwar eng mit dem Islam verbunden, aber die Araber bilden nicht notwendigerweise eine muslimische Nation. Sie bleiben Araber, auch wenn sie aufhören, Muslime zu sein.[19] Dennoch darf nach Ḥuṣrī der Panarabismus keine Gefahr für den Islam darstellen.[20]

17 A. Hourani, Arabic Thought in the Liberal Age 1798–1939. London 1962, p. 118 f.

18 F. Büttner, Reform und Revolution in der islamischen Welt. 1971, S. 109 f.

19 Ebd., S. 315.

20 G. E. Grunebaum, Islam II. 1971, S. 381.

3. Umma in den Staatsverfassungen

In den arabischen Verfassungstexten tritt der *arabische Aspekt* gegenüber dem *islamischen* stärker in den Vordergrund. Umma wird nicht mehr ausschließlich als Gemeinde aller Muslime interpretiert, obwohl diese Bedeutung noch anklingen kann. Darüber hinaus sind zwei andere Umma-Typen zu differenzieren.

a) Zunächst wird mit Umma ein arabisches nationales Großreich, gleichsam eine staatspolitische Utopie, bezeichnet. In allen arabischen Verfassungen wird unabhängig von der Verschiedenheit ihrer Systeme verkündet, daß der gegenwärtig bestehende Nationalstaat nur ein unvollständiger Teil der arabischen Umma ist.

„Das (ägyptische, algerische, jordanische ...) Volk ist ein Teil der arabischen Umma", so lautet die typische Aussage. Dieses Bekenntnis zur arabischen Einheit erschien vermutlich unter dem Einfluß der Ba 'ṯpartei zum ersten Mal in der syrischen Verfassung (1950). In der Verfassung (1971) wurde noch einmal darauf hingewiesen: „Die arabische, sozialistische Ba 'ṯpartei war die erste Bewegung im arabischen Vaterland, die der arabischen Einheit ihren gesunden, revolutionären Inhalt gegeben hat und zwischen nationalem und sozialistischem Kampf verbindet." [21]

Obwohl das Wesen der Umma von der Ba 'ṯideologie sozialistisch und revolutionär verstanden wurde, verlor die zunächst avantgardistische Zugehörigkeitserklärung zur arabischen Umma ihre revolutionäre Brisanz, als alle Staaten ausnahmslos diese Klausel in ihre Verfassungen aufnahmen. Da nun der Wunsch, ein arabisches Großreich zu verwirklichen, sowohl von konservativen Ländern (Marokko, Jordanien) und fortschrittlichen Regimen (Südjemen, Algerien) geäußert wird, kann dieser Zukunftsstaat nicht näher spezi-

[21] Qarār al Qiyāda al quṭrīya li ḥizb al ba 'ṯ al 'arabī al ištirākī raqm 39, 1. 5. 1969 al mu 'ddal bi qarār al qiyāda al quṭrīya al mūqīna raqm 141, Tārīh 12. 2. 1971, Präambel, S. 6.

fiziert werden, ohne daß die allgemeine Verbindlichkeit verlorenginge. Die Umma als umfassender Zukunftsstaat bleibt im Bereich der Utopie.

b) Außerdem kann Umma nicht nur einen *Zukunftsstaat*, sondern eine Art *Geisteshaltung* charakterisieren. In den syrischen Verfassungen (1971 und 1973) ist Umma beispielsweise das solidarische Element einer Gemeinschaft, die einstmals eine festgefügte Gesellschaft entstehen ließ, bis dieser Idealzustand durch die Ankunft der Kolonialmächte verloren ging.

„Die arabische Umma konnte ihre bedeutende Rolle beim Aufbau der menschlichen Gesellschaft spielen, solange die Umma geeint war. Als die Bande ihrer starken Zusammengehörigkeit schwach wurden, ging ihre zivilisatorische Rolle zurück, und die Wellen der kolonialistischen Aggression konnten die Einheit auflösen, ihr Land besetzen und ihre Güter rauben.“ [22] „... die Errichtung des Einheitsstaates ist der *wirkliche Rahmen* zur Vervollkommnung der Persönlichkeit der arabischen Umma und der Weg der Ausübung ihrer wirkungsvollen Rolle in der internationalen Gesellschaft.“ [23]

Umma ist hier die Geisteshaltung, die eine solidarische arabische Gemeinschaft in der Vergangenheit schuf, und auch heute den Aufbau einer neuen Gesellschaft ermöglichen soll. Umma ist hier nicht der Einheitsstaat, sondern der Gemeinschaftsgeist der Umma kann sich am besten im Rahmen dieses Zukunftsstaates entfalten.

Diese durch die in der Umma herrschende Denkungsart bedingte Solidarität kann auch Träger und zugleich Ziel von Kampf und Revolution sein. Die Existenz einer Umma ist der Garant für eine gemeinsame Aktionsbasis.

„Die Umma kämpfte zu vergangener Zeit und tritt auch noch heute für den Aufbau eines geeinten arabischen Staates ein, der befreit ist von allen Formen der Ausbeutung, Zerstückelung und kolonialer Herrschaft.“ [24]

22 Verfassung Syriens (1973), a. a. O., S. 8.

23 Verfassung Syriens (1971), a. a. O., S. 3 f.

24 Ebd., S. 3 f.

„Die Ba ‘tpartei setzt die Grundlinien für die Revolution, die aus den Tiefen der Volksmassen stammt und Ergebnis der arabischen Umma ist in Geschichte, Gegenwart und Zukunft . . .“ [25]

Umma ist hier zugleich *Voraussetzung* und *Ziel* des Kampfes. Die Gesinnung, die einstmals in der Umma herrschte, macht ein geschlossenes Vorgehen möglich. Auch bewirkt diese Einstellung die Gründung eines Staates, in dem sich die Umma als Grundeinstellung vollenden kann.

III. Ǧihād und Šahīd

1. Die ursprüngliche Bedeutung

Ǧihād ist der dem Muslim im Koran anempfohlene Kampf gegen Ungläubige. „Gott liebt diejenigen, die für ihn kämpfen in Schlachtordnung, als wären sie ein festgefügter Bau“ (LXI, 4). „Bekämpft sie (die Ungläubigen), bis es keine Fitna (Bürgerkrieg, Versuchung) mehr gibt, und die Religion diejenige Gottes ist“ (VIII, 40). Dabei unterscheidet der Koran bekanntlich zwischen Heiden, die bis zum Übertritt bekämpft werden sollen, und Buchbesitzern, die ihrem Glauben weiter anhängen dürfen, wenn sie Steuern zahlen.

„Wenn nun die heiligen Monate abgelaufen sind, dann tötet die Heiden, wo ihr sie findet, greift sie, umzingelt sie und lauert ihnen überall auf. Wenn sie sich aber bekehren, das Gebet verrichten und Almosen geben, dann laßt sie ihres Weges ziehen“ (IX, 5), und: „Kämpft gegen diejenigen unter den Schriftbesitzern, die nicht an Gott und den Jüngsten Tag glauben, nicht verbieten, was Gott und sein Gesandter verboten haben, und nicht der wahren Religion anhangen, bis sie den Tribut demütig aus der Hand entrichten“ (IX, 29).

Hieraus geht hervor, daß man den Islam nicht unbedingt ausbreiten wollte, sondern Steuerzahler zu gewinnen suchte.

[25] Ebd., S. 6.

Nach A. Noth hat es im Islam nie einen heiligen Krieg von Staats wegen gegeben, in dem der religiöse den einzigen ausschlaggebenden Faktor darstellte, ohne daß nicht gleichzeitig Staatsinteressen mitbetroffen waren. Da diese Kämpfe oft aus steuerpolitischen Erwägungen geführt wurden, trat der eigentliche Missionsgedanke oft in den Hintergrund. A. Noth sagt pointiert: Der Islam sollte gestärkt, nicht ausgebreitet werden.[26]

Diese offiziellen Eroberungskriege des Staates sind auch nicht mit dem Ausdruck Ǧihād zu bezeichnen, sondern der religiös verdienstvolle Kampf des einzelnen. Ǧihād ist kein *Nomen actionis*, sondern *Nomen agendis*. Der Staat führt keinen Ǧihād, sondern ruft zum Ǧihād auf.

Da es im Islam später keine allgemeine Wehrpflicht gab, wurde das Streiten um der Sache Gottes willen, ʻal Ǧihād fi Sabīl Allah', zu einer Pflicht, die für manche entfiel, wenn sich genügend andere zu ihrer Erfüllung bereitfanden (farḍ ʻalā kifāya).[27] Dennoch traten bei Angriffs- oder Verteidigungskriegen des islamischen Staates immer wieder Freiwillige zum Ǧihād auf, um so eine Übererfüllung ihres religiösen Solls zu erreichen. Darüber hinaus wurde Ǧihād innerhalb des islamischen Reiches von Reform- und Erneuerungsbewegungen in Anspruch genommen, die allen anderen *islamischen* Schulrichtungen vorwarfen, Ungläubige zu sein. So qualifizierten z. B. die Almohaden, Almorawiden,[28] Fatimiden [29] und Wahhabiten [30] ihre Gegner als Nichtmuslime, um einen Grund zu

[26] A. Noth, Heiliger Krieg und Heiliger Kampf im Islam und Christentum. 1966, S. 19.

[27] Ebd., S. 35.

[28] A. Noth, Das Ribat der Almorawiden. In: Der Orient in der Forschung, Hrsg. W. Hoenerbach. 1967, S. 509.

[29] T. Nagel, Iftitāḥ ad da ʻwa. 1972, S. 25.

[30] R. G. Puin, Aspekte der wahhabitischen Reform auf der Grundlage von Ibn Gannams Rauḍat al afkār. In: T. Nagel, G. R. Puin, U. Spuler u. a., Studien zum Minderheitenproblem im Islam I. 1973, S. 77, 89.

haben, gegen sie zum Ǧihād aufzurufen. Hatte sich die eigene Herrschaft erst einmal konsolidiert, war der Ǧihād gegen Glaubensbrüder nicht mehr gestattet.

Šahīd wird im allgemeinen mit Märtyrer übersetzt. Dies ist jedoch nicht unbedingt korrekt, denn Šahīd ist nicht nur der im Ǧihād Gefallene. Vielmehr kann der Ausdruck auf jeden angewandt werden, dessen Blut unschuldig vergossen wurde, wenn auch in erster Linie Personen, die bei der Ausbreitung und Verteidigung der islamischen Gebiete den Tod erleiden, so genannt werden. W. C. Smith unterscheidet zwischen einem christlichen Märtyrer, der einen geistlichen (spiritual) Sieg erringt, nachdem er an den geschichtlichen und politischen Umständen gescheitert ist, während der islamische Šahīd auf dem Weg Gottes in einer Schlacht fällt, die der Stärkung des islamischen Reiches dient. Der eine steht gegen die Geschichte, der andere kämpft für sie und mit ihr.[31]

2. Ǧihād und Šahīd in modernen Staatsdokumenten

In den arabischen Verfassungen werden Ǧihād und damit Šahīd auf drei Weisen wiederbelebt. Zunächst bezeichnet Ǧihād einen Befreiungskampf gegen Kolonialismus, aber auch innere Mißstände. Die ägyptische Verfassung (1956) ist ein Beispiel dafür:

„... Wir verankern diese Prinzipien und Grundlagen zu einer Verfassung, die unseren Ǧihād organisiert und schützt. Wir verkünden heute diese Verfassung, deren Bestimmungen aus dem Innersten unseres Kampfes hervorgehen, aus dem wesentlichen Gehalt unserer Experimente, den heiligen Bedeutungen, denen unsere Massen zujubelten, aus den ewigen Werten, um deren Verteidigung willen unsere Šuhadā' (Pl. von Šahīd) gefallen

[31] W. C. Smith, Islam in Modern History. Princeton 1957, p. 37.

sind und aus den Träumen der Schlachten, in die sich unsere Väter und Großväter sowohl in der Wonne des Sieges als auch in der Bitterkeit der Niederlage stürzten." [32]

Wenn wir uns bei der Verwendung von Ǧihād vor Augen führen, daß der Kolonialismus die Werte des Islam bedrohte, kann ein Befreiungskampf durchaus ein Ǧihād sein, angesichts der Tatsache, daß es sich um die Rückeroberung muslimischer Gebiete aus den Händen nichtmuslimischer Kolonialherren handelt. Vor allem bietet die zeitliche Unbegrenzbarkeit von Ǧihād die Möglichkeit, eine Kontinuität dieser Aktivität vom Frühislam bis heute zu sehen. Da unter Ǧihād kriegerische Betätigung einzelner Muslime und keine staatlichen Maßnahmen zu verstehen sind, kann ein moderner Staat, wenn er zum Ǧihād aufruft, jedes Individuum persönlich ansprechen und so Grundlagen für eine Massenbewegung schaffen. Ǧihād wird profaneren Vokabeln für Kampf (Qitāl, Niḍāl, Kifāḥ) vorgezogen, da er religiös verdienstvoll ist.

Ebenfalls bezeichneten die Jemeniten ihre Revolution gegen den Imam als Ǧihād.

„Im Namen des Ǧihād führenden jemenitischen Volkes, das vor Gott und der Geschichte geschworen hat, sich mit all seiner Kraft in den großen Ǧihād zu stürzen, den Kampf zum Aufbau seines geliebten Vaterlandes, den erhabenen Aufbau, der sich auf die starken, soliden Grundpfeiler des Ǧihād stützt, indem er aus den hochstehenden Zielen flatternde Banner entnimmt, die ihn bei dem großen Befreiungskampf recht leiten, damit die Hoffnungen und ewigen Werte des Volkes erfüllt werden, um deren Verteidigung und Aufopferung willen die liebsten seiner Söhne als fromme Šuhadā' gefallen sind, diktieren wir im Namen des Volkes diese Grundpfeiler und Ziele zu einer Verfassung." [33]

Um ihre Revolution zu rechtfertigen, mußten die Jemeniten den Imam als Ungläubigen titulieren und sich auf eine Stufe mit früheren Reformbewegungen stellen.

[32] Verfassung Ägyptens (1956), a. a. O., Präambel, S. 3 f.

[33] Verfassung Nordjemens (1963). In: 'Adnān Tarsīsī, al Yaman wa ḥaḍārat al 'Arab. Beirut 1963, p. 244–253, bes. p. 245.

„Das Blut der Šuhadā' in langen Jahrhunderten des Kampfes gegen abweichende Herrschaft und Regierung ist nur die Anwendung des Glaubens des Volkes, der es ihm auferlegt, gegen einen ungerechten Herrscher zu Felde zu ziehen.“ [34]

Allerdings wird von den Revolutionären nicht nur das destruktive Element betont, denn Ǧihād schließt für sie den neuen Staatsaufbau ein nach der Abschaffung des Imamates.

Als dritte Möglichkeit ist Ǧihād die Methode eines islamischen Herrschers, die konservativen Bevölkerungsteile gegen die Revolutionäre kämpfen zu lassen. So sieht der Imam seine Herrschaft durch die Republikaner und die von ihnen gerufenen ägyptischen Truppen bedroht und ruft zum Ǧihād auf, um den alten status quo wiederherzustellen.

„... Dies sind die Hoffnungen des jemenitischen Volkes, um deretwillen es vor Gott und dem Imam gelobt hat, sich im Ǧihād zu bemühen mit dem Ziel, die ägyptischen Truppen aus dem Heimatland zu vertreiben ...“ [35]

Die Ägypter sind Ungläubige, weil sie zusammen mit den Revolutionären islamisches Land besetzt und die zaiditische Herrschaft in Frage gestellt haben. Angesichts dieses Notstands erklärt der Imam das Führen von Ǧihād zur Grundpflicht.[36] Mit dieser Forderung geht er über die sonst in einem islamischen Staat bestehenden Gepflogenheiten hinaus, da Ǧihād bekanntlich eine Kollektivpflicht war, die nicht jeder erfüllen mußte.

Parallel zu Ǧihād erfährt auch Šahīd eine neue Betonung. Dies ist legitim, weil Šahīd nie ein Blutzeuge war; ungerechtes Leiden und Dulden um der Religion willen sind dem Islam fremd. Folglich können auch Opfer und Kämpfende in islamischen Bürgerkriegen Šuhadā' genannt werden.

34 Šaih 'Abdallāh ibn Ḥusain al Aḥmar, a. a. O., S. 7.

35 Nationalcharta des jemenitischen Volkes, 1964 während des Bürgerkrieges im Jaufgebiet entworfen, Präambel, S. 35.

36 Ebd., Art. 26.

Zum Abschluß mögen noch die mutmaßlichen Gründe der Revitalisierung erläutert werden: Der Muslim hat zu seiner Vergangenheit ein viel engeres Verhältnis als Angehörige anderer Religionen, da es keine Trennung von weltlicher und religiöser Geschichte gibt. Daher ist es zu erklären, daß politische Verhaltensweisen, die Parteien oder Individuen in der Frühzeit an den Tag legten, in späteren theologischen Richtungen ihren Niederschlag fanden. Der Orientalist Tilman Nagel spricht treffend von der Orthodoxie des Geschichtsbildes.[37]

Das Geschichtsbild des heutigen Muslim ist retrospektiv oder anaklitisch. Die ersten Jahrhunderte oder Jahrzehnte waren eine Blütezeit. Die Werte dieser Epoche besitzen einen doppelten Vorzug: Sie gehen auf die Autorität des Propheten oder seiner engsten Anhänger zurück, und mit Hilfe dieser Ideale wurde ein Weltreich erfolgreich erobert und verwaltet. Die erörterten Werte sind daher für die verschiedenen Bereiche charakteristisch. Šahīd ist der mutige einzelne, der sich mit Zivilcourage für seinen Staat einsetzt. Umma ist das soziale Gefüge, in dem Solidarität herrscht. Šūrā ist die gerechte Regierungsform, die die Rechte des Individuums und der Gesellschaft wahrt. Ǧihād ist das Symbol des außenpolitischen Erfolges auf weltlichem und religiösem Gebiet. Gerade heute, wenn Niederlagen gegen Israel und wirtschaftliche Entwicklungsprobleme die arabische Welt beunruhigen, glaubt man, durch Rückbesinnung auf die Ideale der Frühzeit ähnlich erfolgreiche Resultate zu erzielen.

37 T. Nagel, G. Puin, Ch. Spuler, W. Schmucker, A. Noth, a. a. O., S. 21.

Summary

This paper shows how Islamic values (Šūrā – consultation, Umma – community, Ǧihād – holy war) are revitalized in Arab constitutions.

Arabic constitutions are documents of *official self-portrayal* and *interpretations of their own history*. They give information about the time before the constitutions were promulgated. At the same time they are programs for the future.

Many Arab countries feel a necessity to recall the "Golden Age" to memory. Their concept of history is *retrospective*.

1. Šūrā (consultation) can be:
   a. the name for a democracy or a republic as such,
   b. an Islamic form of Parliament.
2. Umma (community) can be:
   a. the name for an utopian Arabic supranational state,
   b. the mentality of solidarity that created the Islamic community in the past and that renders a joint struggle possible nowadays.
3. Ǧihād (holy war) can be:
   a. the fight against colonialism,
   b. the revolution against an unjust Islamic ruler,
   c. the counterrevolution of conservative Islamic classes.

OPFERTYPEN UND ANTIKE GESELLSCHAFTSSTRUKTUR

Von Walter Burkert

Die Religionen des Altertums sind alles andere als 'gegenwärtig', sie scheinen zum 'Religionswandel der Gegenwart' allenfalls in einem Kontrastverhältnis zu stehen: unwandelbar, aber vergangen. Obendrein sind sie vom gegenwärtigen Verständnis von 'Religion' aus vorzugsweise negativ zu charakterisieren: keine Theologie, kein Spiritualismus, kaum Ekstasephänomene, keine Ethik der Liebe und Barmherzigkeit. In geschichtlicher Perspektive allerdings nehmen die altertümlichen Religionsformen, die allen heute herrschenden Welt- und Buchreligionen voraus- und auch zugrunde liegen, gewaltige Dimensionen an. Sie beherrschen mehr als 3000 Jahre der historischen Epoche und erstrecken sich jenseits dieser unabsehbar weit in den Bereich der Prähistorie: paläolithische Verwurzelung der religiösen Rituale ist in verschiedenen Einzelheiten aufweisbar.[1] Die bisherige Lebensdauer der Weltreligionen wird dadurch weit übertroffen.

Solcher Kontinuität entspricht, daß die alten Religionen auf Dauer ausgerichtet waren; oft ist dies in Mythen von einer Urzeit ausgedrückt, in der mit der Welt zugleich die rechte Ordnung von Göttern und Menschen eingerichtet wurde. Legitimiert war dabei die Religion in erster Linie aus

1 Ausführlicher: W. Burkert, Homo necans, Interpretationen altgriechischer Opferriten und Mythen. 1972, bes. S. 20–31; S. 60–67; S. 85–98. Vgl. auch J. Mellaart, Çatal Hüyük, Stadt aus der Steinzeit. 1967, S. 211 bis 240.

der Tradition schlechthin, dem Brauch der Väter; ihre konkrete Form war das Ritual. Lose mit diesem zusammenhängende Mythen, Göttererzählungen, haben zwar die religiösen Vorstellungen bestimmt, auf die religiöse Praxis aber nur geringen Einfluß genommen. Ein Wandel, ja eine Krise im Bereich der Mythologie bedeutet dabei noch keineswegs Wandel oder gar Krise der Religion. Im hethitischen Mythos von der Schlange Iluyankas, der zum Puruli-Fest gehört, stehen eine 'alte' und eine davon recht verschiedene 'neue' Fassung friedlich nebeneinander; [2] wenn Hesiod die Musen sagen läßt, sie wüßten „viele Lügen" zu erzählen (Theog. 27), meint er damit den Mythos homerischen Stils – Krise des Mythos also zu einer Zeit, als noch kein einziger griechischer Tempel der Form, die wir den griechischen Tempel schlechthin nennen, gebaut war und Opfer und Wettkampf des Zeus in Olympia noch einer 1000jährigen Zukunft entgegensahen.

Doch geht es auch nicht an, ein Scheinbild unveränderlicher Stabilität zu entwerfen. An kriegerischen, sozialen und wirtschaftlichen Katastrophen fehlte es nicht, und Brüche auch der religiösen Tradition zeichnen sich ab. In Griechenland stellt sich besonders das Problem der Beziehungen der seit Homer bekannten griechischen Religion zur Bronzezeit des 2. Jt., der mykenischen Epoche. Diese ist seit etwa 100 Jahren durch Ausgrabungen erschlossen und durch die Entzifferung von Linear B seit 1953 zumindest teilweise aus der Prähistorie ins Licht der Geschichte getreten. Die Sprache von Linear B ist griechisch; der Kürze halber sei im folgenden 'griechisch' jedoch nur für die Epoche nach 1000 v. Chr. verwendet, dagegen 'mykenisch' für alles Bronzezeitliche. Die mykenischen Schrifttafeln also haben die Kontinuität zum Späteren, Griechischen im religiösen Bereich überraschend deutlich dokumentiert: eine ganze Reihe von Göttern ist unter gleichem

[2] J. B. Pritchard, Ancient Near Eastern Texts relating to the Old Testament. 1955², p. 125 f.

Namen schon im 2. Jt. verehrt worden, Zeus, Hera, Poseidon, Dionysos.[3] Doch nicht minder auffallend sind Unterschiede gerade im kultischen Bereich. Das griechische Heiligtum ist charakterisiert durch den Brandopfer-Altar, durch Tempel und Kultbild; eben diese Dreiheit gibt es nicht oder jedenfalls nicht in dieser Zusammenordnung und Funktion in der mykenischen Bronzezeit. Inmitten ethnischer und sprachlicher Kontinuität ist hier also – durch die Katastrophe des Seevölkersturms, die auf den Glanz der mykenischen Paläste die 'dunklen Jahrhunderte' folgen ließ – ein religiöser Wandel eingetreten; ihn in größerem Zusammenhang zu verstehen, sei im folgenden versucht.

Mehr auf die Rituale als auf Mythen zu achten, hat die Religionswissenschaft seit langem zum methodischen Prinzip erhoben; freilich tat man dies meist in der Erwartung, 'ursprüngliche' Ideen oder Vorstellungen eruieren zu können, was im Grund zur Konstruktion neuer, primitiverer Mythologien führt, Konstruktionen, die einander widerstreiten und in sich nicht selten konfus sind. Man sollte versuchen, Ritual zunächst ohne Rekurs auf 'Vorstellungen' als menschliches Verhalten zu beschreiben. Ritual ist dann zu definieren als ein Verhaltensprogramm, eine feste Sequenz von Handlungen; die Starre einer solchen Abfolge bedeutet, daß die funktionelle Verflechtung mit der Umwelt gelöst ist. Man kann der Biologie die Einsicht entnehmen, daß solche absolut gesetzten Verhaltensmuster eine neue Funktion annehmen, die der Mitteilung. Religiöses Ritual ist demnach eine Handlungsfolge, die 'das Heilige' signalisiert.[4] Als Mitteilung ist Ritual stets gesellschaftsbezogen, bedeutet Demonstration und oft

[3] M. Ventris, J. Chadwick, Documents in Mycenaean Greek. 1956, 1973[2]; A. Heubeck, Aus der Welt der frühgriechischen Lineartafeln. 1966, S. 96–106; M. Gérard-Rousseau, Les mentions religieuses dans les tablettes mycéniennes. 1968.

[4] Homo necans, S. 31–38.

auch direkte soziale Interaktion. Die Frage, inwieweit solche Aktionen Ausdruck inneren Erlebens und Vorstellens sind oder aber Erleben und Vorstellen der Beteiligten ihrerseits erst prägen, ist angesichts des Alters der Ritualtradition dem aristotelischen Zetema von der Henne und dem Ei bedenklich ähnlich. Seit 100 000 Jahren ist kein Mensch von sich aus darauf gekommen, daß es Religion geben sollte, er hat religiöses Verhalten gelernt, ist dadurch geprägt worden. Wie 'das Heilige' stets mit Angst, dem 'mysterium tremendum' einhergeht, gehören zum religiösen Ritual Angstsituationen mit ihrer psychologischen Prägekraft: es zehrt von ihnen und schafft sie neu, um sie zu überwinden.

Die Heilige Handlung schlechthin in den traditionellen Religionen ist das Opfer – das darum auch in den verschiedenen Sprachen einfach als 'Handlung' bezeichnet wird: 'Opfer' von operari; sacri-ficare. Trotzdem gibt es, soweit ich sehe, keineswegs eine allgemein anerkannte Theorie des Opfers. Theologen,[5] Psychoanalytiker,[6] Soziologen,[7] Archäologen [8] scheinen gerade hier verschiedene Sprachen zu sprechen. Ich gehe von der These aus, daß Herleitungen und Definitionen des Opfers aus 'Vorstellungen' von Göttern, Dämonen oder Mächten im Kreise laufen und oft zu Absurditäten führen: die Gabe für den Gott kommt Menschen zugute, der Wein, für die Himmlischen gespendet, wird auf die Erde gegossen, man ehrt die Götter, indem man ihnen den Abfall verbrennt – so gerade beim griechischen Opfer, das Hesiod

5 Z. B. F. Heiler, Erscheinungsformen und Wesen der Religion. 1961, S. 204–225 („Hingabe, Verzicht um des Heiligen willen").

6 R. Money-Kyrle, The meaning of sacrifice. 1930 [Vatermord].

7 H. Hubert, M. Mauss, Essai sur la nature et la fonction du sacrifice. In: Année sociologique 2 (1898), p. 29–138 = M. Mauss, Œuvres I. 1968, p. 193–307 [Statuserhöhung].

8 H. Jankuhn, Vorgeschichtliche Heiligtümer und Opferplätze in Mittel- und Nordeuropa. 1970 [Niederlegungen].

nur als einen Betrug, den 'Opferbetrug des Prometheus' erklären konnte (Theog. 535–616). Und doch sind all dies echte und nicht etwa entartete, zentrale und nicht marginale Opfer.

Trotzdem sind eben diese Rituale, für sich betrachtet, durchaus erklärbar nach Herkunft und Funktion und für uns psychologisch verständlich. Grundtypen der Opferrituale – dies die These – kommen von Grundsituationen des frühen Menschen her; sie haben sich dank ihrer sozialen und psychologischen Funktionen als stabilisierende Faktoren kultureller Tradition jahrtausendelang fortgepflanzt. Zu unterscheiden ist zunächst die Opfermahlzeit einerseits, das Reinigungsopfer andererseits, sodann das Primitial- und das Votivopfer; schließlich sind als Sonderformen Feueropfer und Libation ins Auge zu fassen. Daß bei einem solchen Versuch einer Typologie viele differenzierende Einzelheiten zunächst außer acht gelassen werden müssen, braucht kaum betont zu werden.

Das Tieropfer mit Fleischmahlzeit ist in den meisten altertümlichen Religionen so allgegenwärtig, daß man es eben darum zuweilen fast übersieht. Es stammt aus der Situation des paläolithischen Jägers: Töten um zu essen. Aggressives Jagdverhalten mit Waffengebrauch und Blutvergießen mußte den Männern andressiert und zugleich unter Kontrolle gebracht werden. Dies leisten vorbereitende Riten einerseits, Riten nachträglicher 'Wiedergutmachung' mit Ehrung des Opfertieres andererseits; bezeichnende Details sind das Einsammeln und Deponieren der Knochen, die Erhöhung des Schädels, das Ausspannen des Fells; integrierender Bestandteil sind Regeln für Teilung und Austausch der Fleischportionen – der Jäger hat Frauen und Kinder, die nicht mitjagen, zu ernähren.[9]

Andersartig ist das Reinigungs- oder Sühnopfer: ein Tier oder nicht selten auch ein Mensch, der Gemeinschaft zugehörig

[9] K. Meuli, Griechische Opferbräuche. In: Phyllobolia, Festschrift P. Von der Mühll. Basel 1946, S. 185–288. Homo necans pass.

oder jedenfalls mit ihr in Kontakt gebracht, wird 'hingegeben', ausgestoßen, vernichtet. Sprichwörtlich ist der 'Sündenbock' des Alten Testaments (Lev. 16, 21), viel diskutiert sind die 'Pharmakos'-Rituale in Kleinasien und Griechenland.[10] Solche Rituale können regelmäßig institutionalisiert sein, sie kommen aber auch in außerordentlichen Notsituationen vor, Krieg, Hunger, Pest. Hier dürfte ein vormenschlicher Seelenmechanismus im Spiel sein, der in der Angstsituation atavistisch aufbricht: die Situation des von Raubtieren umkreisten Rudels – der von Wölfen verfolgte Schlitten beschäftigt Literatur und Phantasie bis in neueste Zeit. Es gibt nur ein Mittel, der Gefahr zu entkommen: sobald ein Mitglied der Gruppe – in der Regel ein junges oder aber ein altes, krankes – von den Raubtieren gepackt ist, sind die anderen für diesmal gerettet. Die moralische Fragwürdigkeit des Vorgangs läßt eine doppelte Kompensation zu: man stilisiert das Opfer als abominablen 'Auswurf', oder aber man fühlt sich ihm zu tiefstem Dank und höchster Ehrerbietung verpflichtet.

Scheinbar in ganz anderer Lage, im Augenblick der Erfüllung, tritt das Primitialopfer auf, die Hingabe der 'Erstlinge' von Jagd, Fischfang, Ernte oder Beute. Es ist ganz besonders weit verbreitet und spielt daher als Argument für den 'Urmonotheismus' seine Rolle.[11] Im Vollzug des Aktes freilich kommt es darauf, wem da gegeben wird und wie, kaum an: die Gaben können irgendwo deponiert, sie können vernichtet werden. Wesentlich ist, daß sie dem unmittelbaren Verbrauch entzogen sind, und dies hat eine evidente soziale Funktion:

10 Verwiesen sei auf M. P. Nilsson, Geschichte der Griechischen Religion I³. 1967, S. 107–110. J. G. Frazer, The Golden Bough IX: The Scapegoat. 1913³. Vgl. auch die Geschichte vom Propheten Jona im Seesturm.

11 W. Schmidt, Der Ursprung der Gottesidee VI. 1935, S. 277–278; S. 445–454. A. Vorbichler, Das Opfer auf den uns heute noch erreichbaren ältesten Stufen der Menschheitsgeschichte. 1956.

In der Tat schafft der Erfolg des einzelnen eine Angstsituation besonderer Art, wenn alle Augen sich auf ihn richten; wer hat, dem kann genommen werden. Das Primitialopfer schafft einen schützenden Leerraum; die gierige Frage gegenseitiger Eifersucht: „Wer kriegt als erster?" wird negativ beantwortet und eliminiert: kein Mensch ist hier 'der erste'. Derjenige freilich, der diese Regel durchsetzt und die 'Erstlinge' hingibt, bestätigt eben dadurch seine führende Rolle: Herrschaft durch Verzicht. Paradigmatisch ist die Situation Alexanders in der Gedrosischen Wüste: er gießt den einzigen Helm voll Wasser in den Sand; keiner hat zu trinken: eben dies stärkt seine Führung und die Solidarität des verzweifelnden Heeres. Fast alle menschlichen Gesellschaften waren und sind von Not und Mangel bedrängt; das Primitialopfer schafft, trotzdem, Solidarität in der Erhebung über wirtschaftlich-materielle Zwänge. „Die Fähigkeit zur Negation, zur Verneinung des hier und jetzt Gegebenen und Angetroffenen" ist „die allerelementarste Voraussetzung zur Wahrnehmung von Vorbildlichkeit überhaupt." [12]

Der Angstsituation allgemein entstammt das Votivopfer, ob sein Anlaß nun Krieg, Pestilenz, teure Zeit, Reise, Seefahrt oder sonst eine Krise ist. Die Angst wird überwunden, indem die unbestimmte Bedrohung durch einen selbst bestimmten, vielleicht fühlbar schmerzlichen, aber begrenzten Verzicht ersetzt wird. Die Zeitdimension kommt hier in entscheidender Weise ins Spiel; durch Setzung eines Wenn-Dann wird die ungewisse Zukunft psychologisch bewältigt. Das Votivopfer, wennschon vielleicht nicht ganz unabhängig vom Mechanismus des Sühnopfers, ist insofern der rationalste und persönlichste der Opfertypen; [13] es verbindet sich besonders leicht

[12] P. Weidkuhn, o. S. 26.

[13] Standardwerk für den antiken Bereich: W. H. Rouse, Greek votive offerings. 1902. Vgl. L. Kriss-Rettenbeck, Ex voto. Zeichen, Bild und Abbild im christlichen Votivbrauch. 1972.

mit der Vorstellung eines personalen Gegenübers, mit dem der Weihende in einer do-ut-des-Beziehung verbunden ist.

Unter dem Begriff der 'Hingabe' lassen sich Reinigungsopfer, Primitialopfer und Votivopfer subsumieren, 'Gabe' freilich unter negativem Aspekt: nicht daß die Gabe irgendwo ankommt, ist bedeutsam, sondern daß sie dem Menschen entzogen wird. Man kann sie deponieren an heiliger Stätte, besonders auch in Höhlen, oder an Bäumen aufhängen; effektvoller ist das Versenken in Quelle, Fluß, See, Moor oder Meer; am eindrucksvollsten ist das Verbrennen im Feuer. Die Beherrschung des Feuers ist wiederum eine menschliche Grundsituation – deren Faszination auch der moderne Mensch ohne weiteres verspürt –. Das Feuer gibt Wärme, Licht und vor allem Sicherheit vor Raubtieren, es ist Grundlage für Kochkunst und Handwerk, und es behält doch immer seine Gefährlichkeit, die jedes Kind mindestens einmal schmerzhaft erlebt. Feuer ist mächtig wie das Leben und bietet doch zugleich das Paradigma von Vernichtung schlechthin: was greifbar, groß und fest war, schrumpft erglühend in der Flamme, wandelt sich zu Rauch und zu Asche, die der Wind verweht. Hier ist Vernichtung nicht dem Zufall überlassen, sondern machbar. Die unheimlichsten Vernichtungsopfer sind Feueropfer.[14]

Schlichteste, gelassenste Form der Hingabe ist die Libation, das Ausgießen von Flüssigkeiten; zunächst offenbar eine Sonderform des unwiderruflichen Verzichts: was vergossen ist, kann niemand zurückholen. Das Ausgießen von Wein, bevor man trinkt, die gewöhnliche spondé, gehört in den Bereich des Primitialopfers. Doch muß auffallen, wie oft es bei Libationsritualen darauf ankommt, wohin etwas gegossen wird: lange

[14] Zu den karthagischen Kinderopfern Diodor 20, 14. G. Charles-Picard, Les religions de l'Afrique antique. 1954, p. 491. – Zu den griechischen Laphria Paus. 7, 18, 8–13; Nilsson (o. Anm. 10), S. 28; S. 484. Vgl. auch Herakles' Verbrennung auf dem Öta-Berg.

Schnaupen haben die Libationskannen, den Strahl zu lenken, Auffanggefäße werden hergestellt, Tafeln mit vielerlei Vertiefungen; primitiver sind 'Napflöcher' im Boden. Man streicht Fett in solche Vertiefungen;[15] oder man libiert über bestimmten, aufgestellten Steinen, man salbt sie mit Öl wie den Stein von Beth-El (AT Gen. 28, 18); nach Theophrast (Char. 16, 5) standen solche ölglänzende Steine vor allem an Dreiwegen. Hier handelt es sich offensichtlich um Markierungen, und man wird zumindest dieses Ausgießen von Öl und Fett über Steinen mit dem Markieren von Revieren im Tierbereich zusammensehen müssen.[16] Der an bestimmter Stelle Libierende bestätigt sich und anderen die Ordnung des Raumes, die Grenzen, die Zentren des Heiligen.

In den Opferritualen der alten Hochkulturen sind nun freilich die verschiedenen Opfertypen längst mannigfach ineinander verschlungen. Ein wiederholtes, erwartbares Primitialopfer wird fast von selbst zum Votivopfer, und wenn seit dem Neolithicum Haustiere zur Opfermahlzeit dienen, ist 'Hingabe' von Besitz auch hier vorausgesetzt; bei sozialer Differenzierung kann auch das Sühneopfer zur Speise dienen, sei es für Priester, sei es für Parias. Die Formen der 'Hingabe', Verbrennen, Deponieren, Ausgießen, können sich zu Ritualketten verbinden. So entstehen mannigfache Formen von Opferritual; ins Auge gefaßt seien die des sumerisch-babylonischen, des hethitischen, des mykenischen, des westsemitischen und des griechischen Bereichs. Ägypten bleibe seiner Besonderheit wegen außer Betracht. Alle diese altertümlichen Religionen freilich sind Konglomerate, Heterogenes besteht nebeneinander; könnte man in alle Winkel und Unterschichten leuchten, wären wohl alle Formen überall zu finden. Doch die maßgebenden, repräsentativen Formen sind charakteristisch verschieden.

[15] M. P. Nilsson, The Minoan-Mycenaean Religion. 1950², p. 130.

[16] Vgl. die Hundeperspektive in der Fabel Babrios 48.

Im sumerisch-babylonischen Bereich ist die maßgebende, ja ins Überdimensionale gesteigerte Form des Opfers die Speise-Gabe. Primitialopfer und Votivopfer haben sich zusammengeschlossen zu einer lückenlosen Kette von Darbietungen an den Gott und seinen Tempel. Die Tieropfer werden einfach als Bestandteil dieser Speisegaben gerechnet – obwohl ihre Sonderstellung in einzelnen Ritualen noch voll zum Ausdruck kommt –; Reinigungsopfer mit Verbrennen oder Versenken eines Tieres sind bekannt, aber sie stehen am Rande. In mythischer Ausformung heißt es, daß die Menschen geschaffen sind, die Götter zu ernähren; zweimal täglich wird ihnen in den Tempeln der Tisch gedeckt. In Wirklichkeit verzehrt der Gott natürlich nichts, die Speisen gehen an den König weiter oder an die Priesterschaft; übrigens sind die Einnahmen des Tempels so umfangreich, daß nur ein Bruchteil zum Decken des Göttertisches benötigt wird. So ernährt der Tempel ein großes Personal von Priestern und Priesterinnen, König und Königshaus, Abhängige aller Art einschließlich der Tempelsklaven; die jedem zustehenden Anteile können nach babylonischem Recht auch weiterverliehen und verpachtet werden, so daß der Kreis der Begünstigten noch ausgeweitet wird.[17] Dieses Opfersystem ist seiner Funktion nach ein wirtschaftliches System zur Akkumulation und Umverteilung von Reichtum, Reichtum an Nahrung; seine Voraussetzung ist ein soziales System des Gebens, Empfangens und Wiedergebens, wie es Marcel Mauss in seinem ›Essai sur le don‹ beschrieben hat.[18] Auch das Verhältnis zu den Göttern wird so ausgedrückt: der Fromme gibt den Göttern, sie geben dafür Leben, Gesundheit, lange Jahre, auf daß der Fromme wieder geben kann.

17 Vgl. B. Meissner, Babylonien und Assyrien II. 1925, p. 81–90. A. L. Oppenheim, Ancient Mesopotamia. 1964, p. 106: "redistribution system"; p. 183–193.

18 Année sociologique 2me sér. 1, 1923/4 = Sociologie et anthropologie. 1950 (1966^{3}), p. 143–279.

Die Entwicklung freilich führt zum Zurücktreten der Tempelmacht, zum Hervortreten der militärischen und politischen Macht des Königs. Im Einflußbereich des orientalischen Königtums steht in der 2. Hälfte des 2. Jt. das Großkönigtum der Hethiter in Kleinasien und auch das Königtum im mykenischen Griechenland. Auch bei den Hethitern gibt es die großen Tempel mit ihrer Belegschaft, die von den Speise-Gaben leben, die den Göttern dargebracht sind; man darf sie nur nicht mit Laien teilen.[19] Die Schriftzeugnisse aus Mykene selbst sind spärlich, reicher sind die Archive von Pylos. Auch hier gibt es priesterliche Organisation – bezeichnend ist schon die griechische Neubildung des Wortes hiereús 'Priester', mit einem Suffix, das einen Berufsstand kennzeichnet. Es scheint ein zentrales Heiligtum zu geben, Pa-ki-ja-ne – nicht sicher zu identifizieren –, daneben ein Poseidon-Heiligtum, ein Zeus-Heiligtum und andere mehr; sie haben Landbesitz, Sklaven; Abgaben werden vom Palast aus 'gesandt', einmal, wohl in der Notsituation des bevorstehenden Seevölkerangriffs, der dann die Katastrophe brachte, besonders reiche Gaben, Männer, Frauen und goldene Gefäße zuhauf.[20] Also insoweit ein System von Gaben und Abgaben, das den altorientalischen Verhältnissen vergleichbar ist. Doch gab es offenbar keine monumentalen Tempelbauten – was man als 'Tempel' ansprechen kann, sind recht bescheidene Gebäude, nicht von fern den Palästen vergleichbar. – Dafür spielt das Tieropfer eine gewisse Sonderrolle. Es gab anscheinend nicht den großen Brandopferaltar,[21] wie er später als Opferstätte das griechische Heiligtum charakterisiert.

19 O. R. Gurney, The Hittites. 1952, p. 150.

20 Vgl. die in Anm. 3 genannte Literatur.

21 Allerdings ist der Befund in dem in den letzten Jahren ausgegrabenen Heiligtum von Mykene noch unklar; es gab dort jedenfalls mehrere Altäre; s. Ergon 1972, p. 59–66.

Dafür treten Formen der Libation auffallend in den Vordergrund, bei Hethitern, Kretern und Mykenern. Komplizierte Libationstafeln sind vor allem aus Kreta bekannt, Libationskannen sind oft auf mykenischen Siegeln und Ringen dargestellt; im Thronsaal des Palastes von Pylos ist neben dem Königssitz die Stelle am Fußboden markiert, wo der König zu libieren pflegte.[22] Das hethitische Wort für ‚Opfern' schlechthin ist *šipandi*, das vorzugsweise die Libation bezeichnet, und es ist nicht zu trennen von dem griechischen Wort für die Libation, *spéndein*, lateinisch *spondere*. Die hethitischen Ritualtexte enthalten ausführlichste Anweisungen für ganze Libationsserien: „dem Herd einmal, den Schilden einmal, dem Fenster einmal, dem Riegelholz einmal, neben dem Fenster einmal" [23] – kein Wort von Göttern oder Dämonen: Der Palastbereich und seine kritischen Grenzen werden ‚markiert'; es gibt übrigens auch ein eigenes Wort für das ‚Markieren' etwa des Herdes durch Libation.[24] Eine auffallende Besonderheit des hethitischen wie des mykenischen Bereichs sind die sogenannten Tierkopf-Rhyta,[25] Gefäße in Form von Tierköpfen, aus denen man libiert, um sie dann vor der Gottheit niederzulegen: das Tieropfer mit Erhöhung des Tierschädels ist in die Libationszeremonie symbolisch transformiert.

Ganz anders ist das Bild in Syrien-Palästina, im Bereich der Westsemiten, wo indes auch starke hurritische Einflüsse festzustellen sind; was bei Babyloniern und Ägyptern allen-

22 Nilsson, a. a. O., S. 124–130; 147–153. A guide to the Palace of Nestor. 1967, p. 11.

23 Ancient Near Eastern Texts, a. a. O., p. 359. E. Neu, Ein althethitisches Gewitterritual. 1970, S. 17; 19; 21; 25; 35.

24 gulš-, O. Carruba, Das Ritual für die Göttin Wišurijanza. 1966, S. 34–37.

25 K. Tuchelt, Tiergefäße. 1962. O. Carruba, Rhyta in den hethitischen Texten. In: Kadmos 6 (1967), S. 88–97.

falls als seltene Ausnahme belegt ist, tritt hier ins Zentrum: das Brandopfer, Verbrennung von Tieren oder von Teilen von Tieren. Die reichste Dokumentation liefern die Opfergesetze des Alten Testaments, doch zeigen die ugaritischen, phönikischen und aramäischen Dokumente eine wenn nicht identische, so doch nah verwandte Terminologie,[26] und die monumentale Überlieferung führt weit zurück ins zweite Jahrtausend. Der älteste monumentale Brandopfer-Altar aus einem meterhohen Basaltblock steht im Tempel von Beth Shan in Palästina, in einer Anlage des 13. Jh.,[27] aber amorphe Brandopferplätze vor dem Tempel sind schon Jahrhunderte früher faßbar.[28] Keinen Aufschluß gibt die Archäologie über den wichtigen Unterschied, den die Texte bei Brandopfern machen: ‚Ganzopfer', Holokaust auf der einen, ‚Schlacht'- oder ‚Friedensopfer' auf der andern Seite, wobei nur Teile des Tiers verbrannt werden und der Hauptteil des Fleisches zum Opfermahl dient. Verzichtopfer und Mahlopfer haben dennoch vieles gemeinsam: den Altar, das Feuer, die Manipulation mit dem Blut, das nur am Altar ausgegossen werden darf, Begleitung durch Speisegabe und Libation. Die orientalische Tempelorganisation mit dem von Abgaben lebenden Priesterstand konnte übernommen werden – in Jerusalem durch Salomo; doch von Haus aus war jedes Schlachten ein Opfer, wie noch Leviticus vorschreibt: sonst wäre man „des Blutes schuldig, als der Blut vergossen hat" (Lev. 17, 4).

Der griechische Opferkult stimmt – dies ist bekannt, aber doch immer wieder überraschend – enger mit dem Westsemi-

26 H. Ringgren, Israelitische Religion. 1963, S. 151–162. H. Gese, (M. Höfner, K. Rudolph), Die Religionen Altsyriens, Altarabiens und der Mandäer. 1970, S. 174 f.

27 A. Rowe, The four Canaanite Temples of Beth-Shan I. 1940. H. O. Thompson, Mekal, the God of Beth-Shan. 1970, p. 35 f.

28 D. Conrad, Studien zum Altargesetz. Diss. Marburg 1966, S. 85 ff.

tischen als mit dem Mykenischen überein.[29] Das Darbringen von Essensgaben für die Götter, Götterbewirtung bleibt marginal; Tempelwirtschaft gibt es allenfalls in Ausnahmen. Kennzeichen des Heiligtums ist der große Feueraltar – in der Regel monumental aus Stein errichtet, unverrückbar.[30] Auf ihm brennt das große Feuer, in dem Teile des geschlachteten Tieres verbrannt werden, und zwar vor allem die Knochen mit Fett und der ungenießbaren Galle. Voran geht das zeremonielle Schlachten mit allerhand Hantierungen des ‚Anfangens', mit Gebet und schrillem Opferschrei, es folgt die Fleischmahlzeit in zwei Stufen: erst werden die *splánchna*, Leber/Herz/Lunge, im Altarfeuer geröstet und verspeist, dann wird die Hauptmahlzeit bereitet, die meist schon außerhalb des Sakralen steht.[31] Holokauste kommen vor, keineswegs nur im Totenkult oder chthonischen Kult; oft sind sie vorgeschaltet als kleineres, vorbereitendes Opfer vor der Mahlgemeinschaft – wie auch im semitischen Bereich.[32] Unblutige Darbringungen – Körner, Kuchen, Brei verschiedener Art –, gruppieren sich um das blutige Opfer; Weinlibation über dem Altar gehört zum Abschluß.

Der Wandel des griechischen Opferrituals gegenüber der mykenischen Epoche und die Übereinstimmung mit dem Westsemitischen stellt ein vertracktes historisches Problem. Die Priorität für den Brandopfer-Altar liegt in Syrien-Palästina; doch haben griechische Aschenaltäre wie der von Olympia in der Bronzezeit des Alpen- und Oberdonauraums Ana-

29 R. K. Yerkes, Sacrifice in Greek and Roman Religions and Early Judaism. 1952.

30 C. G. Yavis, Greek Altars. 1949.

31 Homo necans S. 10–14. Greek, Roman and Byzantine Studies 7 (1966), p. 102–109.

32 Z. B. F. Sokolowski, Lois sacrées des cités grecques. 1969, Nr. 151 A, Z. 29–36. AT 1. Sam. 10, 8; 13, 9 etc. Ugaritisch šrp w šlmm; aramäisch ʿlwh w dbhn: A. Cowley, Aramaic Papyri of the fifth century B. C., 1923, p. 30, 28.

loga,[33] das Verbrennen der Knochen kommt auch in einem hethitischen oder hurritischen Ritual vor.[34] Einer der ältesten griechischen Tempel, um 800 v. Chr. in Gortyn auf Kreta erbaut, ist offenbar von nordsyrisch-späthethitischen Vorbildern beeinflußt,[35] und auf Cypern sind östliche und griechisch-mykenische Tradition bereits im 12. Jh. – nach der Katastrophe – in Kontakt getreten: erst 1973 veröffentlicht wurde der Befund im Heiligtum des Schmiedegottes von Kition, wo ein Hörneraltar mykenischen Typs – seiner Funktion nach 'table of offerings' – neben einem Brandopfer-Altar mit Resten von Holzkohle und verbrannten Tierknochen steht;[36] monumentale Tempel, Götterstatuen und Altäre tauchen gerade in dieser Epoche in Cypern auf. Doch hat es in den folgenden Jahrhunderten so viel Auf und Ab, Zerstörungen und Neuansätze gegeben, daß wir die ‚Einflüsse' nicht oder noch nicht säuberlich sortieren können.

Es bleibt die phänomenologische Feststellung, daß die verschiedenen Formen des Opferkultes samt der zugehörigen Gottesvorstellung mit den jeweiligen gesellschaftlichen und wirtschaftlichen Organisationen unvertauschbar verbunden sind; die Rituale sind hier nicht ‚survivals', sondern tragende Elemente der kulturellen Tradition.

Was Mesopotamien – und auch Ägypten – betrifft, läßt sich von vornherein behaupten: wäre es ‚Väterbrauch' gewesen, Primitialopfer und Votivopfer menschlichem Gebrauch dauerhaft zu entziehen, zu vernichten – was in anderen Kulturen durchaus vorkommt –, so hätten die alten Hochkulturen nicht entstehen können. Der enorme politische und

[33] W. Krämer, Prähistorische Brandopferplätze. In: Helvetia antiqua (Festschr. E. Vogt). 1966, S. 111–122.

[34] O. Carruba, a. a. O., S. 7, Rs. 18 f.

[35] G. Rizza, V. Santa Maria Scrinari, Il Santuario sull'Acropoli di Gortina. 1968, p. 24–26; p. 54–56.

[36] V. Karageorghis, CRAI. 1973, p. 520–530. Kition: Mycenaean and Phoenician, Proc. Brit. Acad. 59 (1973), p. 259–282.

wirtschaftliche Fortschritt war nur möglich dank zentraler Organisation mit schriftlicher Verwaltung, und dazu bedurfte es einer Zentralisierung und Anhäufung von Wohlstand: dies leisteten die Tempel als Zentren der aufstrebenden Städte im Verein mit dem mehr oder weniger sakralen Königtum. Nach Pflicht der Frömmigkeit hatten gerade die Mächtigen und Reichen große Gaben zu spenden, auf daß der Gott ihnen Leben und Macht erhalte, der König opferte von seinen Schätzen, seiner Kriegsbeute – und viele, viele partizipierten daran; da der König selbst Priester war und obendrein die Priesterstellen besetzte – natürlich auch mit Gliedern seines Hauses –, war die Tempelwirtschaft wiederum ein bedeutender Bestandteil seiner eigenen personalpolitischen und wirtschaftlichen Macht. Gabe und Gegengabe, von einer Hand zur andern, eine Verfilzung der Interessen, die uns ‚typisch orientalisch' anmuten mag.

Im hethitischen und auch im mykenischen Bereich finden wir ein importiertes Großkönigtum, aufruhend auf weit primitiveren Strukturen – weshalb dieses Königtum dann auch sehr plötzlich in der Katastrophe verschwunden ist –. Wirtschaftliches Zentrum der Königsmacht ist der Palast mit seinen Schreibern und Archiven; Tempelabgaben sind in die königliche Verwaltung integriert; Religion scheint eher an den Rand gedrängt: kleine Kapellchen, Frauentänze. Doch auf ihre wertvollen goldenen Siegelringe lassen die Mykenäer gern religiöse Szenen eingravieren: Religion als Schmuckstück? Öl und Wein sind wichtigste Güter in der Palastwirtschaft, was die besondere Rolle der Libationen zum Teil erklärt; doch nicht weniger wichtig ist der besondere Sinn für vollendete Form, für schmückendes Zeremoniell: feierliches Tragen kostbarer Gefäße, gelassenes Verrinnen – um wieviel königlicher ist dieser Gestus, als nach dem ersten Stück vom Opferbraten zu greifen. Rollen und Bereiche zu markieren, dies leistet die Libation dem spätbronzezeitlichen Königtum.

Die Westsemiten haben kein Großkönigtum gekannt; kleine Stämme, einzelne Städte suchen je selbständig Politik zu machen, in erbitterter Konkurrenz, von Großmächten dauernd bedroht, obendrein in einem von Natur eher armen Gebiet. Wie immer es dabei mit dem Einfluß einwandernder Wüstennomaden stehen mag, offenbar ging es weniger um Verteilung von Reichtum als um Solidarisierung auch in der Armut, Solidarisierung auch in der Aggression: der gleiche Gott, der sich vorzugsweise mit Holokausten ehren läßt, gebietet auch die Feinde ohne Rest zu ‚bannen'.[37] Solidarisierung schafft auch das Opfermahl, wobei Rangunterschiede je durch Portionen ausdrückbar sind; doch das ‚Ganzopfer' scheint wichtiger zu sein. In der Angstsituation kriegerischer Bedrängnis sind die Karthager historischer Zeit sogar zum Menschenopfer zurückgekehrt.[38] Fordernd, souverän, erhaben sind hier die Götter; auf sie weist das ‚aufsteigende' Feuer – vom Wort für ‚aufsteigen' ist einer der geläufigen Opfertermini gebildet, 'olah –. Mit der Hingabe scheint radikaler Ernst gemacht; doch von Götterspeisung kann beim ‚süßen Geruch' des Opferdampfes im Ernst nicht mehr die Rede sein. In der Sonderentwicklung Israels ist das Schlachtopfer ganz zurückgetreten zugunsten der täglichen Holokauste im Tempel zu Jerusalem; auf Göttermythologie hat man konsequent verzichtet, es blieb der Wille des fordernden Gottes, das Gesetz; im Angesicht dieses Gottes konnte das Volk dann sogar ohne Opfer in der Verbannung seine Solidarität wahren.

Die griechische Hochkultur kennt, von Relikten abgesehen, weder Königtum noch Priesterstand; die Griechen haben in archaischer und klassischer Zeit auch keine Paläste zugelassen. Die Macht geht von einer Gruppe von ‚Gleichen' aus, *homoîoi*, wie die Spartaner sagten; der politisch-soziale Streit

[37] Ringgren, a. a. O., S. 49.

[38] Anm. 14.

ging immer nur um die Frage, wie ausgedehnt oder wie exklusiv diese Gruppe der bevorrechtigten ‚Gleichen' sein sollte. Hierfür bietet das griechische Opfer das Modell: ein gemeinsames Mahl, im Zentrum der kleine Kreis derer, die von den Eingeweiden kosten, dann der weitere Kreis derer, die zum Essen geladen sind und je nach Würde bedient werden, jenseits eine amorphe Masse von anderen, die nicht „Teil am Heiligen haben". Man ‚ehrt' mit alledem die Götter, deren Altar man umsteht, während in der Regel eine Tempelfassade den Hintergrund abgibt, man ruft die Götter und weiß, daß sie sich freuen über die ‚verbrannten Schenkelknochen'; aber die Götter essen nicht mit – das tun sie allenfalls bei den Äthiopen am Rande der Welt –, sie haben Nektar und Ambrosia; sonst käme man ja auf aristophanische und lukianische Absurditäten. „Als die Götter und die sterblichen Menschen sich trennten", sagt Hesiod (Theog. 535), wurde das Opfer eingeführt. Dort sind die Unsterblichen, hier wird Sterben zelebriert, indem das Schlachten und Blutvergießen nicht etwa außerhalb, sondern im Zentrum dieses Kreises stattfindet; doch das Feuer ‚reinigt' und vernichtet dann die blutigen Reste, es bleibt das lebensbejahende Mahl.

Uns scheint dies nicht sehr fromm zu sein. Und doch ist die griechische Kultur in besonderem Maße eine ‚Tempelkultur'. Dieser griechische Tempel freilich ist nicht Wirtschaftszentrum und Priesterwohnung, er ist nur Objekt staatlichen Wirtschaftens; selbst übers Gold der Götterstatuen kann der Staat verfügen. Die Opfer werden von der jeweiligen Gemeinschaft – Polis, Phratrie oder Familie, Handwerkerzunft, Kaufmannsgilde oder sonstige Vereine – von Fall zu Fall veranstaltet. Der Tempel ist als Fassade gebaut, nicht als Innenraum; der Säulenumgang lädt ein, den Tempel zu umwandeln, mit wechselndem Ausblick auf Stadt, Land und Meer: nicht aus der Welt führt diese Religion, aber sie setzt ein Zentrum und eine Ordnung – ‚Themis' – in dieser Welt, bietet einen Standpunkt, Orientierung. Die Götter freuen sich über die ihnen aufgestellten ‚Prunkstücke', *Agalmata*, aber sie fordern wenig, denn sie brauchen im Grunde nichts; sie *sind*, und es ist gut, daß sie sind.

Unter den griechischen Schriftstellern hat eigentlich nur einer einigermaßen ausführlich über sein religiöses Erleben im Zusammenhang mit tatsächlich praktiziertem Kult gesprochen, Plutarch, der delphische Priester; soviel der gelehrte Mann an philosophischer Allegorese und Dämonenglauben einfließen läßt, den Eindruck einer Krise seiner Religion erweckt er, um 100 n. Chr., keineswegs. Er stammte allerdings aus einer griechischen Kleinstadt, Chaironeia. In den anonymen Massen einer Großstadt mußte die Opfergemeinschaft zur Farce werden: Riesenaltäre, Massenabfütterung als zweifelhaftes Geschenk splendider Tyrannen. In den Großstädten hat das Christentum sich dann zuerst verbreitet. Allerdings hat gerade das Christentum das Opfer nicht abgeschafft, vielmehr eine symbolische, wirtschaftlich bedeutungslose Mahlgemeinschaft zum wichtigsten Sakrament erhoben, begleitet von einer spiritualisierten Theologie, in der Opfermahl und Sühnopfer merkwürdig verschlungen sind. Heute versuchen die Theologen verschiedener Konfessionen, sich davon zu emanzipieren. Überhaupt ist festzustellen, daß die archaischen Formen der Religion eben in unserer Generation ihr Ende gefunden haben oder finden. Der Religionshistoriker kann dies mit einer gewissen Gelassenheit aussprechen; denn daß die gegenwärtige Gesellschaft ohne Religion keine Zukunft hat, daß sie in dieser Form höchstens noch eine oder zwei Generationen fortbestehen kann, ist heutzutage keine religiös-eschatologische, sondern eine durch und durch rationale Aussage.

Summary

Sacrificial ritual may be as old as mankind, but there are distinct types, which can be traced to different human or even pre-human situations of anxiety: the slaughter-sacrifice followed by a meal perpetuates the needs of paleolithic hunting; the expulsion of a scapegoat fits the situation of a group surrounded by predators; the offering of first-fruits neutralizes greed and jealousy within the group at the moment of success. More rational is the offering of votive gifts. Libation seems to be partly an offering, partly a relic of marking a territory. In Sumerian-Babylonian civilization, food-offerings to the temple form the basis of a large-scale redistribution system. With Hittites and Mycenaeans, rôles and ranges of a monarchic superstructure are demonstrated by libation ceremonies. Later Greek religion centers on a sacrificial feast accompanied by burning bones on an altar; this is close to Western Semitic practice, and historical interrelations are traceable via Cyprus and 'Late Hittites' in the dark ages. This ritual of killing and eating, constituting group solidarity among participating equals, forms a model of the society of a Greek *polis*; with the evolution of large cities, it lost its function and its meaning.

DIE WEST-ÖSTLICHE TRANSZENDENZ- UND IMMANENZFRAGE UND DIE RELIGIÖSE KRISE DER GEGENWART

Von Cyrill von Korvin-Krasinski, OSB

Die Aufgabe der wissenschaftlichen Erschließung der Religionen besteht nicht nur in der Erforschung einzelner religiöser Systeme der Vergangenheit, sondern auch in der Erschließung ihrer Gestalt und ihres Wandels in der Gegenwart. Diese Gestalt und dieser Wandel sind das Ergebnis sowohl einer eigenen inneren Entwicklung der jeweiligen Systeme als auch ihrer gegenseitigen Beeinflussung im Laufe der Geschichte.

Bei der immer intensiveren Begegnung der asiatischen und westlichen Kulturen und Religionen fallen vor allem die mannigfaltigen Gegensätze der Mentalitäten und religiösen Haltungen auf. Je weiter wir jedoch in die Vergangenheit unseres abendländischen Kulturkreises zurückgreifen, desto mehr Elemente finden wir in seiner religiösen und kulturellen Substanz, die uns sogar dem fernöstlichen Kulturraum nicht nur irgendwie verwandt erscheinen lassen, sondern auch eine ursprüngliche Gemeinsamkeit deutlich machen. Es zeigt sich dann, daß die heute so stark empfundenen Kontraste zum Teil dadurch enstanden sind, daß sich im Laufe der langen Geschichte Hauptakzente verschoben haben und daß die gemeinsamen Erfahrungen und Vorstellungen in den auseinanderwachsenden Systemen verschiedene Bedeutung gewonnen haben. So geschah es, daß heute ähnliche Bezeichnungen im Osten und Westen andere Realitäten darstellen und andere

Vorstellungen wecken. Die Besinnung auf die Elemente des Gemeinsamen und der Blick auf die zurückgelegte geschichtliche Entwicklung sind daher die dringend notwendige Voraussetzung eines fruchtbaren Dialoges. Aus diesem Grunde wollen wir zunächst auf die verschiedene Bedeutung hinweisen, die die für uns scheinbar so eindeutigen Begriffe des Geistes und der Materie in der westlichen und östlichen Extremität des eurasischen Kontinents erhalten haben. Diese Begriffe stellen zugleich die geeignete Grundlage dar, von der aus sich die Transzendenz bzw. Immanenz des Gottesbegriffes und die jeweilige Rolle, die diesen Theoremen in Ost und West zukommt, am besten zeigen läßt. Wir gewinnen so einen unmittelbaren Zugang zum Thema dieses Beitrages. Denn die Vorstellung, die sich der Mensch vom Geist und von der Materie macht, kann für die Ausprägung eines einseitig transzendenten oder immanenten Gottesbegriffes nicht ohne Bedeutung sein. Der Grund für die divergierende Entwicklung der Vorstellungen von der geistigen und materiellen Welt im Westen und im Osten liegt im jeweiligen Anteil, den zwei verschiedene, aber allgemein menschliche Denkweisen an Entstehen und Erarbeitung dieser voneinander abweichenden Vorstellungen haben. Die eine Denkweise zieht das diskursiv-begriffliche Denken in eindeutigen, eng umgrenzten, abstrakten Denkbildern vor, die andere wird dagegen charakterisiert durch intuitiv-symbolische, vieldeutige und ganzheitliche Bilder, die nur jeweils analog auf den verschiedenen Seinsstufen angewandt werden dürfen. Nach Henri Bergson charakterisiert die erste das technische Denken des modernen *homo faber*, die zweite dagegen das mystische Denken des archaischen *homo sapiens*. Beide Denkweisen stellen zwei verschiedene Arten der einen und selben menschlichen Erkenntnis dar. Beide sind als solche zu Hause im Osten wie im Westen. Nur die Gradunterschiede in ihrer Anwendung und die ererbte Neigung zur Bevorzugung der einen oder der anderen sind die Ursache dafür, daß man gewöhnlich das östliche und das fernöstliche Denken als intuitiv und symbolisch bezeichnet, das westliche dagegen als diskursiv und begrifflich.

Die Anwendung der „westlichen" diskursiv-begrifflichen Denkweise auf die präzise Ausarbeitung unserer abendländischen Vorstellungen von der Beschaffenheit der materiellen und der geistigen Welt haben zu der seit der klassischen Antike bekannten Lehre von Potenz und Akt geführt. Der Stoff als solcher, der metaphysische Urstoff, das „materielle Prinzip", empfängt danach – jeder eigenen Bestimmtheit bar – seine konkreten Qualitäten erst von der ihn aktuierenden Form. Er ist reine Potenz. Die immaterielle Form hingegen, das „geistige Prinzip", übermittelt der von ihr aktuierten Materie erst das Sein, das hier als reiner Akt vorgestellt wird. Der Dualismus von Geist und Stoff spitzte sich nach dieser Lehre zu den theoretisch erdachten Grenzfällen von Gott als reinem Akt und als der Fülle des Seins, der jedes Seiende über eine geschöpfliche Form aktuiert, ohne sich mit dem Aktuierten zu identifizieren, und von der Materie als reiner Potenz zu, die zu ihrer Existenz und jeder konkreten Bestimmtheit eines ihr entsprechenden geschöpflichen Aktes bedarf. Mag sich heute ein philosophierender Wissenschaftler noch so wenig zu diesem aristotelischen Theorem bekennen, die aus ihm entwickelten Vorstellungen und Konsequenzen beherrschen weitgehend – auch gegen unseren Willen und unsere Absichten – die Sprache und das Denken jedes mehr oder weniger gebildeten Abendländers und beeinflussen dadurch unsere weltanschaulichen und religiösen Vorstellungen in viel höherem Grade, als wir uns dessen bewußt sind.

Die Anwendung der fernöstlich intuitiv-symbolischen Denkweise dagegen hat bei der spekulativen Klärung der Probleme des metaphysischen Dualismus am entgegengesetzten

Rande des eurasischen Kontinents zu ganz anders gearteten Lösungen geführt. Interessant ist es jedenfalls dabei festzustellen, daß sich eine wiederum dualistische spekulative Problemstellung parallel und wohl unabhängig von der begrifflichen westlichen auch im symbolischen Fernen Osten entwickelt hat. Der chinesische Taoismus spricht nämlich nicht abstrakt von Geist und Materie, sondern bildhaft-symbolisch von Himmel und Erde als von zwei polaren Größen, die sich – als sozusagen ‚ebenbürtiger Partner' – ganzheitlich ergänzend gegenüberstehen. Die ihnen zugrundeliegenden letzten zwei metaphysischen Seinsprinzipien (Yang und Yin) manifestieren sich weiter in einer endlosen Reihe von analogen polaren Gebilden wie Vater und Mutter, Mann und Frau, Tag und Nacht, Sonne und Mond, Licht und Dunkel, Oben und Unten. Von diesen ist jedes Symbol gleich wertvoll und positiv, ja letztlich gleich „göttlich", wie sein Gegenpol. Spricht man also von Manifestationen eines alles durchdringenden göttlichen Urgrundes in der Schöpfung, so ist dort die Erde gleich göttlich wie der Himmel, das Dunkel gleich göttlich wie das Licht und so weiter. Den abendländischen Verfechtern des Primates des Geistes der Materie gegenüber könnte man dementsprechend entgegnen, daß wir wohl vergeblich spezifisch geistige Werte in der Materie suchen würden, aber auch, daß sich die ‚totale' Fülle des Seins auf eine ganz andere, spezifische Weise in den materiellen Geschöpfen manifestiert als in den geistigen. Mögen geistige Manifestationen uns Gott noch so nahe erahnen lassen, sie werden uns nie jene anders gearteten Intuitionen des Göttlichen erleben lassen, die bescheidene materielle Geschöpfe unter bestimmten Umständen in uns erwecken. Nach dem aristotelisch-scholastischen Dualismus werden „höhere" – wie man sagt –, d. h. immaterielle Manifestationen der geistigen Welt wohl auch in den materiellen Geschöpfen festgestellt, sie werden jedoch dank der obengenannten Akt- und Potenztheorie ausschließlich der immateriellen Form zugeschrieben, und die Materie wird letztlich zu einem qualitätslosen Träger jener Werte erklärt. Diese Vorstellung ist heute weniger aktuell auf dem Gebiet der Naturwissenschaften, wo die Materie längst ihre Eigenständigkeit gegenüber ihrem geistigen Partner zurückerobert hat; in der Begegnung der christlichen Konfessionen mit den Hochreligionen des Ostens jedoch ist sie von weittragender Bedeutung. Beruht doch unsere westliche „Krise der Religion“ nicht zum geringsten Teil auf dem Schwinden des religiösen Erlebens, und dieses wiederum auf einer antinomistischen Aufspaltung von Geist und Materie, die schließlich zu ihrem völligen Auseinanderbrechen geführt hat. Die Wurzeln für diese Entwicklung liegen weit zurück. Die religionsgeschichtliche und geopolitische Lage des Abendlandes machte es in den Zeiten der klassischen Antike notwendig, sich in weiten Gebieten des Mittelmeeres mit den fremden Formen des vorindogermanischen Kultes der Magna Mater bzw. anderer mutterrechtlicher Religionen auseinanderzusetzen. Die zunächst politische Intransigenz des catonischen *Carthaginem esse delendam* lebt – religiös motiviert – weiter in den apologetischen Schriften christlicher Kirchenväter, die in den orgiastischen Kulten hellenistischer Religionen eine dämonische Nachäffung christlicher sakramentaler Riten gesehen haben. Für die alte *Virtus Romana* wie für jeden Christen stellten ja die Orgien matriarchalischer Kulte im besten Falle eine Degeneration früherer archaischer Formen der damals noch wenig erforschten „Religionen der Patriarchenzeit“ dar. Die neuesten, wohl sensationellen Funde eines James Mellaart im Anatolien des 6. (Haçilar) und 7. (Çatal Hüyük) Jahrtausends zeigen jedoch, daß der Kult einer göttlichen „Erdmutter“ (wie man sie schon so nennen darf) gute fünftausend Jahre vor der Kybele in keiner Weile als orgiastisch bezeichnet werden kann. Die göttliche Frau erscheint wenigstens dort ausschließlich als die stillende Mutter, die Gebärerin und Ernährerin, noch nicht als Liebesgöttin und Partnerin des Mannes.[1] Es ist nun selbstverständlich, daß weder die alten mediterranen, mutterrechtlichen Kulturen noch die Antike und das Christentum den taoistischen Dualismus mit seinem eigenartigen System göttlicher Symbole gekannt haben. Die Gemeinsamkeit beruht vielmehr auf einer viel älteren Wurzel, welche die genannten anatolischen und andere zentralasiatische Funde ans Licht gebracht haben. Die ganze Antike hindurch waren die östlichen Symbole auch im Abendland bekannt, doch ordnete man sie nicht paarweise einander zu. Das junge Christentum verwarf zwar gleicherweise den lichten Götterhimmel des Olymps wie die – ihm noch gefährlicher erscheinenden – chthonischen Gottheiten. Es übernahm jedoch die dualistische Denkweise des Aristoteles und führte sie in der Scholastik zu höchster Entfaltung. Heute sind wir uns klar, daß von der biblischen Überlieferung her ein anderer Ansatz entsprechender gewesen wäre, der – bis in die Patriarchenzeit zurückreichend – den gemeinsamen Wurzeln des morgen- und abendländischen Denkens recht nahe gelegen hätte. Auf eine dieser Wurzeln verwies bereits in den vierziger Jahren Karl Meuli in seinem Buch ›Die griechischen Opferbräuche‹.[2] Er zeigt darin, daß die chthonischen Riten des griechischen Opferrituals mit jenen der asiatischen Hirten und sogar mit den Bräuchen der archaischen Jäger übereinstimmten. Das bedeutet also, daß vieles von dem, was die Antike und das Christentum als „chthonisch" und verwandt mit der Magna Mater empfunden hatten, mit den orgiastischen Kulten der

1 J. Mellaart: Excavation at Haçilar II. Edinburg 1970. Hrsg. vom 'British Institute of Archaeology at Ankara'. – J. Mellaart: Çatal Hüyük, Stadt aus der Steinzeit. Dt. 1967, S. 237 ff., 215 ff.

2 K. Meuli, Griechische Opferbräuche. In: Phyllobolia. Basel 1946, S. 185–288. Vgl. S. 261–265.

späteren Erdmutter ursprünglich nichts zu tun hatte, sondern in eine noch frühere Zeit zurückreicht. In dieser archaischen Zeit konnte daher in weiten Gebieten Eurasiens der irdisch-mütterliche Aspekte unserer menschlichen Existenz ebensogut als Manifestation des tragenden göttlichen Urgrundes erlebt werden wie die lichten Symbole der himmlisch-geistigen Sphäre der Schöpfung, wobei letztere aber – und das muß hervorgehoben werden – als väterlich und männlich empfunden wurde. Die Kenntnis, auch in der Antike, solcher polaren Gegensatzpaare – wie Himmel und Erde, Vater und Mutter – darf deswegen nicht nach den Kategorien eines späteren Matriarchats bemessen und beurteilt werden. Wir müssen jedenfalls zugeben, daß trotz der radikalen Überwindung der geschilderten Einseitigkeit des aristotelisch-scholastischen Dualismus durch die neuzeitlichen philosophischen Systeme die Mehrzahl der gebildeten Abendländer auch heute restlos davon überzeugt ist, daß die materielle Schöpfung uns zur Gotteserkenntnis nur unvollkommene Metaphern liefern kann, da Gott eben immateriell sei, und daß das echte Instrumentarium zur Erschließung des göttlichen Urgrundes jeglichen Seins sich ausschließlich in der Sphäre des Geistes befinde.

Weil nun einerseits diese rein geistige Sphäre mit ihren Abstraktionen und ihrem begrifflichen Instrumentarium dem Durchschnittsmenschen der Gegenwart fremd geworden ist, er es aber andererseits lebenslang mit materiellen Geschöpfen zu tun hat, welche nach der obigen Auffassung „wesentlich unfähig“ sind, ihm etwas Echtes und Unmittelbares über Gott auszusagen, kommt es konsequent zu einer Halbierung seines Seins- und Lebensbereiches, ja seiner selbst in eine „gottähnliche“ und eine „gottunähnliche“ Hälfte. Der einseitige Spiritualismus unserer religiösen Sprache samt ihren keineswegs ‚geoffenbarten‘ philosophischen Elementen und Vorstellungen hat zu einer allgemeinen Einengung und Entleerung der von den Mystikern noch erahnten und erfahrenen *einen* und ganzen göttlichen Seinsfülle geführt, zu einer Erfahrungsunfähigkeit dem Göttlichen gegenüber, welche den eigentlichen Grund unserer gegenwärtigen „Krise der Religion" ausmacht, die ja bezeichnenderweise das Wort vom „Tod Gottes" als Zeugnis dieser ihrer Nicht-Erfahrung des Göttlichen geprägt hat.

Auf einen Vergleich der abendländischen religiösen Krise mit dem Stand ihrer eigenen Religiosität hin angesprochen, äußerten sich öfter eminente Vertreter asiatischer Hochreligionen dem Schreiber dieser Zeilen gegenüber: bei ihnen sei das Erlebnis Gottes oder des göttlichen Urgrundes allzu stark in der ganzen materiellen Schöpfung verwurzelt, um von einer solchen universalen „Halbierung" der Seinsbereiche in einen abstrakten gottähnlichen und einen konkreten gottunähnlichen Teil ernstlich gefährdet zu werden. Der im Blitz und Donner sprechende Himmelsgott und Vater ist für sie gleich wahr und gleich metaphorisch wie die mit ihrer Brust ihr Kind stillende Mutter (die „alma Mater") – das menschlich-universale Symbol wahrhaft „göttlicher" Liebe. Sie wüßten sehr wohl, daß Gott keine materiellen, begrenzten Eigenschaften der körperlichen Dinge habe. Sie weigern sich jedoch, einseitig alles Materielle in bezug auf Gott als nurmetaphorisch abzustempeln. Ja, für sie sind auch unsere scheinbar ‚rein geistigen' Eigenschaften, auf Gott, den Unaussprechlichen und radikal Unendlichen (Unfaßbaren) angewandt, doch gleich metaphorisch wie die materiellen Symbole. Sie kennen und brauchen sie, um das Göttliche auszusagen, aber mit demselben kritischen *granum salis* wie die geschöpflich-materiellen Manifestationen ewiger Wahrheit, Lebens-Macht und Güte.

Von hier aus ließe sich vielleicht das heillose Mißverständnis ausräumen, das sich häufig aus der Anwendung unseres Personenbegriffes auf die östliche Gottesvorstellung ergibt.

Unsere ‚Person' in bezug auf Gott ist für den Asiaten eine Metapher, ebenso unzulänglich und anthropomorph wie jede andere als Aussage über das Wesen des Unaussagbaren. Für uns Abendländer ist mit dem Begriff der ‚Person' jener des ‚Individuums' oft leider allzu eng verknüpft, wenn nicht dilettantisch verwechselt, und eben diese individuelle Eingrenzung scheint dem östlichen Denken unzureichend als Wesensbestimmung des grenzenlosen Seins. Jeder, der mit der Entwicklungsgeschichte des erst in den trinitarischen Streitigkeiten zu einer subsistierenden Beziehungsrelation vervollkommneten abendländischen Persona-Begriffs vertraut ist, weiß, wie schwierig hier der Vergleich des antiken mit dem östlichen Denken ist, das – wie übrigens auch das biblische – diesen Begriff nicht entwickelt hat. Die moderne Theologie ist sich dieser Tatsache neu bewußt und hütet sich vor einer Überschätzung unseres Personenbegriffs. Wenn man die Sprache der asiatischen Mystik recht zu hören imstande ist (z. B. die der indischen Bakhti-Mystik), wird man ihr oft den personalen Charakter – auch im Sinne der abendländischen Theologie – nicht abzusprechen vermögen.

Zum Schluß kehren wir noch kurz zu dem anfangs formulierten Problem der göttlichen Immanenz bzw. Transzendenz zurück: Bei aller Gemeinsamkeit ursprünglicher religiöser Erfahrung hüben und drüben bleibt es also nichtsdestoweniger wahr, daß im Westen und im Osten die Hauptakzente im jeweiligen Gottesbegriff anders gesetzt werden: Der rein geistige Himmelsgott neigt in unseren Vorstellungen zur einseitigen Transzendenz, der kosmische, in den Geschöpfen sich manifestierende Gott zur einseitigen Immanenz. Die christlichen wie die nichtchristlichen Mystiker entweichen durch die Empirie ihrer persönlichen Gotteserfahrung dem exklusiven Entweder-Oder dieser Skylla und Charybdis oberflächlicher Religionstheorie. Die asiatischen Mystiker, die den „kosmischen Gott" so spontan erleben, scheuen sich ja gleich wenig wie die christlichen, den Unaussprechlichen und jede geschöpfliche Kategorie radikal transzendierenden göttlichen Urgrund hervorzuheben. Und es hilft ihnen dabei der Begriff und die Erfahrung des „Selbst", das von der westlichen Tiefenpsychologie aufgegriffen worden ist, das jedoch in Asien zu Hause ist. Es wird dem „Ich" gegenübergestellt, das als bewußtes Subjekt unseres Denkens rein geistiger Natur ist. Das „Selbst" dagegen bezieht der Asiate auf sein ganzes Mensch-sein, wir würden sagen auf seine „pneumato-psychosomatische" Ganzheit. Erst wenn der Mensch dieses keineswegs exklusiv geistige Selbst ganzheitlich – d. h. sein Ich und sein Es, sein Denken, Atmen, ja sein Knochenmark durchdringend – erfahren und erlebt hat, kann er mit dem „Großen Selbst", mit dem absoluten Urgrund allen Seins, in Berührung kommen. Die Satori-Erleuchtung des Zen-Buddhismus ist deswegen unaussprechlich und in Worten nicht zu schildern, weil sie eben nicht nur den Geist, sondern Geist, Seele und Leib ergreift. Sie kann daher durch andere an bestimmten Merkmalen äußerlich festgestellt werden.[3] Nach dem Urteil religiöser Asiaten besteht die anthropologische Ursache der heutigen Krise der Religion letztlich in dem Umstand, daß der ausschließlich Ich-bezogene, rational denkende Mensch den habituellen Kontakt mit seinem eigenen Selbst verloren und dadurch die Nabelschnur, die ihn mit dem absoluten Selbst Gottes verbindet, durchschnitten hat. In diesem unserem Selbst – in dieser Ganzheit – berühren sich aber das Jenseitige und das Diesseitige, das Transzendente und das Immanente, das Göttliche und das Weltliche im Menschen. Solche Zusammenhänge aufzuhellen, scheint mir u. a. die Aufgabe derer zu sein, deren Lebensaufgabe es ist, die Vergangenheit, die

[3] G. Schüttler, Die Erleuchtung im Zen-Buddhismus. Gespräche mit Zen-Meistern und psychopathologische Analyse. 1974.

Gegenwart und die Zukunft der Religionen auf unserem Globus zu erforschen und zu erschließen.[4]

Der enge Rahmen dieser Veröffentlichung erlaubt uns nicht – konkreter als dies hier geschah – auf den aktuellen Gegenwartsbezug der hier geschilderten geistigen Wurzel der heutigen „Krise der Religionen" einzugehen. Die Aktualität dieser Problematik besteht – kurz skizziert – vor allem darin, daß die Kenntnis der nichtchristlichen Weltreligionen kein Privileg mehr einer kleinen Gruppe von Spezialgelehrten ist; ausgezeichnete Übersetzungen der Textquellen und eine stets wachsende Zahl von Veröffentlichungen werden breiten Schichten der Öffentlichkeit vorgelegt. Die verkehrstechnische Bewältigung interkontinentaler Entfernungen und die Massenmedien ermöglichen auf Schritt und Tritt persönliche Kontakte, und die wirtschaftliche Entwicklung erzwingt einen immer intensiveren Austausch von Menschen und den Früchten ihrer Arbeit. Die daraus resultierende Beeinflussung durch Ideen, Vorstellungen und religiösen Haltungen, die uns gestern noch völlig fremd gewesen sind, erreicht oft schneller den „Mann auf der Straße", als die vergleichende Religions- und Kulturwissenschaft imstande ist, diese weltweite Beeinflussung im Detail zu registrieren und in die ihren Disziplinen eigenen Kategorien befriedigend zu integrieren. Die tiefsten und unerwartetsten Wandlungen vollziehen sich zunächst oft unbemerkt. Das theoretische Instrumentarium der Bewältigung des Neuen scheint sich im Jargon der Gelehrten wie der Sprechweise des Alltags kaum geändert zu haben. Man sieht zwar neue Horizonte, aber durch die

[4] Vgl. C. v. Korvin-Krasinski, Himmel und Erde als Manifestationen des göttlichen Urgrundes in der ältesten Mittelmeerkultur. In: Symbolon, Jahrbuch für Symbolforschung N. F. Bd. 2. 1975. – Ders., Rehabilitation der Materie I. und II. In: Perspektiven der Zukunft 1971, H. 3 und 4. – Ders., Der Gott des Himmels und die „Ruah Gottes" I. und II. In: Perspektiven der Zukunft 1973, H. 5 ff.

altbewährte traditionelle Brille. Dasselbe gilt auch für die andere – anders bebrillte – Seite. – So kann es geschehen, daß manche Leser das Anliegen dieses Beitrages für eine Auffrischung der „alten“ und daher kaum aktuellen Transzendenzfrage Gottes zu registrieren bereit sind. Wer jedoch den Wandel in der religiösen Haltung des heutigen Menschen von der Nähe des Alltags beobachtet und diesen Wandel selbst mitmacht, wird entdecken, daß die Aktualität weltanschaulicher wie religiöser Auseinandersetzungen sich heute auf die Immanenzfrage Gottes – oder des ‚göttlichen Urgrundes der Schöpfung‘ – verlagert hat. Sie bleibt nicht selten uns selbst verborgen, weil sich die heutigen Menschen in ganz anderen, wenig schulmäßigen Termini auszudrücken pflegen. Man spricht ja von der „Öffnung zur Welt“, von der weltfremden abstrakten Redeweise einer rein spirituell orientierten Theologie; man bedauert das Auslöschen des letzten mystischen Funkens in der Seele der Gläubigen und vermerkt die Unfähigkeit der Erfahrung dem Göttlichen gegenüber, die das kritische Wort vom „Tod Gottes“ innerhalb der Kirchen selbst ausgelöst hat. Wer die Hauptgedanken dieses Aufsatzes aufmerksam verfolgt, wird zugeben müssen, daß die ‚Schuld‘ an dieser religiösen Krise u. a. der einseitige Spiritualismus unserer Sprache und unserer spekulativen Vorstellungen trägt, der – wie oben schon gesagt wurde – die Halbierung unseres ganzen Seins- und Lebensbereiches in eine „gottähnliche“, d. h. geistige, und eine „gottunähnliche“, d. h. materielle, Hälfte zur Folge hatte. Weil jedoch unser innerstes Selbst, in dem wir das „Göttliche“ erfahren, ein leibgeistiger Mikrokosmos ist, stirbt an dieser willkürlichen Halbierung der „lebendige Gott“, der stets transzendent *und* immanent ist, und der der Gott des Himmels und der Erde und der Menschen ist.

Summary

The solution of the problem of the divine transcendence and immanence has an internal relation to the idea we have from the Spirit and the Matter. The Occidental thinking, discursive and conceptual, inclined to abstraction and univocity, is characterized through the aristotelic theory of Act and Potentiality where the Act corresponds to the fulness of the infinite Being, immaterial and divine; and the pure Potentiality is the "First Matter" *("Materia prima")*, deprived of any determination and quality which are impressed to it exclusively through its actual form and realized through the act of the existence.

Every splendour of the Divine in a material creature is caused – according to this theory – exclusively through the act of the correspondent form; within itself is the Matter – as pure opacity – essentially untransparent and closed to every intuition of the Divine. – The Oriental thinking – inclusive the Far East – is on the contrary intuitive and symbolic, inclined to metaphor and analogy, and it developped in the Far East a dualist symbolism where the ideas of Heaven and Earth (Yang and Yin), Father and Mother, Day and Night, Sun and Moon etc., form series fitting together in reciprocity, one of them equally divine as the other. This system has not the "Canonic" aversion against the Matriarchy due to the specific religious and historic contingences of the Mediterranean Antiquity.

The actual crisis of the Religion of Nations practically developped under the influence of the occidental *Homo faber* is, according to the opinion of qualified representatives of Asia and Africa, a logical and existencial consequence of the occidental scission between Spirit and Matter – of purely speculative provenience – and also results from the incapacity of the Matter to express in its congenial manner a creatural manifestation of the increated God. This scission caused the degeneration of the religious experience and generated the theologoumenon of the "Death of God". The contemporary crisis of Religion can be understood and solved only under the condition to conceive the thought of Man as equally discursive and intuitive, conceptual and symbolic, and to accept that the "Living God" remains – inspite of our systems and speculations – transcendent *and* immanent, a God of Heaven, of Earth and of Man.

DER BISMARCK-KULT

Ein Umriß

Von Hans-Walter Hedinger

Noch heute erheben sich an vielen Stellen in der Bundesrepublik Deutschland Bismarck-Denkmäler und Bismarck-Türme. Sie fanden sich früher, wenn auch ungleich verteilt, im ganzen Gebiet des alten Deutschen Reiches von 1871, und sie sind nur die hervorstechendsten Zeugnisse einer intensiven Verehrung seines Gründers.[1] Die ersten Ehrungen, noch durch Einzelpersonen, datieren schon vom Ende der

[1] Lit. zur Bismarck[= B.]-Verehrung: A. Mennell/Br. Garlepp, B.-Denkmal für das deutsche Volk. 1898 [= BD]. – Das B.-Museum .... Hrsg. von A. de Grousilliers. 1899 [= BM]. – B.-Bund (Zeitschrift), 1902 ff. [= BB]. – M. Ehrhardt, B. im Denkmal ... I. 1903 [= Eh]. – B.-Liederbuch. Hrsg. von Fr. Schäfer. 1904, 1908 [= BL].

Bibliographien: A. Singer, 1912². – W. Hertel (Hrsg. K. E. Born) 1966.

Allg. Lit.: Th. Schieder, K. E. Born. In: Hdb. der deutschen Gesch. 3. 1970⁹ (Hrsg. von Br. Gebhardt, H. Grundmann). – H. Herzfeld [Lit.-bericht]. In: Gesch. in Wiss. und Unterricht H. 3/1973.

Untersuchungen: E. Zechlin. In: Die Zeit, 2. 4. 1965. – H.-G. Zmarzlik, Das B.-Bild der Deutschen. 1967. – Th. Nipperdey. In: Histor. Zeitschr. 206 (1968). – Probleme der Reichsgründungszeit 1848–1879. Hrsg. von H. Böhme. 1968. – E. Wittenberg, Gesch. und Tradition von 1918–1933 im B.-Bild ... Lund 1969. – Das B.-Problem ... nach 1945. Hrsg. von L. Gall. 1971. – W. Pöls. In: Jb. für die Gesch. Mittel- und Ostdeutschlands 20 (1971). – M. Stürmer. In: Beilage 'Das Parlament', B 3/1971. – Revision des B.-Bildes. Hrsg. von H. Hallmann. 1972. – V. Plagemann. In: Denkmäler im 19. Jahrhundert. 1972. – R. Schridde, Zum B.-Bild im Gesch.-unterricht. 1974. – P.-A. Gröppel. Als: Beiheft zu e. Diareihe b. Inst. f. Film u. Bild ... (FWU). Grünwald b. München (in Vorb.).

60er Jahre; sie ziehen sich dann durch die ganze Kanzlerzeit Bismarcks, erreichen aber erst wenige Jahre nach seiner Entlassung 1890 eine ungewöhnliche Verbreitung, bis der 1. Weltkrieg einen Einschnitt markiert.

Eine knappe *Übersicht* muß hier genügen. Fast 450 Ehrenbürgerschaften,[2] zum 80. Geburtstag rund eine halbe Million Glückwünsche, in den letzten Lebensjahren Huldigungen aller Art. Nur raten läßt sich die Zahl der Bismarck-Straßen und -Plätze, Bismarck-Schulen, der Festreden und literarischen Erzeugnisse aller Art, der Bismarck-Bilder, -Medaillen, -Postkarten usw. Auch eine Fülle von Gebrauchsgütern[3] trägt seinen Namen. Am markantesten sind die rund 700 geplanten, davon rund 500 verwirklichten *Bismarck-Monumente* aller Art, von Tafeln und Gedenksteinen – oft zusätzlich mit einer Bismarck-Eiche – über herkömmliche Figurendenkmäler bis zum neuartigen Typ der Bismarck-Säulen, -Türme, -Warten.[4]

Träger dieser Bismarck-Denkmal-Bewegung – auch das läßt sich hier nur andeuten – sind vor allem örtliche *Bismarck-Vereine;* rund 300 (mit vielleicht 30 000 Mitgliedern) sind namentlich bekannt. Der Versuch ihrer Zusammenfassung durch einen „Deutschen Bismarck-Bund"[5] dringt nicht durch. Vertreten ist in diesen Vereinen vor allem das höhere Bürgertum: Akademiker, höhere Verwaltungsbeamte, Unternehmer und Kaufleute, daneben auch mittlere Angestellte und Beamte, Einzelhändler, Handwerker; dagegen fehlen sowohl bäuerliche Bevölkerung als auch Arbeiter fast ganz. Unterstützung kommt von Landschaftsvereinen und „vaterländischen" Verbänden aller Art, vielfach, aber unregelmäßig, auch von öffentlichen Instanzen. Starker Motor ist die deutsche

[2] BM, S. 190/191.

[3] Z. B. Hamburger Nachrichten (= H. N.), 25. 3. 1890 [S. 3, Spalte 5].

[4] Ein ›Verzeichnis der B.-Ehrungen‹ wird durch den Vf. vorbereitet.

[5] Sein Organ: BB 1 ff. (1902 ff.).

Studentenschaft, die 1898 den Bau der Bismarck-Feuersäulen anregt.[6] Nicht selten errichten Privatleute auf ihrem Besitz sozusagen „Eigendenkmäler". Mit unterschiedlichen Sammeltechniken kommen – ohne die Schenkungen an den lebenden Bismarck – für Denkmäler um 14 Millionen Mark zusammen (nach heutigem Geldwert, in einer allerdings nicht unproblematischen Umrechnung, eine Größenordnung von 250 Millionen DM). Genügen muß hier der Hinweis, daß in einer Zeit der Stilwende vom Historismus zu neuerer Architektur und Plastik Künstler beider Tendenzen zum Zuge kommen.[7]

Damit ist schon der – nicht ganz einheitliche – Kreis der hier herangezogenen *Quellen* angedeutet; die künstlerischen und feiergestaltenden bis trivialen Äußerungen wurden bisher mehr beachtet als die rational stärker gefilterten von Wissenschaft und Publizistik.

Von einem Bismarck-Kultus sprechen – zustimmend oder kritisch – schon Zeitgenossen. Seine *wissenschaftliche Erfassung* bereitete dennoch bisher Schwierigkeiten. Für Religionswissenschaftler und Theologen – wenn sie überhaupt den Bismarck-Kult zu ihrem Gegenstandsfeld zählten – lag der Begriff „Religionsersatz" nahe. Historiker, von denen manche Beiträge stammen, neigten nicht selten dazu, hier entweder politisch gefährliche Heldenverehrung oder, in der einseitigen Stilisierung von Bismarck-Bild und -Kult, ein Zurückbleiben hinter den Regeln historischer Erkenntnis zu sehen. In keinem dieser Fälle erleichterte man sich die Aufgabe, das Phänomen in seiner Eigenart zu erfassen. Ihr näherzukommen, soll im folgenden vorerst durch eine Kom-

6 30 Entwürfe ... zu den B.-Säulen ... 1899 (Hrsg. v. Ausschuß d. dt. Studentenschaft).

7 Die Schätzungen der letzten beiden Absätze nach: BB, BD, BM, BL, Eh u. a., dazu B.-Archiv Friedrichsruh u. a.; ausführlicher Aufsatz des Vf. in der Zeitschr. ›Saeculum‹ (in Vorb.); hier auch die entsprechende religionswiss. Lit.

bination historischer und religionswissenschaftlicher Sichtweisen versucht werden. Dies übrigens bei einem Thema, bei dem sich ja Methoden und Kategorien einer Vielzahl von Disziplinen problemreich verknoten. Es gilt, in ein trotz geringem zeitlichen Abstand vielfach fremd gewordenes Staats- und Lebensgefühl einzudringen. Dabei geht es vor allem um die „Struktur" des voll ausgebildeten Phänomens und nicht sosehr um seine „Genesis". Ziel ist eine durch empirische Arbeit rekonstruierte (weil nirgends ausformulierte) „Dogmatik" des Bismarck-Glaubens und -Kultes. Der Terminus „Kult" wird hier wertneutral verwendet. Das Ergebnis kann allerdings nur realtypischer [8] Art sein: nicht alle Aspekte und Stufen dieser „Dogmatik" werden bei allen Bismarck-Verehrern anzutreffen sein.

Als eine erste „Schicht" läßt sich in den Zeugnissen die Hochschätzung des Individuums Bismarck erkennen, an der gegenüber anderer *Personenverehrung* allerdings Quantität und Intensität bemerkenswert sind. Die Verehrung gilt ihm für seine politische Gesamtleistung, voran, wenn auch nicht allein, für die Reichsgründung, und verstärkt sich angesichts der Konsequenz und Schnelligkeit dieses Geschehens (dies, wie durchgehend, die Sicht der Mitlebenden). Die Verehrung gilt aber auch der facettenreichen und faszinierenden Persönlichkeit Bismarcks selbst, seiner Sprachkunst und seinem eisernen Tatmenschentum, dem der koloßhafte Körper entspricht.

Auf einer nächsten Stufe wird Bismarck nicht als *ein* Großer, *ein* Genie neben anderen, vielmehr als *der Größte* empfunden: der Nationalheld, „Deutschlands größter Sohn",[9] der „beste Mann der Zeit",[10] wie Paul Heyse ihn nennt,

[8] H.-W. Hedinger, Subjektivität und Geschichtswissenschaft 1969, § 50, s. a. §§ 33/35; ders., in der Zeitschr. ›Conceptus‹ (in Vorb.).

[9] (Wie vielfach: Beispiel) BB 4/1910 (Elberfeld).

[10] BL, Nr. 37.

„der vollendetste Staatsmann aller Zeiten",[11] der „Einzig-eine",[12] „Bismarck der Große",[13] „Bismarck über alles"[14].

Wir fragen nach Motivation und Intention dieser Bismarck-Verehrung. Eine erste *These* lautet: sie dient der *Verschleierung der sozialen Gegensätze,* der Aufrechterhaltung des bestehenden sozialen Herrschaftsgefüges. Es wird nachher ein begrenztes Recht dieser These anzumerken sein; hier ist zu sagen: im Selbstverständnis der Bismarck-Verehrer war dies nicht das zentrale Ziel. Die Sozialdemokratie hätte sonst konsequenterweise den Hauptgegner abgeben müssen. Tatsächlich werden aber Zentrum und Ultramontanismus lange Zeit mit mindestens gleicher Heftigkeit bekämpft; nicht anders – mit Unterstützung des Ostmarkenvereins – die Polen, auch Welfen und andere. Es geht den „Bismärckern" primär nicht um eine soziale, sondern um eine nationale Problematik.

Trifft dann eine zweite *These* zu: Bismarck-Verehrung als Ausdruck und Verstärkung von *nationalistischer Überheblichkeit,* von Militarismus und Imperialismus? Auch dies ist nicht einfach falsch: es gibt Stimmen von der Aufgabe, vom Siegeslauf der Deutschen in der Welt. Bei den Alldeutschen[15] etwa treten sie kräftiger hervor, aber sie herrschen nicht unter den Bismarck-Verehrern insgesamt.

Zunächst: bei ihnen dominiert zwar das Bild vom „Eisernen Kanzler", aber die Hochschätzung seiner Besonnenheit ist weithin anzutreffen: „weises Erwägen, schlagende Tat".[16] Bismarck war „Realpolitiker", nicht „Brutalpolitiker" wie Napoleon I. oder Joseph Chamberlain.[17] Erst im 1. Welt-

11 Hamburger Fremdenblatt, 31. 3. 1915, Nr. 90 B.

12 BL, Nr. 2 (E. Schwetschke), Nr. 23.

13 BD, Suppl., 62 – BM, 1.

14 BL, Nr. 27 (G. Doehler).

15 L. Freisel, Das B.-Bild der Alldeutschen. Diss. Würzburg 1964.

16 E. v. Wildenbruch (1898). In: Ausgew. Werke I (1919), S. 39/41.

17 BB 4/1903, S. 5/6.

krieg werden diese maßvollen Züge schwächer. Vor allem: es gilt, hinter Formen, die man heute als Bombast empfinden mag, zurückzufragen. Leidenschaftlich erstrebtes höchstes Ziel war im 19. Jahrhundert die nationalstaatliche Einigung Deutschlands. Dies kostbarste Gut schuf Bismarck; dafür gilt ihm die überströmende *Dankbarkeit.* Vorher war „Aschenbrödel Germania“ [18] der Feinde Spott. Jetzt genießt Deutschland hohes Ansehen in der Welt, das ihm „Baldur der Lichtspender“,[19] der „deutsche Messias“ [20] errang. Psychologisch gesprochen, machen sich hier die Nachwirkungen tiefer Minderwertigkeitsgefühle Luft, wie sie schon im Deutschland-Lied von 1841 mitklingen. So werden auch Bismarck-Denkmäler schmachtilgend auf die Stätten einstiger Niederlagen gesetzt: Saalfeld, Jena, Ratekau. Soteriologisch gesprochen gilt die Verehrung dem Erlöser Deutschlands und der Deutschen aus dem Unheilszustand nationaler Zerspaltenheit.

Verstärkt wird die dankbare Verehrung durch mehrere Umstände. 1. Die politische Einheit erstand nach langen vergeblichen Versuchen, „als niemand mehr's geglaubt“.[21] 2. Dringend hatte man nach dem Messias gerufen; als er dann erschien, wurde er zunächst verkannt, verachtet, war der „Bestgehaßte“; [22] ihm gilt nun erhöhte Treue. 3. Vor allem wird dieser Mann 1890 zum *Märtyrer:* von seinem Kaiser mit Undank belohnt, später geradezu verfemt. Bismarck-Verehrung ist zu einem guten Teil – wie man heute sagen würde – Bürgerinitiative und Protesthaltung gegenüber der Person Wilhelms II. Sie ist um so bemerkenswerter, als sie ohne zentrale Leitung bleibt und auch durch öffentliche Instanzen nicht einheitlich gefördert wird.

[18] BB 10–11/1906, S. 160.
[19] BB 8/1913, S. 117/120.
[20] BB 5/1908, S. 68.
[21] BL Nr. 12.
[22] BB 5/1906, S. 68.

Den Motiven des Dankes und Trotzes gesellt sich ein drittes hinzu. „Was ohne dich wir bleiben, Gott sei's anheimgestellt",[23] klingt es bedrückt schon 1890. Nach Bismarcks Tod sieht man sich verwaist, auf sich selbst gestellt: „Kein Bismarck kann uns raten." [24] Die Lage Deutschlands erscheint dunkel: „Ins Ungewisse schwankt das Reich." [25] Den drohenden Gefahren fühlt man sich nicht gewachsen: „O Bismarck, steig vom Himmel nieder, ergreif des Reiches Steuer wieder." [26] Kyffhäuser-Motive tauchen auf; Bismarck ist warnender Eckart, schützender Roland. Denkmäler wie die gewaltige Bismarck-Roland-Figur in Hamburg zeigen also nicht sosehr Selbstvertrauen oder gar urtümliche Aggressivität an als vielmehr Unsicherheit und *Zukunftsangst.* Ein scheinbarer Kontrast, der aber dem Psychologen gut vertraut ist.

Auch als Schutzheiliger gilt also Bismarck vielen Deutschen, bei dem sie sich geborgener fühlen; wie aber kann das ein noch so großer Toter sein? Dazu eine Beobachtung: an Bismarck-Türmen usw. rücken die Embleme des Reiches und Bismarcks gleichsam immer näher zusammen. Schließlich findet man den Reichsadler, dessen Brustschild mit dem Bismarck-Wappen – den drei Eich- und Kleeblättern – versehen ist.[27] Hier ist die berühmte Wildenbruch-Zeile „denn wo du bist, ist Deutschland" [28] sozusagen ins Heraldische übersetzt worden. Bismarck wird zur *Inkarnation Deutschlands.*

23 E. v. Wildenbruch (1890), oft gedruckt, z. B.: Der Kanzler (hrsg. von T. Klein). 1915, S. 360.

24 BB 3/1903, S. 1.

25 BB 7/1912, S. 81.

26 BB 6/1904 (Leipzig).

27 Ehrenbürgerurkunde Halle/Saale, BM Tafel 109; B.-Säulen v. W. Kreis in Bonn, Coburg, a. d. Hammelsberg/Sachsenwald u. a.

28 S. Anm. 23.

Hier, wie sonst, ist allerdings in methodischer Absicherung zu fragen, ob Formulierungen – in dieser ohnehin zum Pathos neigenden Zeit – mit vollem Worternst oder nur uneigentlich und übertragen verwendet werden. So nennt Wilhelm II. Bismarck „eine (!) Verkörperung deutscher Kraft" [29] (nicht z. B. „deutschen Wesens"). Ein solches Wort ebnet vertraute gewichtige Formeln ein und entwertet sie. Ganz anders, wenn Bismarck „menschgewordener deutscher Gedanke" [30] heißt. Goethe war „*der* Mensch", Bismarck „*der* Deutsche": „Bismarck heißt Deutschland." [31] Bismarck-Verehrung ist dann nicht nur Personenkult, sondern die Nation versteht, ehrt und kräftigt sich darin selbst (viele Zeugnisse lassen beide Verstehensweisen zu). Bismarck-Kult und Kult der Nation fließen zusammen. Denkmäler erinnern zwar an den individuellen Bismarck, aber in ihnen lebt dann in verdichteter Weise auch Deutschland. Ist dies höchster Wert, so gewinnen umgekehrt Bismarck und seine Objektivationen höchste nationale Bedeutung.[32] Ihn gesehen zu haben, ist so etwas wie eine „zweite, eine staatsbürgerliche Taufe".[33] Handlungen und Aussprüche Bismarcks erhalten eine überpersönliche Bedeutung, werden zu Denkmälern und Liedern geformt. Dabei geht es nicht zuerst – um die Entgegensetzung Martin Kählers [34] zu verwenden – um den historischen, sondern vertieft um den geschichtlichen Bismarck: „Immerdar wirkende Quelle des Lebens." [35] Frappiert liest man, wie Bismarck-Monumente zur selbstverständlichen Ausstattung regionaler

[29] Frankf. Ztg. Nr. 92, 2. 4. 1915, 2. Mittags-Ausg., S. 1.

[30] P. Warncke, nach: A. Rehbein, B. im Sachsenwald. 1925, S. 120.

[31] Der Theologe Fr. Lahusen, BB 5/1906, S. 70.

[32] BB 8/1908, S. 131.

[33] Rehbein (Anm. 30) S. 13.

[34] M. Kähler, Der sog. histor. Jesus und der geschichtl. biblische Christus. 1892.

[35] S. Anm. 16.

Einheiten gerechnet werden; da ist die Rede vom Bismarck-Denkmal „der“ Provinz Pommern,[36] „für“ Stadt und Kreis Sagan [37] usw.

Diesem Bismarck als dem Kristallisationspunkt deutschen Lebens gilt eine schweifende symbolsuchende Phantasie, die alles, was ihr geeignet erscheint, ihm zuordnet. So etwa Attribute Deutschlands: Granit, die Eiche, heimische Baumaterialien und Baustile. Bismarck-Denkmäler werden auf Reste vorgeschichtlicher oder mittelalterlicher Bauwerke gesetzt, werden bezogen auf Schlachtfelder, nationale Feiertage, dies alles oft mit germanischen oder zeitgenössisch neogermanischen, vielfach „wagnerianischen“ Inhalten und Symbolen. Das meint auch: Bismarck sei der Erfüller einer langen deutschen Geschichte. Eine weitere Intensitätsstufe: diese Bismarck-Denkmäler selbst als Zentren deutschen Wesens werden auch untereinander verbunden gedacht; der Wunsch der Studentenschaft von 1898, daß die Flammen sichtbar von Turm zu Turm grüßen mögen, ist in einer Reihe von Fällen erfüllt.[38]

Die Verbindung der Deutschen mit Bismarck-Deutschland will immer neu vollzogen werden, und dies geschieht im *Fest.* Oft wiederkehrende rituelle Elemente sind: Bismarck-Rezitation und Festreden, Festspiele und „Lebende Bilder“, musikalische Darbietungen (auch anhand eines „Bismarck-Liederbuches“),[39] Turnen. Höhepunkte für alle „vaterländischen“ Kreise sind Bismarck-Geburtstag und Sonnwende. Gefeiert wird an den Bismarck-Denkmälern, besonders an den durch Wilhelm Kreis in einheitlicher und unverkennbarer Form geschaffenen Bismarck-Säulen, auf einem dazugehören-

36 BB 5/1908.

37 BB 9/1907, S. 136.

38 Z. B. Knivsberg – Schersberg (Nordschleswig), Gera – Netzschkau – Ronneburg – Plauen u. a.

39 BL (Anm. 1).

den Festplatz, mit dem Ritual des Bismarck-Feuers. Es gilt dem Bismarck, dessen „irdische Augen" sich zwar geschlossen haben, der uns aber dennoch lebt.[40] „Blicke vom Himmel hernieder, horch auf die flammenden Lieder, sie klingen dir." [41]

Eine bezeichnende Vertiefung erhält die Vorstellung vom lebenden Bismarck in der immer erneut rezitierten Verszeile Wildenbruchs: „Laß nicht den Bismarck sterben in dir." [42] Eine lange Ahnenreihe gehört zu diesem Gedanken, daß nicht äußerliche Kulterfüllung, sondern innerliche Aneignung gefordert sei. Soll Bismarcks lebendiger Geist den Einzelnen und das Reich führen, so muß das ganze deutsche Volk eine Bismarck-Gemeinde werden.[43] „Es gilt noch, Millionen umzuwandeln, daß sie Bismarckisch fühlen, denken, handeln." [44] Was das allerdings in konkret-politischen Lagen heißen sollte, ist immer problematisch geblieben. Aber mit Bismarcks Namen verbundene Stiftungen wirken in die Praxis. Bismarck soll sogar bis ins private Leben ausstrahlen: es gibt ein Bismarck-Wiegenlied,[45] und vor einem Bismarck-Denkmal gewinnt – wie bedeutungsvoll berichtet wird – eine Frau ihre verlorengegangene Lebenszuversicht wieder.[46]

Bismarck-Verehrung weitet sich, wenn auch seltener, ins Kosmische, mit dem literarischen Topos einer bei seinem Tod trauernden *Natur*: Wind erstirbt, Vögel schweigen, Tiere verharren.[47] Und am Sternenhimmel sieht man Bismarcks Wappen verewigt.[48]

[40] BB 3/1905, S. 2/3 (Ed. Martell).
[41] Rud. Flex, BB 2/1903, S. 5.
[42] S. Anm. 16.
[43] S. Anm. 31, S. 71.
[44] BB 2/1903, S. 1.
[45] BB 2/1906, S. 29.
[46] BB 3/1911, S. 58/59.
[47] BB 7/1904, S. 1.
[48] Osw. Koenig, nach Rehbein (Anm. 30), S. 118.

Aber mehr noch. Schon im bisherigen klangen genuin *religiöse Vorstellungen* und Begriffe mit, wofür weitere Stellen beizutragen sind. Die Reichsgründungszeit ist „heilige Zeit“,[49] Bismarcks Tod „heilige Stunde“,[50] heilig ist alles, was zu ihm in Beziehung steht, selbst Denkmäler können es sein. Häufig erscheint Bismarck als Siegfried, St. Georg oder St. Michael, die den Drachen der nationalen Zwietracht, das Prinzip des Bösen also, erlegen. Die „Bismärcker“ sind „Pilger“; das Ziel ist der „heilige Hain“ [51] des Sachsenwaldes. Zu Bismarck-Denkmälern gehört vielfach ein „Altar“,[52] „Feueraltar“,[53] „Opferstein“,[54] auf dem das „Dankesopfer“,[55] die „Opferflammenspende“ [56] dargebracht wird. „Die Heimat opfert hier dem Vaterland, wenn unserm Bismarck glüht der Feuerbrand.“ [57] Bismarck als Denkmal „segnet“ Stadt und Land.[58] Bismarck-Verehrung ist „geistliche Andacht“.[59] Mit einem großen Bismarck-Feiertag naht auch die Zeit der „Einkehr“ und Prüfung, ob man denn würdig sei, „mit andachtsvollem Schritte der heiligen Handlung sich zu weihn“.[60]

Mit den Namen germanischer Götter wird er oft belegt: Baldur,[61] auferstandener Wotan.[62] Spricht man von der

[49/50] S. Anm. 16.

[51] BB 2/1907, S. 18/19.

[52] BB 9–10/1909 (Mülheim/Ruhr).

[53] Eh, Blatt 56 (Knivsberg).

[54] Eh (Eisenach).

[55] Motto von Lederer und Schaudt für ihren Hamburger Denkmal-Entwurf.

[56] BB 4/1906, S. 50.

[57] BL Nr. 17 (G. Doehler).

[58] H. N. (Anm. 3) Nr. 154, 1. 4. 1915, Morgen-Ausg., 2. Beilage (üb. d. Hamburger Denkmal).

[59] H. N. (Anm. 3) Nr. 155, 1. 4. 1915, Abend-Ausg.

[60] BB 7/1912, S. 81 (Max Bewer).

[61] BB 8/1913, S. 117/120.

[62] BL Nr. 44.

„schreckenden Herrlichkeit des Bismarck-Auges",[63] so gehört dies, wie anderes, offensichtlich zum Erlebniskreis des tremendum. Viele Motive sind zusammengefaßt in einer erläuternden Beilage[64] zu einem Entwurf zum Bismarck-National-Denkmal bei Bingerbrück, einem Text also, der auf Anklang bei der Jury hofft.

„Fromme Scheu umfängt uns, wenn wir an den Recken vom Sachsenwald denken; nicht als unsersgleichen bewundern wir ihn; wenn wir nicht Vater und Mutter wüßten, würden wir wie die Alten seine Zeugung einem von den Göttern zuschreiben. So stellen wir ihm halb festlich verehrende, halb Opferrauch spendende Feuerschalen neben seinen Tempel, und zwei Wächter, die den frommen Wallfahrer schützen, den Neiding fernhalten, dekken den Treppenaufstieg."

Christlich gewendet gibt es – wenn auch unausdrückliche – Anähnelungen Bismarcks an Christus und Gott selbst. Man vergleiche – Unterschiede nicht geleugnet – die Übereinstimmungen in Inhalt, Versmaß und Choralklang bei Paul Gerhardt und Ernst von Wildenbruch[65]:

„Wenn ich einmal muß scheiden, so scheide nicht von mir",

und

„Du gehst von deinem Werke, dein Werk geht nicht von dir."

Zum 100. Geburtstag Bismarcks formuliert der Sprecher der im Mausoleum in Friedrichsruh versammelten Rektoren aller deutschen Universitäten als Schlußwort: „Von dir, Bismarck, erflehen wir: sei auch ferner im Geiste mit uns."[66] Man erinnere sich hierzu der gleichlautenden Stellen aus dem Altniederländischen Dankgebet, dessen Text damals allge-

[63] BD S. 54.

[64] Entwürfe z. B.-National-Denkmal ... 1911 (Architekt Th. Weiß).

[65] S. Anm. 23.

[66] Hambg. Fremdenblatt Nr. 90 B, 31. 3. 1915, Abend-Ausg., S. 2.

genwärtig war: „Du, Gott, warst ja mit uns“, wir „flehen, mögst stehen uns fernerhin bei.“

Man darf daraus (und aus ähnlichen Stellen) noch keine bewußte Gleichsetzung von Bismarck und Gott folgern, die gelegentlich auch ausdrücklich bestritten wird. Aber weit über bloße Person-, Helden-, Genieverehrung hinaus oszilliert der Bismarck-Glaube zwischen Erlöser, Schutzheiligem, Inkarnation Deutschlands, gottverwandtem Wesen. So sehen es auch kritische Geister, die peinvoll stilisierte Götzenbilder rügen,[67] während andere positiv auf den römischen Kaiserkult verweisen.[68]

Einige *Einschränkungen* dürfen nicht fehlen. 1. Der Bismarck-Glaube blieb noch konkret-bildhaft, erreichte nicht rationale Ausgewogenheit, drang noch nicht bis zu gedanklich-dogmatischen Konsequenzen vor. 2. Die hier dargestellten Auffassungen wurden sicherlich nur von Teilen der Bismarck-Verehrer bejaht, auch von ihnen zudem uneinheitlich; manches war anscheinend in einer Entwicklung begriffen. Ein Einwand gegen die Echtheit der Phänomene liegt in allem nicht, eher mögen sie charakteristisch für die Frühzeiten von Religionen sein. 3. Eine gewisse rationale Gebrochenheit ist nicht zu verkennen: die Zeit der Mythen- und Sagenbildung sei eben doch vorbei! Vieles bleibt im übrigen aufzuklären, was bei der Verstreutheit des Materials zeitraubend ist.

Der Bismarck-Kult hielt sich auch in der *Weimarer Ära*; die aufwendige Bautätigkeit kam allerdings durch die Zeitverhältnisse zum Erliegen. *Nach dem 2. Weltkrieg* ist der Kult in der Öffentlichkeit fast erloschen, doch klingt Bismarck-Verehrung namentlich bei Älteren nach (wie umgekehrt auch Bismarck-Kritik von großer Konstanz geblieben ist). Unvermindert gilt Bismarck vielen als Staatsmann und besonders

67 A. Lichtwark. In: ders./W. Rathenau, Der rheinische Bismarck. 1912.
68 H. Muthesius, BB 11–12/1913, S. 160 ff.

Außenpolitiker par excellence. Aber Bismarck-Einrichtungen von irgendeiner überregionalen Bedeutung – Vereinigungen, Jahrbücher, politisch-pädagogische Institutionen, Stiftungen, Preise usw. – und überhaupt (von Friedrichsruh abgesehen) eine Art Bismarck-Zentrum scheint es nicht zu geben.

Bismarck-Feiertage im Friedrichsruher Mausoleum heute. Eine kleine Bismarck-Traditionsgruppe. Kranzniederlegung. „Mit Gott für Kaiser und Reich." Bismarck-Fahne. Ernst von Wildenbruch.[69] Ein „Hauch geschichtlicher Vergangenheit" weht den Betrachter an.

Eine Ursache für den Niedergang der Bismarck-Verehrung ist sicherlich der zweimalige und zuletzt katastrophale Zusammenbruch der Nation und des Reiches, an das dieser Kult gebunden war; eine Diskreditierung des „großen Mannes" nach 1945 kommt hinzu. Eine andere Ursache ist, daß sowohl Bismarck selbst als auch seine Verehrer – durchaus wertungsfrei gesagt – durch antimoderne Züge geprägt werden: antiurbane, antirationale, antiparlamentarische, durch eine Distanz gegenüber den liberalistischen und sozialistischen Zeittendenzen. Der Kult ergriff die andersgeartete Gegenwart nicht mehr.

Dieser Bismarck-Kult hatte sicherlich staatsintegrierende, dazu – in sozio-ökonomischer Hinsicht – systemstabilisierende Funktionen. Im Prozeß der modernen Säkularisierung und allgemeinen Sinnproblematisierung war er – in Ansätzen – einer der nicht wenigen Versuche persönlicher und öffentlicher Sinnorientierung und Lebensformung. Diese Antwort auf moderne Lebensfragen in Gestalt des Bismarck-Kults ist vergangen – die Frage allerdings verjährt nicht und schlägt gleichsam auf uns zurück: ob denn wir selbst eine überzeugende Antwort, eine Antwort auf die Frage nach uns selbst, zu geben und zu leben wissen.

69 1. 4. 1973 (Notizen d. Vf.).

Summary

The honours bestowed upon the founder of the German Reich of 1871, Otto von Bismarck, are discussed here in their historical, and religious aspects. This paper outlines the dogmatic, almost religious character of the Bismarck cult.

These honours reached their height between Bismarck's dismissal in 1890 and the First World War. He received conventional attestations of respect (congratulatory addresses, honorary citizenships etc.) in great numbers. Among the Bismarck memorials of all kinds the Bismarck Towers are particularly interesting objects for analysis. Leading elements behind the Bismarck cult came from the middle classes.

Reverence was mainly directed at Bismarck as an individual, his fascinating personality, and his achievements. People felt indebted to him for the redemption of Germany from its condemned state of national disruption. Beyond mere reverence for his person, Bismarck often was celebrated as the incarnation of Germany ("where you are there is Germany"). Societies, songs, ceremonies, symbols etc. expressed this conception. Very often genuinely religious ideas were implied.

BEMERKUNGEN ZUM POLITISCHEN HEILIGENKULT IM 19. UND 20. JAHRHUNDERT

Von Gottfried Korff

Ausgangspunkt der folgenden Überlegungen sind funktionale Wandlungen im Bereich der katholischen Heiligenverehrung. In diesem Kultkomplex läßt sich nämlich seit Mitte des 19. Jahrhunderts eine Politisierung nachweisen, die in zweierlei Richtung zu verfolgen ist. Zum einen lassen sich nicht wenige Belege beibringen, die zeigen, wie der religiöse Traditionsbestand als Protestmittel benutzt worden ist – in einer Weise freilich, die eher als hilflose Orientierung im System neuer, nämlich von der Industrialisierung geprägter Verhaltenszumutungen interpretiert werden muß. Hilflos war diese Protestform deswegen, weil den unteren Volksschichten, die am stärksten von Pauperismus und Fabrikelend betroffen waren, zunächst nichts anderes als die überlieferte Religion als Orientierungsmedium zur Verfügung stand. Zudem – und damit ist die zweite Form der Politisierung angesprochen – wurde die Heiligenverehrung kirchlicherseits als Manipulations- und Indoktrinationsinstrument eingesetzt, um Einfluß auf politische Interessen und Bewußtsein der Industriearbeiterschaft zu nehmen.

Dies ist ein Problem, das im folgenden skizziert werden soll. Das zweite zielt auf eine spätere Entwicklungsphase der Arbeiterbewegung – eine Phase, die durch erste Ansätze zu einer kulturellen Konsolidierung gekennzeichnet ist, d. h. durch den Aufbau eines eigenständigen Symbol- und Zeichensystems. Bei der Herausbildung dieses proletarisch-sozialistischen Symbolsystems treten Formen hervor, die auf der Erscheinungsebene dem katholischen Heiligenkult entsprechen – und nach diesen Entsprechungen, sowohl in formaler wie in funktionaler Hinsicht, muß ebenfalls gefragt werden.

Diese doppelte Fragestellung läßt sich an einem historischen Beispiel konturieren: 1859 marschierte der spätere Sozialistenführer August Bebel auf einer Salzburger Prozession hinter der Josefsfahne eines katholischen Gesellenvereins her,[1] Jahrzehnte später galt er selbst als Leitfigur der deutschen Arbeiterbewegung und *sein* Bild wurde auf Umzügen mitgeführt. Bebels Teilnahme am kirchlicherseits organisierten Heiligenkult und später seine Funktion als Symbol- und Identifikationsfigur der deutschen Arbeiterbewegung akzentuieren die Problemstellung des politischen Heiligenkults, wobei allerdings sofort die Frage gestellt werden muß, ob mit dem Begriff 'Heiligenkult' nicht von vorneherein ein ungerechtfertigter gemeinsamer Nenner ins Spiel gebracht wird. Tatsächlich ist zu prüfen, ob damit nicht ein Gleichheitszeichen gesetzt wird, das entscheidende Unterschiede gar nicht zur Kenntnis nimmt. Denn möglicherweise hat die Idolisierung Bebels, trotz aller formaler und funktionaler Äquivalenzen, doch eine andere als religiöse Qualität und ist beschreibbar als „Äußerung des weltlichen Rationalismus“, die nach einer Bemerkung des englischen Sozialhistorikers Eric Hobsbawm die Signatur moderner politischer Massenbewegungen ist.[2] Diese vorläufige Sachorientierung gibt die Grobgliederung vor: zunächst wird der überlieferte katholische Kultbestand auf seine politischen Aspekte befragt; in einem zweiten Schritt Einsatz und Ausformung sozialistischer Symbolsysteme skizziert und schließlich die Frage nach dem Gleichheitszeichen thematisiert. Die Heiligenverehrung wird jedoch nicht als

[1] A. Bebel, Aus meinem Leben. 1964⁴, S. 53/54.

[2] E. J. Hobsbawm, Sozialrebellen. 1971, S. 161.

abstraktes theologisches System dargestellt, sondern als soziokulturelles Phänomen, das in jeweils konkrete historische Situationen eingebunden ist.

Diese Kultanalyse setzt an bei einer der grundlegenden Thesen neuerer religionssoziologischer Forschung, die besagt, daß religiöse „Symbole und Orientierungsschemata die Unmittelbarkeit und Konkretheit situationsmäßiger Relevanz verloren haben“ [3]. Mit komplexer werdenden Produktionsstrukturen geht eine gesellschaftliche Ausdifferenzierung einher, die zur Folge hat, daß ehemals in den gesamtgesellschaftlichen Zusammenhang eingelagerte Symbolsysteme ihre allgemeine Gültigkeit einbüßen und nur noch eine partikulare Bedeutung haben. Für die Heiligenverehrung läßt sich diese Tendenz in zwei Richtungen verfolgen: einmal sichert die Heiligenverehrung ihre Funktionstüchtigkeit nur noch als subkulturelles Phänomen; zum anderen wird sie zu einer individuellen Kultdisposition, zu einer 'inneren Angelegenheit'. Beidesmal ist sie freilich weder sozial noch politisch wirkungslos. Im ersten Fall kann sie sogar offensive politische Formen annehmen und als Protestbewegung fungieren. Sie erscheint dann als eine Art religiöser Minoritätenfolklorismus, der sich derart reguliert, daß durch den Rückgriff auf die im eigenen historischen Milieu tradierten Kultformen ein subkulturelles Sonderbewußtsein reproduziert wird, das auch als Medium politischer Interessenartikulation verstanden wird. Mit der Heiligenverehrung werden dann bestimmte Formen des politischen und sozialen Selbstverständnisses demonstrativ geäußert. Für die polnischen Arbeiter im Ruhrgebiet etwa läßt sich nachweisen, daß spezifische Kultformen aus dem Herkunftsland benutzt werden, um lagebedingte sozialpolitische Anliegen demonstrativ hervorzukehren und in Form von

[3] N. Luhmann, Religiöse Dogmatik und gesellschaftliche Evolution. In: K.-W. Dahm/N. Luhmann/D. Stoodt, Religion – System und Sozialisation. 1972, S. 15–132; s. S. 28.

religiösen Erlebnissen auf Dauer zu halten.[4] Das kann so weit gehen, daß typisch polnische Formen der Marien- und Barbaraverehrung gewissermaßen als „desintegrative" Symbole benutzt werden, um die differente – weil ökonomisch benachteiligtere – Situation zu akzentuieren. Wolfgang Schieder hat in einem materialreichen Aufsatz über die Hl.-Rock-Ausstellung 1844 in Trier illustriert, wie das Unterschichtelend der Moselgegend sich in Form von Prozessionen und Wallfahrten Luft zu machen versuchte.[5] Ein ähnlicher Mechanismus wurde am Beispiel des jurassischen Wallfahrtswesens zur Zeit des Schweizer Kulturkampfs beschrieben: regional überlieferte Wallfahrten mutieren im letzten Drittel des 19. Jahrhunderts in Protestwallfahrten, in „politisch-ideologische Instrumente".[6] Alle diese knapp angedeuteten Beispiele haben eins gemeinsam: sie zeigen bestimmte Ausprägungen des religiösen Traditionsbestandes politisch-ideologisch überlagert. Die Kult- und Symbolformen sind nicht mehr unmittelbar und konkret in einen soziokulturellen Erfahrungszusammenhang eingebettet, sondern ihre Funktionsweise wird über eine politische und soziale Situationsdeutung bewußt vermittelt. Das religiöse Kulturerbe wird interpretativ eingeholt und in demonstrativer Absicht in eine aktuelle politische Interessenkonstellation eingebaut – das kann bis hin zu offensiven Protestäußerungen gehen.

Ganz anders funktioniert der Verinnerlichungstrend, der als alternative Reaktionsmöglichkeit auf den gesamtgesell-

[4] Vgl. dazu W. Brepohl, Industrievolk im Wandel. 1957, S. 144 u. S. 272; H.-U. Wehler, Die Polen im Ruhrgebiet. In: ders. (Hrsg.), Moderne deutsche Sozialgeschichte. 1966, S. 437–455, hier S. 445 f.

[5] W. Schieder, Kirche und Revolution. In: Archiv für Sozialgeschichte XIV (1974), S. 419–454.

[6] I. Baumer, Kulturkampf und Katholizismus im Berner Jura. In: G. Wiegelmann (Hrsg.), Kultureller Wandel im 19. Jahrhundert. 1973, S. 88–101.

schaftlichen Relevanzverlust religiöser Kult- und Symbolüberlieferung festzustellen ist. Auch dieser Verinnerlichungstrend ist soziopolitisch strukturiert und ist keineswegs nur als individualpsychologisches Regulativ faßbar. Religiöse Traditionen erscheinen dabei nicht als Artikulationsinstrument kollektiver Interessen, sondern – im Gegenteil – als Absorptionsmedium politischer Unzufriedenheit. Gesellschaftlich bedingte Konflikte und Probleme werden als individuell lösbar perzipiert, und zwar in der Weise, daß sie in eine imaginäre Ebene transponiert werden. Von Strategien zur politischen Realitätsbewältigung wird dadurch abgelenkt. Beispielhaft ist dieser Vorgang in der Autobiographie Nikolaus Osterroths beschrieben und illustriert.

„Ich solle doch täglich", so schreibt Osterroth über die Ratschläge eines Kaplans, „auf dem Weg zur Fabrik drei ‚Vaterunser zum heiligen Josef', dem Schutzpatron der Arbeiter, beten und meine Mühe und Arbeit mit kindlicher Ergebung Gott aufopfern. Dann werde mir Gott auch die Kraft schenken, die schwerste Arbeit zu verrichten ... Ich war wunderbar getröstet ... und faßte den festen Vorsatz, wieder ganz fromm zu werden und jeder Versuchung des Teufels zur Faulheit und Unzufriedenheit mit einem Gebet zum heiligen Josef zu begegnen." [7]

Ähnliche Manipulationsmanöver mit Mitteln der Heiligenverehrung lassen sich zu Ende des 19. Jahrhunderts in Fülle nachweisen.[8] Katholische Kultformen werden als sozialpolitisches Befriedungsinstrument eingesetzt, indem die populäre Hagiographie mit Appellen an Selbstgenügsamkeit und Selbstzufriedenheit durchsetzt wird. Dadurch wird die inkonsistente Orientierungssituation der Arbeiterschaft von seiten der Kirche ausgenützt, um proletarische Lernprozesse zu verhindern, Lernprozesse, die eine adäquate Einsicht in

[7] N. Osterroth, In der Ziegelfabrik. In: W. Emmerich (Hrsg.), Proletarische Lebensläufe Bd. 1. 1974, S. 224 f.

[8] G. Korff, Heiligenverehrung und soziale Frage. In: G. Wiegelmann (Hrsg.), Kultureller Wandel im 19. Jahrhundert. 1973, S. 102–111.

ihre Lage und daraus resultierendes politisches Handeln hätten vermitteln können. Wie verallgemeinerbar die Erfahrungen des Jungarbeiters Osterroth sind, zeigt ein Artikel von Bruno Schoenlank, der 1888 in der ›Neuen Zeit‹ erschien. Dort werden die Versuche, mit Mitteln der katholischen Kult- und Frömmigkeitsüberlieferung Einfluß auf die Arbeiter zu nehmen, einer scharfen Kritik unterzogen. Schoenlank setzt sich dort mit einem sozialkaritativen Modell auseinander, mit dem Armut und Elend französischer Textilarbeiter entschärft werden sollen: Heiligenandachten und -prozessionen gehören ebenso dazu wie Heiligen- und Schutzengelbruderschaften. In der knapp bemessenen Freizeit müssen sich die Jungarbeiterinnen zum Gebet und zur frommen Instruktion vor einer Muttergottes-Statue versammeln, und die Baumwollspinner sind in einer „Genossenschaft des hl. Joseph" zusammengeschlossen, um so von den Organisationen der sich entfaltenden sozialistischen Arbeiterbewegung ferngehalten zu werden. Die von Schoenlank kritisierte Broschüre [9] wurde 1879 von einem Mainzer Domkapitular auf den deutschen Markt lanciert; das Modell selbst wurde von seiten des Vatikans und französischen Episkopats empfohlen. Allein das macht deutlich, daß die manipulative Umbiegung des katholischen Kults in antisozialistische Richtung ein kirchenoffizielles Manöver war. Gerade weil die Heiligenverehrung als populäre Kultform ein vertrautes Medium der Problem- und Konfliktlösung war, konnte sie auf Resonanz bei den unteren Volksschichten rechnen. Die Umstrukturierung der Verehrungsprogrammatik nach Maßgabe der katholischen Soziallehre läßt sich denn auch insbesondere bei den angesehenen Kirchenheiligen beobachten. Beispielhaft ist dies der Fall bei der Antonius-,

[9] B. Schoenlank, Katholizismus und Kapitalismus. In: Die Neue Zeit 6 (1888), S. 78–88. Schoenlank bezieht sich auf Léon Harmel, Die christliche Arbeiter-Kooperation zu Val-des-Bois. 1879.

Barbara-, Notburga- und Josefsverehrung und auch bei bestimmten Versionen des Marienkults.[10] Immer wieder sind es Bescheidenheit und Selbstzufriedenheit, die als Signale von diesen Devotionsformen des sozialpolitisch strukturierten Heiligenkults ausgehen. Zwar wird an spezifisch proletarischen Interessenlagen und Bedürfniskonstellationen angesetzt, aber Lösungen werden nicht im sozialen und politischen Aktionsfeld vorgesehen, sondern im Bereich der Innerlichkeit oder im imaginären Raum des Heiligenhimmels. Unmutspotential wird absorbiert, anstatt in politisch-gesellschaftliche Einsichten transformiert zu werden. Die Heiligenverehrung wird, um einen Begriff aus Max Webers Religionssoziologie zu gebrauchen, zum 'Domestikationsmittel'.

Sicher ist der manipulative Effekt der kirchlichen Heiligenpropaganda einer der Gründe, warum ab 1870–75 in der sozialistischen Arbeiterbewegung eine distanzierte, ja sogar prononciert religionsfeindliche Haltung immer stärker Fuß fassen konnte. Im Laufe dieser Entwicklung wurde auch der überkommene religiöse Traditionsbestand konterkariert und teilweise in äußerster Schärfe parodiert. Es verwundert nicht, daß dabei auch die Heiligenverehrung ein Medium war, in dem es zu ideologischen Kontrastierungen kam. In bezug auf Josef als Sozialpatron heißt es in einem Reichstagswahlgedicht:

> Doch fiel er [Josef] glänzend durch,
> es ward gewählt der Sozialist,
> der heilge Ferdinand gewiß
> dem Joseph über ist.[11]

Gemeint war Ferdinand Lassalle, der Gründer des Allgemeinen Deutschen Arbeitervereins (ADAV), der nicht nur als

[10] Vgl. dazu G. Korff, Heiligenverehrung und Soziale Frage, a. a. O.

[11] J. Stern, Morgenroth. Sozialdemokratische Fest- und Zeitgedichte. 1894.

Führer, sondern auch als symbolische Leitfigur der frühen Arbeiterbewegung Beachtung verdient. Tatsächlich lassen sich nämlich bei Lassalle deutlich die Züge einer Personenüberhöhung feststellen. Schon früh freilich wurde der „Lassallekult“ von den Parteitheoretikern kritisiert: beides – Kult und Kritik – ist aufschlußreich für die Frage nach dem politischen Heiligenkult und soll im folgenden kurz umrissen werden.

Helga Grebing belegt in ihrer ›Geschichte der deutschen Arbeiterbewegung‹ den religiösen Charakter der Lassallebegeisterung mit der Schlußstrophe der Audorfschen Arbeitermarseillaise:

> Nicht zählen wir den Feind,
> nicht die Gefahren alle!
> Der Bahn, der kühnen folgen wir,
> die uns geführt Lassalle! [12]

Robert Michels faßt die religiöse Struktur des Lassalleanismus noch präziser, wenn er formuliert:

> „Die Verehrung der Führer überdauert ihren Tod. Die größten unter ihnen wurden geradezu heiliggesprochen. Der Kultus ... mit dem Andenken Lassalles und jedem Buchstaben seines Programms gehört zu den elementarsten Fakten in der Geschichte der modernen Arbeiterbewegung.“ [13]

Und von einer Art Heiligsprechung konnte bei Lassalle tatsächlich die Rede sein. Schon kurz nach seinem Tode gibt es eine Reihe von Liedern, Gedichten und Versen, in denen sich deutlich eine religiös-kultische Tendenz äußert. Es liegen Gebets- und Katechismusformeln vor, die Lassalle als „neuen Heiligen“, als „neuen Messias“ feiern. Unverkennbar teilt das lassalleanische Glaubensbekenntnis – um nur ein Beispiel zu nennen – die religiös-pathetische Stimmung mit, die fast all diesen Texten eigen ist:

[12] 1972, S. 67.
[13] R. Michels, Soziologie des Parteiwesens. 1962, S. 61.

> Ich glaube an Ferdinand Lassalle,
> den Messias des 19. Jahrhunderts,
> an eine sozialpolitische Wiedergeburt
> meines in Elend schmachtenden Volkes,
> an die unumstößlichen Dogmen des Arbeiterstandes,
> gelehrt durch Ferdinand Lassalle ...[14]

Heiner Grote, der in seiner materialkundigen Untersuchung über das Verhältnis von Sozialdemokratie und Religion den frühen Lassallekult dokumentiert hat, weist darauf hin, daß nicht wenige politische Versammlungen des ADAV vor umflorten Lassallebildern stattgefunden hätten und dadurch eine regelrechte Andachtsstimmung aufgekommen sei. Lassallebilder hingen in den Arbeiterwohnungen, und am Todestag war das Breslauer Grab des Arbeiterführers Ziel von prozessions- und wallfahrtsähnlichen Veranstaltungen.[15] Grote macht auch Aussagen über die regionale Verbreitung des Lassallekults; dabei fällt auf, daß er nicht nur in den Großstädten als den Hochburgen der sozialistischen Organisationen registriert werden kann, sondern auch in Kleinstädten und Dörfern profiliert katholischer Regionen. Der Lassallekult – so Grote – „blühte unter anderem in Gegenden, die davor wie danach für ihre Konventikelanfälligkeit bekannt waren".[16] Damit ist auf Dispositionen hingewiesen, die z. T. auch durch das Medium der kirchlichen und populären Religionsäußerungen, in diesem Fall durch die Heiligenverehrung, vorstrukturiert waren. Kontinuitätsbehauptungen dieser Art sind zwar fragwürdig, aber sie werden gestützt nicht nur durch formale Entsprechungen, sondern auch durch regionalspezifische Disponierungen – nicht von ungefähr ge-

[14] Zitiert nach D. Fricke, Die deutsche Arbeiterbewegung. 1964, S. 88.

[15] H. Grote, Sozialdemokratie und Religion. 1968, S. 17 f.

[16] Grote, a. a. O., S. 25.

wann der Lassallekult besondere Ausprägung vor allem im katholischen Rheinland [17] und in Oberschlesien.

Der Lassallekult war freilich in der Arbeiterbewegung selbst heftig umstritten. Johann Philipp Becker äußerte sich 1869 unmißverständlich:

„Ein Sozialismus mit der Hauskokarde eines neuen Abgottes, den Wachskerzen eines frischen Heiligen ist eine Karikatur auf den Sozialismus." [18]

Schärfer war die Kritik Bebels:

„Der Lassallekultus muß ausgerottet werden", schrieb er 1873 an Engels, und „auch die falschen Ansichten Lassalles müssen bekämpft werden, aber mit Vorsicht ... In unserer eigenen Partei ist der Lassallekult so gut wie verschwunden; aber immerhin gibt es einige Gegenden, wie das Rheinland und Schlesien, in denen er Anhänger zählt ..."

Als Mittel gegen die Lassallebegeisterung schlägt Bebel vor:

„Ein vernichtender Schlag für den Lassallekultus würde es sein, wenn Freund Marx dem Wunsche Liebknechts . . . nachkäme und in einigen objektiv gehaltenen Artikeln im ‚Volksstaat' wissenschaftlich die Fehler und Mängel der Lassallschen Theorie nachwies." [19]

Der Bebel-Brief macht klar, daß die frühen Strategen der Arbeiterbewegung den Lassallekult als eine Durchgangsphase zum politisch argumentierenden Sozialismus begreifen; die Kritik aus den eigenen Reihen gehört nämlich zum Lassallekult unbedingt dazu. Interpretiert man die Entstehung des Proletariats als Lernprozeß,[20] dann ist die populäre Lassallebegeisterung mit ihrer kultischen Überformung durchaus als Lernschritt zu verorten, als Lernschritt, der die Brücke schlägt

17 H. Rosenthal, Bergisches Volk im Jubel für Lassalle. In: Zs. f. Heimatpfl. i. Bergischen Land 14 (1964/65), S. 79 ff.

18 Zitiert nach Grote, a. a. O., S. 23.

19 A. Bebel, Briefwechsel mit Karl Marx und Friedrich Engels. 's-Gravenhage 1965, S. 14/15.

20 Vgl. dazu M. Vester, Die Entstehung des Proletariats als Lernprozeß. 1970.

zwischen einem naiven Realitäts- und Gesellschaftsverständnis, das noch ganz auf übermächtige Patrone und Identifikationsfiguren angewiesen ist, und einem reflektierten, elaborierten Gesellschaftsverständnis, das in ökonomischen Strukturen die Triebkräfte gesellschaftlicher Entwicklung sieht. Jedenfalls ist die Kritik der pseudoreligiösen Lassallebegeisterung von der Lassallerezeption nicht abzutrennen. Sie führt eindeutig, das macht die Stellungnahme Bebels klar, in Politisierungszusammenhänge. Mit Recht interpretiert Grote den Lassallekult als einen hilflosen und noch unbewußten Modus der frühen proletarischen Strategie. Er spricht davon, daß der

„Kult lange Zeit ein Zeichen dafür [war], daß man sich vor einer Auseinandersetzung mit der Umwelt scheute, daß man die dazu erforderlichen Kräfte noch nicht vereinigt hatte".[21]

Der Lassallekult spiegelt solcherart tatsächlich eine frühe Lernphase der deutschen Arbeiterbewegung, die noch teilweise im Bann überlieferter Gesellschaftsinterpretationen und religiöser Weltdeutungen stand, in der, nach der Formulierung Eric J. Hobsbawms, das „Echo der alten Kulte und Rituale"[22] noch nachhallt. Das im 19. Jahrhundert entstehende Arbeiterbewußtsein knüpft nicht selten an überkommene Traditionen an und formt sie in einem allmählichen Konsolidierungsprozeß den Bedürfnissen der proletarischen Lage entsprechend um. Der Lassallekult war nämlich auch ein Medium der ideologischen Auseinandersetzung: er bot immerhin die Möglichkeit, gegen manipulativ eingesetzte Kult- und Symbolsysteme eine Front zu bilden. Die Devotion des toten Agitators hatte nicht nur eine innerparteiliche Funktion, als Parteikitt und Bindemittel, wie das in der Lassalleforschung immer heißt, sondern auch eine Stoßrichtung nach außen: einmal gegen die

[21] Grote, a. a. O., S. 25.
[22] E. J. Hobsbawm, a. a. O., S. 162.

Disziplinierungstendenzen des katholischen Sozialkults – in Kurzform: Lassalle kontra Josef, zum anderen gegen die Integrationsversuche der bürgerlichen Kultur – in Kurzform: Lassalle kontra Bismarck.

Es ist ein historisches Faktum, daß die spätere Arbeiterbewegung derartig ausgeprägte Entwicklungen nicht mehr kennt; weder bei Bebel und W. Liebknecht noch bei den exilierten Cheftheoretikern Marx und Engels. In der etablierten Sozialdemokratie werden politische Impulse später primär durch das Programm konstituiert und nicht durch die Fixierung auf einen stellvertretend agierenden Vorsitzenden. Tatsächlich trifft die Bemerkung des Religionshistorikers Grote zu, mit der er seine Dokumentation über den Lassallekult abschließt:

„Die deutsche Sozialdemokratie machte ... die bleibende Erfahrung, daß ein Personenkult nie der rechte Weg ist, um die Arbeiter zu sammeln und in die soziale und politische Aktion zu führen.“ [23]

Die parteipolitische Abstinenz gegenüber jeglicher Art des Personenkults bedeutet nun freilich nicht, daß in der Agitation keine Marx- oder Bebeldrucke ausgeteilt oder daß auf den Umzügen keine Transparente mit Bildern der Parteiführer und -theoretiker mitgeführt worden sind. Allerdings steht bei diesen Veranstaltungen die Funktion der Propaganda und der massenmobilisierenden Wirkung mit Hilfe politischer Leitfiguren im Vordergrund. Sie haben die Aufgabe, die Gruppenkohärenz zu stabilisieren und gemeinsame Interessen in bildlich-sinnlicher Form hervortreten zu lassen. „In der Massenarbeit“, so heißt es in der politisch-semiotischen Theorie von Georg Klaus, „bedarf es des Idealtyps ebenso wie der Organisation.“ [24]

[23] Grote, a. a. O., S. 25.

[24] G. Klaus, Sprache der Politik. 1971, S. 69.

Mit diesen Bemerkungen ist das Problem der Analogie zwischen religiösem Heiligenkult und sozialistischem Personenkult angesprochen. Es läßt sich gerade am Lassallekult überprüfen, weil dort religiöse Elemente besonders stark hervortreten. Drei Dimensionen sind bei dem Vergleich wichtig und sollen durchmustert werden: eine formale, eine politisch-historische und sozialpsychologische.

Eine Reihe von *formalen* Kultausprägungen ist hier wie dort konstatierbar: Lob- und Danklieder, Memorate, Bilder als Devotionsstützen, zeremonielle Überhöhungen und Ritualisierungen des Kultverhaltens. Auch auf der soziofunktionalen Ebene lassen sich Entsprechungen finden: Gruppenkohärenz wird im einen wie im andern Fall gesichert, obwohl das im Lassallekult angestrebte Kollektivbewußtsein eher auf solidarisches Handeln zielt und nicht auf die nur erbauliche Selbstbetrachtung im Rahmen eines gemeinsam ertragenen Schicksals. Von daher ergeben sich auch Differenzen hinsichtlich der intentionalen Qualität: im kirchlichen Heiligenkult wird die Lösung individueller und gesellschaftlicher Konflikte auf eine transzendente Ebene verlagert; der Lassallekult ist hingegen Instrument der kooperativen Auseinandersetzung mit gesellschaftlichen Problemlagen. Der Heiligenkult verspricht sich von der „transfigurierten, in den Himmel versetzten Gestalt der Gesellschaft die Antwort, die nur gegen die reale erteilt werden könnte“ [25]. Zum überlieferten religiösen Kult gehört das Merkmal des Imaginären und Transzendenten.

Dieser Hinweis führt hinüber zur *politisch-historischen* Dimension. Im Unterschied zum Lassallekult operiert die katholische Heiligenverehrung mit einem Delegationsprinzip. Individuell erfaßbarer Konflikt- und Leidensdruck wird einer imaginären Instanz zur Lösung überantwortet. Von einer

[25] Th. W. Adorno, Minima Moralia. 1951, S. 325.

eigenen Strategie zur Problemlösung wird dabei abgelenkt. Anders die 'sozialistische' Haltung: nicht vom Himmel wird die Änderung gesellschaftlicher Verhältnisse erwartet, sondern von der organisierten Arbeiterbewegung, die zur Einsicht ihrer Rolle als des historischen Subjekts des gesellschaftlichen Wandels gebracht werden soll. Diese Einsicht bestimmt die Grobstruktur des Lassallekults: nicht chiliastische Heilserwartung ist das tragende Moment, sondern symbolische Bündelung eines proletarischen Erfahrungs- und Erwartungspotentials und dessen Transformierung in einen politischen Argumentations- und Handlungszusammenhang.

An kollektiven politischen Erfahrungen der Arbeiterbewegung ist auch die *sozialpsychologische* Überprüfung der Analogiebehauptung orientiert. Sie geht mit Negt/Kluge davon aus, daß es sich bei symbolischen Leitfiguren um Identifikationshilfen eines gemeinsamen Ich-Ideals handelt. Ich-Ideal ist ein Begriff der späten Theorie Freuds und bezeichnet das Pendant zum klischierten Über-Ich. Das Ich-Ideal basiert auf lebensgeschichtlichen Erfahrungszusammenhängen, die mit sinnhaft-plausiblen Orientierungsmustern korrelieren und sich in Leitfiguren symbolisch kondensieren können.

„Deshalb kommt es bei demonstrativen Identifikationen, insbesondere aber bei Identifizierungen mit Personen, mit Persönlichkeiten . . . strikt auf die Identität des Erfahrungszusammenhanges an. Nur dann, wenn die von diesen Personen ausgedrückte kollektive Erfahrung mit den autonomen Erfahrungen der Demonstrierenden einen konkreten nachvollziehbaren geschichtlichen Zusammenhang hat, ist eine Unterscheidung zwischen Ich-Ideal und Über-Ich-Fixierung möglich." [26]

Im einen Fall – bei der proletarischen Identifikationsart – entsteht eine kritische und dialektische Aneignung von Geschichte und eine Bereicherung von Erfahrung: Verdinglichungen werden aufgebrochen. Im anderen Fall – in der

[26] O. Negt u. A. Kluge, Öffentlichkeit und Erfahrung. 1972, S. 82 f.

katholischen Heiligenverehrung – werden die wirklichen alltäglichen Erfahrungen überdeckt und in einen mechanistischen Verdinglichungszusammenhang eingebracht.[27]

Summary

Three subject-matters will be approached: *first* the political function of the veneration of the Roman-Catholic saints which especially towards the end of the 19th century is sharpened in its outlines, and so much so as it is linked to the "social question" which develops into the central problem of unfolding capitalism. On the one hand traditional forms of veneration are used in order to articulate conspicuous protest against the new conditions of life caused by industrialization. On the other hand the popular cult of saints is drawn upon by the church to gain influence on the consciousness of industrial workers with distinctive antisocialistic impact. The importance of religion as a means of political orientation, however, can also be shown in the value systems of the early workers' movement. For there are – and this is the *second* point we wish to make – symbolically heightened leading figures in the socialistic workers' movement who are granted veneration and devotion in such a way as to correspond on the level of appearances to the cult of the Roman-Catholic saints. This problem will be treated and discussed by way of the cult about Ferdinand Lassalle being one of the most favourite and popular leaders of the German workers' movement. From the probably religious elements in the reverence for Lassalle one mustn't conclude too hastily that the cult of the Roman-Catholic saints and the system of socialistic leading figures is one and the same. Therefore the fundamental question regarding the similarities and differences of the above mentioned cult expressions will be raised in a *third* part; it will be examined under various aspects – structural-functional – historical-political and socio-psychological. It can be shown that there are formal equivalences; regarding content and functional intentions, however, it would be wrong to draw parallels.

[27] Eine ausführliche Fassung des Referats mit zusätzlichen Beleg- und Zitatsicherungen ist abgedruckt in der Zeitschrift für Volkskunde 71 (1975), S. 202–220.

WIRKLICHKEIT, PERSPEKTIVE, TEILHABE

Zum Religionsverständnis in der pluralistischen Welt

Von Gunther Stephenson

Wenn wir uns um ein angemessenes Religionsverständnis der Gegenwart bemühen wollen, so wird die Aufgabe unabweisbar sein, das zentrale Problem des Pluralismus zur Grundlage unserer Überlegungen zu machen.[1] Die weltweite religiöse Krise unserer Zeit läßt sich durch zahlreiche Phänomene dokumentieren, die im Rahmen dieses Beitrags nur kurz angesprochen werden können. – Das wissenschaftliche Weltbild mit seiner objektivierenden Tendenz hat uns den Zugang zum Geheimnis der Wirklichkeit in ambivalenter Weise sowohl geöffnet wie versperrt. Die technische Industrialisierung brachte ein zweckrationales Denken und Verhalten hervor. Der totale Wirtschaftsprozeß spannt alles Leben in den Nutzeffekt und die kollektive Daseinsvorsorge. Weltweite politische Veränderungen haben die Bewußtseinslage der Menschheit nachhaltig beeinflußt. Alle diese Faktoren haben zur Absicherung, aber auch Bedrohung und innerer Verarmung des Lebens geführt. Als Reaktion auf diese Herausforderung beobachten wir vielfältige Verhaltensweisen:

Neben der in technisierten Ländern weit verbreiteten sogenannten 'Religionslosigkeit', geistigen Apathie und dem Ver-

[1] Die hier vorgelegte Skizze kann leider nur die Schlußfolgerung aus einer eingehenderen Analyse der pluralistischen Phänomene bringen, die 1976 in der ›Zs. f. Missions- u. Religionswissenschaft‹ erscheinen wird. Dort finden sich auch weitere Literaturangaben.

lust der Sinnfrage finden wir überall konservative Strömungen, die traditionelle Gehalte und Formen hinüberretten möchten. – Daneben werden freilich seit über 100 Jahren schöpferische Impulse in Gestalt von religiösen Neubildungen aller Art vernehmbar, die die Krise durch Aufbruch, Neubeginn und Sprengung des rationalen Weltbildes zunehmend meistern wollen. Man denke vor allem an die 'neuen' Religionen in aller Welt, Reformbewegungen, Meditationszentren und die Tendenz zur Verinnerlichung in der sogenannten 'Neuen Religiosität' des Westens. – Ebenso symptomatisch wie bedeutsam für das anstehende Problem zeigt sich aber eine Verlagerung des 'religiösen Bedürfnisses' in Randphänomene. *Parareligiöse* Erscheinungen werden etwa durch 'profane' Kulte, moderne Mythenbildung, Satansfeiern, zelebrierten Massenrausch, Ideologien und Wertordnungen aller Art deutlich markiert. Wissenschaftsglaube einerseits und Astrologie andererseits gehören ebenfalls zu diesen Phänomenen. – Der Pluralismus von Wertordnungen, Erfahrungsebenen, Zielsetzungen und Verhaltensweisen bietet dem Beobachter ein verwirrendes Bild. Die Grenzen der 'Religion' werden unscharf.

Der Forscher benötigt jedoch ein Ordnungsgefüge,[2] das ihm gestattet, die divergierenden Phänomene sachgerecht zu erfassen. Ohne dies bleibt wissenschaftliche Erkenntnis unmöglich. Selbst die bedeutendsten Definitionen wie Transzendenzerfahrung, Begegnung mit Heiligem, Gotteserlebnis, Werthorizont, Glaube, Abhängigkeitsgefühl usw. vermögen das Ganze nicht hinreichend in den Griff zu bekommen. Hatte sich die Unzulänglichkeit einer Wesensbestimmung der 'Religion' bereits im Hinblick auf die klassischen Religionen immer wieder gezeigt, so scheint die Einbeziehung parareligiöser

[2] Siehe H. Kishimoto, An operational definition of religion. In: NUMEN Vol. VIII (1961), p. 236–240.

Phänomene der Gegenwart ein angemessenes Religionsverständnis scheitern zu lassen.

Hinzu tritt der Zeitfaktor. Die Geschichte der Religionen hat sich bis in unsere Tage hinein ständig gewandelt. Formen, Ausdrucks- und Verhaltensweisen unterliegen einer ständigen Veränderung. Der rückschauende Blick auf die Vergangenheit genügt nicht, um endgültig sagen zu können, was 'Religion' bedeutet. Der Prozeß bleibt unabgeschlossen. Die Zukunft kann uns Artikulationen und Lebensformen bescheren, die wir bisher nicht als 'religös' klassifiziert haben, die aber in den Kreis religiöser Strukturen eingeschlossen werden müssen, wenn wir überhaupt noch von Religion sprechen wollen. – Nur eine antiquierte Religionswissenschaft kann das klassische Bild der Religion absolut setzen und die Religionsgeschichte als eine abgeschlossene Periode der Menschheitsentwicklung betrachten.

Ist es aber möglich, nach diesen negativen Ergebnissen den Bezugsrahmen komplexer Erlebnisse, Verhaltensweisen und Vorstellungen,[3] der sich uns als 'Religion' präsentiert, derart zu konkretisieren, daß uns wenigstens ein 'Gebrauchsmuster' zum Verständnis religiöser Phänomene an die Hand gegeben werden kann? Mit anderen Worten: lassen sich gewisse Konstanten ermitteln, die trotz zeitlichen Wandels das Verhältnis des Menschen zur Wirklichkeit dauerhaft konstituieren? Vielleicht ergibt sich ein Strukturmodell der Religion, das zwar keine präzisen Abgrenzungen erlaubt, aber doch die Einbeziehung unserer Gegenwartserscheinungen gestattet.

Wir sollten einmal die Fixierung des Begriffs 'Religion' vergessen und einfach fragen, in welcher Situation sich der erkennende, handelnde und wertende Mensch angesichts der Wirklichkeit vorfindet.

[3] Vgl. P. W. Pruyser, Die Wurzeln des Glaubens. 1972.

Besser als das lateinische Wort 'Realität', das nur die Welt der Dinge ausdrückt, sagt uns das deutsche Wort *Wirklichkeit* etwas über seine Natur aus: sie wirkt auf uns ein in mannigfacher Weise. Wirklichkeit ist uns nicht einfach gegeben, sie betrifft uns auch, wir leben von ihr und nehmen an ihr teil, ja – sie wirkt in uns selbst in unsern Gedanken, Träumen und Taten. Ihre Erfahrung umschließt stets Licht und Dunkel, Glück und Elend, Selbstfindung und Scheitern, Wert und Nichtigkeit, Sinn und Absurdität (Camus). Wirklichkeit hat *Totalität*, sie begegnet uns auf verschiedenen Erfahrungsebenen.

Wir können einen Tisch als räumlichen, quadratischen, hölzernen Gegenstand genau beschreiben, sein Wirken durch Anstoß erfahren, ihn als nützlich oder gar schön betrachten, seine Gebrauchsfunktion angeben, seine Struktur als mathematisches Modell entwerfen, seine Erfindung als Kulturgut definieren, aber auch mikrophysikalisch sein Dasein als einen Atomkomplex verstehen. Der Tisch als Altar eröffnet einen weiteren Horizont. – Damit sind bereits mehrere *Erfahrungsebenen* zutage getreten: Dinglichkeit, Räumlichkeit, Zweck, Struktur, Wert und Symbol. Jede Erfahrungsebene steht gleichberechtigt nebeneinander. Wir können einen Tisch benutzen, ohne an seinen Kulturwert zu denken, seine Stabilität schätzen, ohne die Physik im Auge zu haben. Doch in jedem Falle übt er Wirkungen aus.[4]

Einen anderen Bereich erschließt uns etwa die Betrachtung einer Lilie. Wir können sie in eine Vase stellen und uns an ihrer Farbe und Form freuen. Wir können aber auch ihr Wachstum, ihre Genese und Umwelt botanisch erforschen. Schließlich läßt sich die Idee der Lilie als 'wirklicher' Hintergrund ihrer dinglichen Erscheinung konzipieren oder gar ihr

[4] Vgl. W. Weischedel, Was heißt Wirklichkeit? In: Festschrift für Ernst Fuchs. 1973, S. 337 ff.

Dasein – da nicht aus sich selbst verstehbar – als ein Geschaffensein aus übergeordneter 'Wirklichkeit' (Geist) *deuten*. Weitere Wirklichkeitsebenen schließen sich an, wie etwa die Lilie als Symbol der Reinheit; sie entsprechen der Differenzierung unserer eigenen Erfahrungsorgane, die teilweise über die rein sinnliche Wahrnehmung beträchtlich hinausgehen, wie alle innerseelischen Empfindungen, Gedanken und besonders die in der Parapsychologie bekannten Tatsachen bezeugen. Wie der Horizont des Wirklichen sehr weit gespannt ist, so auch die Erfahrungspalette.

Die Wirklichkeit bietet sich dem aufnehmenden Menschen potentiell als ein *Ganzes* dar, sowohl im dinglichen und energetischen, vitalen, seelisch-geistigen als auch im räumlichen und zeitlichen Bereich. Ihre Aspekte zeigen sich und verhüllen sich, sie 'offen-baren' sich und verdunkeln sich. Ihre Möglichkeiten werden sowohl räumlich und zeitlich wie auch in der Tiefe ihrer Qualitäten nicht ausgeschöpft. Wie sich das räumliche Bild der Wirklichkeit verändert, so kann auch der Zeitfaktor Geschichte Gehalte enthüllen oder wieder vergehen lassen.

Von Wirklichkeit umgeben und getragen, betroffen, herausgefordert oder gar entfremdet lebt der Mensch sein bescheidenes oder auch prometheisches Leben. Um dieses Leben geht es ihm, um seine Bewältigung und Absicherung, aber auch um seine Erneuerung, Bereicherung und Befreiung. Äußere und innere Wirklichkeit befinden sich in einem ständigen, je neu erfahrbaren Prozeß der Ver-wirklichung. – Der Mensch selbst bleibt dabei jedoch ein weithin abhängiges Wesen, das seine Abhängigkeit als beglückende Geborgenheit oder unerträgliche Fessel verstehen mag, je nach Art seiner Begegnung und Deutung von Wirklichem.

Die Totalität der Wirklichkeit wird vom Menschen nicht zuletzt als überwältigende Mächtigkeit erfahren, die ihn bedrängt und begrenzt. Sei es Natur oder Geschichte, Gesellschaft oder die eigene Psyche, Kosmos oder transrationale Kräfte – Mächte wirken auf sein Leben, die er nur z. T. handelnd oder denkend zu bewältigen vermag.

Sein zentrales Erlebnis ist die *Grenze*. Seiner Begegnung mit Wirklichkeit werden durch Zeit und Raum Grenzen gesetzt. Sein Aktions- und Erlebnisfeld ist normalerweise gering, sein Leben bis zum Tode erweist sich als quantitativer Null-Wert im Maßstab des Kosmos. Erbanlagen und soziale Umwelt bedingen weitgehend seinen Lebensspielraum, selbst geschaffene Kulturtraditionen tun ein übriges, um das Geflecht von Bedingungen noch zu schürzen. Nicht allen Menschen gelingt es, die Schranken partiell zu durchbrechen, sei es zeitlich, räumlich, wertschöpfend oder durch Zugang zu höheren Wirklichkeitsebenen. – In der Regel nehmen wir nur einen winzigen Ausschnitt der Wirklichkeit wahr. Ihre verschiedenen Ebenen sind uns nur teilweise, gelegentlich und punktuell zugänglich. – Der Fischer von Borneo kennt sein Haus, seine Geräte, seine Sprache und seine Großfamilie, hat aber vielleicht von einer Maschine oder einem Geldstück noch nichts gehört. Der Biologe kennt seine Pflanzen im Rahmen wissenschaftlicher Grenzen, doch weiß er möglicherweise nichts von den Gedankengebäuden der Philosophie (auch sie sind wirklich!) noch von geheimnisvollen Mächten, wie jener Fischer.

Das Ganze der Wirklichkeit – man kann es sprachlich auch ganz formal 'Heil' nennen – ist uns nicht gegeben, unsere Grenze hindert uns immer wieder an der Ganzheitserfahrung. Da wir unserer Natur nach jedoch Wesen sind, die zur Grenzüberschreitung – in mancherlei Hinsicht – befähigt sind, ist uns auch der sehnliche „Wunsch, ganz zu sein“, eigen.[5] Das betrifft sowohl unsere Sehnsucht nach sittlicher Vollkommen-

[5] D. Sölle, Der Wunsch, ganz zu sein. Gedanken zur 'Neuen Religiosität'. In: Merkur 28 (1974), S. 320 ff.

heit im Rahmen gesetzter Wertordnungen wie auch das Erkennenwollen und die Überwindung der Zeit, d. h. die Aufhebung unserer fragmentarischen Natur. Der 'Durchbruch' zur sinnstiftenden 'Fülle' gelingt vielen Menschen immer wieder, durch unmittelbare Erfahrung oder vermittelte Erlebnisweisen, gerade auch im sogenannten 'profanen' Bereich.

Wirklichkeit zeigt sich auf verschiedenen Ebenen, sagten wir. Ihre Schichten treten wechselnd in den Vordergrund der Erfassung, das „Selbstzeugnis der Dinge" ist widerspruchsvoll.[6] Die Wertebene kann die Erkenntnisebene ignorieren und umgekehrt. Die eine Ebene kann die andere abblenden oder relativieren. Die Sinnebene kann Nutzen und Zweck überhöhen, die Transrationalität kann zur Entfremdung und Verzweiflung führen. Wirklichkeit im vordergründigen Sinn kann sich gegen einen Hintergrund stellen. – Unser Grenzerlebnis zwingt uns jedoch, von einer 'letzten' Wirklichkeit (J. Wach) zu sprechen, deren Kräftefeld 'jenseits' aller bedingten Ebenen in eigener Weise zu wirken vermag. Wir nennen es – in Ermangelung einer zureichenden Erfassung – das große Geheimnis des Wirklichen, das zwar entdeckt, aber eben nicht ergründet werden kann. Wird es von unserer Erfahrung wahrgenommen, so geschieht das stets durch die Medien der anderen Wirklichkeitsschichten, durch die Dinge, Ideen, Werte und Gesetze. Alle diese Medien erhalten *Zeichencharakter*, da das 'Letzte' der Wirklichkeit unmittelbar und total nicht faßbar ist.

Für den Chiffrencharakter der Wirklichkeitsebenen gibt uns die Sonne ein schönes Beispiel. Die Lebenspenderin aller Zeiten wärmt und läßt wachsen, erneuert, verjüngt und kehrt täglich wieder, sie besonnt Glückliche und Unglückliche, spendet Licht in die Dunkelheit, bringt durch ihr Verschwinden aber auch Nacht und Kälte, durch Hitze und Helligkeit Dürre

[6] G. Krüger, Religiöse und profane Welterfahrung. 1973.

und Erblindung. – Nur zu natürlich, daß ihr schöpferisches Wirken in vielen Kulturen verehrt und gefürchtet, ihre Erscheinungsweise als Symbol der Leben spendenden, 'eigentlichen' Wirklichkeit angesehen wurde. (Als Gegenstand physikalisch-astronomischer Erkenntnis wird ihr Chiffrencharakter nur ausgeblendet.)

Wie das Beispiel veranschaulicht, zeigt sich das Mysterium der Wirklichkeit in einem lichten und dunklen Aspekt, als anziehend und erschreckend, schöpferisch und zerstörend, beglückend und grausam, in jedem Falle aber als unfaßbar erhaben. – Ähnliches gilt für die Sinn-Sphäre: da Sinnbezüge in der Welt der Bedingungen jeweils nur konkret, zweckhaft und begrenzt ermittelt werden können (Familie, Beruf, Staat etc.), vermag der 'letzte' Sinn nur der Totalsphäre des Wirklichen als Geheimnis entnommen zu werden.[7]

In der Begegnung mit der geheimnisvollen Macht der Wirklichkeit sehnt sich der Mensch nach *Teilhabe*. Sie geschieht als Hingabe, Öffnung und Ich-Entgrenzung oder als Aneignung,

[7] Den Geheimnischarakter aller religiösen Erfahrung als Voraussetzung anzuerkennen, scheint mir eine unaufgebbare methodische Bedingung für die Phänomenerforschung zu sein, denn der Religionshistoriker kann den 'eigentlichen' Vorgang dessen, was wir 'Religion' nennen, rationaliter nicht verstehen, wenn er die Beziehung seines Gegenstandes – des religiösen Menschen (Gruppe) – zum Geheimnis der Wirklichkeit (Ganzheit) als eine historische „Gegebenheit" ausklammert. – Das Problem der 'Wirklichkeit' in seiner differenzierten Schichtung bedürfte noch einer eingehenden Darstellung, die zu zeigen hätte, daß die sog. 'religiöse' Schicht nicht etwa per se ein isolierter transzendenter 'Überbau' ist oder gar dem sog. 'Numinosen' gleichzusetzen wäre, sondern der 'Geheimnis'charakter die *ganze* Existenz betrifft, also z. B. auch die aporetische Struktur philosophischen Denkens wie das halt-lose oder 'getragene' Verhalten umschließt. – Das anstehende methodische Problem beruht eben darauf, *wie* der Religionshistoriker einen solchen trans-rationalen Bezug über die empirisch-historische Analyse hinaus in eine gültige Interpretationsaussage zu bringen vermag, ohne sich in subjektive Spekulationen zu verlieren. Ähnliches gilt auch für die Kunstwissenschaft!

Besitz und ausweitende Absicherung von wirkender Macht. Teilhabe am Ganzen bestimmt unser Leben in jeder Phase. Wir können gar nicht in Isolation verharren. Wir brauchen das 'Leben', die Welt, den Sinn, das Du, die Gemeinschaft, das 'Ganze'. Goethes Gedichte 'Ganymed' und 'Prometheus' und ihre Vertonungen durch Schubert bieten ein schönes Beispiel für diese beiden Verhaltensweisen. – Teilhabe kann sich als schlichtes oder bewußtes Anheimgeben im Vertrauen auf die letzte Sinnhaftigkeit des Wirklichen ausdrücken und dabei das Negative einbeziehen – oder auch im unmittelbaren Betroffensein durch ein 'Absolutes' die Absurdität der augenfälligen Wirklichkeitsebenen verneinen. Mit anderen Worten: Teilhabe an der Sinn-Sphäre der Wirklichkeit kann das Signum der Verweigerung tragen: credo quamquam absurdum. Diese Aussage ergibt sich aus der Phänomenbeobachtung und drückt keinen theologischen Gedanken aus.

Das Wort 'Religion' haben wir bisher vermieden, um die Darstellung des religiösen Lebensvollzugs nicht assoziativ zu belasten.

Schauen wir uns die Weisen und Formen der Wirklichkeitsbegegnung etwas näher an, so zeigt sich, daß die Wahrnehmung stets perspektivischer Natur ist. Sie bleibt gebunden an den Standort, an die Umwelt, an die Beschaffenheit des 'Empfangsgerätes' und das Denkvermögen. In jedem Falle werden alle Schichten der Wirklichkeit aus einer bestimmten *Perspektive* gesehen. – Der Blick aus unserm Fenster bietet uns nur einen winzigen Ausschnitt der 'Welt'. Auch das philosophische System durchdringt nicht das Ganze. Der Handwerker hat ein anderes Weltbild als der Journalist, der Dorfbewohner ein anderes als der Astronaut. Der begrenzte Blickpunkt des menschlichen Daseins ist uns vorgegeben.

Wird diese Grenze hier und da einmal geöffnet bzw. überwunden, so daß der unendliche 'Raum' des Mysteriums offenbar wird, der Empfänger die Zeichen des 'Senders' versteht, so stellt sich auch hier wiederum die Perspektive ein, da die übrigen Erfahrungsebenen auch die 'Bilder' der letzten Wirklichkeit bestimmen. Diesen Bezug in der 'Dimension der Tiefe' (Tillich) unter einem vorgegebenen, wenn auch wandelbaren Blickpunkt nennen wir Glaube. Die Fülle der religionsgeschichtlichen Erscheinungen mit ihren Höhenflügen und oft seltsamen Niederungen dürfen wir als Spiegelung dieses Grundverhältnisses verstehen. Der Prozeß ist nicht abgeschlossen; was gültig war, kann vergehen, das Ungewordene mag morgen gelten, denn das wertstiftende Verhalten des Menschen unterliegt dem geschichtlichen Wandel.

Die Variationen der Perspektive als geschichtlicher Möglichkeiten lassen sich recht gut durch die photographische Optik veranschaulichen (photo-graph = Lichtschreiber). Der Apparat (= menschliche Wahrnehmungsorgane) hält nur Bilder fest, nicht mehr. Die *Bilder* (= Mythen, Symbole, Ideen) können durch mannigfache Aufnahmebedingungen sehr verschieden ausfallen. In jedem Falle hat das Bild einen begrenzten Rahmen und vermittelt nur einen Ausschnitt des Wirklichen, da der Standort des Apparates festgelegt ist (= Grenze). – Große Entfernungen und anschauliche Nähe werden bei genügender Tiefenschärfe gleichzeitig sichtbar: der Hintergrund vermag den Vordergrund ins rechte Licht zu rücken (= Unendlichkeit und Faßbares). Die Nahoptik sieht nur das Konkrete und blendet den Hintergrund aus (= z. B. Kultgerät). – Ist das Wahrnehmungsorgan durch falsche Einstellung irritiert, so verschwimmen die Bilder (= Formenwirrwarr). Wird das Licht (= letzte Wirklichkeit) unerträglich hell, so muß der Apparat sich durch Filter (= Abwehrriten) schützen, um noch ein Bild erhalten zu können. – Öffnet man die Blende sehr (= Hingabe), so vermögen auch die geringsten Lichteinfälle in der Dunkelheit noch registriert zu werden. Selbst bei künstlichem Licht entstehen Bilder (Drogen). – Bei Doppelbelichtungen erscheinen verwirrende Überlagerungen, die bei günstiger Ergänzung zu interessanten Bildkompositionen führen (= Synkretismus). – Eine Zeitaufnahme bei offener Blende ergibt totale Bildlosigkeit (= Meditation). – Schwarz-Weiß-Photographie verhindert die Einstrahlung der bunten Lebensfülle und reduziert das Bild auf Kontraste (= Gott/Dämon, Entweder/Oder). – Eine Folge von Aufnahmen im Film bringt den Zeitfaktor und damit den Wandel der Eindrücke ins Bild. Das Teleobjektiv vermag sehr Entferntes im Ausschnitt bestimmter zu erfassen (= Prophetie).

Aufgenommene Bilder können gedeutet (= Gottesvorstellungen) und der Nachwelt weitergereicht werden (= Tradition). Sie können für eine Gruppe von Menschen an die Wand projiziert und damit für deren eigene perspektivische Erfahrung vorgeprägt werden (= Gemeindebildung, Dogma, Ideologie). Die Projektion wird damit zu einem Ergebnis der Perspektive, die Bilder werden erfahren und bewahrt auf dem Vorhang. Der Vorhang hält das Bild fest und schützt gleichzeitig vor dem unmittelbaren Anblick der Wirklichkeit, wie es das „Verschleierte Bild zu Sais" zeigt. – Teilhabe möchte sich absichern und schützen, doch auch wieder entgrenzen. Das Bild kann dies kaum ermöglichen, denn es ist außerstande, letzte Wirklichkeit anders als durch das Medium der Dinge, Gedanken und Träume zu vermitteln. – Noch ein Letztes kann uns das Sinnbild der Photographie verdeutlichen: Ist der Verschluß verklemmt, so zeigt sich kein Bild, der Film bleibt unbelichtet. Das trifft die Situation von der religiösen Indifferenz oder Abwehr, d. h. die Isolierung vom „Herzen der Wirklichkeit" [8] (= maya, Sünde?).

Der Ausdruck 'Perspektive' bedarf noch einer Erläuterung. Der Zugang zum Geheimnis der Wirklichkeit kann sich durch Bild und Teilhabe auf sehr verschiedene Weise vollziehen. Ein

[8] R. Steckel, Herz der Wirklichkeit. 1973.

Naturerlebnis, ein künstlerischer Akt, eine Vision, eine innere Stimme können in gleicher Weise die un-bedingte Betroffenheit bzw. totale Inanspruchnahme vermitteln. Die rationale Sphäre wird in jedem Falle überschritten. Sie stellt sich erst nachträglich zur Deutung der Erfahrung wieder ein. Die totale Inanspruchnahme wird als absolutes Werterlebnis erfahren – damit als 'heilig' qualifiziert – und hat ein Dasein veränderndes Handeln zur Folge. Die Partizipation an der Ganzheit behält freilich trotz des Totalitätsanspruchs für das Leben ihren Ausschnittcharakter. Für das Werterlebnis der Teilhabe wird der Ausschnitt jedoch als das Ganze erfahren und im praktischen Leben als gültig artikuliert. Daher kennen wir so mannigfache Sinnverwirklichungen, die sich als geltende Wertsysteme dem Auge des Historikers präsentieren. Ihre Chiffren ergeben sich als Einblendungen aus dem zeitlichen Kontext der Kulturen und unterliegen der perspektivischen Veränderung.[9]

[9] Leider ist es mir in diesem Rahmen nicht mehr möglich, die weiteren Kategorien: (Be)Deuten und Verhalten einzuführen. Sie stehen in einer intimen Beziehung zu Perspektive und Teilhabe und bestimmen weitgehend den Lebensvollzug der Religionsgeschichte. Die primär perspektivische Sicht erfordert in der historischen Nachfolge die Deutung der ursprünglichen Wirklichkeitserfahrung für spätere Generationen in einer anderen Situation. Es ergibt sich eine Verschiebung der Wirklichkeitserfahrung mit entsprechender Änderung der Art von Teilhabe. Der Akzentuierung einer bestimmten Form der Teilhabe entspricht die einer spezifischen Sicht zukommende Bedeutung. Kultisches oder sittliches Verhalten folgt notwendig aus der gedeuteten Perspektive und praktiziert damit eine sekundäre Form der Teilhabe.

Beispielhaft ließe sich diese wertsetzende Verflechtung etwa an dem Küssen einer Marienikone (Griechenland), der Textrezitation vor dem Shiva-Bildnis (Indien), dem Fanatismus bestimmter Sekten, dem charitativen Einsatz im Westen und ggf. auch an der 'Zuflucht' zu Mao demonstrieren. (Ideologische Teilhabeakte bilden freilich ein besonderes Problem, da der Deutungsvorgang sich eher umgekehrt vollzieht wie bei traditionellen religiösen Vorgängen, nämlich als Irrationalisierung.)

Letzte Wirklichkeit erfahren Menschen in sehr unterschiedlicher Intensität oder auch gar nicht. Die Perspektive stiftenden „Söhne Gottes“ (Mensching) gehören zu den Ausnahmen. Ein besonderes Charisma wird nur wenigen zuteil. Primäre (schöpferische) und sekundäre (nachvollziehende) Religiosität kennzeichnen das Bild der Religionsgeschichte, auch heute noch. Die sekundäre Form übernimmt Bild und Teilhabe der stiftenden Künder, unter mannigfachen neuen Impulsen, Abwandlungen oder auch schlichter Übernahme des Geltungsanspruchs. Das ist die Weise des objekt-bezogenen Glaubens, also eines vorerfahrenen Sinngefüges und Wertverhaltens. Doch auch die nachvollziehende Religiosität kann im Rahmen einer gegebenen Perspektive eine relativ unmittelbare sein. – Solange die Perspektive im Verlauf geschichtlicher Wandlungen in allen Schattierungen nachvollziehbar bleibt, und sie das Mysterium in den tradierten Chiffren noch einzufangen vermag, werden sich neue Entwürfe kaum einstellen.

Heute aber stehen wir vor einer neuen Situation. Sie wurde zu Beginn kurz skizziert. Die Pluralität möglicher Wirklichkeitserfassungen hat den Rahmen der klassischen Religionen längst gesprengt und sich auf Nebenschauplätzen angesiedelt, während auf der anderen Seite eine beträchtliche Verkürzung oder Verkümmerung in der Begegnung mit der ganzen Wirklichkeit eingetreten ist. Beide Auswirkungen hängen zusammen und müssen als Ergebnis des wissenschaftlichen Weltbildes mit seinem zweckrationalen Verhalten im Industriezeitalter angesehen werden. Die vielzitierte Rationalität hat die Wirklichkeit scheinbar in den Griff bekommen und die Tiefendimension eines trans-rationalen Sinnbereichs überflüssig gemacht, andererseits aber auch zu einer erneuten Verunsicherung geführt.

Die außerordentliche Vielfalt heute möglicher Wirklichkeitserfahrungen, die hier nicht im einzelnen analysiert werden konnten, zwingen den Religionshistoriker, den komplexen

Vorgang, den wir herkömmlicherweise mit dem Wort 'Religion' belegen, neu zu überdenken, auch auf die Gefahr hin, daß mit dem hier entworfenen, erweiterten Religionsverständnis die relative Geschlossenheit bisheriger Definitionen durchbrochen wird [10] und die zentrale religiöse Erfahrung in einem Bezugsrahmen angesiedelt wird, der auch für das 'übrige' menschliche Dasein gilt. – Gerade im Blick auf den gegenwärtigen Pluralismus mit seinen zahlreichen *Randphänomenen* sollte für jede Analyse die Beachtung des Selbstverständnisses und der Intention [11] der betroffenen Menschen und Bewegungen mehr Gewicht erhalten als das Messen an irgendwelchen Normen eines Religionsbegriffs. Die Intention kann nämlich das hier skizzierte Wirklichkeitsverhältnis anzeigen, ohne deswegen nach bisherigem Sprachgebrauch als 'Religion' bezeichnet zu werden.

Religion unterliegt als Struktur menschlichen Daseins und Lebensvollzugs dem Wandel der Zeit. Ihr kommt „keine zeitlose Identität" zu,[12] da sie sich als dynamischer Prozeß mit zahllosen Variationen und wechselnden Konstanten darstellt. Was sich dank historischer und gegenwärtiger Beobachtung als Struktur festhalten läßt, kann in wenige Worte gefaßt werden: Religion läßt sich als Beziehungsgefüge zwischen Mensch und Wirklichkeit beschreiben, das sich als Betroffensein vom sinnerschließenden Geheimnis in Gestalt von Perspektive und Teilhabe am Ganzen artikuliert und das Leben grenzüberschreitend und werterhellend bestimmt. – Die logische Form wissenschaftlichen Denkens zwingt uns, einem Lebensvollzug, der sich der wissenschaftlichen Erfassung entzieht, dennoch sprachlichen Ausdruck zu verleihen, womit sich die Form einer nicht beabsichtigten Definition wieder ein-

10 Vgl. auch G. Schmid, Interessant und Heilig. 1971.

11 J. D. J. Waardenburg, Grundsätzliches zur Religionsphänomenologie. In: Zs. f. syst. Theologie 14 (1972), S. 315–335.

12 S. Holm, Religionsphilosophie. 1960.

stellt. – Deshalb wäre eine bildhafte Ausdrucksweise zutreffender. Doch gibt es kaum ein Anschauungsmodell, mit dem sich dieses Beziehungsgefüge darstellen ließe. Das Atom-Modell bietet sich an, reicht aber nicht aus. Doch recht eindrucksvoll veranschaulichen uns die Bilder von Caspar David Friedrich die religiöse Grundsituation des Menschen, ohne freilich den sozialen Aspekt zu enthalten. – Da jedoch bereits unser Wirklichkeitsverständnis Grenzen unterliegt, können wir auch die Wirklichkeit des Gebildes 'Religion' nicht zureichend erfassen, wohl aber einen Referenzrahmen erstellen, in den sich dieses Phänomen als eine menschliche Grundgegebenheit einfügen läßt.

Für das Gegenwartsverständnis bedeutet diese Feststellung eine 'Unbestimmtheitsrelation' im Hinblick auf das, was sich als 'Religion' zeigt und als solche zu bezeichnen ist. Sowohl zeitgenössische Entwürfe der neuen Religionen in aller Welt wie auch die vielen parareligiösen Phänomene können folgenreiche Wirklichkeitserfahrungen dokumentieren, die den oftmals rituellen Gewohnheiten und tradierten Perspektiven klassischer Religionen längst entschwunden sind.

Die Möglichkeiten der pluralistischen Welt, Wirklichkeit in ihrer Tiefe lebenstiftend zu erfassen, bleiben grundsätzlich offen.

Summary

This approach is based on the fact that the boundary between the forms, ideas and socialisations of classical religions on the one hand, and the renaissance of religious consciousness through creative acts, new beginnings and parareligious phenomena on the other hand has become blurred. Therefore classical de-finitions of religion can no longer be considered sufficient to cover the contemporary 'religious' situation. Terms like holiness, faith, dependence, transcendence, value-system, etc. should be integrated in a larger scale of analysis.

The central notions of this essay are *reality* (in its universal and dynamic meaning of totality and 'Wirklichkeit'), *participation* and *perspec-*

tive. – Man is embedded in reality and faced with its various features and structures. His perception of reality however is limited by natural conditions such as society, birth, time, civilization and the framework of traditional religion. So he is bound to perceive only a tiny part of the whole reality. But in order to realize a meaningful life he tries to participate in the totality of being. Numerous ways of participation are possible, attended by special views of reality. What is called 'Religion' may be regarded as an individual or social approach to the final mysterium of reality, mediated by the 'symbols' of nature, history, arts and social references.

The manifold possibilities of the perception of reality in our time do not allow us to define 'religion' exactly. Religion has no 'timeless identity', it can be characterized as a dynamic process with innumerable variations and changing constants. Its structure is understood as a relation between man and reality; its mystery conveys meaningful life through perspective and participation. – Without the presupposition of the transrational background of reality any methodical approach to religious phenomena is impossible and must fall short of real understanding.

KATHOLISCHE THEOLOGIE UND NEUERE PHILOSOPHIE

Zum Verhältnis zweier Wissenschaften

Von BERNHARD UHDE

„Der Religionswandel unserer Zeit im Spiegel der Religionswissenschaft“ ist nicht nur Überschrift, sondern auch Behauptung. Zu deren Begründung kann die Betrachtung des Verhältnisses von Katholischer Theologie und Neuerer Philosophie beitragen. Inwiefern?

„Unsere Zeit“ ist einzugrenzen. Demgemäß soll sich hier die nähere Bestimmung innerhalb der Grenzen der abendländischen und christlichen Tradition vollziehen, dabei aber jene Phase dieser Tradition betreffen, die durch den Abstoß von der als Einheit begriffenen Geschichte dieser Tradition eingeleitet wurde: schon deshalb ist an die Epochen dieser Geschichte zu erinnern. „Religionswandel“ meint eine Bewegung; die Unentschiedenheit, was „Religion“ sei [1], bringt abermals eine Einschränkung: nicht der ganze Umkreis von „Religion“, sondern diejenige Kraft, die in den Epochen der abendländischen Geschichte „Religion“ begleitete und prägte, soll in ihrer Äußerung verfolgt werden. Diese Kraft trägt den Namen „θεολογία“ [2]. Seit jeher steht sie in Beziehung zu einem Denken, das „solcherart“ [3] ist,

[1] Vgl. z. B. Encyclopaedia of Religion and Ethics (ed. J. Hastings) vol. X. 1956⁴, p. 662 ff. (s. v. religion).

[2] Vgl. Platon, Politeia 379 a 5.

[3] Vgl. Aristoteles, Metaphysik 983 b 20.

das also unterscheidend in das Gefüge des menschlichen Wissens eingreift. Dieses Denken „begreift sich seit Platon als ‚Philosophie' und erhält später den Titel ‚Metaphysik'" [4]. Genauer gehört erhält „diese Art von Philosophie" [5] von Aristoteles den Namen „Erste Philosophie", womit dieses Denken von Anfang an zu bezeichnen ist [6] und auch in der vollkommenen Ausführung seiner ersten Epoche bezeichnet wird.[7]

Die Beziehung von θεολογία und Erster Philosophie kann aber auch der „Religionswissenschaft" [8] nicht gleichgültig sein, haben diese doch die Geschichte der abendländischen Religion und Wissenschaft bis in die Gegenwart getragen. Diese Geschichte verhält sich abgrenzend gegenüber allen „Anderen" und läßt so die Eigenart des Verhältnisses von Theologie und Erster Philosophie sehen. Den jeweiligen Prinzipien der Ersten Philosophie sind die Epochen dieser Geschichte abzunehmen, und entsprechend bestimmt sich das Verhältnis von Theologie und Philosophie, und ebenso die Frage nach der Wissenschaftlichkeit beider.

Die erste Epoche „dieser Art von Philosophie", die nach Aristoteles von Thales als „Urheber" eröffnet wird,[9] löst in ihrer ersten Phase die überkommene Macht der Götter, auf die sich die Dichter in ihrem Wissensanspruch berufen.[10] Wenn Homer und Hesiod zu denjenigen gehören, von denen Solon

[4] Heidegger, Vom Wesen der Wahrheit, 7 (Schluß).

[5] Aristoteles, Metaphysik 983 b 20.

[6] Vgl. Aristoteles, Metaphysik 993 a 15.

[7] Vgl. Aristoteles, Metaphysik 1026 a 24.

[8] Die Frage nach der Wissenschaftlichkeit von „Religionswissenschaft" kann *hier* nicht behandelt werden.

[9] Aristoteles, Metaphysik 983 b 20.

[10] Vgl. Homer, Odyssee I, 1; Ilias II, 484 u. a. Hesiod, Theogonie 26 f.; Erga 10.

sagt: „Vieles lügen die Dichter“ [11], so zeigt Xenophanes genau, daß sich deren Lügen auf das den Göttern nicht Zukommende und deshalb Undenkbare beziehen.[12] Deshalb können die Auffassungen der Dichter über die Götter nicht das Wissen von den Göttern begründen, sondern Homer und Hesiod waren es, „die die Theogonie in Griechenland machten“ [13]. Die Ablösung der Theogonie und des damit verbundenen Wissens bringt im Zuge der Entfaltung der ersten Epoche der Philosophie das Wissen der Theologik, indem das Sprechen von den Göttern zur Sprache von Gott wird. Dabei wird die prinzipielle Einsicht in das Wissen durch die prinzipielle Wissenschaft hervorgebracht, die vollendet in zweifachem Sinne göttlich ist: sie ist es, die – weil sie sich um das Prinzip von Allem bekümmert – über das Göttliche handelt, und sie ist es, die der Gott am meisten haben mag.[14] So ist Gott zugleich Objekt und Subjekt dieser Wissenschaft; Wissenschaft darf dieses Wissen genannt werden, weil ihm die Ausführung der Logik zugrunde liegt, woraus die Methode entstand. Einzig diese Wissenschaft ist, weil vom Prinzip handelnd, frei [15]; so ergibt sich ihr Anspruch auf Herrschaft [16], den sie nicht auf Durchsetzung anlegen muß, weil er im Unterschied zum Anspruch der praktischen Philosophie oder Politik der Durchsetzung nicht bedarf.[17]

Auch in der Gliederung der theoretischen Wissenschaften tritt die Wissenschaft vom Ersten, die Erste Philosophie, als

11 Solon fr. 29 (ed. Edmonds); vgl. Euripides, Herakles 1313 ff.

12 Vgl. Xenophanes B 11, B 23. Vgl. Heraklit B 5.

13 Herodot II, 53. Vgl. auch Kritias B 25.

14 Aristoteles, Metaphysik 983 a 4 ff.

15 Aristoteles, Metaphysik 982 b 27.

16 Op. cit. 996 b 10 f.

17 Dazu B. Uhde, Erste Philosophie und menschliche Unfreiheit T. I: Von den Anfängen bis Aristoteles. 1975, S. 84 ff.

Theologik auf [18]; Gott aber ist, anders als die Gegenstände der Physik, nicht nur „im Gedanken“ [19], so daß der Rang der Theologik durch ihr lebendiges Prinzip gehalten wird. Indem die Vernunft sich selbst ergreifend das Beste und Höchste in reiner Tätigkeit denkt, gibt sie den Anstoß zur Bewegung.[20] Die Bewegung des Begreifens aber ist auch dem Menschen, insofern er Erste Philosophie betreibt, eigen; als Theologik läßt sie eine Anwesenheit beim Ersten und Besten zu. Das Prinzip dieser Wissenschaft erweist sich als Prinzip von Allem, so daß das θεωρεῖν des Philosophen die beste Praxis für den Menschen ist,[21] weil sie allein einen „ἐλεύθερος βίος“ [22] gewährt. Theologik ist Erste Philosophie, und als solche reinste Wissenschaft durch ihr höchstes Prinzip, das eine Anwesenheit bei sich durch die freie Tätigkeit des Begreifens zuläßt.

Der Übergang zur zweiten Epoche der Ersten Philosophie ist seitens der frühen christlichen Theologie durch Apologetik und Polemik gekennzeichnet. Die Auseinandersetzung ging bezeichnenderweise zunächst auf die alte Theogonie, nicht auf die Theologik aus. Die Angriffe gleichen den alten Überlegungen: die Theogonie mit der Lehre von der Geburt der Götter legt deren Sterblichkeit nahe,[23] und wieder sind es die Dichter, die diesen Göttern „Hebammendienste“ leisteten.[24] Das Leben der geborenen Götter aber ist gleich dem Menschenleben ein übergängliches: so werden die Götter der Alten zu alten Göttern, die vor dem Tod nicht geschützt sind.

[18] Aristoteles, Metaphysik 1026 a 18 f.

[19] Aristoteles, Physik 193 b 30 f.

[20] Aristoteles, Metaphysik 1072 b 7 ff.

[21] Vgl. Aristoteles, Politik 1325 b 14 f.; Nik. Ethik 1177 a 12 f.

[22] Aristoteles, Protreptikos fr. 12 (ed. Ross).

[23] Vgl. Tatian, Rede an die Hellenen 21, 2.

[24] Tertullian, Ad nationes 2, 12.

Das Nichterscheinen oder Nichtmehrerscheinen dieser Götter ist die Folge ihrer geschwundenen Macht, ihres kraftlosen Alters,[25] das zum Tode führt. „Tot ist nämlich Zeus" [26], gestorben mit allen Erscheinungsformen, die seine unrechtlichen Eingriffe in die Welt der Erscheinungen ermöglichten. Auf diese Eingriffe aber war seine Herrschaft gegründet, und so ist es nicht die Lustlosigkeit des Herrschers an der Welt, sondern seine Ohnmacht, die aus der innerweltlichen Herrschaft hervorgeht, die diesen Tod Gottes bewirkt.

Die zweite Epoche der Ersten Philosophie wird vom Prinzip des jenseitigen Schöpfergottes beherrscht; sein „Reich ist nicht von dieser Welt" [27]. Die Entfaltung dieses Prinzips durch Plotin zeigt, wie das Eine als jenseitig zur wissenschaftlichen Erkenntnis kein Objekt dieser Erkenntnis sein kann.[28] Als Einheit ist es jenseitig allen Denkens [29] und jenseitig des Erscheinenden; während alles Erscheinende als Ausgedehntes der Einheit bedarf,[30] bedarf das Eine – der Eine – seiner selbst nicht, denn er *ist* er selbst.[31] In sich ist das Eine alles, es bleibt aber nicht Einziges, sondern tritt hervor als Erzeuger, als Schöpfer: es ist

„gleichsam übergeflossen und seine Überfülle hat ein Anderes hervorgebracht. Das so Entstandene aber wendet sich zu jenem zurück und wurde von ihm befruchtet, und indem es entstand, blickte es auf jenes hin ..." [32]

25 Vgl. dazu E. Voulgarakis, Das spöttische Duell zwischen Christen und Heiden während der ersten drei Jahrhunderte. Athen 1972, S. 37 f.

26 Clemens Alexandrinus, Mahnrede an die Heiden 37, 4.

27 Johannes 18, 36.

28 Vgl. Plotin, Enneade VI, 9,4.

29 Vgl. Plotin, Enneade VI, 9,6.

30 Vgl. auch Proklos, Elemente der Theologie 1–5; dazu auch Thomas Aquinas, Summa theologiae 1, 3,7.

31 Vgl. Plotin, Enneade VI, 9,6; auch Anselm, Proslogion 22.

32 Plotin, Enneade V, 2,1.

Das Entstandene ist hinweisend auf seinen Urheber, wie die Zahlenreihe auf die Eins hinweist, die selbst keine Zahl ist [33]; diesen Verweis durchgängig und einsichtig zu machen und das Verweisende in seiner Ordnung auf seinen jenseitigen Schöpfer als Prinzip hin zu erkennen, ist nunmehr Wissenschaft vom Ersten und damit Erste Wissenschaft. Das Erste aber, das Eine, versagt eine Anwesenheit; dadurch wird nicht nur die Theogonie, sondern auch die Theologik als Erste Wissenschaft abgelöst.

Nun ist das Eine aber auch das Gute: „τἀγαθὸν τῷ ἑνὶ ταὐτόν." [34] Auch als das Gute ist es ἀρχή von Allem,[35] als Höchstes Gutes aber gibt es nichts, das vorzüglicher sein könnte:

„nam cum nihil deo melius excogitari queat, id, quo melius nihil est, bonum esse quis dubitet? Ita vero bonum esse deum ratio demonstrat, ut perfectum quoque in eo bonum esse convincat. Nam ni tale sit, rerum omnium princeps esse non poterit",[36]

wie sich Boethius im Anhalt an Augustinus ausdrückt.[37]

Die *ratio* zeigt uns, daß der Eine Gute als Prinzip Gott ist, wiewohl gerade dieses Prinzip für das eigenständige menschliche Erkennen jenseitig bleibt: nicht nur wegen seiner Einfachheit und Güte, sondern auch wegen seiner Größe. Gott ist als Prinzip von Allem „maius quam cogitari possit" [38], weil er derjenige ist, „quo maius cogitari non potest" [39]. So ist Gott Subjekt der Wissenschaft vom Ersten, indem er als Prinzip das eigenständige menschliche Erkennen ermöglicht; [40] das

[33] Vgl. Augustinus, De libero arbitrio II, 22.

[34] Proklos, Elemente der Theologie 13.

[35] Proklos, Elemente der Theologie 12.

[36] Boethius, De consolatione philosophiae III, 10,25 f.

[37] Vgl. Augustinus, Confessiones VII, 4 (6); De libero arbitrio II, 15; II, 39; De doctrina christiana I, 7.

[38] Anselm, Proslogion 15.

[39] Anselm, Proslogion 2.

[40] Vgl. Thomas Aquinas, Summa theologiae 1, 1,1 und 1, 1,7.

Wissen von diesem Prinzip ist als Erste Philosophie ein Wissen von der prinzipiellen Ordnung, als theologia „sermo de Deo“ [41].

Die Einheit des Prinzips als Subjekt beider Wissenschaften darf nicht davon ablenken, daß der theologia die Behandlung dieses Subjekts zusteht,[42] weil dieses Subjekt aus der Einzigkeit trat – „Schöpfung“ – und als lebendiger Gott durch seine „revelatio divina“ [43] den Geschöpfen den Weg zur Erkenntnis und zum Heil zeigt. Die göttliche Offenbarung gibt der theologia eine sichere, über die ratio hinausreichende Kenntnis,[44] die zum Heil notwendig ist.[45] Deshalb, so Thomas, folgt aus der Notwendigkeit und der Andersartigkeit der göttlichen Offenbarung eine Trennung jener theologia, die durch das „lumen divinae rationis“ zur sacra doctrina gehört, von jener anderen theologia, die in den Bereich der Philosophie fällt. Beide aber können als scientia auftreten, weil sie ein einheitliches Prinzip demonstrieren können, das als jenseitiger Schöpfergott dem Bedürfnis der Geschöpfe nach Erhaltung [46] wie nach Einsicht [47] durch die Gabe der Kenntnis der natürlichen Prinzipien [48] entgegenkommt. In der Wahrheit des einheitlichen Prinzips sind theologia und Erste Philosophie wissenschaftlich einig und gesichert; sie unterscheiden sich aber in ihrem Objekt. Gehalten wird die Wissenschaftlichkeit, weil das einheitliche Subjekt beider prinzipiell auch als „primum obiectum“ dem „intellectus“ nicht widerspricht, wie Johannes

41 Op. cit. 1, 1,7.

42 Vgl. Thomas Aquinas, Comm. in Boeth. de trinitate 5, 4.

43 Zum folgenden Thomas Aquinas, Summa theologiae 1, 1,1.

44 Vgl. Thomas Aquinas, Summa contra gentiles I, 3.

45 Denn die „ratio naturalis“ ist „in rebus divinis deficiens“: Thomas Aquinas, Summa contra gentiles I, 2.

46 Vgl. Thomas Aquinas, Summa theologiae 1, 104 f.

47 Vgl. Thomas Aquinas, Summa contra gentiles I, 4; im Anhalt an Aristoteles, Metaphysik 980 a 21.

48 Vgl. Thomas Aquinas, Summa contra gentiles I, 7.

Duns Scotus ausführt.[49] Die Unbezweifelbarkeit dieses Prinzips gibt die certitudo [50], aus der heraus Beweisgänge entwikkelt werden können, die die Jenseitigkeit Gottes – aber im Verhältnis „quoadnos“ [51] – demonstrieren.[52]

Im Übergang zur dritten Epoche der Ersten Philosophie kündigt sich eine Wende gegenüber der herkömmlichen theologia an, wenn Cusanus Gott als den Einen „incomprehensibile“ [53] nennt, sein ›Complementum theologicum‹ aber nach der Mathematik richtet, weil diese „verum illud, quod per omne scibile quaeritur reluceat non modo remota similitudine, sed fulgida quadam propinquitate“.[54] Das Wahre zeigt sich hier rein in der Mathematik und gibt so das Maß für das „complementum theologicum, per quod omne scibile theologice attingi potest, dico omne scibile, perfectiori modo, quo per hominem in hoc mundo sciri potest“.[55]

Descartes eröffnet die dritte Epoche der Ersten Philosophie – die Epoche der Neueren Philosophie –, indem er gemäß der ersten Vorschrift des ›Discours de la Méthode‹ als wahr nur anerkennt, was evidentermaßen zu erkennen ist und nichts mehr in das Urteil nimmt als das, „que ce qui se présenterait si clairement et si distinctement à mon esprit, que je n'eusse aucune occasion de le mettre en doute“.[56] Allein die Möglichkeit, etwas zu bezweifeln, muß ausreichen, das Bezweifelte

[49] Johannes Duns Scotus, De primo principio IV, 9 conclusio V.

[50] Vgl. Thomas Aquinas, Summa theologiae 1, 1,5.

[51] Op. cit. 1, 2,1.

[52] Vgl. noch den Gedankengang in Cusanus, De deo abscondito.

[53] Cusanus, De principio (ed. L. Gabriel, Wien 1966), S. 242.

[54] Cusanus, Complementum theologicum figuratam in complementis mathematicis, I.

[55] Op. cit. XIII, Ende.

[56] Descartes, Discours de la Méthode (ed. Adam & Tannery), pag. 18.

als falsch zu nehmen, um das Wissen sicher zu gründen,[57] „und solange es noch kein Wahres gibt, an dem das Falsche gemessen werden könnte, kann die Methode in diesem Anfang schlechthin nur als Zweifel auftreten." [58]

So muß nunmehr das Prinzip *be*wiesen werden, nicht mehr *sich* als Prinzip *er*weisen. In dieser Form von Wissenschaft, die aus der „Gewißheit der Wahrheit . . . die Wahrheit der Gewißheit" [59] hervorgehen läßt, kann Gott nicht mehr unmittelbar auftreten; vielmehr bestimmt sich sein Verhältnis zu dem, was als Ergebnis der „prima cognitio" blieb, der „res cogitans" [60], als unendliches Geben klarer und deutlicher Vorstellungen, „ideae" [61]. So ist weder Gott noch seine Schöpfung Objekt dieser Ersten Philosophie; wie aber steht es mit dem Prinzip und dem Subjekt dieser Neueren Philosophie?

Das vorstellende Subjekt ist gerade nicht identisch mit dem, was in der zweiten Epoche „Gott" genannt wurde; so begründet sich die Wissenschaftlichkeit des neueren Denkens auch nicht aus diesem als Prinzip. Wohl ist es Gottes Wahrhaftigkeit, die – bei Descartes – die Wahrheit von Urteilen verbürgt,[62] wohl tritt Gott als absolute Identität in der Weise auf, daß er – bei Spinoza – die Rückführung aller Urteile als die „unendliche Entfaltung eines analytischen Urteils" [63] be-

57 Descartes, Principia philosophiae I (ed. A. & T.), pag. 5.

58 Scheier, Claus-Artur: Die Selbstentfaltung der methodischen Reflexion als Prinzip der Neueren Philosophie. 1973, S. 19. – Dieses Werk zeigt in vorzüglicher Weise die prinzipielle Entwicklung der Neueren Philosophie.

59 Op. cit. S. 27.

60 Descartes, Meditationes de Prima Philosophia II (ed. A. & T.), pag. 26 f.

61 Descartes, op. cit., pag. 42 („Et quamvis forte una idea ex aliâ nasci possit . . ."), pag. 45 („Dei nomine intelligo substantiam quandam infinitam . . .").

62 Descartes, op. cit., pag. 52 f.

63 Scheier, op. cit., S. 40.

greifen läßt, doch wird die Wissenschaft gesichert durch die *Methodische Reflexion*, die Gott als idea ideae als „causa sui" begreift.[64]

Schon hier ist deutlich, daß die Neuere Philosophie als Wissenschaft „Gott" nicht zum Prinzip, nicht zum Subjekt und nicht zum Objekt haben kann. Die neuere Wissenschaft bricht deshalb ihre prinzipielle Einheit mit der theologia. Deshalb sieht sich diese theologia in Wissenschaftlichkeit und Methode gefordert, kann sie doch nicht von ihrem Prinzip abrücken.[65]

Hat schon der Beginn der Neueren Philosophie die prinzipielle Bindung der Theologie an die Wissenschaft betroffen, so wurde nach dem „Ende der Metaphysik" auch das Subjekt der Theologie angegriffen. Dabei wird die christliche Theologie als geschichtliche Erscheinung eines geschichtlichen Gottesbegriffes behandelt. Nietzsche spricht in diesem Zusammenhang von einer christlichen „Moral-Hypothese zum Zweck der Rechtfertigung Gottes" [66]. Im Durchschauen der damit verbundenen Moral und dieses Gottes als einer lügnerischen Priester-Erfindung [67] wird – für Nietzsche – deutlich, daß die „ganze christliche Lehre von dem, was geglaubt werden soll, die ganze christliche Wahrheit ... eitel Lug und Trug" [68] ist. Die Erfindung Gottes, des Jenseits und einer „wahren Welt" [69] diente nur dazu, einen „Widerspruch in das Dasein" [70] zu interpretieren. Mit Beseitigung der alten christlichen Moral

[64] Vgl. Spinoza, Ethik I, 1. Vgl. auch Plotin, Enneade VI, 8, 14, 40 f.

[65] So erweist sich die Schwäche einer „religion civile" durch ihre Prinziplosigkeit; vgl. Rousseau, Du contrat social IV, cap. 8.

[66] Nietzsche, Der Wille zur Macht 290.

[67] Vgl. Nietzsche, Antichrist 42.

[68] Nietzsche, Der Wille zur Macht 159.

[69] Vgl. Nietzsche, Ecce Homo 8.

[70] Nietzsche, Der Wille zur Macht 258.

wird aber auch der „alte Gott", der die Wissenschaft haßt und fürchtet,[71] für tot erklärt.[72]

Diese neue Tot-Erklärung ist nun keine Apologetik seitens der theologia, sondern ein Angriff auf die Theologie, die nunmehr ihren Anspruch und ihren Inhalt rechtfertigen muß, indem sie eine Prüfung ihres Subjekts und Objekts unternimmt. In der Folge der Neueren Philosophie aber kann die Theologie weder als Erste Philosophie oder Theologik, noch als Apologetik, noch unmittelbar als scientia erscheinen, um Wissenschaft zu sein: nur durch den Gang durch die Tradition ist also zu sehen, daß sich die Theologie in einer neuen Herausforderung befindet.[73]

In Beantwortung dieser Herausforderung haben protestantische und katholische Theologie unterschiedliche Richtungen genommen.[74] Die protestantische Theologie trägt, in einer bestimmten Prägung, der Bewegung der Philosophie insofern Rechnung, als sie Gott nicht als eine „Gegebenheit", wie Bultmann formuliert,[75] auffaßt. Indem nun der Schöpfungsgedanke – und damit der Gedanke an den Schöpfer – zugunsten des Offenbarungsgedankens [76] zurücktritt, um die Spannung von „Diesseits" und „Jenseits" zu vermitteln, gewinnt das Studium der Geschichte dieser Offenbarung durch Christus entscheidende Bedeutung. Hier ist der Historiker, dessen Wissenschaft keinerlei Beziehung zum Subjekt der theologia

71 Vgl. Nietzsche, Antichrist 48 f.

72 Vgl. Nietzsche, Die fröhliche Wissenschaft 125.

73 Deshalb verbietet sich auch jeglicher Rückgriff in ältere Epochen, wenn es um die Wissenschaftlichkeit geht.

74 Hier können nur Beispiele aufgeführt werden; zum Problem auch K. Lehmann, Gegenwart des Glaubens. 1974, S. 62 f.

75 R. Bultmann, Die liberale Theologie und die jüngste theologische Entwicklung (1924). In: Glauben und Verstehen I, S. 18.

76 Dazu C. v. Bormann, Das wissenschaftliche Denken in der Theologie. In: Philosophisches Jahrbuch 79 (1972), S. 19–38, bes. S. 30.

voraussetzt, aufgerufen.[77] So kommt es zu einer Wissenschaftlichkeit, die durch die Beziehung zur profanen Methode der Historiker getragen wird: „Die historische Bibelwissenschaft hat sich als selbständige Wissenschaft durchgesetzt und bewährt“, sie ist „Allgemeingut der wissenschaftlichen protestantischen Theologie“.[78] Im Ergebnis handelt diese Theologie dann vom Bezug der Funde der historischen Bibelwissenschaft auf den Menschen; so wird sie Wissenschaft „in dem Sinne, daß sie ihren Gegenstand, den Glauben, ins Allgemeine hebt und ihn als allgemeine Möglichkeit bestimmt“.[79]

Durch Aufgabe von Subjekt und Objekt der sacra doctrina hat diese Theologie ihre Wissenschaftlichkeit nach dem Einbruch der Neueren Philosophie zu wahren gesucht.[80]

Die katholische Theologie nimmt eine andere Richtung. Durch ihre besondere, nicht-reformatorische Geschichte lange Zeit – und diese Zeit dauert an – der Gefahr ausgesetzt, in Verwechslung des Objekts der theologia mit demjenigen der prima philosophia Schultheologie zu sein, wirkt sie durch das System ihrer Dogmatik in zweifachem Sinne herausfordernd:

[77] Vgl. E. Käsemann, Sackgassen im Streit um den historischen Jesus. In: Exegetische Versuche und Besinnungen II. 1964, S. 43; dazu auch die Bemerkungen von W. Simonis, Zur Struktur und inneren Einheit der Theologie als Wissenschaft. In: Münchener Theologische Zeitschrift 25 (1974), S. 189–213, bes. S. 207 f.

[78] T. Rendtorff, Historische Bibelwissenschaft und Theologie. In: Beiträge zur Theologie des neuzeitlichen Christentums, hrsg. v. Birkner und Rössler. Berlin 1968, S. 75.

[79] v. Bormann, op. cit., S. 21.

[80] Ebenso deutlich wie konsequent bei Fritz Buri, der betont, daß „die religions- und problemgeschichtliche Sicht“ durch das Ausbleiben der Endzeit eine Problematik hervorbringe, „die ... nur durch Enteschatologisierung und Ethisierung (so bei Albert Schweitzer), Entmythologisierung und existentielle Interpretation (bei Rudolf Bultmann) oder (wie ich es versuche) durch Entkerygmatisierung und saekulare Humanisierung überwunden und fruchtbar gemacht werden kann.“ (Vortrag, gehalten am 7. 6. 1972 an der Theologischen Fakultät, Universität Freiburg i. Br.

scheint sie doch einer abgeschlossenen Epoche anzugehören und zudem die Neuere Philosophie nicht begriffen, noch weniger aufgearbeitet zu haben.

Hingegen verstehen sich auch maßgebliche katholische Theologen in dieser Herausforderung.[81] Dem aus der Gefährdung der Theologie entstandenen Religionswandel ist nicht abzuhelfen durch „Berufung auf unmittelbar verbindliche dogmatische Überlieferung oder eine undifferenzierte Beschwörung angeblich ‚heiliger' Überlieferung" [82]. So wird die „dogmatische Denkform als hermeneutisches Problem" [83] aufgefaßt. Dies bedeutet den Versuch einer Hinwendung zu einer „positiven Aneignung kritisch rezipierter Tradition und Autorität" [84] durch eine Hermeneutik, die – im Sinne der geforderten Wissenschaftlichkeit – Verstehen und Verstehenden nicht voneinander abstrahiert und die Faktengeschichte der Tradition auswendig lernt, sondern die Theologiegeschichte auf ihre Gegenwart transparent macht. Damit ist in besonderem Maße die Dogmatik angesprochen. Sie muß – in Aufarbeitung der Philosophie [85], nicht der „Sozialwissen-

[81] Zu beachten auch Claude Geffré, Un nouvel âge de la théologie. Paris 1972.

[82] Lehmann, op. cit., S. 38.

[83] Titel einer Arbeit von K. Lehmann. In: Gegenwart des Glaubens. 1974, S. 35–53; vgl. dagegen W. Kohls, Die Überwindung der neueren hermeneutischen Theorien. In: Theol. Zeitschr. 30 (1974), S. 349–358, wo diese Erneuerung strikt abgelehnt wird (bes. S. 356).

[84] Lehmann, op. cit., S. 43.

[85] Vgl. auch B. Welte, Was hat die Philosophie in der Theologie zu tun? In: Theol. Quartalschrift 154 (1974), S. 303–310; S. 310: die philosophische Analyse suche auszuleuchten, sie „macht aufmerksam und leuchtet voran". Vgl. die Bemerkung Kant's: „Auch kann man allenfalls der theologischen Fakultät den stolzen Anspruch, daß die philosophische ihre Magd sei, einräumen (wobei doch noch immer die Frage bleibt: ob diese ihrer gnädigen Frau *die Fackel vorträgt* oder *die Schleppe nachträgt*)" (Streit der Fakultäten I, I, 2. Abschn.).

schaften"! – zeigen, daß die Neuere Philosophie durch ihre andersartige Fragerichtung gegenüber der zweiten Epoche der Ersten Philosophie nicht das Subjekt der theologia sive sacra doctrina vernichtet hat, sondern das Objekt gewandelt.[86] Gelingt ihr dies, so wird auch die Wissenschaftlichkeit der Theologie gerettet und befestigt werden können.

Diese Beobachtungen zum „Religionswandel der Gegenwart" können auch der Religionswissenschaft nicht entzogen werden. Hier ist zu sehen, daß die Krise der christlichen Religion im Abendland nicht durch eine der Säkularisation folgende Religionspolemik fundamental bedingt ist, sondern durch die notwendige prinzipielle Eigenbestimmung der Theologie als Wissenschaft. Andererseits ist die Religionswissenschaft auch unmittelbar, in ihrem eigenen Wissenschaftsverständnis, methodisch betroffen; der Wandel von „Religion" erlaubt nicht mehr, deren Praxis rein phänomenologisch aufzuarbeiten, denn „Religion" ist als Gegenstand nicht mehr „gegeben". Diese Folge weist über den christlichen Rahmen hinaus, innerhalb dessen Theologie und Religionswissenschaft von der herausfordernden Bemerkung Nietzsches berührt werden, es vollziehe sich – vor unseren Augen – die „Ehrfurcht gebietende Katastrophe einer zweitausendjährigen Zucht zur Wahrheit, welche am Schlusse sich die Lüge im Glauben an Gott verbietet".[87]

Summary

The "change in religion at the present time", in as far as it is occurring within the Christian western tradition, is decisively characterized by

[86] G. Sauter hebt immerhin hervor, daß „Gott Gegenstand der Theologie" ist (in: Grundlagen der Theologie – ein Diskurs. Von W. Pannenberg u. a. 1974, S. 47).

[87] Nietzsche, Zur Genealogie der Moral, III. Abhdl., 27.

the relation of theology – the most important religious expression – to a certain type of philosophy ("prima philosophia"). The history of this relationship reveals three epochs which are deducible from the respective principles of the prima philosophia. The perfection of the first epoch demonstrated the possibility of principal perception as a presence in the principle as the first and best, for God was simultaneously subject and object of this philosophy, which as "theologike", represented science in its purest form. The second epoch is dominated by the principle of the extra-terrestrial Creator: as the "One" he is, however, not only maius quam cogitari possit, but as summum bonum also he who points out, through his revelatio divina, the way to salvation. Thus there emerges on the one side a principal knowledge of order, relying on the One, through the development of independent human knowledge which comes from the lumen naturalis rationis, and on the other side a "theologia", whose source is the lumen divinae revelationis. The relation of these two sciences is determined by their having the same subject and different objects. As science progressed in the third epoch of the prima philosophia this connection is sundered; Methodical Reflexion now taking the place of the principle in this philosophy, theologia maintaining itself through the different character of its knowledge. Modern philosophy as a science regards "God" neither as principle, nor as subject, nor as object; theology, however, and here catholic theology may serve as the exponent, cannot salvage its claim to scientific status by having recourse to older epochs of the prima philosophia, but must demonstrate that modern philosophy through the different direction of its questioning has not annihilated the subject of theology, but has altered the objects. Success here means the securance of the scientific basis of theology. This fundamental process cannot fail to be of interest to the „Religionswissenschaftler".

RÜCKWIRKUNGEN ABENDLÄNDISCHER RELIGIONSFORSCHUNG AUF NEUERE ENTWICKLUNGEN IN DEN WELTRELIGIONEN [1]

Von Karl Hoheisel

Die Wissenschaft weiß sich heute mehr denn je dazu verpflichtet, die Folgen ihres Tuns zu bedenken. Davon darf sich auch ein Unternehmen wie die Religionsforschung nicht dispensieren. Um gar nicht erst in den Verdacht zu geraten, als Prediger und Missionare bestimmter Religionen, geschweige denn als Reformatoren oder Religionsstifter aufzutreten, bemühen sich die intentional bekenntnisfrei arbeitenden Forscher nicht nur unseres Landes und Kontinentes, eine bestimmte Art von Folgen, nämlich Folgen für die studierten Objekte, die Religionen, so klein wie möglich zu halten. Deshalb wenden sie sich mit Vorliebe wenn schon nicht gänzlich ausgestorbenen Religionen, so doch entweder nur den Ursprungsformen oder späteren, aber gleichfalls der Vergangenheit angehörenden Entwicklungsstufen heute existierender Religionen zu und vermeiden es ganz offensichtlich, zu aktuellen Fragen Stellung zu nehmen. Treffend führte E. Benz 1965 auf dem internationalen Kongreß der IAHR in Claremont (Calif.) aus:

„Die(se) Zurückhaltung der Religionswissenschaft, an der Lösung aktueller religiöser Fragen mitzuwirken, ist in manchen Fällen so betont, daß

[1] Teile der folgenden Gedanken wurden zuerst in meiner Öffentlichen Antrittsvorlesung am 5. Februar 1975 vor der Philosophischen Fakultät der Rheinischen Friedrich-Wilhelms-Universität Bonn vorgetragen.

man bei manchen Religionswissenschaftlern den Eindruck hat, es wäre ihnen lieber, es gäbe nur tote, das heißt ausgestorbene Religionen, da diese sich besser für eine rein phänomenologische Betrachtung und eine kritische Analyse und Vergleichung eigneten als die lebenden Religionen, die durch anspruchsvolle Institutionen, durch eine gegen Kritik besonders empfindliche Mission und Propaganda und womöglich auch noch durch politische Engagements mit allen zugehörigen Konfliktmöglichkeiten vertreten sind." [2]

Methodische Vorbemerkungen

Doch ungeachtet ihrer Abstinenz in aktuellen, gegenwartsbezogenen Fragen teilt die Religionswissenschaft das Los anderer, so theoretischer Disziplinen wie der Mathematik. Wie nämlich das mathematische Denken über die Naturwissenschaften in nahezu alle Lebensbereiche eingedrungen und, entgegen seinem eigenen Selbstverständnis, zu Maß und Richtschnur gültiger Erkenntnis überhaupt erhoben wurde, so haben Denkansätze, Erklärungsmodelle und Ergebnisse der Religionsforschung auf die nur am Rande untersuchte oder gänzlich vernachlässigte religiöse Wirklichkeit unserer Tage zurückgewirkt.

Dabei denke ich keineswegs in erster Linie an die christlichen Theologien. Zweifellos gehört die von den Theologen geübte, methodische Selbstreflexion der christlichen Überlieferung zu den einflußreichsten formativen Kräften wenigstens der großen christlichen Konfessionen. Wenn ich jedoch im folgenden von abendländischer Religionsforschung spreche, meine ich keine wie immer geartete Selbstdarstellung einer Glaubens- oder Weltanschauungsgemeinschaft. Dabei wäre es allerdings vermessen, wollte die intentional bekenntnisfrei arbeitende Religionsforschung in Abrede stellen, daß sie

2 Proceedings of the XIth international Congress of the IAHR, vol. III. Leiden 1968, p. 8.

wesentliche Impulse von den christlichen Theologien empfangen, weithin Methoden und Fragestellungen, die Theologen an der christlichen Überlieferung entwickelt und erprobt haben, auf die außerchristlichen Glaubenswelten übertragen hat.

Im Laufe ihrer kurzen Geschichte hat sich die Religionsforschung dann zwar methodisch und vielfach auch institutionell aus den Theologien ausgegliedert. Sie wird immer seltener als Waffe gegen das Christentum eingesetzt und konzentriert sich im Gegensatz zu den bekenntnismäßig gebundenen Religionstheologien darauf, die nichtchristlichen Religionen und zunehmend auch die christlichen Konfessionen objektiv richtig, d. h. von deren je eigenen Voraussetzungen her darzustellen und deren Ansprüche im Lichte aller erreichbaren Erkenntnisse über den Menschen und seine Geschichte kritisch zu prüfen. Dennoch bleibt die Abgrenzung der Theologie gegenüber der Religionswissenschaft nach wie vor heftig umstritten. Wird auch kaum mehr daran gerüttelt, daß es ein eigenständiges religionswissenschaftliches Bemühen um das Christentum und ein legitimes theologisches Interesse an den außerchristlichen Religionen gibt, so wird doch, wie die jüngsten Umbenennungen traditionell theologischer Forschungseinrichtungen in „religionswissenschaftliche" andeuten, der Theologiebegriff derart unreflektiert gebraucht, daß Rückwirkungen der modernen Religionsforschung auf die jüngste Entwicklung der christlichen Konfessionen nicht ohne gründliche Durchmusterung der neueren Theologiegeschichte behauptet werden dürfen. Da dies auf wenigen Seiten so gut wie ausgeschlossen ist, beschränke ich mich auf die vier wohl bedeutendsten religiösen Traditionen außerhalb des Christentums, auf den Hinduismus und den Buddhismus, den Islam und das Judentum. Auch auf die Beteiligung der Religionswissenschaft an den sogenannten traditionsübergreifenden Neubildungen der Gegenwart, z. B. auf die Black-Muslim-

Bewegung, die Bahai-Religion oder das Mormonentum können wir nicht eingehen.

Auch nach diesen Einschränkungen erheben sich noch beträchtliche Schwierigkeiten. Einmal liegt keine Geschichte der neueren Religionsforschung vor; selbst annähernd vollständige Materialsammlungen fehlen. Daher bleiben die Grenzen zur Orientalistik, zur Soziologie, zur Politikwissenschaft und zu verschiedenen anderen Disziplinen fließend. Außerdem zwingt die Vielzahl der Arbeitsrichtungen, in denen sich die moderne Religionsforschung artikuliert – neben der Religionsgeschichte und der auf dem Prinzip des Vergleichs basierenden Phänomenologie vor allem die sog. Bindestrich-Disziplinen Religionssoziologie, -psychologie, -geographie usw. –, zu manchen groben Verallgemeinerungen. Schließlich treten die Einflüsse der Religionsforschung in der Regel nur in Verbindung mit anderen Faktoren der westlichen Kultur (Sprachen, Bildungs- und Rechtssysteme, Technologie, Handel und christliche Mission) auf. Kritik an den folgenden Ausführungen wird deshalb besonders leicht bei der Ausgrenzung des Faktors Religionsforschung einsetzen können.

Dies ist aber nur eine Seite. Auch innerhalb der Weltreligionen erreichten die Fragestellungen und Arbeitsergebnisse der abendländischen Forschung nur relativ kleine, aber offensichtlich recht einflußreiche Kreise. Im Unterschied zu einigen anderen, wahrscheinlich bedeutsameren Faktoren westlicher Kultur wirkt die Religionsforschung deshalb im wesentlichen indirekt. Gleichwohl sind ihre Spuren meistens nicht zu übersehen!

Die Religionsgeschichtsforschung

Wie im Abendland das Studium der christlichen Glaubensurkunden und der Vor- und Frühgeschichte der Großkirche das Antlitz der Konfessionen nachhaltig verändert hat und unaufhaltsam weiter verändert, so hat auch die abendländische Religionsgeschichtsforschung die wohl tiefsten Spuren in den außerchristlichen Universalreligionen hinterlassen. Bald lösten die Arbeiten westlicher Philologen und Historiker völlig neue Entwicklungen aus, bald unterstützten sie völlig unbeabsichtigt Erneuerungsbestrebungen im Inneren der einzelnen Religionen. – Paradigmatisch ist der Vorgang im *Hinduismus* zu verfolgen. Was Max Müller über die Wirkung seiner Veda-Ausgabe in Indien schreibt, hat sich in der Folgezeit mehrfach wiederholt:

„Es klingt fast unglaublich", führt er 1884 in seiner Vaterstadt Dessau aus, „aber es ist Tatsache, daß das indische Volk, welches seit etwa 4000 Jahren den Rig-Veda als sein heiligstes Buch, als die höchste Autorität in allen Glaubensfragen anerkannte, zu Anfang dieses Jahrhunderts nur wenige vollständige Handschriften und keine gedruckte Ausgabe dieses Werkes besaß. Die in Oxford gedruckte und von England nach Indien geschickte Ausgabe ihrer Bibel hat zuerst die indischen Theologen aus ihrem Schlummer aufgerüttelt. Sie konnten nun nicht mehr an den Veda appellieren, wie man nach der Ausdrucksweise der indischen Kasuisten einen Schädel als Zeugen anruft; der Veda stand wieder vor ihnen da."

Einige Zeilen weiter unterstreicht er die Bedeutung dieser Tatsache:

„In diesem Jahr traf ich in Paris mit Dverkanath Tagore, dem Vater von Debendranath Tagore zusammen. Ich zeigte ihm, wie der Veda wirklich war, wie wenig er enthielt, was nicht ein kindliches Gemüt sehen, fühlen und aussprechen konnte, und wie wenig namentlich die Hymnen enthielten, was Anspruch auf göttliche Offenbarung zu machen oder was als Grundlage für eine reformierte Religion in meinem Sinne des Wortes zu dienen vermöge. Angeregt, wie ich glaube, durch seinen Vater, schickte sein Sohn Debendranath in demselben Jahre auf eigene Kosten mehrere Gelehrte nach Benares, um den Veda zu studieren und auf Grund ihrer Berichte, und auch vielleicht auf Grund der wissenschaftlichen Arbeiten über den Veda, deren Ruf langsam von Europa nach Indien drang, erklärte die ‚Neue Kirche', die Brahma Samaj, . . . den Veda seiner Ansprüche auf einen göttlichen Ursprung für verlustig." [3]

[3] Deutsche Rundschau, Bd. 41 (1884), S. 419 f.

Nicht immer folgten den zahllosen Editionen und Übersetzungen, Kommentaren, Monographien und Detailstudien so revolutionäre Taten, sie blieben aber durchaus nicht wirkungslos. Nach und nach öffneten sie den Hindus den Blick für das Werden ihrer Überlieferungen und regten dadurch nicht allein ein völlig neues Interesse an der Geschichte an, sondern steigerten zugleich das indische Selbstwertgefühl mächtig. Während wir später feststellen müssen, daß namentlich das vergleichende Studium die naive Selbstgewißheit jeder Religion erschüttert und den allenthalben aufbrechenden Säkularisierungstendenzen Vorschub geleistet hat, gilt es hier, auf die gegenteilige Wirkung hinzuweisen: die entsagungsvolle Kleinarbeit der Philologen und philologisch orientierten Historiker hat den Zerfallsprozeß der indischen Glaubensüberlieferungen gebremst und dadurch das innere Wiedererstarken des Hinduismus in seiner universalistischen Form vorbereiten helfen.

Auch das Erwachen und der einzigartige neue Aufstieg des im 19. Jahrhundert totgesagten *Buddhismus* ist eng an die unermüdliche Editions-, Übersetzungs- und Forschungstätigkeit der Gelehrten geknüpft. Wie H. de Lubac [4] gezeigt hat, war diese wissenschaftliche Erschließung des Buddhismus zunächst ein rein europäisch-abendländisches Unternehmen. Allmählich beteiligten sich aber zunächst Inder und dann seit dem Beginn unseres Jahrhunderts verstärkt auch buddhistische Gelehrte aus allen ostasiatischen Ländern. Inzwischen hat die von Buddhisten getragene Forschung westliche Standards längst erreicht und zum Teil sogar überflügelt. Wenn daneben auf dem Felde der praktischen Religiosität das Mönchsideal zeitgemäß neu interpretiert, der Volksbuddhismus von seinen reflektierten Hochformen abgehoben und lebhaft über die

[4] H. de Lubac, La Rencontre du Bouddhisme et de l'Occident. Paris 1952, p. 253 ff.

Vereinbarkeit seit Jahrhunderten hingenommener volksbuddhistischer Elemente mit Intentionen des Shakya-Muni diskutiert wird, handelt es sich dabei um Impulse, die vom Abendland und dessen Wissenschaftsideal ausgegangen sind bzw. weiter ausgehen.

Anders müssen die Akzente im *Islam* gesetzt werden. Hier steht seit jeher das heilige Buch, der Qurān, im Mittelpunkt des religiösen Interesses, und neben einer Koranexegese, die wenigstens in Ansätzen historisch-kritisch genannt werden darf, wird seit Jahrhunderten eine ausgeklügelte Hadith-Kritik betrieben. Als sich deshalb in der Auseinandersetzung mit dem Abendland, von Indien ausgehend, auch im Islam modernistische Tendenzen regten, wurden zwar die Zeiten Mohammeds und der ersten Kalifen ungebührlich verklärt und der düsteren, in Konvention und Legalismus erstarrten Gegenwart gegenübergestellt. Kleinere Gruppen bemühten sich mit Hilfe philologischer Traditionskritik, die ursprünglichen Überlieferungen sowie den Konsens der ersten Generationen von allem späteren Beiwerk zu säubern, andere verwarfen im Sinne des Wahabismus sämtliche Traditionen und suchten ihr Heil im Koran allein. Heißsporne unterschieden, von französischen Orientalisten angeregt, im Koran selbst zwischen Offenbarungen, die Allah dem primitiven Volk der vorislamischen Araber gegeben habe, und solchen, die als ewiges Gesetz zu allen Zeiten für alle Menschen Geltung haben sollten. Aber wenn auch, um nur zwei Beispiele zu nennen, ein Ali Abd-ar-Raziq den Koran im Widerspruch zur geschichtlichen Wahrheit als rein religiöses Buch ohne Implikationen für Staat und Gesellschaft hinstellte und der studierte Semitist Taha Hussain koranische Aussagen, wie die Begründung der Kaaba durch Abraham oder den Islam als die Religion Abrahams rundheraus verwarf, halten in der Regel selbst die radikalsten Vertreter des islamischen Modernismus an der Verbalinspiration des Koran fest. Daher konnten sich theologische Liberalismen, die beim Schriftautor auch nur ein Minimum an persönlicher Freiheit annehmen, im Islam nie recht durchsetzen. Während sich der moderne christliche Exeget gleichsam auszumalen sucht, wie sich die Hagiographen ausgedrückt hätten, wären sie mit unseren heutigen Fragen konfrontiert worden, bemüht sich der muslimische Koraninterpret eher, Worten, die Allah vor 1300 Jahren zur arabischen Gemeinde gesprochen hat, neue Bedeutungen beizulegen. Auch dieses Vorgehen bietet zahllose Möglichkeiten, unerwünschte Stellen abzuwandeln, ganz auszumerzen oder der veränderten Situation anzupassen, nur sind dafür weder geschichtliche Erwägungen noch kritische Methoden vonnöten. Daher geschieht es nicht von ungefähr, daß sich der Islam religionsgeschichtlichem und religionsvergleichendem Denken gegenüber als relativ immun erweist.

Die Eigenart der muslimischen Distanz wird noch deutlicher, wenn wir auf die Folgen des neuerwachten Geschichtsbewußtsein für das moderne *Judentum* eingehen. Im Gegensatz zu den bisher besprochenen Religionen erlebten ja nicht nur die Führer und Lehrer, sondern auch eine ständig wachsende Zahl gläubiger Juden namentlich in Deutschland den Ausbau der modernen Wissenschaften. Zeitgenössische Zeugnisse bestätigen, wie sie sich gerade durch die Behandlung der Geschichte ihres Volkes vor allem in den kirchlichen Wissenschaften herausgefordert fühlten. Obgleich M. Mendelsohn, der erst von späteren Generationen zum alles überragenden Reformator emporstilisiert werden mußte, seinen Volksgenossen lediglich das Verständnis der Bibel erleichtern wollte, konnte er bald nicht mehr verhindern, daß seine kommentierte Übersetzung bald nur noch zum Erlernen des Hochdeutschen diente und dadurch zu einem besonders wirksamen Mittel des Abfalls vom Judentum wurde. Außerdem entlehnte er seine einseitige, wenn nicht gar falsche Umschreibung des Judentums als „geoffenbartes Gesetz“ unbedacht der zu seiner

Zeit noch stark theologisch bzw. antitheologisch orientierten Religionsbetrachtung. Die Umschreibung unterstrich zwar, daß das Judentum, weil keine Religion im Sinne einer Lehre, zusammen mit den allgemeinen Vernunftwahrheiten vertreten werden könne, motivierte aber gerade durch diese Annäherung des Judentums an die aufklärerische Vernunftreligion, wiederum völlig unbeabsichtigt, zum Abfall. Als sich die jüdischen Lehrer in der anschließenden Auseinandersetzung um die Einbürgerung ihrer Volksgenossen die Halacha von der sich historisch-kritisch gebärenden, christlichen Wissenschaft als reines Zeremonialgesetz, bar jeder sozial-politischen Relevanz, erklären ließen, wurde der Thorah-Begriff innerlich derart ausgehöhlt, daß schlagartig eine nie dagewesene Abfallbewegung einsetzte, während der verbliebene Rest erst richtig in eine Ghetto-Situation geriet. Die Besinnung auf die Tradition, die hervorragende, auf ihren Gebieten bahnbrechende Gelehrte wie L. Zunz, N. Krochmal, Z. Frankel u. a. unter Auswertung aller modernen wissenschaftlichen Methoden z. B. in der sog. „Wissenschaft des Judentums“ anstrebten, verschärfte namentlich in den östlichen Ländern die innerjüdischen Spannungen, statt sie zu beheben. Mag auch das persönliche Ungeschick einiger Vorkämpfer die Entwicklung mitverschuldet haben, so zeigt doch gerade ein Unternehmen wie die „Wissenschaft des Judentums“, daß sich wissenschaftliche Methoden auf die Dauer anderen Zielsetzungen nicht unterwerfen lassen.

Die vollkommene Religion

Mit der Eigengesetzlichkeit der Forschung fällt das Stichwort zu einem zweiten Komplex markanter Wirkungen. Sie gehen in erster Linie von der vergleichenden Religionsforschung aus. Während nämlich die geschichtlich orientierte Religionswissenschaft mit Vorliebe um die „Ursprünge“

kreist, mündet die vergleichende Betrachtung in die Frage nach der „vollkommenen Religion". Häufig werden beide Fragepunkte miteinander verknüpft und die vollkommenen Religionen am Anfang gesucht, so daß letztlich die gesamte Religionswissenschaft von der alten Sehnsucht nach der allgemein verbindlichen, übergeschichtlichen Religion beseelt war. Von den dadurch im Selbstverständnis aller Einzelreligionen ausgelösten Veränderungen können wir wiederum nur wenige Beispiele andeuten.

Apologeten aller vier Religionen stellen seit der Mitte des vergangenen Jahrhunderts mit seltener Einhelligkeit die Frage nach dem „Wesen" ihrer Glaubensrichtung. Dabei denken sie an Merkmalskomplexe, die alle Wandlungen überdauert haben oder überdauern sollen. Die Frage, welche Merkmale dies seien, wird, häufig mit Teilargumenten der westlichen Forschung, sehr unterschiedlich beantwortet.

Die Bekenner des Theravada finden im Pali-Kanon die originäre, für alle Zeiten verbindliche Form des Buddhismus. Dagegen erhebt man im Mahayana unter Berufung auf andere westliche Forschungsergebnisse mehr oder weniger ausschließlich die mythisch überzeichnete Heilbringergestalt, den Buddha der Jatakas und anderer Legendensammlungen, zur verbindlichen Norm. – Besonders deutlich ist die Ausstrahlung der westlichen Theoriebildung in Indien zu beobachten. So findet Dyananda Sarasvati, der Begründer des Arya Samaj, mit einer bestimmten Spielart des Evolutionismus die gemeinsame religiöse Basis Indiens in dem angeblich streng monotheistischen Glauben der Veden. Um diese bis zur Unkenntlichkeit verdorbene Urreligion der Menschheit wiederherzustellen, ließ er zwar einige allen Hindus besonders teuere Auffassungen wie das Karma-Gesetz und die Avatara-Lehre weiter gelten, lehnte aber alle von der abendländischen Religionsforschung besonders angefeindeten Elemente wie den Tempel- und Bilderdienst, die Tieropfer, die Vorrangstellung der Brahmanen und das Kastensystem kompromißlos ab, indem er die zahlreichen hinduistischen Götter bald als Attribute des einzigen Gottes, bald im Sinne der seinerzeit einflußreichen naturmythologischen Schule in ethische oder psychische Prinzipien und Naturkräfte uminterpretierte. Daneben erklärten und erklären andere Lehrer die theopanistisch verstandenen Upanishaden, die dharma-Treue der Gita oder bestimmte Formen der bhakti zur vollkommenen Religion, wobei sie es nicht an den „Beweisen" der westlichen Fachwissenschaften fehlen ließen. Von einem Einfluß der abendländischen Religionsforschung müssen wir auch sprechen, wenn Männer, die so maßgebend an der Erneuerung des Hinduismus beteiligt sind wie Keshub Chandra Sen, der bereits erwähnte Dyananda Sarasvati oder der zeitweilige Oxford-Professor und spätere Vizepräsident der Indischen Republik, Radhakrishnan, Reformen dadurch vorantrieben, daß sie ihren Landsleuten unter Heranziehung neuester Forschungsergebnisse ein Bild der Person und der Absichten Jesu von Nazareth vor Augen führten.

Ein Blick ins Vorwort der Koran-Ausgabe der Ahmadiyya zeigt, daß auch Muslime den Vergleich benutzen, um den Islam als die vollkommene Religion auszuweisen. Auch der orthodoxe Islam sucht Forschungsergebnisse, die freilich manchmal verkürzt und im Detail sogar falsch wiedergegeben werden, für eigene Reformen dienstbar zu machen. Dabei führt der Einfluß der westlichen Gelehrsamkeit im Islam wie in den übrigen drei Religionsgruppen zwangsläufig zu einer ungebührlichen Überbewertung der reflektierten Religion der Gebildeten auf Kosten des Volksglaubens, der Religion der breiten Masse.

Die Beziehungen der Religionen untereinander

Am eindrucksvollsten spiegelt sich der Einfluß der Religionsforschung in dem veränderten Klima, in dem die Religionen heutzutage ihre Beziehungen untereinander regeln. Wie nie zuvor ist dieses Klima geprägt vom Wissen um die Pluralität. Die ungeahnte Mobilität und der verstärkte Austausch in Wort, Schrift und Bild allein hätten es vermutlich nicht vermocht, die Ghettosituationen zu überwinden, wäre nicht auch das Wissen über die Religionen permanent gewachsen.

So mußten zahlreiche Fehlurteile, die einen Respekt vor dem anderen Glauben nicht aufkommen ließen, bereinigt werden. Wir erinnern nur an das von der mittelalterlichen Polemik zutiefst entstellte Bild Mohammeds oder an die beliebten nihilistischen Deutungen des buddhistischen Nirvana. Irrtümer, die wie das christliche Mißverständnis des jüdischen Religionsgesetzes gleichsam zum Glaubensbestand einer Religion gehören, wurden aufgedeckt und langsam abgestoßen. Auch das Wissen um die komplexe Struktur jeder Religion ist heute Gemeingut aller Gebildeten. Parallelen und Analogien deuten auf zahlreiche Verbindungen unter allen Glaufensformen hin und zwingen zu der Einsicht, daß keine Religion endgültig und vollkommen ist. Gerade die Erkenntnis, daß sich jede Glaubensform in der Entwicklung befindet, hat die geistige Haltung gegenüber anderen Religionen entscheidend verändert. An die Stelle von Toleranz und gegenseitiger Duldung treten zunehmend Dialog und Kooperation. Noch bewegen sich die Versuche um gegenseitiges Verstehen auf relativ hohem wissenschaftlichem und repräsentativem Niveau, doch eine Breitenwirkung dürfte nicht mehr aufzuhalten sein. Das führt uns zu der letzten Frage: Welchen Einfluß darf die Religionsforschung auf die Religion nehmen wollen?

Zweifellos hat auch die neutrale Religionswissenschaft Zerfall und Überfremdung von Religionen aufgehalten. Zugleich scheint sie aber eine Gefahr für die Religionen darzustellen. Die Vorwürfe, die von den Gläubigen aller Lager erhoben werden, gleichen sich. Die Religionswissenschaft löse die Einzigartigkeit und Vorrangstellung jeder Religion auf, sie relativiere den Glauben prinzipiell auf seine geschichtlichen, sozialen, geographischen und psychologischen Bedingungen hin und lasse es dahingestellt, inwieweit die religiösen Fakten Ausdruck einer Wirklichkeit „im Hintergrund“ seien.

Der letzte Vorwurf ist ungerechtfertigt. Im Unterschied etwa zu Kunst- und Literaturwissenschaft, die primär Kombinationen von Linien, Farben und Formen oder Sprachspiele und erst an zweiter Stelle das auf verschiedenen Existenzebenen durch die Symbole Gemeinte untersuchen, muß sich der Religionswissenschaftler prinzipiell auf ein Gemeintes gefaßt machen, das im Sinne der Vertreter der Religion objektiv, d. h. unabhängig vom Symbolisierungsvorgang, existiert und in das Geschehen eingreift. Deshalb ist ein bestimmter Transzendenzbezug konstitutiv für eine Religionswissenschaft, die eine selbständige Disziplin sein und bleiben möchte. Dagegen liegen die in den beiden anderen Vorwürfen angesprochenen Gefahren tatsächlich in der Religionsforschung. Da das Bild, das sich eine Religion von ihrem eigenen Werden macht, nicht immer mit der geschichtlichen Wahrheit übereinstimmt, ist Religionswissenschaft unweigerlich stets Religionskritik. Sie darf sich nicht damit begnügen zu beschreiben, zu klassifizieren und innere Gründe aufzuspüren, sondern muß die gefundenen Ergebnisse im Lichte gültiger Maßstäbe beurteilen, „Lob und Tadel“ aussprechen.

Diese Maßstäbe aber sind weder durch rein historische Forschung noch von einer bestehenden Religions- oder Weltanschauungsgemeinschaft zu gewinnen. Will sich die Forschung trotzdem nicht in puren Subjektivismus flüchten, bliebe nur die Möglichkeit, Prinzipien herauszufinden, die über die Grenzen aller Weltanschauungen hinweg Gültigkeit haben, seien sie nun – wie die Menschenrechte – auf ethisch-moralischem Gebiet niedergeschrieben oder nicht.

Das abendländische Wissenschaftsideal untersagt dem Religionsforscher, die Religionen einem ein für allemal gültigen Normenkodex zu unterwerfen. Er wird sich darauf beschränken müssen, die Folgen der hypothetisch angenommenen Glaubenspostulate, Wenn-Dann-Beziehungen, aufzuweisen. Gleichwohl wird er nicht verhindern können und auch gar nicht verhindern müssen, daß seine Arbeit zu einem noch stärkeren formativen Element aller lebenden Religionen wird.

Summary

Students of religion are neither reformers nor even founders of religion. That is why most of them, instead of dealing with actual religious problems, prefer to investigate completely exstinct religions or at least only former stages of those still existing. Nevertheless, during the last century, aims and methods, theories and results of western research have deeply influenced the development of all the world religions. The following reflections are only directed to four essential facts which after its establishment as an autonomous discipline „Religionswissenschaft" in connection with other scientific and extra-scientific activities of the west has caused within Buddhism, Hinduism, Judaism and Islam.

Historians and philologists have inspired especially to the eastern religions with extremly high esteem of their Holy Scriptures and their histories. Comparative studies have been successful in suggesting all of them mainly non-historical conceptions of their essential points. Moreover many a transformation of central ideas and institutions, including the mutual relations of religions, have been accelerated. Finally, cultivated adherents, steadily increasing in number, have been convinced of the relativity of every religion, including their own ones.

The history of the influence, western religious research has exerted over the world religions, has not yet been written, and probably can not be written up to now, but different kind of datas, only few of them has been touched upon here, suggest that „Religionswissenschaft" (including history of religion and other related disciplines) has been and still continues to be a very important formative factor of every religion.

DIE WELTRELIGIONEN IM RELIGIONSUNTERRICHT

Ein typologischer Forschungsbericht

Von Udo Tworuschka

Gustav Mensching zum 75. Geburtstag

Die Epoche der religionspädagogischen Abstinenz in bezug auf die „Fremdreligionen“ scheint unwiderruflich zu Ende gegangen zu sein, und der oft beklagte Mangel an didaktischer und methodischer Literatur hat eine verstärkte Publikationstätigkeit in Gang gesetzt. Doch hat die religionspädagogische Betriebsamkeit oft genug nur Dubletten hervorgebracht, indem sie sich vor allem einem thematischen Komplex: der *Konzeptionsdebatte* gewidmet hat. Hierbei stand die Frage nach der Konfessionalität des Religionsunterrichts (RU) im Mittelpunkt. Unter den Vorschlägen zur Theorie des RU [1] taucht dann regelmäßig der *religionskundliche RU* [2] auf, dessen Vor- und Nachteile von Kritikern mit zumeist denselben Argumenten immer wieder neu erörtert werden. Wollte unsere Darstellung dieselben Wege beschreiten, würde sie über

[1] Vgl. K. Wegenast, Herkömmliche und gegenwärtige Grundtypen einer Theorie. In: E. Feifel u. a. (Hrsg.), Handbuch der Religionspädagogik Bd. 1. 1973, S. 260–279.

[2] Vgl. u. a. die Aufsätze von W. Cremer, O. Thimme in: K. Wegenast, Religionsunterricht – wohin? Neue Stimmen zum Religionsunterricht an öffentlichen Schulen. 1971, S. 225–250.

eine Nacherzählung bekannter Tatsachen, Theorien und Konzeptionen nicht hinausgelangen.

Darum verlassen wir die ausgefahrenen Gleise der religionspädagogischen Theorie-Diskussion und behandeln unser Thema in seinem *engeren Sinne*: Wir versuchen, der Frage nachzugehen, unter welchen Gesichtspunkten die Weltreligionen selbst in Unterrichtsmodellen, Stundenentwürfen usw. zur Sprache kommen. Die nachstehenden Überlegungen haben noch experimentellen Charakter und sind Vorüberlegungen zu einem umfassenden Versuch, die Problematik der „Weltreligionen im RU" anzugehen.

I. Auslösende Motive

Das zunehmende Interesse der deutschen Religionspädagogik an den Religionen hängt offensichtlich mit der Aufwertung des Begriffes und der Sache *Religion* zusammen.[3] Bekanntlich verhinderte im protestantischen Raum die Dialektische Theologie Karl Barths mit ihrem Gesetz-Evangelium-Schema eine positive Einschätzung von Religion. Sie lehnte konsequent alle religiösen Entartungen des christlichen Glaubens ab und diskreditierte die außerchristliche Religionswelt schlechthin.

Die Rehabilitierung der Religion war zugleich auch eine Reaktion auf die heutige religiöse Welt- und Bewußtseinslage. Unsere vielbeschworene „eine Welt" wird zunehmend charakterisiert durch fremdreligiöse Gastarbeiter (hauptsächlich islamische Türken), Massentourismus und -kommunikation, sowie durch asiatische Missionen im Westen usw., – also Faktoren, welche bislang bestehende Schranken überwinden halfen.

3 S. M. Daecke, Gott in der menschlichen Erfahrung. Wird die Welt wieder religiös? In: Evangl. Kommentare 5 (1972), S. 644–648.

Diese veränderte Situation zog auch ein gewandeltes Interesse der Religionspädagogik an den Religionen nach sich.

Eine *allgemeine* Tendenz läßt sich klar erkennen: Das einstige *akademische* Interesse ist zunehmend einem stärker *situativen* gewichen. In der zeitgenössischen Didaktik lassen sich – grob gesehen – drei Richtungen unterscheiden.

II. Motivation

1. Die situativ-pragmatische Richtung

Das situative Moment läßt sich auf die Formel *Pluralismus* bringen, wobei weniger an dessen theoretische Existenz als an seine konkret-faktische, tagtäglich erlebbare Realität gedacht ist.

In besonders nüchterner Weise wird diese Tatsache in der englischen Forschung[4] zur Kenntnis genommen. Man beschäftigt sich dort mit nicht-christlichen Religionen (und anderen a-religiösen Weltanschauungen) einfach deshalb, "because they are simply there".[5] In weit höherem Maße als die Bundesrepublik ist Großbritannien aufgrund seiner kolonialen Verflechtungen zu einem "cosmopolitan country in a new way"[6] geworden. Daher ist es bezeichnend, wenn Islam und Sikhismus, aber auch Judentum, Hinduismus, Buddhismus, Parsismus usw. kurzerhand als "British religions" bezeichnet werden.

[4] Vgl. U. Tworuschka, Die Diskussion über das Thema „Weltreligionen" in der modernen englischen Religionspädagogik. In: Der Evangl. Erzieher 26 (1974), S. 424–428; sowie K. E. Bugge, Tendenzen und Projekte in der neueren engl. Religionspädagogik. In: Theologia Practica 10 (1975), S. 26–46.

[5] Genaue Zitation in meinem unter Fußn. 4 genannten Aufsatz, S. 425.

[6] Ebd., S. 425.

Während ein Faktor wie das „allgemeine religiöse Bewußtsein“ in England von vornherein ein breites Interesse an der Religionsgeschichte sicherstellt, erliegen hierzulande viele Bemühungen einem *asthmatischen Aktualismus.* Man wird den Verdacht nicht los, daß Religionen nur insoweit interessant sind, wie sie die unmittelbare Lebenswelt der Schüler berühren. Zweifellos ist der (am Schüler und an der Gesellschaft orientierte) Situationsbezug ein wichtiges didaktisches Prinzip des Weltreligionen-Unterrichts. Doch solange der RU nicht zur Fähigkeit erzieht, religiöse Phänomene (Feste, Kult, Sozialisation usw.) als Ausdruck einer allgemein-menschlichen, transkulturellen Konstante wahrzunehmen, bleiben viele Lernziele im Bereich operationaler Kurzsichtigkeit. Eine solche Didaktik ist folglich nicht an Religion als einer phänomenologischen Größe interessiert. Ihr geht es vielmehr um *geschichtslos-punktuelle Gegenwartsbewältigung.* Mit verschärftem Gastarbeiter-Stop dürfte sich für diese Richtung eigentlich das Problem Weltreligionen von selbst erledigen.[7]

Trotz ähnlicher gesellschaftspolitischer Ausgangslage setzt die englische Religionspädagogik tiefer an. Zwar ist auch ihr Bildungsziel „vorwiegend pragmatisch orientiert und auf die Vermittlung von Fertigkeiten und Fähigkeiten ausgerichtet“,[8] doch will sie zugleich sensibilisieren für einen nicht-konfessionell eingeschränkten, allgemein-religiösen Emotionalbereich.

7 Vgl. meinen Beitrag: Die Diskussion über das Thema „Weltreligionen“ in der modernen deutschen Religionspädagogik. Der Stand ihrer Probleme. In: U. Tworuschka/D. Zilleßen (Hrsg.), Arbeitsbuch Weltreligionen. 1976. Hierin auch ein Aufsatz von B. E. Gates über die englische Diskussion.

8 H. Essinger/A. Rühl, Religionsunterricht in England. Grundlagen, Organisation und mögliche Konsequenzen für den Religionsunterricht in der Bundesrepublik Deutschland. In: Theologia Practica 7 (1972), S. 143 bis 150, bes. S. 146.

2. Die anthropologisch-ontologische Richtung [9]

Die soeben dargestellte Richtung orientiert sich einseitig an den Interessen der Gesellschaft und einem vordergründigen Schülerbedürfnis. Die Vertreter der folgenden Richtung versuchen, diese beiden Lernzieldeterminanten stärker mit den Kriterien verschiedener Fachwissenschaften (Theologie, Religionswissenschaft) zu vermitteln. Sie gehen von einer theologisch gründlich reflektierten Basis aus und sind *anthropologisch* fundiert. Theologisch vertreten sie entweder (vornehmlich im katholischen Raum) eine Natur-Gnade-Relation, eine Haltung, die ich mit Gustav Mensching als „inklusive Absolutheit“ [10] bezeichnen möchte. Eine andere Gruppe steht dezidiert in der Nachfolge Tillichs. Religion gilt dann als menschliche Tiefendimension der einen ungeteilten Wirklichkeit und nicht als ein vom Profanen getrennter „sakraler“ Sonderbezirk. Zwar motiviert man auf beiden Seiten auch von unmittelbar situativen (punktuellen/globalen) Tatbeständen, doch greift dieser Ansatz tiefer, wie im Zusammenhang mit dem Religionsbegriff noch ausgeführt werden soll.

Hubertus Halbfas, als prominentester Vertreter dieser Richtung, begründet die Beschäftigung mit den „Fremdreligionen“ einerseits situativ mit unserer täglich kleiner werdenden Welt [11] sowie den Auswirkungen der Massenkommunikation. Nicht weniger konstitutiv ist aber für ihn auch die theologische Komponente; denn „vom eigenen Glauben erweist

[9] Zur Terminologie vgl. H. Schrödter, Die Religion der Religionspädagogik. (Religionspädagogik – Theorie und Praxis Bd. 29). 1975.

[10] Der von G. Mensching häufig benutzte Terminus findet sich auch neuerdings wieder in: Der offene Tempel. Die Weltreligionen im Gespräch miteinander. 1974, S. 63.

[11] H. Halbfas, Fundamentalkatechetik. Sprache und Erfahrung im Religionsunterricht. 1968, S. 242.

sich die Einbeziehung der Fremdreligionen in den Religionsunterricht als notwendig" [12].

3. Die religionskritische Richtung

Eine dritte Richtung läßt sich im religionskritischen RU feststellen, wie er neuerdings von der Mainzer Schule um Gert Otto vertreten wird. Hier wird ein verstärkter Nachdruck auf die gesellschaftliche und fachwissenschaftliche Determinante gelegt. Bei Otto ist nicht die Religion als solche (losgelöst von gesellschaftlichen Verschränkungen) didaktischer Ansatzpunkt. Vielmehr wird „Religion . . . thematisch, wenn und weil wir kritisch mit Welt umgehen, . . . weil wir auf ihre ambivalenten Wirkungen stoßen" [13].

Die Beschäftigung mit nichtchristlichen Religionen ergibt sich vor allem aus der Tatsache, daß diese für das komplexe Verständnis „von Religion in ihrer Beziehung zur Welt" [14] bedeutsam sind.

III. Der Religionsbegriff

Man hat in letzter Zeit verschiedentlich den Religionsbegriff der Religionspädagogik untersucht.[15] Interessant wäre es, einmal der Frage nachzugehen, welche Religionsauffassung solchen Versuchen zugrunde liegt, die sich speziell mit den Weltreligionen befassen.

[12] Ebd., S. 245.

[13] G. Otto/H. J. Dörger/J. Lott (Hrsg.), Neues Handbuch des Religionsunterrichts. 1972, S. 34.

[14] Ebd., S. 34.

[15] E. Feifel, Grundlegung der Religionspädagogik im Religionsbegriff. In: Handbuch der Religionspädagogik Bd. 1, S. 34–48. Vgl. Fußn. 9.

Hierbei lassen sich grundsätzlich zwei Positionen herausarbeiten, die in sich aber noch weiter differenziert sind.

1. Die erste Position besitzt ein *desintegratives* und *selektives* Religionsverständnis. *Desintegrierend* ist es, weil man Religion nur im Plural kennt und keinen die verschiedenen Einzelreligionen zusammenhaltenden Gattungsbegriff (Religion) zuläßt. In scholastischer Terminologie entspricht diese Position am ehesten dem Nominalismus. Außerdem ist das Religionsverständnis *selektiv,* weil aus der Pluralität der Religionen nur ganz bestimmte, nämlich „Welt"religionen herausgegriffen werden – zumeist solche, welche die Lebens- und Erfahrungswelt der Schüler unmittelbar tangieren. Diese Religionsauffassung verhindert schon im Ansatz die Ausbildung eines globalen geschichtlichen und religiösen Bewußtseins. Vor ähnlichen verheerenden Trends hat von kirchengeschichtlicher Seite Martin Widmann nachdrücklich zu Recht gewarnt.[16]

Das Religionsverständnis hat für die im RU zentrale *Wert- und Wahrheitsfrage* eindeutige Konsequenzen, und es lassen sich zwei verschiedene Standpunkte erkennen:

Tendenziell neigt diese Position zu einer theologisch-unreflektierten Einstellung, d. h. Fragen hinsichtlich der Differenz der Religionen bleiben gewöhnlich undiskutiert (vgl. D. Zilleßen: „Tourismustheologie": Wir besichtigen, was es alles gibt).[17]

Anderseits findet sich in dieser Position aber auch eine theologisch-ambitionierte Auffassung. Die Wert- und Wahrheits-Problematik wird hierbei allerdings a priori für die eigene Religion entschieden. Als Lernziele werden zwar Solidarität,

[16] M. Widmann, Kirchengeschichte im Unterricht. In: Der Evangl. Erzieher 26 (1974), S. 309 ff.

[17] D. Zilleßen, Theologie und Religionswissenschaft. Eine Problemstellung mit religionspädagogischen Konsequenzen. In: Der Evangl. Erzieher 26 (1974), S. 370–383, bes. S. 370 f.

Begegnung usw. genannt, doch wird der eigene Wahrheitsanspruch unbeirrt durchgehalten. Der Berliner Religionspädagoge Udo Kelch verfolgt mit seinem Grundschulmodell „Islam" eine „Begegnungsstrategie".[18] Sein 2. Lehrziel bestätigt unsere These:

„Erkennen, daß die aus eigener Glaubensgewißheit resultierende Ablehnung einer anderen Religion nicht auf die Menschen, die in dieser Religion leben, übertragen werden darf. (Toleranz ohne Verzicht auf die Wahrheitsfrage)." [19] Eine Untersuchung des Begriffsfeldes: Religion – Religionen – Glaube anhand von Kelchs Modell könnte mühelos ideologische Verkürzungen herausdestillieren.

Hand in Hand mit der Tendenz zur Desintegration und Selektion geht in dieser ersten Position das Bestreben nach *Personalisierung:* „Das Gespräch über die andere Religion stellt die Prägung der Menschen durch diesen Glauben in den Mittelpunkt." [20] Nicht die abstrakten Heilssysteme als solche werden kontrastiert, sondern „der in einer bestimmten geschichtlichen Situation verantwortlich gelebte Glauben".[21]

2. Orientieren wir uns weiterhin an der scholastischen Begrifflichkeit, so läßt sich die zweite Position aristotelisch interpretieren. Sie ist durch ein *allgemeines Religionsverständnis* gekennzeichnet. Religion wird nicht von vornherein in Einzelreligionen aufgespalten, sondern besitzt als solche einen didaktischen Stellenwert.

Religion als Überbegriff realisiert sich in den spezifischen Religionen und dient als Sammelbezeichnung für ein höchst

[18] U. Kelch, Islam. Überlegungen und Vorschläge für die Behandlung des Islam an der Grundschule (Vorform eines Unterrichtsmodellentwurfs). Aus: Informationen für den Evangl. Religionsunterricht in Berlin, H. 1/1972, S. 32.

[19] Ebd., S. 40.

[20] H. Angermeyer, Lernziele für den Unterricht in Fremdreligionen. In: Mission 1972. Mappe für den Unterricht, S. 5.

[21] Ebd., S. 5.

komplexes, nach Ninian Smart aus sechs Dimensionen bestehendes Faktum.[22]

Diese formal einheitliche Position vereinigt aber zwei entgegengesetzte Ansichten, die sich ihrerseits noch weiter aufgliedern lassen.

a. Dem ersten, im protestantischen Raum anzutreffenden Typ liegt – mehr oder weniger ausgesprochen – ein dialektisches, also: negatives Religionsverständnis zugrunde. Religion und Religionen gelten hier als Wege sündhafter Selbsterlösung, während der christliche Glaube (als etwas wesenhaft Unreligiöses) von Gott gnadenhaft geschenkt ist. Helmut Jaschke, ein Vertreter dieser Richtung, hält es zwar für schwierig auf der gymnasialen Oberstufe, „das Problem dahingehend auszuweiten, ob das Christentum im Vergleich zu anderen Religionen überhaupt als Religion bezeichnet werden kann",[23] möchte aber dennoch wenigstens tendenziell diese Absicht im Unterricht anvisieren.

b. Der zweite Typus ist dagegen durch eine Religionsauffassung charakterisiert, die nicht willkürlich den christlichen Glauben aus der Religionsgeschichte herauslöst (im Sinne von Gesetz-Evangelium), sondern beide Größen aufeinander bezieht. Innerhalb dieses Typus muß zwischen dem *ontologischen* (Halbfas) und dem *religionskritischen* (Gert Otto) Ansatz unterschieden werden. Beiden Richtungen ist allerdings gemeinsam, daß sie ein über die traditionelle Religionsphänomenologie hinausgehendes Religionsverständnis besit-

[22] N. Smart, The Phenomenon of Religion. London 1973. – Religious Education in Secondary Schools. Council Working Paper 36 (1971), wo das 6-Dimensionen-Modell religionspädagogisch fruchtbar gemacht wird. – N. Smart/D. Horder (Hrsg.), New Movements in Religious Education. London 1975. – B. E. Gates, Religious Education: A Proper Humanism. In: London Educational Review 1973, S. 55–61.

[23] H. Jaschke, Religion und Religionen. Gott und die Götter religionsgeschichtlich. In: zB (= zum Beispiel) [= religionspädagogische Zeitschrift] 4/1974, S. 96–100, bes. S. 100.

zen: Halbfas erkennt einerseits alle Bemühungen um „das, was unbedingt angeht“ als Religion an, während Otto von seinen funktionalistischen Überlegungen her ebenfalls alle Sinnsysteme unter den Begriff Religion subsumiert, welche „die Funktionen von ‚Religion‘ in konkreten Situationen oder Entscheidungen übernehmen“.[24] Beide Konzeptionen treffen sich mit ihrem ausgeweiteten Religionsbegriff mit den schultheoretischen Überlegungen Theodor Wilhelms.[25]

IV. Überlegungen zu einer didaktischen Typologie

Hier soll die Rede davon sein, welche Ziele und Absichten den verschiedenen Konzeptionen zugrunde liegen. Entsprechend den anfangs herausgearbeiteten Positionen zeigt sich auch in dieser Frage eine relative Homogenität der Typen.

Die Unterrichtsentwürfe gehen – grob gesehen – von zwei unterschiedlichen didaktischen Konzeptionen aus. Der erste Typus betont vor allem die affektiven und pragmatischen Bereiche, d. h. die Dimension der Einstellungen und Handlungsmöglichkeiten der Schüler. Er ist daher an der aktuellen Erfahrungs- und Erlebniswelt orientiert. Religionen sind hier nicht kognitive Systeme theologischer Gelehrsamkeit. Vielmehr steht der einzelne Gläubige mit seiner uns ungewohnten Sozialisation im Mittelpunkt. Abkürzend können alle Versuche, die an der Praxis einsetzen, also bei den Erfahrungen der Schüler im Umgang mit Angehörigen nicht-christlicher Religionen, unter die Kategorie *Begegnungs-Modell* zusammengefaßt werden. Diesem Modell steht ein diametral entgegengesetztes gegenüber, das weniger vom individuellen

[24] G. Otto u. a. (Hrsg.), Neues Handbuch des Religionsunterrichts. 1972, S. 197.

[25] Th. Wilhelm, Theorie der Schule. 1969², S. 327.

Glaubensvertreter her denkt, als von reiner Theorie. Der vom ersten Typ angestrebten Personalisierung der Religionen steht eine kognitive Sachkunde abstrakter Heilssysteme bzw. thematischer Segmente gegenüber.

1. Das Begegnungs-Modell

Läßt man Lernzielformulierungen aus Richtlinien, Lehrplänen und Unterrichtsmodellen Revue passieren, dann fällt auf den ersten Blick eine erstaunliche verbale Uniformität auf: Dialog, Dialogfähigkeit, Kommunikation, Begegnung, Interaktion, Kooperation, Solidarität usw. sind hier die überwiegend verwendeten Pathosformeln.

Bei näherem Zusehen lassen sich innerhalb des Begegnungs-Modells drei Varianten aufweisen, die wir vorläufig *eigentliches*, *uneigentliches* und *unechtes* Begegnungsmodell nennen wollen.

a. Kriterium für diese Wertung ist ein an der existenzialistischen Philosophie und Pädagogik geschultes Verständnis von „Begegnung". Hierbei ist eine das Subjekt erschütternde und in seinen Tiefen radikal, ja schicksalhaft verändernde Erlebnisqualität gemeint.[26] Aus den Lernzielformulierungen gewinnt man allerdings den Eindruck, daß „Begegnung" in einem sehr vordergründigen Sinne verstanden wird: in der allgemeinen Bedeutung von menschlicher Berührung und Zusammentreffen. Es lohnt sich, an einem exemplarischen Beispiel diese Bedeutung zu belegen: Bei Kelch lautet ein Lernziel: „Andersglaubenden so begegnen zu können, daß

[26] Vgl. O. F. Bollnow, Existenzphilosophie und Pädagogik. 1968⁴, S. 87 ff. – Zum Begriff „Begegnung" in der pädagogischen Tradition vgl. Art. „Begegnung" von W. Loch, in: H. H. Groothoff/M. Stallmann (Hrsg.), Pädagogisches Lexikon. 1968⁴, Sp. 60 f.

diese Begegnung nicht durch Mißverständnisse und Peinlichkeiten belastet wird." [27]

An diesem Zitat läßt sich deutlich die gedankenlose Verwendung des Begriffes studieren: Ein derart schicksalhaftes Ereignis kann per definitionem nicht Peinlichkeiten, Voreingenommenheit usw. in sich bergen.

b. Zwar wird oft von „Begegnung" gesprochen, doch läßt sich an den finalen Fügungen vieler Lernziele ablesen, daß wir es nur mit uneigentlicher Begegnung zu tun haben. Diese Modelle bezeichnen wir als *autistisch.* Hierunter wollen wir Entwürfe verstehen, die Weltreligionen mit dem Ziel behandeln, eigene (christlich-konfessionelle) Anschauungen zu festigen und durch religionsgeschichtliche Vergleiche zu stabilisieren. In diesem Sinne lautet die „zweite Grundintention" des Lähnemannschen Entwurfes: „Bewußtere und verantwortetere Wahrnehmung und Praxis des eigenen (christlichen) Glaubens und der eigenen sozial-kulturellen Tradition." [28] Zwar finden sich autistische Einstellungen auch in den gleich zu erwähnenden Theorie-Modellen. Dort sind die normativen Voraussetzungen allerdings von vornherein klar, während hier die Leitbegriffe Dialog und Begegnung zumindest ihrer eigentlichen Bedeutung nach eine offene Konfrontation verschiedener Positionen intendieren.[29]

c. Schließlich läßt sich noch ein drittes Modell erkennen. Wir nennen es unecht, weil es vordergründig von „Begegnung" spricht, letztlich aber doch auf einen Theorie-Vergleich abhebt. Die Kürze der Darstellung verbietet es, anhand stilistischer Merkmale den Suggestiv-Charakter entsprechender

[27] U. Kelch, a. a. O., S. 40.

[28] J. Lähnemann, Jesus und Mohammed, Christoph und Ali. In: Der Evangl. Erzieher 26 (1974), S. 409–424, bes. S. 416.

[29] Vgl. Curriculum Gymnasiale Oberstufe Evangl. Religionslehre, Heft 10, 1973², S. 9 f.

Versuche [30] herauszuarbeiten. Man geht hier zwar von einer konkreten Konfrontation aus, strebt eigentlich aber eine auf rein theoretischer Ebene sich vollziehende theologische Auseinandersetzung an.

2. Das Theorie-Modell

Auch hier lassen sich wieder einige Varianten unterscheiden. Ihnen ist gemeinsam, daß sie am kognitiven Aspekt der Religionen interessiert sind. Selten ist hier vom individuellen Gläubigen einer bestimmten Religion die Rede. Statt dessen stehen theologische Konzeptionen im Mittelpunkt.

a. Folienmodell: Eine erste Variante dieses Modells stellt den *religionsgeschichtlichen Vergleich* ins Zentrum. Die Resultate variieren jeweils entsprechend der theologischen bzw. religionswissenschaftlichen Ausgangsposition. Gegenübergestellt werden nicht nur geschlossene Systeme, sondern auch bestimmte thematische Topoi. Theologische Ansätze lassen dabei häufig ein Folien-Modell erkennen: Hierbei werden religionsgeschichtliche Fakten als Folie benutzt, vor der sich spezifisch-christliche Inhalte um so deutlicher abheben können. Ein Musterfall dieser Gattung ist die „Theologische Propädeutik auf der gymnasialen Oberstufe“ von G. R. Schmidt. Mit der (unbewiesenen) Begründung, daß der RU bei seiner Behandlung der Weltreligionen über ein „oberflächliches Orientierungswissen“ [31] nicht hinauskäme, hält Schmidt es für besser, auf die kursartige Durchnahme einzelner Weltreligionen überhaupt zu verzichten. Sinnvoll könnten religionsgeschichtliche Dimensionen nur bei thematischen Vergleichen eingebracht werden, wobei allerdings antike Texte

[30] Vgl. das Arbeitsbuch: Religion 3/4. Hrsg. von I. Baldermann, G. Kittel, D. Steinwede. 1973, S. 98 ff.

[31] G. R. Schmidt, 1969, S. 59.

(sic!) einen größeren Stellenwert haben sollten.[32] Die Bedeutung der Religionsgeschichte für den RU sieht Schmidt folgendermaßen: „Die Lektüre fremdreligiöser Texte hat nur die Funktion, mögliche religiöse Einstellungen zu den verschiedenen Lebensfragen mit entsprechenden christlichen Haltungen zu kontrastieren, damit diese in ihrer Eigenart besser wahrgenommen werden können." [33]

b. Theorie-Praxis-Modell: Wenngleich die Überlegungen Gert Ottos ebenfalls an der Theorie einsetzen, so spielt durch die gesellschaftspolitische Komponente Praxis unmittelbar mit hinein. Als Begründung für eine Thematisierung der Weltreligionen dient die Annahme, daß „das Verständnis unserer Welt ohne Grundkenntnisse der großen Religionen kaum möglich ist".[34] Otto orientiert sich hauptsächlich an gegenwartsbezogenen, die Auseinandersetzung von Gesellschaft und Religion betreffenden Aspekten. Überwiegend kognitiv sind daher auch seine Lernziele: „Erkennen, einsehen, analysieren, kritisch aufarbeiten" [35] usw. Allerdings lehnt Otto eine „wertende Betrachtung unter der Vorgabe absoluter Dignität der eigenen religiösen Tradition" [36] ab, da sie weder „den Intentionen der einzelnen Religionen noch den Interessen und Fragestellungen der Schüler" [37] gerecht wird. Der Stellenwert von Weltreligionen „bemißt sich also nicht nach vermeintlich feststehenden christlichen Maßstäben, sondern am inhaltlichen Beitrag im jeweiligen Zusammenhang".[38]

32 Ebd., S. 59.
33 Ebd., S. 59.
34 G. Otto u. a. (Hrsg.), Neues Handbuch. S. 343.
35 Ebd., S. 346.
36 Ebd., S. 346.
37 Ebd., S. 346.
38 Ebd., S. 321.

Summary

Christian R. I. (Religious Instruction) has changed to R. E. (Religious Education) in recent years and with it the importance of World Religions. Roughly speaking there are *three reasons:*

1. the increasing number of foreign workers, students and diplomats in the bigger cities,
2. the theological revaluation of *religion* (against Barth, Bonhoeffer etc.),
3. the increasing importance of Comparative Religion.

The problem of World Religions is tackled in different ways. On the whole there exist three trends, trying

1. to master the momentary situation in the Federal Republic,
2. to conceive religion(s) as an anthropological factor,
3. to analyse the relations between religion(s) and society.

The different trends represent two main ideas of religion:

1. the disintegrated and selective,
2. the integrated type.

Lastly an attempt to create a *didactic typology* was tried. Three main positions could be differentiated:

1. encountering type (i. e. pupils should be prepared to encounter representatives of other religions).
   There are three subgroups which can be called:
   a. real encountering type,
   b. unreal encountering type,
   c. "phoney" encountering type.
2. Theory type (Cognitive aspects of religions are taught and compared) with the subgroups:
   a. Christian background type,
   b. Theory-practice type.

METHODOLOGISCHE VERSUCHE

BEDINGTHEIT UND DISTANZBEMÜHEN

Zur anthropologischen Situation des Religionswissenschaftlers

Von Sigurd Körber

Der Mensch ist durch Erbanlage, Erziehung, Umwelt, Sprache, Glauben u. a. m. vorprogrammiert. Er ist in vielfacher Hinsicht bedingt. Und noch dort, wo er seine eigene Ausgangsposition als vorwegbestimmt durchschaut und bewußt auf eine größere Unabhängigkeit hin zu verändern versucht, wird er sich dem Umstand des Bedingt- und Vorwegbestimmtseins nicht oder nur scheinbar entziehen können.

Andererseits verfügt der Mensch doch auch über einen relativ autonomen Bereich, aus dem heraus er gegen seine Begrenztheit vorzugehen und überhaupt erst sich zu verwirklichen vermag.

Thema dieses Beitrages soll nun nicht die an sich allseits bekannte und oft durchdachte, wenn auch noch kaum aufgelöste Problematik der Ambivalenz menschlicher Freiheit und Unfreiheit im allgemeinen sein. Die folgenden Ausführungen wollen vielmehr nur die besondere zwischen Fremd- und Eigenbestimmung schwankende anthropologische Situation des Menschen behandeln, der sich dem wissenschaftlichen

Die in den Anmerkungen verwendeten zwei Literaturkürzel beziehen sich auf den von G. Lanczkowski redigierten Sammelband: ›Selbstverständnis und Wesen der Religionswissenschaft‹, Darmstadt 1974 (abgekürzt: „SuW"), und auf die Zeitschrift: ›Temenos. Studies in Comparative Religion‹, Jg. 1, Helsinki 1965 ff. (abgekürzt: „Tem."). Weitere Literatur ist jeweils mit vollem Titel angegeben.

Studium der Religionen widmet. Daß bei diesem Separatversuch über das Selbstverständnis des Religionswissenschaftlers bisweilen auf die angedeutete Allgemeinproblematik zurückgegriffen werden muß, versteht sich wohl ebenso von selbst, wie daß das Ganze bei der Knappheit des zur Verfügung stehenden Raumes nur in Form einer Skizze angegangen werden kann.

Dem Doppelaspekt von Vorwegbestimmtheit und Autonomie entsprechend zerfällt das Vorzutragende in zwei Abschnitte. In einem ersten Teil wird nach anthropologischen Bedingungen, nach möglichen Momenten der Unfreiheit gefragt, denen der Religionswissenschaftler stets ausgesetzt ist und selbst bei Kenntnis derselben ausgesetzt bleibt. In einem zweiten Teil wird an Hand des Stichwortes der doppelten Distanz ein Weg zu weisen gesucht, wie der Religionswissenschaftler der mannigfachen Vorwegbeeinflussung seiner selbst wenigstens intentional Herr zu werden imstande ist. Die Ausführungen enden mit einem zusammenfassenden wissenschaftskritischen Vergleich zwischen der auf dem Distanzbemühen ihrer Vertreter aufbauenden Religionswissenschaft und der die Distanz als wissenschaftstheoretischem Prinzip ablehnenden theologischen und ideologischen Religionsbetrachtung.

1. Was die anthropologischen Bedingungsmomente angeht, so kann bis auf das biologische Sein und die Geburt des Religionswissenschaftlers zurückgegriffen werden. Denn da das menschliche Gehirn seiner physiologischen Beschaffenheit nach grundsätzlich nur begrenzt aufnahme- und arbeitsfähig ist und da gerade deshalb auch der herangewachsene Wissenschaftler in seinem Gang zu der ihn interessierenden Faktenfülle immer nur einen Ausschnitt derselben wird erfassen können, läßt sich bereits an der biologischen Existenz des Wissenschaftlers ein erstes gesichertes Moment anthropologischer Vorwegbestimmtheit nachweisen. Die biologische Basis seines Denk- und Erkenntnisvermögens zwingt den Wissen-

schaftler, sich zu bescheiden und mit Teilgebieten des Wissensmöglichen zufriedenzugeben.

Mit der Geburt beginnt auch die Beeinflussung durch die kulturelle und soziale Umwelt. Der zukünftige Religionsforscher wird in eine bestimmte geschichtliche Situation und in ein bestimmtes Elternhaus hineingeboren, wächst in ihnen auf und trifft unter ihrem mehr oder weniger erheblichen Einfluß seine berufliche Entscheidung.

Was die historische Situation angeht, so ist bekannt, daß die Religionswissenschaft als eigenständige, nicht theologische und nicht ideologische Disziplin im wesentlichen ein Ergebnis der jüngsten abendländischen Vergangenheit ist. Erst das Zusammentreffen mehrerer geistesgeschichtlicher Faktoren, wie Resignation gegenüber den überlieferten Glaubensinhalten, aufklärerisch liberale Gesinnung, Toleranz, Wissenschaftlichkeit und Interesse an fremden Denk- und Glaubensformen, haben die Existenz und das Studium dieser Wissenschaft ermöglicht. Das Weiterbestehen der Religionswissenschaft wird davon abhängen, welche Bedeutung diesen Faktoren auch fernerhin im Wandel der Zeiten und Anschauungen zugemessen werden wird. Daß sie bei einer Minderung derselben durchaus in eine Krise geraten kann, läßt ihre gegenwärtige Lage erkennen. Denn eine nach dem letzten Weltkrieg institutionell wiedererstarkte Theologie, eine Vielzahl von profanideologischen Bewegungen und nicht zuletzt die mit dem neuen National- und Selbstbewußtsein ihrer Anhänger wiedererwachten Religionen des Ostens haben die Religionswissenschaft in weiten Teilen zu einem bequemen Ort ihrer eigenen interreligiösen bzw. pro- und antireligiösen Auseinandersetzungen gemacht. Verwiesen sei in dieser Hinsicht nur auf die religionsgeschichtlichen Kongresse von Marburg und Claremont, von denen A. Caquot mit Recht sagen konnte, daß sie mehr an Religionskongresse nach dem Muster des 'World Parliament of Religion' als an religionswissenschaftliche Fachkongresse erinnert hätten.[1] Verwiesen sei auf den neomarxistischen Versuch einer A. Törngren, die in ihrem Buch die Religionswissenschaft im Sinne ihrer Ideologie verändert sehen möchte.[2] Verwiesen sei in dieser Hinsicht schließlich auf den "oriental trend of studying the history of religion",[3] auf dessen Gefahren für die wissenschaftliche Religionsbetrachtung schon J. Wach[4] am Beispiel S. Radhakrishnans und H. Ringgren[5] am Beispiel I. R. A. al Faruqis aufmerksam gemacht haben.

Der Einfluß des Elternhauses ist wie für jeden Menschen, so auch für den Religionswissenschaftler von einer kaum zu überschätzenden Gewichtigkeit und Vielfalt. Um zu diesem Punkt allerdings Verläßliches sagen zu können, wäre eine umfassende soziologisch statistische Untersuchung über das Privatleben und die Jugendentwicklung der Religionswissenschaftler erforderlich, etwa in der Art, wie sie K. Suolinna unter erweitertem Aspekt an dem akademischen Lehrkörper der finnischen Universitäten von Helsinki und Abo vorgenommen hat.[6] In enger Anlehnung an A. Roe gibt Suolinna dort übrigens vorweg eine typisierende Beschreibung der Jugendentwicklung von Wissenschaftlern überhaupt. Die Beschreibung ist auch für die Situation des Religionswissenschaftlers aufschlußreich. Sie sei daher ins Deutsche übersetzt und zusammengefaßt wiedergegeben:

Der Wissenschaftler ist in seiner Jugend häufig Einzelkind oder erstes Kind einer sozial und wirtschaftlich gut gestellten Familie aus dem gehobenen städtisch bürgerlichen Mittelstand. Nicht selten ist er früh Halb-

1 H. Clavier, SuW, S. 296.

2 A. Törngren, Opium för folket. Till kritiken av religionshistorien. Staffanstorp 1969; vgl. H. Ringgren in: Tem. 6 (1970), p. 119 ff.

3 U. Bianchi, SuW, S. 216 f.

4 Vgl. J. Wach-Vorlesung Bd. 1, hrsg. von E. Benz. Leiden 1963, S. 26 f.

5 Tem. 6 (1970), p. 124 f.

6 Vgl. Tem. 8 (1972), p. 54–95.

waise, neigt zu Introvertiertheit, Besinnlichkeit und Kränklichkeit. Er liest viel und beginnt früh, das Gelesene systematisch zu verarbeiten. Sein Intelligenzquotient ist überdurchschnittlich hoch. Der vorwiegend protestantischen Frömmigkeit des Elternhauses steht er zunehmend indifferent gegenüber. Züge einer puritanisch asketischen Lebensart in säkularer Form behält er allerdings zeitlebens bei. Er ist meist männlichen Geschlechts. Auf Grund seiner Kontaktarmut tritt er erst spät mit dem anderen Geschlecht in Beziehung. Die sozioökonomischen Verhältnisse seiner Familie erlauben ihm eine lange und sorgenfreie Ausbildung, verhindern andererseits eine nachhaltige Erfahrung sozialer Konfliktstoffe am eigenen Leib. Er ist apolitisch.

Vergleicht man dieses generalisierende und wie immer in solchen Fällen an Ungenauigkeiten krankende Bild mit dem besonderen jugendlichen Werdegang der Religionswissenschaftler, so fallen bei überraschend vielen Übereinstimmungen doch auch einige charakteristische Unterschiede auf. Die ältere Religionswissenschaftler-Generation in Deutschland z. B. stammt in der Tat und bezeichnend genug bei nur sehr wenigen Ausnahmen aus der städtisch bürgerlichen Mittelschicht. F. Max Müller, geboren und aufgewachsen in Dessau, war der Sohn eines Gymnasiallehrers; Rudolf Otto, geboren in Peine und aufgewachsen in Peine und Hildesheim, war der Sohn eines Fabrikanten; Joachim Wach, geboren und aufgewachsen in Chemnitz, war der Sohn eines Juristen; Friedrich Heiler, geboren und aufgewachsen in München, war der Sohn eines Lehrers; Helmuth von Glasenapp, geboren und aufgewachsen in Berlin, war der Sohn eines Juristen, und Gustav Mensching endlich, geboren und aufgewachsen in Hannover, war der Sohn eines Kaufmanns. Drei dieser Gelehrten haben bereits in früher Kindheit ihre Väter verloren. Außer F. Heiler sind die genannten Religionswissenschaftler zudem alle protestantisch erzogen worden. F. Heiler selbst trat seit 1919 in engen Kontakt zum lutherischen Glauben, wie denn die Mehrzahl nicht nur der deutschen Religionswissenschaftler der evangelischen Konfession angehört hat bzw. noch angehört.

Die genannten Religionswissenschaftler haben ferner in ihrer Jugend kaum materielle Not an sich erfahren und, bis auf R. Otto, der Politik durchweg nur wenig Interesse entgegengebracht.

Ein erster Unterschied zu dem von Suolinna Gesagten scheint mit der über die sonst im städtischen Bürgertum üblichen hinausgehenden kulturellen Regsamkeit der Eltern und Großeltern genannter Religionswissenschaftler gegeben zu sein. Wilhelm Müller, der Vater von F. M. Müller, ist als 'Griechen-Müller' eine noch heute bekannte Persönlichkeit der Literaturgeschichte. J. Wachs Vater Felix Wach war Enkel Felix Mendelssohn-Bartholdys und Sohn des Rechtsgelehrten Adolf Wach. H. von Glasenapps Vater Otto von Glasenapp war nebenberuflich ein erfolgreicher Übersetzer provenzalischer und spanischer Gedichte. Gewiß hängt es mit der kulturellen Aktivität ihrer Elternhäuser zusammen, daß die erwähnten Religionswissenschaftler sich schon früh weniger durch Kontaktscheu und Besinnlichkeit als durch Weltoffenheit und kulturelle Extrovertiertheit ausgezeichnet haben.

Ein weiterer Unterschied zu Suolinnas Thesen liegt in der festen und andauernden Verbundenheit der genannten Wissenschaftler mit dem, was Religion heißt. Sie alle, selbst die von der Philologie herkommenden F. M. Müller und H. von Glasenapp, haben stets etwas von der bürgerlichen Religiosität ihrer Elternhäuser bewahrt und, allerdings nicht immer nur zum Vorteil einer unabhängigen Religionswissenschaft, als ausgleichenden privaten Hintergrund in ihre Forschungen miteinfließen lassen.

Ein dritter Unterschied schließlich erklärt sich aus dem gewandelten Befinden, das etwa die Kriegs- und Nachkriegsjugend und damit auch die jüngere Religionswissenschaftler-Generation in Deutschland auszeichnet. Kriegsereignisse, wirtschaftliche und soziale Unsicherheit, weltanschauliche Umorientierung und Autoritätsmüdigkeit nehmen dem bisher homogenen Elternhaus viel von seiner Stabilität und Einwirkungsmöglichkeit. Es kommt eine teilweise Umverteilung von Wohlstand und Reputation hinzu. Neue Bevölkerungskreise drängen in die höheren Lehranstalten und Universitäten. Unsicherheit und Unruhe gegenüber dem Alten, stete Begleiter ungewohnten Rollenverhaltens, breiten sich bis in den Wissenschaftsbetrieb hinein aus. Ein wichtiges indirektes Ergebnis der dadurch mitbewirkten wissenschaftlichen Neuorientierung ist die starke Betonung, die die jüngere Generation wieder auf die Hinterfragbarkeit und die politische Relevanz des zu Begreifenden legt. Gefordert ist das existenzielle und sozialpolitische Engagement und die Vorordnung der Zweckfrage vor die bloße Faktenforschung.

Übergangen seien nun eine Reihe weiterer Momente, die den Religionswissenschaftler in der Ausübung seines Berufes vorweg- und mitbestimmen können, wie das Moment der Sprache und Kommunikation, das der herausragenden persönlich-privaten Jugenderlebnisse, das des Zufalls. Übergangen seien auch die Einengungen, denen jeder Student und fertige Wissenschaftler im Rahmen des Apparates universitärer Ausbildungspraxis notwendig unterworfen ist. Und näher erläutert sei nur noch ein Bedingtheitsmoment, ein Moment freilich, das neben den bereits angesprochenen der historischen Situation und des Elternhauses als das bedeutendste angesehen werden darf.

Wie jeder Gelehrte wird auch der Religionswissenschaftler von dem getragen, was er studiert. Und da er Religionswissenschaft studiert, ist er folglich in seinen Arbeiten von der Geschichte, dem Stand, der äußeren Organisation und nicht zuletzt von dem Gegenstand dieser Disziplin abhängig. Was Geschichte, Stand und äußere Organisation derselben angeht, so bedarf die Abhängigkeit des Religionswissenschaftlers von ihnen allerdings keiner größeren Erörterung. Jeder Wissenschaftler beginnt seine Recherchen auf dem Boden des bereits

Geleisteten, bemüht sich um die noch offenen Probleme, schafft an ihnen neue Probleme und gibt die Ergebnisse seiner Untersuchungen an die wissenschaftliche Mit- und Nachwelt weiter. Er ist immer nur Glied in einer Kette. Die Abhängigkeit von den wenigen offiziellen Instituten und Lehrstühlen seines Faches ist für den Religionswissenschaftler außerdem z. Z. eine um so bedrängendere, als er außerhalb dieser Einrichtungen nur geringe Chancen hat, eine berufliche Basis zu finden.

Schwieriger wird es, wenn man den Einfluß betrachtet, den der Gegenstand der Religionswissenschaft auf den Religionswissenschaftler ausübt. Denn dieser Gegenstand ist bis heute noch nicht eindeutig festgelegt worden, wenn es auch nicht an Versuchen, ihn festzulegen, gefehlt hat. Es liegt hier ein Dilemma vor, das, verursacht durch eine zu große Vielfalt von Zielsetzungen und Arbeitsmethoden, entscheidend zu der derzeit betrüblichen Lage der Religionswissenschaft beigetragen haben dürfte. Um dennoch den Einfluß des Forschungsgegenstandes auf den Religionswissenschaftler in etwa erkennbar machen zu können, sei erlaubt, diesen Gegenstand ohne den an sich erforderlichen umfangreicheren Exkurs abgekürzt zu benennen.

Forschungsgegenstand der Religionswissenschaft ist nicht das Religiöse als Ganzes und in direktem Zugriff, sondern ist nur der Teil des Religiösen, der sich in den rational oder empirisch greifbaren Objektivationen des menschlichen Geistes- und Seelenlebens manifestiert hat, d. h. ist nur das Religiös-Diesseitige. An diesen Objektivationen interessiert die Religionswissenschaft weniger die durch Auge und Ohr wahrnehmbare 'materielle' Gestalt derselben, ihr linguistischer, ästhetischer oder ergologischer Aspekt. Auf gar keinen Fall handelt sie von der Modalität des in ihnen und durch sie hindurch geglaubten irrationalen Religiös-Jenseitigen. Als rationale und empirische Wissenschaft untersucht sie allein den rational verstehbaren Sinngehalt und den empirisch nachprüfbaren Erlebnisgehalt dieser Objektivationen und gibt als Religionsgeschichte eine nach geographischen, ethnischen oder personalen Gesichtspunkten gegliederte Geschichte, als Religionsphänomenologie eine mit den Mitteln des Vergleichs und der Typologie aufgestellte Phänomenologie dieser Sinn- bzw. Erlebnisgehalte.

Die Schwierigkeit, die der Gegenstand der Religionswissenschaft dem Religionswissenschaftler aufgibt, liegt also nicht in seiner vermeintlichen Hintergründigkeit und Tiefe. Die noch von R. Otto [7] mannigfach mit Prädikaten des Verborgenen und Wunderbaren ausgestattete Tiefendimension des Religiösen ist endlich in ihrer ganzen irrationalen Unbewiesenheit, Unbestimmtheit und Unbegreiflichkeit zu belassen. Sie geht weder die Wissenschaft etwas an, noch kann, wo sie in ihrer Irrationalität wirklich ernst genommen wird, überhaupt sinnvoll und menschenverständlich von ihr gesprochen werden. Der Zwang, den der Gegenstand der Religionswissenschaft auf den Religionswissenschaftler ausübt, liegt vielmehr in der permanenten Enthaltsamkeit, die er diesem seiner eigenen weltanschaulichen Bedürftigkeit gegenüber abverlangt. Als Wissenschaft von den rational überprüfbaren Sinn- und den empirisch nachprüfbaren Erlebnisgehalten religiöser oder Religion erläuternder Objektivationen steht die Religionswissenschaft außerhalb jeder Kontroverse um Religion und daher auch außerhalb der privaten Auseinandersetzung des diese Wissenschaft studierenden Menschen mit Religion. Sie bleibt Geschichte und Phänomenologie dieser Gehalte und will nur als solche betrieben werden, unabhängig davon, ob der Religionswissenschaftler etwa im Verlauf seiner Studien für sich persönlich das irrationale Religiös-Jenseitige anzuerkennen oder als Scheinbereich zu streichen gelernt hat. Die

[7] R. Otto, Das Heilige. 1963$^{31-35}$.

Religionswissenschaft und ihr Gegenstand fordern damit von dem Religionsforscher eine bewußte Abkehr sowohl von sich selbst und seinen privaten weltanschaulichen Problemen als auch von der transzendenten Suggestivkraft des Religiös-Jenseitigen. Sie fordern von ihm Distanz.

2. Die Aufzählung der Momente anthropologischer Vorwegbestimmtheit ließe sich leicht noch erweitern. Aber schon nach dem bisher Gesagten erhebt sich gerade für den an unabhängiger und unparteilicher Arbeit interessierten Religionsforscher die grundsätzliche Frage nach dem sinngebenden Freiraum, aus dem heraus Wissenschaft trotz der Bedingtheit ihrer Vertreter dennoch möglich ist.

Angesichts der umfassenden Gültigkeit der Vorwegbestimmtheit wird es absolut gesehen diesen Freiraum allerdings nicht geben können. Voraussetzungslosigkeit und Objektivität, die dazu erforderlich wären, scheinen nur erreichbar, wenn der Mensch die ihn bestimmenden anthropologischen Bedingungsmomente in ihrer Gesamtheit zu erfassen, im einzelnen restlos zu erklären und in ihrer Wirkung auf sein denkendes Bewußtsein auszuklammern wüßte. Da aber ein solches Erfassen, Erklären und Ausklammern immer schon Tun eines bereits bedingten Bewußtseins wäre, dasselbe also auf ein Erfassen, Erklären und Ausklammern des Bedingenden durch das von ihm Bedingte hinauslaufen würde, wird der Mensch in diesem Punkte die Befreiung seiner selbst durch sich selbst niemals endgültig durchzuführen in der Lage sein.

Bedingungslose Objektivität ist immer nur Idee und als solche von jedem Menschen, wenn überhaupt, dann nur intentional in sein Leben einzubeziehen, indem er sie durch geistige Arbeit an sich selbst für sich selbst aus der Modalität des Möglichseins in die des Wirklichseins zu überführen versucht. Und wenn sie als Idee sich auch niemals vollendlich in die Realwelt des Menschen wird einbeziehen lassen, so vermag doch auch der Wissenschaftler in der Intention, in dem Bemühen um sie sich den relativen Freiraum zu erstellen, den er für seine spezielle Aufgabe braucht. Die Intention auf Objektivität, das Bemühen um sie ist damit erste Voraussetzung der Befreiung des Menschen und Wissenschaftlers von seiner eigenen bedingten Menschlichkeit. Da aber das Bemühen um die Idee der Objektivität konkret in nichts anderem ruht als in dem Bemühen um Abstand von all dem, das die Verwirklichung dieser Idee verhindert, da ferner insbesondere es die anthropologischen Momente sind, die die Verwirklichung erschweren, so darf das Bemühen um Objektivität durchaus mit dem um Distanz von diesen Momenten gleichgesetzt werden. Die Intention auf Objektivität entspricht der Intention auf Distanz von den anthropologischen Bedingungsmomenten. In dem Bemühen um die Distanz erreicht der Wissenschaftler als Mensch tatsächlich und konkret den relativen Freiraum, den er für eine sinnvolle Begründung seines Seins und Tuns benötigt.

Um auf den Einzelfall religionswissenschaftlicher Existenz zurückzukommen, so ist das diesbezügliche Distanzbemühen bereits zu Ende des ersten Abschnittes näher charakterisiert worden. Demnach stützt sich der relative Freiraum religionswissenschaftlichen Tuns einerseits auf die Intention des Religionswissenschaftlers, von sich und seiner subjektiven weltanschaulichen Bedürftigkeit loszukommen, andererseits auf dessen Bemühen, sich der Suggestivwirkung des Religiös-Jenseitigen gegenüber neutral zu verhalten und Religion bloß von ihrem Diesseitsaspekt her als Summe der rational verstehbaren Sinn- und der empirisch nachprüfbaren Erlebnisgehalte religiöser oder Religion erläuternder Objektivationen des menschlichen Geistes zu verstehen. In diesem doppelten Distanzbemühen und in der gleichzeitigen Erkenntnis, diese zweifache Distanz als Mensch niemals letztgültig in die Tat umsetzen zu können, liegt die Schwierigkeit, aber auch die relative Berechtigung religionswissenschaftlichen Forschens. In diesem Bemühen und in dieser Erkenntnis vollendet sich das

Bild von der anthropologischen Situation des Religionswissenschaftlers, durch sie beide erhält dieses erst sein volles, eigenartig antinomisches Aussehen.

Die Einsicht, den Forschungsgegenstand nicht über den rational faßbaren Bestand hinaus und nicht einmal im Rahmen des überhaupt Menschenmöglichen umfassend erkennen zu können, und das Dennoch-Bemühen um diesen Forschungsgegenstand aus der Distanz heraus heben die Position eines jeden Religionswissenschaftlers von den genau entgegengerichteten Intentionen sowohl der dialogischen Theologie als auch der atheistischen Religionsdeutung ab. Da diese entgegengesetzten Weisen der Religionsbetrachtung nicht nur ebenfalls vorgeben, allgemeinverständlich, d. h. rationaliter von Religion zu reden, sondern außerdem jede für sich mit dem Anspruch auftritt, die alleinige Legitimität hierzu zu besitzen, sei abschließend auf den Unterschied der dem Gebot der doppelten Distanz folgenden Religionswissenschaft sowohl von der theologisch-dialogischen als auch von der atheistisch-ideologischen Religionsbetrachtung und auf ihr Eigenrecht ihnen gegenüber eingegangen. Der wissenschaftstheoretische Vergleich wird noch einmal verdeutlichen, was mit dem Gebot des doppelten Distanzbemühens für die Religionswissenschaft gemeint ist.

Die dialogische Theologie hat aus dem Tatbestand einer auch im Wissenschaftsbetrieb immer mitschwingenden Menschlichkeit ein ausdrückliches Bekenntnis zum relativierenden Subjekt, ein bewußtes Hin zu bestimmten anthropologischen Bedingungsmomenten abgeleitet, was etwa in dem methodischen Subjektivismus eines Hendrik Kraemer, Wilfred Cantwell-Smith oder Klaus Klostermaier bis zu der Forderung nach einem privaten Glaubensbezug des Religionswissenschaftlers vor jeder konkreten Forschungsarbeit geführt hat. Der eigene Glaubensbezug und die Suggestivkraft des Fremdreligiösen sind der dialogischen Religionsbetrachtung darüber hinaus Anlaß, das irrationale Religiös-Jenseitige überall dort, wo nur ernsthaft behauptet, als existente Größe anzuerkennen, es aus der selbst irrationalen Position tiefinnerer Eigentlichkeit nacherlebend sich anzueignen und nach vollzogener Annäherung an das Fremdreligiös-Jenseitige allgemeinverständlich von ihm zu sprechen. An die Stelle des doppelten Distanzbemühens setzt die dialogische Theologie somit das Bemühen um religiöse Identifikation und existenzielles Nacherleben. Die Kategorien der Eigentlichkeit und Innerlichkeit dienen ihr außerdem als das entscheidende Argument, ihre Überlegenheit über alle, wie sie sagt, bloß von außen an die Religion herantretenden Bestrebungen etwa der Religionswissenschaft oder der atheistischen Religionskritik darzutun.

Demgegenüber muß festgehalten werden, daß die Kategorien der Eigentlichkeit und Innerlichkeit rational und empirisch nicht überprüfbar und daher auch wissenschaftstheoretisch ohne Bedeutung sind. Als Kategorien des Religiösen mögen sie innerhalb desselben Überlegenheit begründen, ein wissenschaftstheoretisches Plus gegenüber der Religionswissenschaft können sie nicht stützen helfen. Das bewußt eingegangene religiöse Engagement läßt es ferner fragwürdig erscheinen, ob die dialogische Religionsbetrachtung außer der Tiefe auch der Breite des Religiösen, neben dem Religiös-Jenseitigen auch der Fülle des Religiös-Diesseitigen gerecht zu werden vermag. Gerade aber was die Vielfalt der Objektivationen des Religiösen angeht, hat u. a. schon C. J. Bleeker [8] darauf hingewiesen, daß der Gläubige nicht einmal in jedem Falle seine eigene Religion besser versteht als der Außenstehende. Ob die dialogische Theologie das Fremdreligiös-Jenseitige per Nacherleben überhaupt jemals wirklich erreicht und wie sie sich selbst in den Stand setzt, nach vollzogener Annäherung an das Irrationale über es logisch korrekte Urteile

[8] SuW, S. 202.

abzugeben, hätte sie allerdings erst noch allgemeingültig nachzuweisen. Solange sie diesen Beweis nicht antritt – und es ist nicht zu sehen, wie sie ihn auf dem Boden rationaler Verständlichkeit und Überprüfbarkeit wird antreten können –, so lange bleibt insbesondere ihr Anspruch, die allein legitime Weise der Religionsbetrachtung zu sein, Anmaßung. Die Anerkennung jedes nur ernsthaft behaupteten Religiös-Jenseitigen wird zur willkürlichen Festlegung dessen, was mit 'ernsthaft' zu bezeichnen sei. Das Bemühen um Einfühlung und Aneignung wird zur Mißachtung dessen, was Albert Schweitzer einmal die Ehrfurcht vor dem Wesen des anderen und Fremden genannt hat, wenn es nicht ohnehin der subjektiven Einbildungskraft erliegt. Das Reden von dem angeblich nacherlebten Fremdreligiös-Jenseitigen wird Redseligkeit, die Leichtfertigkeit im Umgang mit dem Irrationalen zu naiv rationalistischer Spielerei mit ihm.

Was die atheistische Religionsbetrachtung angeht, so hat auch sie den Standpunkt der Eigentlichkeit eingenommen, wenn sie behauptet, daß es die Position der religiösen Eigentlichkeit nicht geben kann. Die Leugnung der einen Eigentlichkeit setzt immer die vorherige Anerkennung einer anderen voraus, aus der man erst Überzeugung und Mut gewinnt, erstere zu verneinen. Diese andere Eigentlichkeit ist im Falle der atheistischen Religionsbetrachtung der Sache nach mit der irrationalen Übersteigerung und Verabsolutierung des Diesseitsprinzips gegeben. Ihre ausdrücklich antireligiöse Tendenz verführt sie dazu, Irrationales mit Rationalem widerlegen zu wollen, ein Bemühen, das notwendig selbst der Irrationalität verfallen muß. Damit aber unterliegt auch der Legitimitätsanspruch der atheistischen Religionsbetrachtung ähnlichen Bedenken, wie sie soeben am Beispiel der dialogischen Religionsbetrachtung dargelegt worden sind.

Religionswissenschaft ist nicht religiöse und nicht atheistische Religionsdeutung. Sie erkennt weder das Religiös-

Jenseitige an, noch leugnet sie es. Ihr Interesse an Religion zielt nur auf die Mannigfaltigkeit des Religiös-Diesseitigen, weil sie als Wissenschaft über das Religiös-Jenseitige nichts weiter sagen kann, als daß es, falls es überhaupt ist, rationalem Erkennen entzogen ist. Ist Religionswissenschaft aber weder eine Sache des Glaubens noch eine des antireligiösen Unglaubens, so muß auch der Religionswissenschaftler nicht „selbst Religion haben, anders ihm der Forschungsgegenstand zutiefst fremd" bleibe, wie U. Mann noch kürzlich [9] in Verfolgung theologischer Interessen an der Religionswissenschaft forderte, er braucht nicht nur nicht ein religiöser Mensch zu sein, wie G. Widengren schon sehr viel zutreffender feststellt,[10] sondern er hat sich gemeinhin jeder eigenen Religiosität ebenso wie jeder Antireligiosität zu enthalten.

Ist die Haltung neutraler Religionslosigkeit für den Religionswissenschaftler als Menschen auch nie vollendlich zu verwirklichen, so existiert die Religionswissenschaft doch immer nur in dem Mehr und Mehr an Distanz, welches dieser Gelehrte seiner eigenen subjektiven Glaubensbedürftigkeit und der fremden Suggestivkraft des Religiösen abgewinnt. In diesem Mehr vermeidet der Religionswissenschaftler sowohl den Fehler des naiven Rationalismus ausdrücklich eingegangener Irrationalität als auch den Fehler der uneingestandenen Irrationalität atheistischen Rationalismus. Das anthropologisch motivierte Bemühen des Religionswissenschaftlers um die doppelte Distanz, zu sich selbst und zu dem Forschungsgegenstand, ist damit die entscheidende Voraussetzung für jedes wissenschaftliche Studium der Religionen, des rational und empirisch Erkennbaren an ihnen.

[9] In: Theologie u. Religionswissenschaft, hrsg. von U. Mann. 1973, S. XI.

[10] SuW, S. 270 f.

Summary

Men are both conditioned and autonomous beings. Conditions are f. i. hereditary dispositions, education, environment, language and belief. Further moments of influence are the historical era, the parental home and not at least the subject in which men are professionally engaged. The last three moments are more fully discussed with special regards to the existence of the scientist of religion.

The question which arises after having indicated human conditionality in general and of the scientist of religion in particular is how the latter may regain the indispensable independance for his scientific decisions. Absolutly seen there is not much free scope for human autonomy at all. Unconditioned objectivity which would be necessary for free scientific research is not realizable. The only possibility for the scientist of religion is to strive after it by trying to hold off firstly from his own need of belief and world-outlook, secondly from the existential suggestiveness of his subject of study, i. e. of religion. The double endeavour of keeping distance from himself and from his subject of study on the one hand and the knowledge never to reach the desirable distance marks the antinomous anthropological situation of the scientist of religion.

The statements finish with a critical comparison between the described scientific, the theological and the atheistic view of the history of religions.

RELIGIÖSER WANDEL: ALTERNATIVEN RELIGIONSWISSENSCHAFTLICHER FRAGESTELLUNGEN UND ERKLÄRUNGSMODELLE

Von Hubert Seiwert

Eine Beschäftigung der Religionswissenschaft mit dem Religionswandel der Gegenwart ist unter einer Vielzahl von Aspekten möglich. Neben der primären Aufgabe einer historischen Erforschung der religiösen Veränderungen der jüngeren und jüngsten Vergangenheit stellt sich dabei vor allem das Problem der Erklärung dieser Veränderungen. Ich möchte im folgenden skizzieren, welche alternativen Modelle der Religionswissenschaft zur Verfügung stehen, wenn es ihr um eine Erklärung von religiösen Wandlungsprozessen geht, wobei ich zur Erläuterung meiner Ausführungen die Taiping-Bewegung heranziehen werde. Wenngleich es sich dabei um eine religiös-revolutionäre Bewegung der jüngeren Vergangenheit handelt, sind die hier angesprochenen methodologischen Fragen nicht auf die Behandlung einer bestimmten historischen Epoche begrenzt.

Es ist angebracht, zunächst die wichtigsten Daten über die *Taiping*-Bewegung zu vergegenwärtigen:[1] Es handelt sich um eine revolutionäre Bewegung auf religiöser Grundlage, die sich von 1850 bis 1864 im offenen Aufstand gegen die Ch'ing-(Mandschu)-Dynastie befand. Die Ausgangsbasis der Bewe-

[1] Aus der reichhaltigen Literatur zur Geschichte der Taiping-Bewegung seien hier nur genannt: F. Michael: The Taiping Rebellion. History and Documents Vol. I–III. Seattle/London 1966–69; Jen Yu-wen: The Taiping Revolutionary Movement. New Haven/London 1973.

gung befand sich in Kreisen des Landproletariats sowie der bäuerlichen Bevölkerung Südchinas, jedoch gelang es der Bewegung während der fünfziger Jahre, weite Teile Mittelchinas militärisch zu kontrollieren und in Nanking eine neue Dynastie auszurufen. Nach schweren Auseinandersetzungen innerhalb der Führungsspitze verlor die Bewegung nach 1856 ihre innere Dynamik, um schließlich 1864 endgültig niedergeschlagen zu werden. Im Verlauf der Kämpfe sollen zwischen 20 und 50 Millionen Menschen den Tod gefunden haben.[2]

Aus religionswissenschaftlicher Sicht ist diese Bewegung vor allem deshalb bemerkenswert, weil die Taiping-Ideologie[3] deutlich von religiösen Vorstellungen geprägt ist, in denen unverkennbar christliche Elemente zu finden sind. Die Taiping-Anhänger vertraten beispielsweise einen strengen, ja fanatischen Monotheismus, der sich etwa in der Zerstörung buddhistischer, taoistischer und konfuzianischer Kultstätten widerspiegelte. Das Alte und das Neue Testament galten als heilige Schrift und Jesus als Sohn Gottes. Andererseits wäre es verfehlt, die Taiping-Bewegung als eine christliche Bewegung anzusehen, wie es einige zeitgenössische Beobachter anfangs taten. Trotz der christlichen Elemente in der Ideologie müssen wir hier von einer neuen Religion sprechen. So betrachtete sich etwa, um nur ein Beispiel zu nennen, der Gründer und Führer der Bewegung, Hung Hsiu-ch'üan, selbst als Sohn Gottes und jüngeren Bruder Christi.[4]

[2] Siehe Jen Yu-wen, a. a. O., S. 8, Anm. 14.

[3] Der Terminus „Ideologie" soll hier weitgefaßt und völlig wertneutral verstanden werden.

[4] Für eine umfassende Darstellung der Taiping-Ideologie siehe Vincent Y. C. Shih, The Taiping Ideology. Its Sources, Interpretations, and Influences. Seattle 1967; sowie Eugene P. Boardman, Christian Influence upon the Ideology of the T'ai-p'ing Rebellion, 1851–1864. Madison, Wisc. 1952.

Obwohl in den letzten Jahren wiederholt betont wurde, daß es mit zu den Aufgaben der Religionswissenschaft gehört, Erklärungen für religionswissenschaftliche Sachverhalte zu finden,[5] besteht bisher keine Übereinstimmung darin, was als eine religionswissenschaftliche Erklärung anzusehen ist. Auch an dieser Stelle kann diese Frage nicht entschieden werden, jedoch möchte ich einen Beitrag zur weiteren Diskussion leisten, indem das Spektrum möglicher Erklärungsmodelle aufgezeigt wird. Als Ausgangspunkt scheint mir eine der brauchbarsten Bestimmungen darin zu bestehen, Erklärungen als Antworten auf Fragen anzusehen, die mit „warum?" eingeleitet werden.[6] Wie sich zeigen wird, ist diese Bestimmung jedoch nicht auf alle der vier wichtigsten in der Religionswissenschaft angewandten Erklärungsmodelle, nämlich das historisch-genetische, das motivationale, das funktionale und das hypothetisch-deduktive, uneingeschränkt anwendbar. Wegen des eng begrenzten zur Verfügung stehenden Raumes wird es leider nicht möglich sein, jedes der Modelle in Einzelheiten zu diskutieren, so daß ich mich auf kurze Skizzierungen beschränken muß. Allein auf hypothetisch-deduktive Erklärungen werde ich etwas weiter eingehen, da dieses Modell bisher in der Religionswissenschaft kaum angewandt wurde.

[5] Dazu Th. P. van Baaren, Science of Religion as a Systematic Discipline. In: Religion, Culture, and Methodology, ed. by Th. P. van Baaren and H. J. W. Drijvers. The Hague/Paris 1973 (Religion and Reason 8), p. 35–56, hier p. 45; Hans H. Penner and Edward A. Yonan, Is a Science of Religion Possible? In: Journal of Religion 52 (1972), p. 107–133, bes. p. 117–127; N. Smart, What is Comparative Religion? In: Theoria to Theory 1 (1967), p. 138–145; D. Wiebe, Explanation and the Scientific Study of Religion. In: Religion 5 (1975), p. 33–52.

[6] Siehe z. B. Ernest Nagel, The Structure of Science. Problems in the Logic of Scientific Explanation. New York & London 1961, p. 15–20. Für eine umfassende Analyse der verschiedenen Aspekte wissenschaftlicher Erklärung siehe neben Nagels Arbeit vor allem Wolfgang Stegmüller, Wissenschaftliche Erklärung und Begründung. Berlin/Heidelberg/New York 1969.

Die Anwendbarkeit des *hypothetisch-deduktiven* Erklärungsschemas („H-O-Schema") [7] in den Geisteswissenschaften allgemein und in der Religionswissenschaft insbesondere ist vielfach bezweifelt worden.[8] Es kann hier nicht auf die vorgebrachten Einwände eingegangen werden, statt dessen werde ich zunächst die logische Struktur dieses Schemas darlegen und dann am Ende meiner Ausführungen zeigen, wie eine praktische Anwendung des Modells innerhalb der Religionswissenschaft aussehen könnte.

Nach dem H-O-Schema besteht eine Kausalerklärung darin, daß der zu erklärende Satz, das Explanandum, logisch aus anderen, erklärenden Sätzen, dem Explanans, abgeleitet wird. Im Falle der Erklärung von historischen Sachverhalten, womit wir uns hier allein befassen wollen (im Unterschied zur Erklärung von Gesetzen),[9] muß das Explanans, also die erklärenden Sätze, mit logischer Notwendigkeit aus mindestens einem (spezifischen) Allsatz,[10] d. h. einem Gesetz bzw. einer Gesetzeshypothese, und mindestens einem individuellen Satz bestehen.

Ohne auf theoretische Einzelheiten des Modells eingehen zu können, möchte ich das *formale Prinzip* an einem vereinfachten Beispiel erläutern. Es soll erklärt werden, warum die Taiping-Anhänger das „Christentum", d. h. die christliche

[7] So benannt nach C. G. Hempel und P. Oppenheim, die dieses Modell als erste grundlegend untersucht haben: Studies in the Logic of Explanation, abgedruckt in: Carl G. Hempel, Aspects of Scientific Explanation and Other Essays in the Philosophy of Science, New York/London 1965, p. 245–290.

[8] Zuletzt von Wiebe, a. a. O. (siehe Anm. 5).

[9] Über verschiedene Ebenen von Erklärungen siehe H. Feigl, Some Remarks on the Meaning of Scientific Explanation. In: Readings in Philosophical Analysis, ed. by H. Feigl and W. Sellars. New York 1949, p. 510–514, hier p. 511 f.

[10] Zur Unterscheidung von spezifischer und numerischer Allgemeinheit von Sätzen siehe Karl R. Popper, Logik der Forschung. 1966², S. 34.

Ideologie, übernommen haben.[11] Das Explanandum (*E*) lautet also: „Die Taiping-Anhänger übernahmen die christliche Ideologie." Man könnte versuchen, als Explanans folgende drei singuläre Sätze oder Randbedingungen (*R*) sowie eine Gesetzeshypothese (*G*) zu formulieren:

R_1: Die Taiping-Anhänger waren gegen die konfuzianische Ideologie eingestellt.

R_2: Die Taiping-Anhänger kannten die christliche Ideologie.

R_3: Die christliche Ideologie stellte eine Alternative zur konfuzianischen Ideologie dar.

G : Wenn Personen gegen eine bestimmte Ideologie *a* eingestellt sind und eine andere Ideologie *b* kennen, die eine Alternative zu *a* darstellt, dann übernehmen sie *b*.

Aus den Sätzen R_{1-3} und *G* läßt sich logisch deduzieren:

E : Die Taiping-Anhänger übernahmen die christliche Ideologie.

Wir haben damit eine formal korrekte Erklärung für die Übernahme des Christentums durch die Taiping-Anhänger. Trotzdem wird man mit Recht die Gültigkeit der formulierten Erklärung bezweifeln, denn zumindest einer der zur Erklärung benutzen Sätze, nämlich *G*, ist offensichtlich falsch, da sich leicht empirische Fälle aufzeigen lassen, in denen *G* nicht zutrifft.

Das Beispiel macht deutlich, daß die Problematik bei der Anwendung des H-O-Schemas innerhalb der Religionswissenschaft weniger in der logischen Struktur des erklärenden Arguments liegt als vielmehr darin, Gesetzeshypothesen zu finden, die empirischen Überprüfungen standhalten. Bevor

[11] Es wird hier und im folgenden der Kürze wegen nur vom „Christentum" bzw. der „christlichen Ideologie" innerhalb der Taiping-Ideologie gesprochen, wobei jedoch zu bedenken ist, daß nur bestimmte Elemente der christlichen Ideologie übernommen wurden. Zum Gebrauch des Terminus „Ideologie" siehe oben Anm. 3.

ich weiter auf dieses Problem eingehe, möchte ich in gebotener Kürze die drei anderen Erklärungsmodelle skizzieren.

Das *historisch-genetische* Erklärungsmodell läßt sich vereinfacht als der Versuch charakterisieren, die historischen Ursprünge des zu erklärenden Phänomens herauszufinden. Bei unserem Beispiel müßte etwa geklärt werden, woher die christlichen Elemente der Taiping-Ideologie stammen und wie sie dort hineingelangten. Das „Christentum“ der Taiping-Ideologie wäre damit genetisch erklärt. Es ist zu beachten, daß uns diese Art der Erklärung keine Antwort auf die Frage nach dem Warum, sondern auf die Fragen nach dem *Woher* und dem *Wie* gibt. Durch die genetische Erklärung werden zwar eine Reihe von (im Kontext) notwendigen (“contingently necessary”) [12] Bedingungen für die zu erklärende Tatsache gegeben, jedoch keine hinreichende Bedingung, aus der das Explanandum mit Notwendigkeit folgt.[13]

Motivationale Erklärungen, die ebenso wie genetische Erklärungen in der Geschichtswissenschaft große Bedeutung besitzen, sind dadurch gekennzeichnet, daß Erklärungen von Handlungen gegeben werden, indem auf die Motive der Handelnden verwiesen wird. Damit sind schon der spezifische Anwendungsbereich und auch die Grenzen des motivationalen

[12] Siehe Nagel, a. a. O., S. 560.

[13] Die methodologische Fundierung historisch-genetischer Erklärungen ist umstritten. Eine Analyse und (problematische) Begründung wird versucht von M. Mandelbaum, The Problem of Historical Knowledge. An Answer to Relativism. New York 1938. Vgl. dazu die Kritik von P. L. Gardiner, The Nature of Historical Explanation. Oxford 1952, p. 84–87. M. White (Historical Explanation. In: Mind 52 (1943), p. 212–229) verneint die Möglichkeit spezifisch historischer Erklärungen, während sie W. B. Gallie (Explanations in History and the Genetic Sciences. In: Mind 64 [1955], p. 160–180) verteidigt. Eine Analyse der logischen Struktur findet sich bei Nagel, a. a. O., S. 264–274. Siehe auch C. G. Hempel, Wissenschaftliche und historische Erklärung. In: Theorie und Realität, hrsg. von Hans Albert. 1972[2], S. 238–261, bes. S. 250–254.

Modells aufgezeigt. Es ist beschränkt auf die Erklärung von Handlungen; darüber hinaus können allenfalls noch solche Sachverhalte erklärt werden, die eindeutig als Ergebnis von zielgerichteten Handlungen erkennbar sind. Motivationale Erklärungen geben genau genommen keine Antwort auf Fragen nach dem Warum, sondern nach dem *Ziel* einer Handlung, es handelt sich also nicht um kausale, sondern um teleologische Erklärungen.[14]

In der Religionswissenschaft besitzt das motivationale Modell m. E. nicht die gleiche Bedeutung wie bei der Erforschung der politischen Geschichte, da wir es in der Religionsgeschichte verhältnismäßig wenig mit eindeutig zielgerichteten Handlungen zu tun haben.[15] Ich möchte hier dennoch ein mit diesem Ansatz verbundenes Problem erwähnen: Motivationale Erklärungen sind der Gefahr ausgesetzt, anstatt Erklärungen nachträgliche Rationalisierungen von Handlungen zu geben, sei es durch die Handelnden selbst oder aber durch die Beobachter.[16]

14 Die methodologische Begründung motivationaler Erklärungen ist ebenfalls umstritten. Grundlegend ist die Arbeit von W. Dray, Laws and Explanation in History. Oxford 1957. Vgl. dazu Hempels Kritik (Wissenschaftliche und historische Erklärung, a. a. O., S. 254–261). Eine sehr abgewogene Kritik subjektivistischer Theorien (z. B. Collingwoods) findet sich bei Gardiner, a. a. O., p. 114–139. Zum Versuch, eine rationale Alternative zum intuitivistischen Verstehensbegriff anzubieten vgl. Karl R. Popper, On the Theory of the Objective Mind. In: Objective Knowledge. Oxford 1972, p. 153–190. Einen wichtigen Beitrag zur logischen Fundierung motivationaler Erklärungen hat Georg Henrik von Wright (Erklären und Verstehen. 1974) geleistet.

15 Ganz anderer Meinung ist Wiebe, a. a. O. (Anm. 5), der ein dem motivationalen ähnliches Erklärungsmodell als das für die Religionswissenschaft angemessenste ansieht.

16 Das Phänomen der nachträglichen Rationalisierung von nicht logischem Verhalten ist vor allem von V. Pareto herausgestellt worden: The Mind and Society (Trattato di Sociologia generale) Vol. 1. London 1935, p. 171–230.

Nach dem *funktionalen* Modell besteht die Erklärung eines Phänomens darin, aufzuzeigen, welche Funktion das Phänomen innerhalb des (sozialen) Systems, zu dem es gehört, erfüllt. Bei unserem Beispiel könnte man etwa sagen: „Das ‚Christentum' der Taiping-Bewegung erfüllte die Funktionen der Integration und der Stärkung der Opferbereitschaft der Anhänger." Offensichtlich würde damit aufgezeigt, welche offenen oder versteckten *Auswirkungen* das Christentum innerhalb der Taiping-Bewegung hatte, jedoch nicht, *warum* es in der Bewegung vorhanden war.

Der Hinweis auf die Funktionen, die ein Phänomen erfüllt, genügt also nicht, um dieses Phänomen zu erklären, solange nicht zusätzliche Annahmen gemacht werden. Eine solche Annahme besteht in der These, daß in jedem sozialen System, sofern es funktioniert, bestimmte funktionale Erfordernisse (functional requirements) erfüllt sein müssen. Im vorliegenden Fall könnte etwa die These formuliert werden: „In jeder revolutionären Bewegung, die funktionstüchtig ist, sind Elemente vorhanden, die die Funktionen der Integration und Stärkung der Opferbereitschaft erfüllen." Wenn wir jetzt feststellen, daß das „Christentum" bei der Taiping-Bewegung diese Funktionen erfüllte, könnte man sagen, daß damit eine funktionale Erklärung des „Christentums" der Taiping-Bewegung gegeben sei.

Bei genauerem Hinsehen ist jedoch leicht festzustellen, daß hier keine Erklärung für das „Christentum" der Taiping-Bewegung gegeben wurde, sondern nur dafür, daß sich in der Bewegung *irgendein* Element fand, das die o. g. Funktionen erfüllte. Um speziell das „Christentum" zu erklären, müßten wir annehmen, daß es die einzige Möglichkeit darstellte, diese Funktionen zu erfüllen. Wir wollen die inhaltliche Problematik dieser Annahme im Augenblick außer acht lassen und nur die logische Struktur des erklärenden Arguments betrachten. Es zeigt sich dann, daß es sich um eine *hypothetisch-*

deduktive Erklärung handelt, denn das Explanandum ist aus einer Gesetzeshypothese („In jeder revolutionären Bewegung ...") und zwei Randbedingungen (R_1: „Die Taiping-Bewegung war eine funktionstüchtige revolutionäre Bewegung"; R_2: „Das ‚Christentum' stellte die einzige Möglichkeit dar, die Funktionen der Integration und Stärkung der Opferbereitschaft der Anhänger der Taiping-Bewegung zu erfüllen.") logisch ableitbar. Es ist daher m. E. nicht gerechtfertigt, von einem eigenen funktionalen Erklärungs*modell* zu sprechen. Funktionale Erklärungen stellen allein insofern eine gesonderte Gruppe dar, als die benutzten Gesetzeshypothesen im Zusammenhang mit einer funktionalistischen Gesellschaftstheorie stehen.[17]

Die Frage, welches der skizzierten Erklärungsmodelle im Zusammenhang mit der Erforschung des Religionswandels am besten geeignet ist, kann nicht allgemein, sondern nur unter Bezug auf das jeweilige Erkenntnisinteresse beantwortet werden. In der Forschungspraxis wird der historisch-genetischen Erklärung eine gewisse Priorität zukommen, da in der Regel erst durch die historische Analyse das Tatsachenmaterial er-

17 Zu einer kritischen Analyse funktionaler Erklärungen siehe M. Spiro, Causes, Functions, and Cross-Cousin Marriage. An Essay in Anthropological Explanation. In: Journal of the Royal Anthropological Society 94 (1964), p. 30–43, bes. p. 34–38. Spiro kommt zu dem ähnlichen Ergebnis, daß bei der Erklärung bestimmter sozialer Praktiken die funktionalistische Theorie mit einer kausalen Erklärung verbunden sei (p. 37). Nach Ernest Nagel (A Formalization of Functionalism. In: Logic Without Metaphysics and Other Essays in the Philosophy of Science. Glencoe 1957, p. 247–283) können funktionale Aussagen ebensogut in nichtfunktionalen, z. B. kausalen, Aussagen wiedergegeben werden (p. 250 f.). Eine logische und methodologische Kritik funktionaler Erklärungen liefert I. C. Jarvie, Limits to Functionalism and Alternatives to It in Anthropology. In: Don Martindale (ed.), Functionalism in Social Sciences. Philadelphia 1965, p. 18–34.

schlossen wird, auf dessen Grundlage motivationale oder hypothetisch-deduktive Erklärungen sinnvoll erscheinen können. Dabei ist es unwesentlich, ob eine historisch-genetische Analyse als „Erklärung" im wissenschaftstheoretischen Sinn angesehen wird oder nicht. Der Anwendung des motivationalen Schemas sind, wie erwähnt, Grenzen dadurch gesetzt, daß es nur im Zusammenhang mit zielgerichteten Handlungen sinnvoll ist. Gerade im Bereich des religiösen Wandels wird man jedoch eine Vielzahl von Phänomenen nicht ohne weiteres als das Ergebnis solcher Handlungen ansehen können. In ähnlicher Weise ist auch das H-O-Schema in der Religionswissenschaft nicht überall anwendbar, insofern als letztlich die Geltung universeller Gesetze vorausgesetzt wird. Dadurch erscheint das H-O-Schema besonders im Hinblick auf die Erklärung von zielgerichteten Handlungen problematisch. Die Annahme, daß sich im religionswissenschaftlichen Bereich alle Phänomene unter irgendwelche Gesetze subsumieren lassen, läßt sich ebensowenig logisch oder empirisch begründen wie die gegenteilige Behauptung, die die Möglichkeit solcher Gesetze grundsätzlich verneint. Allerdings könnte diese Behauptung in ihrer Absolutheit dadurch entkräftet werden, daß es zumindest in einigen Fällen gelingt, brauchbare Gesetzeshypothesen zu finden. Ich möchte auf dem noch verbleibenden Raum kurz aufzeigen, daß die Suche nach solchen Gesetzeshypothesen auch in der Religionswissenschaft als ein durchaus erfolgversprechendes Unterfangen angesehen werden kann.

Die historisch-genetische Analyse zeigt, daß die Taiping-Ideologie und vor allem auch die darin enthaltenen christlichen Elemente im wesentlichen eine Schöpfung des Gründers der Bewegung, Hung Hsiu-ch'üan, darstellt. Beim Versuch einer H-O-Erklärung ist es nun zunächst wichtig, genau das Explanandum zu spezifizieren. Es genügt nicht zu sagen, es solle „das Christentum" der Taiping-Bewegung erklärt werden, da hiermit ganz unterschiedliche Fragen gemeint sein können, die jeweils verschiedene Erklärungen verlangen. Um nur zwei solcher Fragen zu nennen: „Warum übernahm Hung die christliche Lehre bzw. das, was er dafür hielt?“ und „Warum gewann die Taiping-Ideologie mit den darin enthaltenen christlichen Elementen so viele Anhänger?“ Wir wollen uns im folgenden mit der erstgenannten Frage beschäftigen.

Hungs Übernahme des „Christentums“ stellt sich subjektiv als Konversion dar, er ließ sich – wenn auch in theologisch problematischer Weise – taufen und hielt sich für einen Christen. Wie also können wir diese Konversion erklären? *Konversion* soll in unserem Zusammenhang bedeuten, daß bestimmte Überzeugungen, die ich pauschal als „Christentum“ bezeichnet habe, übernommen und als wahr anerkannt werden und gleichzeitig andere, bisher geteilte Überzeugungen abgelegt und als falsch angesehen werden. Ich werde das, was bei einer Konversion übernommen bzw. abgelegt wird, als (neues bzw. altes) *Legitimationssystem* bezeichnen. Eine genauere Definition dieses Terminus ist hier nicht möglich und auch nicht notwendig.

Die historisch-genetische Untersuchung zeigt, daß bei Hungs Konversion zwei Ereignisse eine augenscheinlich große Rolle spielten: Einmal eine vierzigtägige schwere physische und psychische Krankheit, während der er Visionserlebnisse hatte und die seine Persönlichkeitsstruktur nachhaltig veränderte;[18] zum anderen die Lektüre einiger christlicher Traktate, wonach er seine Visionserlebnisse als Aufstieg zum Himmel und Begegnung mit Gott Vater identifizierte. Keines der Ereignisse kann für sich allein genommen als hinreichende oder notwendige Bedingung für eine Konversion angesehen wer-

18 Siehe dazu P. M. Yap, The Mental Illness of Hung Hsiu-ch'üan, Leader of the Taiping Rebellion. In: Far Eastern Quarterly 13 (1954), p. 287–304.

den. Es scheint jedoch, daß die Lektüre der Traktate als Sonderfall einer notwendigen Bedingung verstanden werden kann, nämlich, daß das neue Legitimationssystem in irgendeiner Weise erfahren wird. Die Erfahrung eines fremden Legitimationssystems stellt jedoch allein augenscheinlich ebenfalls noch keine hinreichende Bedingung für eine Konversion dar. Es ist zu fragen, ob die Verbindung beider Ereignisse, Visionen und Erfahrungen des neuen Legitimationssystems, eine hinreichende Bedingung bilden. Auch diese Frage muß aufgrund von empirischen Gegenbeispielen verneint werden. Offenbar genügt es nicht, daß irgendwelche Visionen erlebt wurden, sondern es ist eine besondere Beziehung zwischen dem Inhalt der Vision und dem neuen Legitimationssystem notwendig: Im Falle Hungs lieferten die christlichen Traktate eine Erklärung seiner früheren Visionserlebnisse,[19] die für ihn ein entscheidendes und seine Persönlichkeit nachhaltig beeinflussendes Erlebnis darstellten. Für diese Erfahrungen hatte er innerhalb seines eigenen alten Legitimationssystems keine Erklärung, so daß ihm erst die Lektüre der christlichen Schriften gleichsam den Schlüssel zum Verständnis seiner früheren Erlebnisse lieferte.[20]

Unter Berücksichtigung dieser Betrachtung versuchen wir es mit folgender Hypothese: „Wenn ein Subjekt Wirklichkeitserfahrungen von subjektiv großer Bedeutung gemacht hat und für diese Erfahrungen innerhalb seines eigenen Legitimationssystems keine Erklärung findet und wenn dieses Subjekt ein alternatives Legitimationssystem erfährt, das ihm eine Erklärung für diese Wirklichkeitserfahrung liefert, dann übernimmt es dieses alternative Legitimationssystem."

[19] Michael, a. a. O., S. 25.

[20] Sehr anschaulich drückt dies Hung Hsiu-ch'üan nach einem Bericht des Missionars Hamberg selbst aus: Vgl. das Zitat bei Shih, a. a. O., p. 107, das hier aus Raumgründen nicht wiedergegeben werden kann.

Neben dieser Gesetzeshypothese formulieren wir die folgenden Randbedingungen: R_1: „Die Visionserlebnisse stellten für Hung eine Wirklichkeitserfahrung von subjektiv großer Bedeutung dar", R_2: „Für diese Erfahrung fand er innerhalb seines eigenen Legitimationssystems keine Erklärung", R_3: „Hung erfuhr das Christentum als alternatives Legitimationssystem, das ihm eine Erklärung für seine Wirklichkeitserfahrungen gab." Aus diesen drei Randbedingungen und der oben aufgestellten Gesetzeshypothese läßt sich logisch das Explanandum ableiten: „Hung übernahm das Christentum." Es ist damit eine Erklärung nach dem H-O-Schema für die Konversion Hungs gegeben.

Zweifellos ist die Gesetzeshypothese, die in dieser Erklärung benutzt wurde, in der vorgelegten Form unbefriedigend. So müßte vor allem wesentlich genauer bestimmt werden, was eine Wirklichkeitserfahrung von „subjektiv großer Bedeutung" ist. Die Ungenauigkeiten der Hypothese sind in erster Linie darauf zurückzuführen, daß hier darauf verzichtet werden mußte, einen explizit formulierten Begriffsapparat einzuführen und die Hypothese in einen größeren theoretischen Zusammenhang zu stellen. Hinzu kommt natürlich, daß in der Religionswissenschaft die Herausbildung einer exakten, theoretisch anspruchsvollen Terminologie, auf die hier hätte zurückgegriffen werden können, kaum in Angriff genommen wurde.

Obwohl sicherlich eine Reihe von Beispielen gefunden werden könnten, bei denen die vorgeschlagene Hypothese – ungenau wie sie ist – bestätigt würde (ich denke etwa an die Bekehrung des Paulus), wird sie wahrscheinlich einer eingehenden empirischen Überprüfung nicht standhalten. Aber gerade dadurch, daß sie falsifiziert würde, würde unsere Aufmerksamkeit u. U. auf weitere Faktoren gelenkt, die es ermöglichen, neue, bessere Hypothesen zu formulieren. Nur durch diese Methode, die Karl Popper die des „Versuchs und

Irrtums" genannt hat,[21] kann es gelingen, zu brauchbaren und gut bewährten Hypothesen zu gelangen.

Trotz der Mängel der hier vorgestellten Hypothese hoffe ich, daß das eigentliche Anliegen dieser Ausführungen erreicht wurde, nämlich zu zeigen, daß der Versuch, in der Religionswissenschaft hypothetisch-deduktive Erklärungen zu geben, nicht auf *prinzipielle* Schwierigkeiten stößt oder gar unmöglich ist. Es dürfte auch deutlich geworden sein, daß es bei einer Verfolgung dieses Ziels notwendig ist, in systematischer Arbeit eine religionswissenschaftliche Theoriebildung zu betreiben, z. B. im Hinblick auf den Komplex des religiösen Wandels. Eine solche religionswissenschaftliche Theoriebildung wäre nichts anderes als die konsequente Fortsetzung des vergleichenden Ansatzes innerhalb der Religionswissenschaft, eines Ansatzes, der seine Dynamik in den letzten Jahren weitgehend eingebüßt hat.

Summary

In the study of religious change, past or present, it is an important task of the science of religion not only to give a historical account of what happened, but also to find explanations. In this paper it is tried to describe shortly four different models of scientific explanations: a) hypothetical-deductive, b) historical-genetic, c) motivational and d) functional explanations. It is shown that each model has a proper field of application which depends on the specific scientific question at hand. In the last part of the paper especially the hypothetical-deductive model is dealt with the application of which is exemplified in the case of conversion of Hung Hsiu-ch'üan, founder of the Taiping movement, to what he believed to be Christianity.

[21] Karl R. Popper, What is Dialectic? In: Conjectures and Refutations. London 1972[4], p. 312–335, hier p. 312 f.

WISSENSCHAFTSTHEORETISCHE UND -PRAKTISCHE PROBLEME DER RELIGIONSWISSENSCHAFTLICHEN TERMINOLOGIE

Von Harald Motzki

„Religionswandel findet in der Gegenwart statt." – Dies scheint eine empirische Aussage zu sein, die daraufhin überprüfbar ist, ob sie zutrifft oder nicht. Sie ist in dem Rahmenthema der Tagung „Religionswissenschaft im Religionswandel der Gegenwart" enthalten und durchaus als Teil eines religionswissenschaftlichen Aussagenzusammenhangs denkbar. Doch bei genauerer Betrachtung erweist sich der Satz als weit weniger einfach und unproblematisch, als es dem ersten Anschein nach der Fall ist. Wie könnte die Überprüfung seiner Geltung, d.h., ob eine wahre oder falsche Aussage vorliegt, aussehen? Ist es möglich, auf etwas hinzudeuten und zu sagen: „Dies hier ist Religionswandel der Gegenwart, folglich ist die in Frage stehende Aussage wahr"? Nehmen wir einmal an, dieses Zeigen auf Religionswandel sei – wenigstens in indirekter Weise – möglich. Jemand könnte anderer Ansicht sein und das Gegenteil behaupten, weil er z.B. den bezeichneten Gegenstand nicht für Religion hält und/oder meint, daß man in diesem Fall kaum von Wandel sprechen könne, und/oder unter Gegenwart etwas anderes versteht. Die Variationsbreite der Beiträge zum Thema zeigt, daß das nicht eine realitätsfremde, konstruierte Situation ist. Offenbar sind es die Begriffe, die diese Schwierigkeiten verursachen. Die methodologische Reflexion der Religionswissenschaft kann daher an diesem Problem nicht vorbeigehen.

Edmund Hardy schrieb 1898 in seinem programmatischen Aufsatz ›Was ist Religionswissenschaft?‹:

„Wir möchten (...) Nachdruck darauf legen, daß es uns Pflicht der Forschung zu sein scheint, kein Mittel unversucht zu lassen, an dessen guten Gebrauch sich die Hoffnung auf eine gründliche Erkenntnis ihres Gegenstandes knüpft.“ [1]

Mit diesem Bekenntnis zu methodologischer Offenheit hat die Religionswissenschaft lange Zeit Erfolge und Ansehen errungen. Aber ist sie ihrem Vorsatz treu geblieben? Hat sie in den letzten Jahrzehnten jede Möglichkeit ausgeschöpft, um zu gründlicher und begründeter Erkenntnis zu gelangen? Wie eifrig hat sie sich an der allgemeinen wissenschaftstheoretischen und methodologischen Diskussion beteiligt?

Die Antworten darauf sind weniger erfreulich. Die von Religionswissenschaftlern betriebenen Bindestrichwissenschaften wie Religionshistorie, Religionspsychologie, Religionssoziologie, um nur die wichtigsten zu nennen, stehen den theoretischen und methodischen Entwicklungen der ihnen verwandten Kultur- und Sozialwissenschaften zumeist ablehnend gegenüber oder hinken um Jahrzehnte hinterher. Besonders die Religionswissenschaft im engeren Sinn, als systematisch-theoretische Disziplin, hat seit der Rezeption der phänomenologischen Methode und des Verstehensprinzips des Diltheykreises nur noch an deren Anwendung gearbeitet, sich aber gegen jede kritische Diskussion dieser Methoden und gegen Weiterentwicklungen in benachbarten Wissenschaften abgekapselt. Diese Isolierung der Religionswissenschaft schadet jedoch ihrer wissenschaftlichen Qualität und ihrem Ansehen. Das ist um so bedauernswerter, da sie auf die Zusammenarbeit mit anderen Humanwissenschaften angewiesen ist. Ein Kontakt zu ihnen ist heute nicht mehr herstellbar, wenn die

[1] E. Hardy, Was ist Religionswissenschaft? In: Archiv für Religionswissenschaft 1 (1898), S. 16.

Religionswissenschaft darauf beharrt, ihre Ziele und Methoden ausschließlich in der Ontologie der Scholastik, metaphysischen Irrationalismen der Romantik und im Subjektivismus und Intuitionismus von Lebensphilosophie und Phänomenologie zu fundieren.

Anzeichen eines Erwachens der methodologischen Reflexion sind aber spürbar, wie u. a. die ›Study Conference on Methodology of the Science of Religion‹ der International Association for the History of Religions 1973 in Turku (Finnland) beweist.

Um der systematischen Religionswissenschaft wieder einen Zugang zur allgemeinen wissenschaftstheoretischen Diskussion zu verschaffen, erscheint es notwendig, von Grund auf die Möglichkeiten dieser Religionsforschung im Licht des gegenwärtigen Standes der Wissenschaftstheorie zu untersuchen. (Um Mißverständnissen zuvorzukommen: Nicht eine einseitig am naturwissenschaftlichen Begriff von Wissenschaft orientierte Wissenschaftstheorie ist gemeint, sondern eine auf selbstkritische und undogmatische Reflexion der Grundbegriffe, Grundlagen und Methoden der Wissenschaften bedachte Metawissenschaft.) [2]

In diesem Rahmen ist es nicht möglich zu untersuchen, ob die gegenwärtige Religionswissenschaft alle Forderungen, die die moderne Wissenschaftstheorie mit dem Prädikat 'wissenschaftlich' verbindet, erfüllt. Nur ein Merkmal wird zur Diskussion gestellt: *Exaktheit*. Zwar ist das Genauigkeitspostulat nur an bloße Bestandteile von Aussagen zu richten, mit denen an sich noch kein Erkenntnisgewinn erreicht wird, aber es bildet die Voraussetzung für eine sinnvolle Anwendung der Kriterien, denen Wissenschaft als ein System von Sätzen genügen muß.

[2] Vgl. dazu R. Wohlgenannt, Was ist Wissenschaft? Wissenschaftstheorie, Wissenschaft und Philosophie 3. 1969.

In der vielfältigen Kritik, die in jüngster Zeit an der religionswissenschaftlichen Terminologie geübt wurde, stellt gerade ihre mangelnde Exaktheit oft einen Stein des Anstoßes dar. Nur zwei der Unzufriedenen seien hier genannt. Th. van Baaren 1969: „Es ist meine Überzeugung, daß die Terminologie, über die die Religionswissenschaft verfügt, unbefriedigend ist." „Die verwendete Terminologie ist nicht exakt genug." [3] Ähnlich äußert sich Å. Hultkrantz in einem 1974 erschienenen Aufsatz.[4]

Diese Kritik trifft die empirischen Religionswissenschaften insgesamt, die systematische Religionswissenschaft aber insbesondere, gerade in ihrer Ausprägung als Religionsphänomenologie. Die Haltung der Religionsphänomenologen gegenüber Begriffen war meist zwiespältig. Zwar hatte J. Wach schon 1924 die Gewinnung einer „obersten abstraktesten Klasse von religionswissenschaftlichen Begriffen" als eine der wichtigsten Aufgaben der Religionssystematik gefordert,[5] sein rationales, wohl von H. Rickert und M. Weber beeinflußtes Konzept wurde aber in der Folgezeit durch strukturpsychologische und philosophisch-phänomenologisch angehauchte, irrationales Erleben und Verstehen betonende Methoden verdrängt. Damit gewannen Tendenzen in der systematischen Religionswissenschaft die Oberhand, die in exakter Begrifflichkeit eher ein Hindernis als ein notwendiges Mittel der Erkenntnis sehen. Hierzu ein Beleg aus einem bekannten religionssystematischen Werk der sechziger Jahre:

[3] Th. P. van Baaren, Systematische Religionswissenschaft. In: Nederlands Theologisch Tijdschrift 24 (1969/70), p. 87.

[4] Å. Hultkrantz, Über religionsethnologische Methoden. In: G. Lanczkowski (Hrsg.), Selbstverständnis und Wesen der Religionswissenschaft. 1974, S. 375 ff.

[5] J. Wach, Religionswissenschaft. Prolegomena zu ihrer wissenschaftstheoretischen Grundlegung. Leipzig 1924, S. 178.

„So wichtig die Beachtung des Zusammenwachsens von Fakten zum Typus ist, so schön die Entstehung prägnanter Terminologien, so unschön ist die Verwässerung dabei. Denn diese Terminologien können in Wirklichkeit nicht prägnant sein. Sie bedeuten nur eine Abschwächung des festliegenden Alten und die Willkür in der Bildung des Neuen." „Andererseits kommt es aber dabei zu beabsichtigten Einseitigkeiten in den terminologischen Fixierungen, zu einer Statik der typenbezogenen Begrifflichkeit, die der Dynamik des religiösen Lebens nicht mehr entspricht." [6]

Welches sind die Folgen, die aus einer solchen Abneigung gegen klare und eindeutige Begriffe entstehen? Geht man davon aus, daß Wissenschaft auf Wissen und Erkenntnisse abzielt und daß sie das Erkannte in Behauptungssätzen ausspricht, die den Anspruch enthalten, wahr zu sein, dann darf man auch verlangen, daß ihr Geltungsanspruch von anderen nachprüfbar sein muß; d. h., die wissenschaftlichen Aussagen sollen im Prinzip entweder bestätigt oder widerlegt werden können. Die Forderung ihrer intersubjektiven Überprüfbarkeit setzt jedoch ihre intersubjektive Verständlichkeit voraus.

Das Verstehen des Sinnes, der Bedeutung eines Satzes, ist wiederum von zwei Bedingungen abhängig. Erstens müssen die syntaktischen Regeln zur Verknüpfung der Satzelemente bekannt sein und zweitens die Bedeutungen der Satzelemente, der Begriffe bzw. Prädikatoren feststellbar sein.

An dieser Stelle sei nur auf die Begriffe eingegangen. Ein Beispiel: In einer religionswissenschaftlichen Arbeit findet sich folgende Aussage: „Der Hala' der Semang ist ein Schamane." [7] Um den Wahrheitswert dieser Behauptung überprüfen zu können, müßten die darin enthaltenen Bestandteile bekannt sein.

[6] K. Goldammer, Die Formenwelt des Religiösen. Grundriß der systematischen Religionswissenschaft. 1960, S. XXIX.

[7] Das Begriffsfeld 'Schamane/Schamanismus' bietet sich als Musterbeispiel an, weil darüber eine ausführliche terminologische Untersuchung vorliegt: H. Motzki, Der „Schamanismus" als Problem religionswissenschaftlicher Terminologie. (Ungedr. Magisterschrift) Bonn 1974.

Semang ist der Name einer Untergruppe der Negritos auf Malakka. Mit Hala' bezeichnen die Semang eine ganz bestimmte Person ihrer Gruppe.[8] Der Einfachheit halber kann die Kennzeichnung 'Hala' der Semang' hier wie ein Eigenname behandelt werden. Mit diesem Eigennamen sind keine Schwierigkeiten verbunden; es ist eindeutig, welche Person damit gemeint ist. Problematisch wird es aber, wenn nach der Bedeutung des Wortes 'Schamane' gefragt wird. Das Nächstliegende wäre festzustellen, ob der Verfasser dieser Aussage im weiteren Kontext die Bedeutung, die er damit verbindet, ausführt, d. h. diesen Begriff definiert. Ist das nicht der Fall, setzt er offenbar voraus, daß die Bedeutung dieses Wortes als religionswissenschaftlicher Terminus bekannt ist. Wer also jene Aussage „a ist ein Schamane" [9] begreifen will, ist auf den Sprachgebrauch der wissenschaftlichen Literatur über Schamanen und Schamanismus verwiesen, aus der die Bedeutung des Terminus zu ermitteln ist. Wer aber meint, er brauche nur einige religionswissenschaftliche Lexika oder eine Abhandlung zu diesem Thema zu konsultieren, der irrt.

Eine Analyse der Schamanismusliteratur zeigt, daß es *die* Bedeutung des Wortes 'Schamane' nicht gibt, sondern mindestens ein gutes Dutzend differierender und konkurrierender Bedeutungsbestimmungen. Dieser Terminus ist also in einem hohen Grad mehrdeutig. Die Überprüfung von Aussagen, die ihn enthalten, wird infolgedessen zu einem sehr langwierigen Verfahren, da jede Bedeutungsvariante mit dem empirischen Material konfrontiert werden muß, um festzustellen, für welche Bedeutung die Aussage gilt, d. h. die Behauptung wahr ist. Trifft die Aussage auf keine der bekannten Varianten zu, so ist sie damit keineswegs endgültig als falsch erwiesen; bei der Vieldeutigkeit des Begriffs könnte dem Nachprüfenden

[8] Vgl. P. Schebesta, Die Negritos Asiens Bd. 2. Wien-Mödling 1957.

[9] a steht für 'Hala' der Semang'.

eine Bedeutung entgangen sein. Damit wird jene Aussage praktisch unangreifbar; es kann dann nur noch festgestellt werden, daß sie im Sprachgebrauch von allen dem Nachprüfenden bekannt gewordenen Bedeutungen abweicht.

Aber noch ein anderer Mangel des Begriffs 'Schamane' wird an dem Beispiel deutlich. Der Umfang der Personen, die unter den Begriff fallen, ist variabel. So kommt es in der Schamanismusforschung häufig vor, daß ein und derselben Person oder Personengruppe das Prädikat 'Schamane(n)' von dem einen Wissenschaftler zu-, von dem anderen abgesprochen wird. Als Beispiel sei nur auf die unterschiedliche Einschätzung verwiesen, ob es in Afrika Schamanen gebe oder nicht. So können Bibliotheken füllende Kontroversen entstehen, die lediglich auf defekter Begrifflichkeit beruhen, namentlich auf Mehrdeutigkeit und Vagheit.

Der am Beispiel des Terminus 'Schamane' erläuterte Sachverhalt gilt auch für eine große Zahl anderer religionswissenschaftlicher Termini wie 'Religion', 'Totemismus', 'Animismus', 'Magie', 'Mythos', 'Prophet', 'Mystiker' u. v. a. m.

Die Folgerung aus dieser Sachlage: Sätze, die mehrdeutige und unpräzise Begriffe enthalten, lassen gesicherte, intersubjektiv prüfbare Erkenntnisse nicht zu, erschweren sie zumindest. Sieht man die Gewinnung gesicherten, intersubjektiv prüfbaren Wissens als Ziel der Wissenschaften an, müssen solche Begriffe entweder aus den Geltung beanspruchenden wissenschaftlichen Aussagen eliminiert werden oder die an ihnen haftenden Mängel beseitigt werden.

Diese Forderungen sind für *alle* empirischen Religionswissenschaften zu erheben, für die systematisch-theoretische Religionswissenschaft aber mit besonderem Nachdruck. Ihre bisherige Arbeitsweise als Religionsphänomenologie und Religionstypologie kann im großen und ganzen als klassifikatorisch bezeichnet werden. Gerade bei Klassifikationen spielen die Begriffe eine bedeutende Rolle. Van der Leeuw, der im

Unterschied zu den meisten anderen Religionsphänomenologen einen nominalistischen Standpunkt vertritt, erkennt dies auch durchaus als erstes Stadium der phänomenologischen Arbeit unter dem Stichwort „Namengebung“ an.[10] Doch die mit der begrifflichen Sprache entstehenden Probleme kommen nicht in den Blick; das Interesse ruht ganz auf den sog. Phänomenen und ihrem Verstehen. Van der Leeuw versteht sich wie Husserl und Scheler als radikaler Positivist bzw. Empirist und sucht, „die Sachen selbst“ durch „Wesenseinsichten“, unmittelbare, reine Anschauung zu erschließen.

Man kann kritisch anfragen, ob ein solches reines Schauen überhaupt möglich ist, zumindest, was mit der Negierung des gesamten Wissensbestandes, den eine Wissenschaft bisher angehäuft hat, gewonnen ist. Das Primat der Anschauung in der Religionsphänomenologie hat die Vernachlässigung der Begrifflichkeit begünstigt. Aber empirische Erkenntnis ist ein untrennbarer Zusammenhang von Anschauung und Begriffen, ohne Begriffe läßt sich nichts begreifen, mit den Worten Kants: „Anschauungen ohne Begriffe sind blind.“ [11]

Ebenfalls negativ für klare Begrifflichkeit wirkt sich der mit der Anschauung verknüpfte Objektivitätsanspruch aus. Die geschauten reinen Tatsachen sollen unmittelbar gegeben und damit wahr sein, folglich für ihre Geltung keiner Prüfung oder Zustimmung durch andere Subjekte bedürfen. Mit der Ablehnung intersubjektiver Prüfungsbedürftigkeit entfällt natürlich auch die Notwendigkeit klarer und deutlicher Begriffe. In diesem wissenschaftlichen Subjektivismus liegt jedoch die Gefahr, daß Wissenschaft, anstatt zum Erkenntnisfortschritt der Menschheit beizutragen, unfruchtbar bleibt.

Bei anderen systematisch arbeitenden Religionswissenschaftlern, die zum Begriffsrealismus neigen, ist der Verzicht

[10] G. van der Leeuw, Phänomenologie der Religion. 1956², S. 772.
[11] I. Kant, Kritik der reinen Vernunft. Riga 1787², S. 75.

auf Exaktheit in der These von der Mannigfaltigkeit und Vieldeutigkeit der religiösen Phänomene begründet. Begriffe können demnach, da sie die Entsprechung eines Ausschnittes der Wirklichkeit seien, nicht eindeutig definiert werden; ja gerade die fließenden, mehrdeutigen Begriffe seien besonders geeignet, die Realität abzubilden. Diese Position, daß die „Begriffe, die zur sprachlichen Wiedergabe unserer Erkenntnis der Wirklichkeit notwendig sind, von gleicher Struktur oder Eigenart sein müßten, wie die Objekte, auf die sie sich beziehen",[12] ist m. E. nicht haltbar. Die Ungenauigkeitsthese scheitert schon beim Versuch, sie auf sie selbst anzuwenden, d. h. ihre Verteidigung ist nur mit präzisen Begriffen möglich.

Zusammenfassend könnte man sagen: Die mangelnde Reflexion der Religionswissenschaft auf ihre Begriffe beruht erstens auf der Überbetonung der Art und Weise des Erkenntnisprozesses und der Vernachlässigung von Überlegungen, wie die *Geltung* der *Resultate* des Erkenntnisvorgangs gesichert werden kann, zweitens auf einem bedeutungstheoretischen Partizipationsmodell, das die Bedeutung der Begriffe in erster Linie durch die Gegenstände konstituiert sieht.

Erscheint eine möglichst eindeutige und präzise Terminologie also wünschenswert, stellt sich die Frage: Wie ist sie bei der Bindung der Religionswissenschaft an die oft mehrdeutige und vage Alltagssprache möglich? Vor dieser Schwierigkeit stehen auch die anderen Kultur- und Sozialwissenschaften. Es sei an dieser Stelle auf zwei Verfahren zur begrifflichen Präzisierung hingewiesen, die die moderne Wissenschaftstheorie zur Verfügung stellen kann: Die konstruktive Methode der „logischen Propädeutik" versucht, von der natürlichen Sprache ausgehend, systematisch eine präzise Terminologie aufzubauen; das Verfahren der Explikation, wie es von Carnap vorgeschlagen wurde und heute in vielen empirischen

[12] R. Wohlgenannt, a. a. O., S. 107.

Wissenschaften angewandt wird, ersetzt die ungenauen Bedeutungen von Termini nach bestimmten Kriterien durch Präzisate.[13]

Das Exaktheitsideal, das hier auch für die Religionswissenschaft angestrebt wird, ist nicht als Forderung nach *absoluter* Exaktheit zu verstehen, sondern nur nach *adäquater*, auf einen bestimmten Zweck bezogener Genauigkeit. Absolute Exaktheit würde bedeuten, daß für jede Bestimmung eines Begriffs wiederum die Präzisierung der in dieser Bestimmung enthaltenen Elemente geleistet werden müßte, was zu einem unendlichen Regreß führen würde. Das Präzisierungsverfahren ist daher sinnvollerweise abzubrechen, wenn für den angestrebten Zweck genügende Exaktheit erreicht ist. Die Feststellung, daß es absolute Exaktheit nicht geben kann, darf jedoch nicht zu der Annahme verleiten, man könne folglich auf Genauigkeit ganz verzichten. Auch Ideale haben ihren Sinn, und der Nutzen des Exaktheitsideals für wissenschaftliche Leistung und Fortschritt ist wohl offensichtlich.

Noch eine weitere Kritik an der religionswissenschaftlichen Terminologie bedarf der Erörterung. Es wird vielfach bemängelt, daß durch das Nebeneinander von geschichtlichen Begriffen und gleichlautenden Allgemeinbegriffen der Äquivokation und Vagheit Tür und Tor geöffnet seien.[14] Auch diese Kritik ist berechtigt. Zur Verdeutlichung diene wieder das Wortpaar 'Schamane/Schamanismus'.

Eine Untersuchung des Wortgebrauchs ergibt, daß der mögliche Begriffsumfang von den einzelnen Forschern sehr unterschiedlich festgelegt wird. Es lassen sich grob drei Gruppen

[13] W. Kamlah/P. Lorenzen, Logische Propädeutik. Vorschule des vernünftigen Redens. 1967; R. Carnap, Logical Foundations of Probability. Chicago 1950; auf eine genauere Charakterisierung und Anwendung beider Verfahren muß in diesem Rahmen verzichtet werden; sie findet sich in H. Motzki, a. a. O., S. 57–67, 102, 103 und passim.

[14] Siehe Anmerkung 3 und 4.

unterscheiden. Ein Teil der Schamanologen legt den Bereich, auf den das Wort angewandt werden soll, räumlich und zeitlich möglichst genau fest. So reserviert es z. B. Ohlmarks für die Hocharktis (mit genauer Längen- und Breitenangabe), Vajda für die sibirischen Völker (evtl. auch für Nordamerika), Hermanns für bestimmte Gebiete Nordeurasiens; die Zeitkomponente wird ähnlich genau fixiert. Eine weitere Gruppe bevorzugt eine Begrenzung des Begriffs durch Bindung an kulturgeschichtliche Determinanten, W. Schmidt z. B. an agrarisch-mutterrechtliche Kulturen, Lommel an Jägerkulturen und Eliade an archaische Gesellschaften. Die dritte Gruppe bestimmt den Begriff völlig allgemein, und dementsprechend wird auch die Verwendung im Prinzip universal, historisch-geographisch nicht eingeschränkt; zu ihr ist z. B. Schröder, de Heusch und Lewis zu rechnen.[15]

[15] Å. Ohlmarks, Studien zum Problem des Schamanismus. Lund/Kopenhagen 1939; L. Vajda, Zur phraseologischen Stellung des Schamanismus. In: Ural-altaische Jahrbücher 31 (1959), S. 456–485; M. Hermanns, Schamanen – Pseudoschamanen, Erlöser und Heilbringer Bd. 1. 1970; W. Schmidt, Der Ursprung der Gottesidee Bd. 2–12. 1929–55; A. Lommel, Die Welt der frühen Jäger. Medizinmänner, Schamanen, Künstler. 1965; M. Eliade, Schamanismus und archaische Ekstasetechnik. 1957; D. Schröder, Zur Struktur des Schamanismus. In: Anthropos 50 (1955), S. 848–881; L. de Heusch, Possession et chamanisme und: La folie des dieux et la raison des hommes. In: ders., Pourquoi l'épouser? Paris 1971, p. 226–285; I. M. Lewis, Ecstatic Religion. An Anthropological Study of Spirit Possession and Shamanism. Harmondsworth 1971.

Aus der kaum noch übersehbaren Schamanismus-Literatur sind zwei neuere Aufsätze vom methodischen Gesichtspunkt bemerkenswert: K. Goldammer, Elemente des Schamanismus im Alten Testament. In: Ex orbe religionum, studia Geo Widengren oblata. Leiden 1972, Vol. II, p. 266–285; hier wird m. E. mit Hilfe einer problematischen Handhabung der Vergleichsmethode von Ähnlichkeiten im Erscheinungsbild auf historische Zusammenhänge geschlossen. Anders spiegelt der Artikel von Å. Hultkrantz, A Definition of Shamanism. In: Temenos 9 (1973), p. 25–37, das Bemühen um die so dringend notwendige Begriffsklärung.

Logisch gesehen gebraucht die erste Gruppe das Wort 'Schamanismus' als Name, zwar für einen größeren raumzeitlichen Bereich, aber durchaus individuell; die Anwendung auf andere mehr oder weniger ähnliche Sachverhalte außerhalb der festgelegten Grenzen wird abgelehnt oder durch Aufnahme äußerst individueller Merkmale in das Bedeutungsfeld praktisch unmöglich gemacht. Die zweite Gruppe innerhalb der Schamanismusliteratur verwendete das Wort zwar allgemeiner als die erste, aber durch die Verknüpfung mit bestimmten kulturellen Bedingungen nur relativ allgemein. Lediglich die dritte Gruppe verbindet damit einen Allgemeinbegriff.

Dieser Begriffswirrwarr ist kein wissenschaftslogisch tragbarer Zustand. Wodurch er verursacht wurde, ist im einzelnen weniger wichtig. Wie so viele Termini erlitt das Wort 'Schamane' das Schicksal, im Laufe seiner Benutzung innerhalb der Religionswissenschaft von einer ursprünglich historisch-individuellen, logisch den Eigennamen verwandten Bezeichnung, zu einem Allgemeinbegriff erweitert worden zu sein. Gerade die vergleichend-systematische Religionsforschung hat diese Entwicklung gefördert, da es ihr auf das Allgemeine und Vergleichbare, weniger das Individuelle, Unvergleichliche ankommt. Der unterschiedlich akzentuierte Einsatz von Allgemeinbegriffen ist wohl auch eine Ursache für die Abneigung, die manche Religionshistoriker für die systematische Religionswissenschaft hegen. Das Argument der Historiker gegen systematisch-begriffliche Auswertung historischen Materials, die Behauptung, daß man unmöglich mit Allgemeinbegriffen der individuellen geschichtlichen Wirklichkeit gerecht werden könne, ist nicht überzeugend. Auch die Geschichtswissenschaft kann Allgemeinbegriffe nicht entbehren. Denn durch Namen wird nur etwas bezeichnet, aber noch nichts begriffen, d. h. keine Erkenntnis gewonnen. Andererseits liegt der Bildung des geschichtlichen Begriffs 'Schamane' eindeutig das gleiche Verfahren des Vergleichs und der Abstraktion zugrunde wie dem Allgemeinbegriff. Der Schamane als individuelles Phänomen in Nordeurasien ist schon eine nach Ähnlichkeitskriterien erfolgte Zusammenfassung an sich einzigartiger Personen bzw. Institutionen. Das zeigt sich schon an den unterschiedlichen Namen, die die einzelnen nordeurasischen Völker diesen Individuen geben. Es ist nicht einzusehen, wie Personen, die bei den Tungusen *shaman*, bei den Mongolen *bö* und den Jakuten *ojun* heißen, ohne Vergleich und Verallgemeinerung unter die Bezeichnung 'Schamanen' gebracht werden können. Die Legitimität dieses Verfahrens auf universalhistorischer und transkultureller Ebene zu bestreiten, ist daher willkürlich.

Um die Neigung der Religionssystematik zu Allgemeinbegriffen und die Abneigung gegen sie in der Religionshistorie zu verstehen, ist es immer noch nützlich – obwohl in jüngster Zeit kritisiert[16] –, die Dichotomie individualisierend vs generalisierend, wie sie von Rickert[17] erarbeitet wurde, zur Charakterisierung der beiden Disziplinen zu verwenden. Diese Dichotomie ist als erschöpfende Klassifikation der Wissenschaften entsprechend ihrer Ziele gedacht. Nach der gängigen Auffassung der Historiker ist das Erkenntnisziel der Geschichtswissenschaft das Individuelle; da sie dieses nur mit Hilfe des Allgemeinen (mit Begriffen) erreicht, kann man sagen, sie individualisiert oder relativiert das Allgemeine, das für sie aber nur Mittel, notwendiges Durchgangsstadium darstellt. Dagegen ist das Allgemeine das Erkenntnisziel der systematisch-theoretischen Religionswissenschaft, von Wach „formale Religionssystematik" genannt. Fruchtbare Allgemeinbegriffe sind für sie nicht bloß Mittel, sondern ein erstrebtes Ziel, wenn auch nicht unbedingt das Endziel. Dieser

16 K.-G. Faber, Theorie der Geschichtswissenschaft. 1971, S. 45–65.

17 H. Rickert, Die Grenzen der naturwissenschaftlichen Begriffsbildung. Eine logische Einleitung in die historischen Wissenschaften. 1929[5].

Unterschied ist bei der Einschätzung der Bedeutung und Leistungsfähigkeit der Religionssystematik von den Historikern oft übersehen worden.

Im Gegensatz zur Geringschätzung der Systematik durch die Historie hat die systematische Religionswissenschaft immer die Notwendigkeit einer engen Zusammenarbeit mit der Religionshistorie, ja die Abhängigkeit vom historischen Material betont, und die meisten systematisch arbeitenden Religionsforscher sind zugleich Historiker. Als Folge dieser engen Verbindung finden sich in der klassischen Religionswissenschaft, die vor allem durch Religionshistorie und Systematik repräsentiert wird, gleichlautende Termini mit unterschiedlichem logischen Charakter und daher voneinander abweichender Begriffsextension und -intension nebeneinander. Konkret gesprochen: Das Wort 'Schamanismus' kann religionsgeschichtlich gemeint sein und bedeutet dann etwas anderes, als wenn es religionssystematisch gebraucht wird. Diese Äquivokation ist für die wissenschaftliche Arbeit von Nachteil, wenn die jeweils intendierte Begriffsverwendung nicht eindeutig festzustellen ist oder das Vorliegen von Mehrdeutigkeit überhaupt nicht erkannt wird. Beides ist häufig der Fall.

Das Problem ist nur dadurch zu lösen, daß man ständig auf der Hut vor Mehrdeutigkeiten ist und seine eigene Sprache und Begrifflichkeit stets kritisch hinterfragt. Benutzt man äquivoke Wörter, so ist zumindest die Art und Weise anzugeben, in der man sie zu verwenden gedenkt, bzw. die der entsprechenden Zeichenkombination zuerteilte Bedeutung offen darzulegen. Eine andere Möglichkeit wäre, religionsgeschichtliche Begriffe, die religionssystematischen Allgemeinbegriffen gleichlauten, zu eliminieren und durch historische Kennzeichnungen [18] zu ersetzen. Eine solche Kennzeichnung

[18] Zur logischen Eigenart vgl. W. Kamlah/P. Lorenzen, a. a. O., S. 103 bis 109.

wird gebildet, indem man einen Allgemeinbegriff ('Prädikator' in der modernen Logik), z. B. 'Schamanismus', mit einem kennzeichnenden Wort, z. B. 'nordeurasisch', 'afrikanisch' oder 'tungusisch', versieht, das seine Allgemeinheit eingrenzt. Durch die Verwendung solcher Kennzeichnungen kann die Äquivokation religionsgeschichtlicher und -systematischer Begriffe beseitigt werden, ohne daß dem Historiker dabei ein Verlust an sprachlichen Ausdrucksmitteln entsteht.

Die Tatsache, daß die Religionshistorie auf Allgemeinbegriffe nicht verzichten kann, macht ihre Klärung und Bedeutungsfixierung unerläßlich. Für die systematische Religionswissenschaft ergibt sich daraus eine wichtige Aufgabe, nämlich den Religionshistorikern und anderen Wissenschaften ebenfalls präzise Allgemeinbegriffe, seien sie deduktiv oder induktiv gewonnen, zur Verfügung zu stellen. Andererseits bedarf die systematisch-theoretische Religionsforschung des Materials, das ihr die Religionshistorie wie auch die anderen empirischen Wissenschaften liefern, um ein System von Begriffen und Theorien zu entwickeln und auf seine Kohärenz, Fruchtbarkeit und Vollständigkeit prüfen zu können.

Die enge Verbindung zwischen systematischer Religionswissenschaft und Religionshistorie ist daher sinnvoll; sie ist aber nur fruchtbringend, wenn die wissenschaftstheoretischen und methodologischen Eigenheiten beider Arbeitsbereiche geklärt sind.

Summary

Accuracy is a criterion to which terms of propositions which purport to be valid in the empirical sciences must, according to the present state of the philosophy of science, correspond. The science of religion (comparative study of religions) usually violates this principle. The resulting ambiguity makes examinations of her statements impossible. One reason for the neglect of exact concepts and definitions lies in various dubious philosophical presuppositions maintained by the leading representatives of the discipline. – Another problem lies in the different possible interpretations of many concepts in the science of religion. This is caused by the synonymy of individual and general concepts. Here a clear distinction is both necessary and also of practical importance because of the close co-operation between the history of religions, which prefers individual concepts, and the systematic-theoretical branch of the comparative study of religions, which deals with universals applicable across cultures.

RELIGIONSWISSENSCHAFT AUS DER SICHT DER ANALYTISCHEN PHILOSOPHIE

Von Gerhard Neuf

Vielleicht weckt schon die Themenstellung gewisse *Zweifel.* Ist es nicht grundsätzlich unangemessen, Religionswissenschaft (RW) aus philosophischer Sicht zu untersuchen und zu beurteilen? RW versteht sich ja doch zu Recht als empirische Einzelwissenschaft, die auf historisch vermitteltes Basismaterial angewiesen ist und auch auf der höchsten Stufe ihrer Theoriebildung darauf zurückbezogen bleibt. Soll nun etwa im Gewand einer sprachanalytisch und antispekulativ auftretenden Wissenschaftstheorie die alte Anmaßung der Philosophie gegenüber der religionswissenschaftlichen Empirie wieder aufleben und deren Emanzipation von spekulativer Bevormundung de facto rückgängig machen? Gewiß nicht. Aber der sicher notwendige Verzicht auf eine religionsphilosophische oder metaphysische Deutung religiöser Phänomene macht nicht auch schon jene Funktion der Philosophie hinfällig, die selbst ein so energischer Verteidiger religionswissenschaftlicher Autonomie wie Wach [1] ihr zugestand, wenn er ihr die Aufgabe einer „Logik der Religionswissenschaft" zusprach. Gerade weil RW dem unkontrollierten Eindringen spekulativer Gedanken einen Riegel vorschieben will, muß sie ihre methodologische Selbstbesinnung in die Problemstellungen der allgemeinen *Forschungslogik* integrieren. Sie braucht deshalb das Gespräch mit Vertretern eines strengen Begriffs wissenschaft-

[1] J. Wach, Religionswissenschaft. 1924, S. 136.

licher Empirie, der ein Erkennen und Vermeiden spekulativer Termini, Sätze und Theorien gestatten würde.

Es liegt daher für sie nahe, bei der Klärung ihres eigenen Erfahrungsbegriffs u. a. auch die *Analytische Philosophie* (AP) zu konsultieren. Denn deren Verdienste um die Erforschung der sprachlich-logischen wie methodischen Bedingungen von Empirizität sind nicht zu übersehen. Natürlich wird damit die AP nicht als Allheilmittel oder als Autorität empfohlen. Wohl aber käme RW erst durch deren genauere Kenntnis in die Lage, aus kritischer Distanz heraus von ihren Anstößen zu profitieren.

Die folgenden Ausführungen sind nun leider ein bloßer Ausschnitt aus einem größeren Zusammenhang. Sie bringen – nach Definitionen der im Thema vorkommenden Termini – die aus analytischer Sicht weithin negativ ausfallende *Diagnose* eines bestimmten Typs faktisch betriebener RW. Betroffen ist dabei – wohlgemerkt – RW nicht im ganzen, sondern nur in den Grenzen unserer idealtypischen Definition. – Ein (aus Raumgründen hier nicht publizierter) Teil mit ausführlichen *Therapievorschlägen* müßte sich anschließen. In ihm würden die Forderungen der AP an die Überprüfbarkeit religionswissenschaftlicher Sätze spezifiziert und in ihrem systematischen Kontext vorgeführt. – Ein letzter, ebenfalls hier nicht veröffentlichter Teil brächte endlich eine problematisierende Reflexion auf Recht und *Grenzen* der vorher beanspruchten „analytischen Optik". Erst er würde den Bezugsrahmen sichtbar machen, innerhalb dessen die hypothetische Anwendung des Instrumentariums der AP ihre relative Bedeutung hat. Denn er eröffnete auch den Ausblick auf Möglichkeiten einer RW, die zwar strikt erfahrungswissenschaftlich und einem einheitlichen Wissenschaftsbegriff unterstellt wäre, sich aber nicht notwendig gewissen positivistischen Einseitigkeiten eines bestimmten Wissenschaftsideals zu fügen brauchte.[2]

[2] Ausführlicher behandelt in einer noch unpubliziert vorliegenden Arbeit: ›Zum Wissenschaftscharakter der RW‹.

Ehe wir die angekündigte Diagnose zu konstruieren suchen, ist es fürs erste erforderlich, die Termini „RW" und „AP" in ihrer hier beanspruchten Bedeutung zu umreißen.

Unter *„RW"* sei – hypothetisch! – eine Form herkömmlicher RW verstanden, die folgenden Bedingungen genügt:

Historisch gesehen, geht sie auf den Schleiermacherschen Hermeneutikansatz zurück, beansprucht sie den Erlebnis- und Einfühlungsbegriff der Diltheyschule und kombiniert diese Tradition mit einer schlicht gegenständlichen, mitunter sogar eine Wirklichkeit jenseits der Phänomene anvisierenden „Phänomenologie". Zu dem erkenntnistheoretisch reflektierten Phänomenologie- und Hermeneutikbegriff Husserls bzw. Heideggers bestehen dabei kaum Beziehungen. Als Repräsentanten wären maßgebliche Forscher wie Otto, Van der Leeuw, Heiler, Mensching, Goldammer und Eliade zu nennen.

Systematisch gesehen, ist diese „RW des Verstehens" durchgängig definierbar durch einen irrationalistischen Grundansatz, der die Bestimmung ihres *Objekts* ebenso betrifft wie die ihrer Methode. Die relative Selbständigkeit der RW gegenüber anderen religionsbezogenen Wissenschaften wird nicht etwa unter Berufung auf eine rein methodologisch gedachte Autonomie gerechtfertigt. Als Rechtfertigungsgrund dient vielmehr das selbst unbefragt gelassene Axiom einer irrational-autonomen Wirklichkeit. Unter dem Titel „das Heilige" ist so der eigene Gegenstand von vornherein gegen seine eventuelle Erklärung aus Nichtreligiösem oder gegen Religionskritik aller Art abgesichert. Zudem wird er näher bestimmt in einer Primärorientierung an – gegen ihre lebensweltlichen Kontexte isolierten – Phänomenen „religiöser Erfahrung", der gegenüber die „Äußerungsformen" von Religion häufig abgewertet werden. „Begegnung mit heiliger Wirklichkeit" – ist *der* gegenstandstheoretische Grundansatz der hier gemeinten RW.

Methodologisch zieht ein solcher Objektbegriff die Forderung nach Adäquation an die „Eigenart“ des durch ihn eröffneten Gegenstandsfeldes nach sich. Ausschließlich von daher werden Wesenserkenntnis und Verstehen begriffen. Das Anliegen ihrer logisch-empirischen Kontrollierbarkeit tritt demgegenüber zurück. Die Forderung nach kongenialem Nach- oder Mitvollzug, nach Einfühlung ins Leben der Religionsorganismen ignoriert a limine die forschungslogische Rechtfertigungsbedürftigkeit religionswissenschaftlicher Verfahren. Ein expliziter methodologischer Irrationalismus charakterisiert nicht allein das Verstehen religiöser Individualität, sondern auch noch die Typen- und Strukturforschung. Deren Themen gelten als irrational vorgegeben. Über ihrer Verselbständigung zu Gegenständen eigener Art verliert ihr Erklärungs-Rückbezug auf Basismaterial an Bedeutung. – Für die Methodologie dieser RW scheinen überhaupt der Aussagecharakter wissenschaftlicher Wahrheit und die Eigentümlichkeit auch religionswissenschaftlicher Theorie, ein System empirisch relevanter Sätze auszumachen, keine maßgebliche Rolle zu spielen.

Unter „*AP*“ wollen wir eine mit Wittgenstein in Gang gekommene Entwicklung verstehen, für die „alle Philosophie ... ‚Sprachkritik‘“ [3], d.h. Analyse der sprachlich-logischen Bedingungen von Satzwahrheit und zugleich die Elimination der vor diesem Hintergrund sinnlosen Sätze und Wörter aus dem Kontext kognitiver Gehalte wurde. Die Gemeinsamkeit in der sprachanalytischen Grundorientierung gestattet es, die engere Wittgensteinschule und eine wissenschaftstheoretische Grundlagenforschung auf analytischer Basis unter dem Sammelbegriff AP zusammenzufassen.

In *systematischer* Hinsicht ist AP 1. eine sprachanalytische Theorie von den syntaktisch-semantischen wie von den empi-

[3] L. Wittgenstein, Tractatus, Teil 4.0031.

rischen Voraussetzungen des Sinnes von Sätzen – eine Theorie, deren Kehrseite eine mehr oder minder radikale Metaphysikkritik zu sein pflegt; 2. eine auf dieser sprachanalytischen Sinn-Theorie aufbauende Wissenschaftstheorie, deren positive Anliegen die Klärung von Basis- und Theoriebildungsproblemen, die Erhellung des Erklärungszusammenhangs zwischen den Sätzen beider Ebenen und letztlich die Bestimmung der normativen Struktur erfahrungswissenschaftlicher Erkenntnis sind. Bei der Thematisierung von Begriffen, Sätzen, Theorien und Methoden bestehender Wissenschaften wird analytische Wissenschaftstheorie u. U. auch zur Wissenschaftskritik, indem sie spekulative Gedanken als Fremdkörper in – dem Anspruch nach – empirischen Theorien nachweist und den Erklärungswert spekulativer Ansätze in Frage stellt. Dabei greift sie auf bestimmte Bedeutungskriterien für Wörter, auf Sinnkriterien für Sätze, auf Adäquatheitsbedingungen für Erklärungen u. dgl. mehr zurück.

Wie ist nun RW bei Anwendung derartiger Maßstäbe zu beurteilen?

Wenden wir uns zunächst der Frage der *Begriffsbildung* zu. Bei der Betrachtung des religionswissenschaftlichen Vokabulars fällt eine merkwürdige Sachlage zuerst auf: Mit einer extremen Abhängigkeit von den Mehrdeutigkeiten der vorwissenschaftlichen – und der wissenschaftsinternen! – Umgangssprache verbindet sich ein *essentialistischer* Anspruch der auf dieser Basis gewonnenen Terminologie. Auf der einen Seite bleiben elementare Erfordernisse begrifflicher Bestimmtheit unbeachtet, indem man ein behutsames Ertasten oder Umschreiben geschichtlich zufälliger, unscharfer Bedeutungen von Einzelwörtern und ein ehrfürchtiges Abstecken von „Bedeutungshöfen" praktiziert. Auf der anderen Seite denkt man gerade den so gewonnenen, gegen ihre umgangssprachlichen Kontexte isolierten Begriffen gegenständliche Entsprechungen zu. Auf der Stufe einer noch allenfalls vorläufigen

Begriffsbildung werden in fast allen Religionsphänomenologien tatsächlich begriffsrealistische Festlegungen getroffen, an denen sich im Fortgang der Forschung vielfach nichts mehr ändern kann. „*Die* Religion", „*das* Heilige", „*das* Numinose" (inkl. seiner Momente) oder auch die vorentscheidungsvolle Gliederung des religiösen Bereichs nach dem Schema: „Erscheinungs-, Vorstellungs-, Erlebnis-, Gegenstandswelt" und „Wesen" der Religion [4], – das alles sind Beispiele für Begriffsansätze, an denen die AP Präzision und Kontrollierbarkeit vermißt.

Vor allem fehlt es oft an formal befriedigenden (ex- oder impliziten) *Definitionen,* die eine Verständigung über das Forschungsobjekt ermöglichen könnten. Selten sind besonders raumzeitlich eingeschränkt gültige, rein projektbezogene Festsetzungen, die frei wären von der Prätention auf Universalität und Endgültigkeit, dafür aber wenigstens eindeutige und kommunikable Begriffe schüfen, über deren Grenzen hinaus zu „meinen" sinnlos würde. Kaum Gebrauch gemacht wird auch von den Vorteilen sog. Kontext- oder Gebrauchsdefinitionen. Sie wären bisweilen ein probates Mittel, um fiktive Gegenstände (d. h. zu „Wesen" vergegenständlichte Allgemeinbegriffe) zu umgehen.

Wenig genutzt werden außerdem in der RW die Möglichkeiten der *Begriffsexplikation.* Schon die *klassifikatorischen* Begriffe konzipiert man oft aus Furcht vor einer Vergewaltigung der Phänomene sehr unbestimmt, also ohne einheitlich durchgehaltene Einteilungsgesichtspunkte und ohne überlappungsfreie Horizontalbeziehungen zu den ihnen koordinierten Begriffen. Überlappungen gelten sogar als sachgemäß. Sie wenigstens in jeder einzelnen, wegen ihrer Vorläufigkeit durchaus korrigierbaren Klassifikation ausmerzen zu wollen,

[4] Vgl. F. Heiler, Erscheinungsformen und Wesen der Religion. 1961, S. VII–XIII.

scheint daher unnötig. Wesensschau möchte ihr Geschautes nicht einmal in eine klassifikatorisch einwandfreie Ordnung „zwängen".

Eine präzisierende Tendenz über klassifikatorische Begriffe hinaus – über komparative bis hin zu *metrischen* Begriffen – fällt vollends aus. Dabei könnte der immer wieder beanspruchte *Gesetzes*begriff erst mittels dieser präzisesten, Meßverfahren und Meßwerte ermöglichenden Begriffsinstrumente seine Möglichkeiten entfalten! Religiöser Wandel, um das Kongreßthema als Beispiel aufzugreifen, wird selbst in einer noch so weit differenzierten Prozeßtypologie als Prozeß überhaupt nicht faßbar. Das Gesetz der darin stattfindenden Veränderung erlauben rein typologische, in logischer Hinsicht eben immer noch klassifikatorische Begriffe nicht zu formulieren. Trotzdem versucht man es nicht einmal mit den *komparativen* Begriffen, die wenigstens eine pränumerische Reihenordnung des „mehr, weniger oder gleich" in die Elemente eines bestimmten Gegenstandsbereichs brächten und für religiöse Prozesse so etwas wie „Quasi-Gesetze" finden helfen könnten.

Definition und Explikation lassen also nach Ansicht der AP in der RW zu wünschen übrig. Nicht viel anders steht es mit dem Verhältnis religionswissenschaftlicher Terminologie zu einem fundamentalen *Bedeutungskriterium* für Wörter: zu dem der Angebbarkeit des ihnen jeweils zugehörigen „Elementarsatzes" von der Form „x ist . . .", wobei an Prädikatstelle das jeweils überprüfte Wort auftreten müßte. Die syntaktische Stellung z. B. von „das Numinose" in dieser einfachsten Satzform ist problematisch, ebenso die Verwendung der Individuenvariablen x: weder kann x hier eine *bestimmte* Gegenstandsart repräsentieren, noch kann – seinem „Eigen-Sinn" gemäß – „das Numinose" die Funktion eines Prädikats übernehmen. Ähnliches gilt für viele zentrale Termini wie „heilige Wirklichkeit", „letzter Sinn", „Heil". – Schwer dürfte es darüber hinaus auch fallen, die Bedingungen zu nennen, unter denen ihre jeweiligen Elementarsätze wahr oder falsch sein können, sowie die Ableitungsbeziehungen aufzuzeigen, in denen sie zu bestimmten Basissätzen bzw. zu Sätzen der Theoriesprache stehen.

Aus all dem folgen für die AP zugleich auch schon Mängel der religionswissenschaftlichen *Aussagen* selbst. Wendet sie sich aber diesen speziell zu, dann fällt ihr zunächst ganz allgemein folgendes auf: Zu wenig Beachtung zu finden scheint in der RW die einfache, aber wichtige Erkenntnis, daß auch in ihr unmöglich reine Schau, auch nicht das Operieren mit bloßen – sei's auch typologischen – Begriffen hinreichen können. Das Hauptaugenmerk wäre auf die Aussagen und deren Zusammenhang untereinander zu richten. Statt dessen hält eine bestimmte RW aber ein Bemühen um „Sachnähe" offenbar schon in der Form eines Sortierens angeblich intuitionsverdankter, gegen Satzkontexte isolierter Begriffe für möglich. Daß die Forderung nach intersubjektiver Überprüfbarkeit ihrer Ergebnisse sich primär auf die erfahrungswissenschaftliche Qualität ihrer Aussagen bezieht, die ja allein wahr oder falsch und damit erst gegenstandsbezogen sein können, – diese Erkenntnis steht auf jeden Fall nicht im Vordergrund der Forschungsarbeit.

Im einzelnen findet man häufig Sätze, die schon deshalb der „Sinnlosigkeits"-Verdacht der AP trifft, weil sie mindestens *ein* bedeutungsloses *Wort* aus der Sprache der Spekulation enthalten. Ein Beispiel wäre die Behauptung:

„Schöpfung entspringt einem Überschuß an ontologischer Substanz. Aus diesem Grund wird der Mythos, der diese heilige Ontophanie ... erzählt, zum exemplarischen Modell für alle menschlichen Tätigkeiten." [5]

Sinnlose Sätze ergeben sich aber nicht allein aus bedeutungslosem Vokabular, sondern ebenso aus Verstößen gegen die

[5] M. Eliade, Das Heilige u. d. Profane. 1957, S. 57.

logische *Syntax*. In vielen Aussagen der RW sind zwar die Regeln grammatischer Korrektheit eingehalten, fungieren aber logische Verknüpfungszeichen („nicht" z. B.) oder die Kopula durchaus funktionswidrig, indem sie entweder zu Gegenständen verselbständigt oder zu Prädikaten gemacht werden. – Gedacht ist hier zudem an Sätze, in denen aller Metaphorik zum Trotz de facto doch Prädikate einer empirisch bekannten Gegenstandssphäre prädiziert werden von Gegenständen einer dem Anspruch nach „ganz anderen" Sphäre, – der des Numinosen. Alle Aussagen über „numinose Scheu" z. B. müssen Anleihen bei Prädikaten über die „Furcht" machen. Der Fehler der *„Sphärenvermengung"* unterläuft dabei zwangsläufig, wenngleich wider Willen.

Sätze, die als bloße Behauptungen und damit *begründungslos* stehen bleiben, begegnen in religionsphänomenologischen Abhandlungen in einer sonst ungewohnten Häufigkeit. Offenbar steht der formal korrekte, syllogistisch geregelte Beweis unter dem Verdacht sachwidriger Vergewaltigung. Ohne eine klare Kennzeichnung von These und Beweis und ohne dessen ausdrückliche Artikulation in Argumente allgemeinerer und singulärer Art stehen in assoziativer Akkumulation oft genug Sätze einfach hintereinander. Allenfalls wird nach einiger Zeit die These bekräftigend wiederholt.

Eine spezielle Form problematischer, wenn nicht *falscher* Aussagen in der RW muß endlich noch kurz angedeutet werden: Geht man mit Hubbeling davon aus, "that science of religion does not transcend this 'ordinary experience'" [6], dann ergeben sich auf dem Boden dieser allen Wissenschaften gemeinsamen Erfahrung durchaus Fälle einer ernstzunehmenden *Konkurrenz* mit Aussagen anderer, nebenbei auch religionsbezogener Wissenschaften. Diese Konkurrenz kann aus analytischer Sicht sogar zum Falschheitserweis für solche Sätze

[6] H. G. Hubbeling, Theology, Philosophy and Science of Religion ... In: Religion, Culture and Methodology. 1973, p. 119.

der RW werden, in denen von einer tatsächlichen Autonomie „genuin religiöser Erfahrung“, von deren wesensmäßiger Unabhängigkeit gegenüber raumzeitlichen Bedingungen außerreligiöser Art die Rede ist. Widersprüche zu gesicherten Erkenntnissen z. B. der Wirtschafts-, Sozial- oder Kulturwissenschaften sind nicht durch ein Ausweichen auf verschiedene „Ebenen“ oder „Phänomenschichten“ zu beseitigen. RW hätte Einsichten in die heteronome Bedingtheit ihres Gegenstandes als für diesen womöglich wesentlich zu akzeptieren. Oder sie verliert aufgrund eines selbst konstruierten, exzeptionellen Erfahrungsbegriffs den Kontakt zu den übrigen Erfahrungswissenschaften überhaupt.

Begriffsbildung und Aussagebestimmtheit genügen also nach Meinung der AP in der herkömmlichen RW wichtigen Kriterien empirischer Wissenschaftlichkeit nicht. Unter dem Aspekt der *Theoriebildung* zeigen sich darüber hinaus aber noch zusätzliche Mängel.

Unter „Theorie“ wird im folgenden dreierlei verstanden:

1. das Gesamtsystem T_1 einer Wissenschaft über alle Allgemeinheits- und Besonderungsstufen ihrer Sätze hinweg;

2. die unmittelbar zur Erklärung von Basissätzen nötigen empirischen Gesetzesaussagen und sonstigen Sätze (T_2) und

3. Theorie im engeren Sinn (T_3), in dem sie mit „Systematischer RW“ im Sinne Wachs oder Goldammers identisch wäre und eine Begründung für T_2 zu liefern hätte. Gegenbegriff von T_3 wäre dann „Erfahrung“ (E) als die Gesamtheit aller Basis- und T_2-Sätze.

Bezüglich des Verhältnisses von T_3- und E-Sätzen bzw. von Basis- und T_2-Sätzen scheint nun bei entsprechender wissenschaftskritischer Einstellung die *Bilanz* schwer vermeidbar: Der RW fehlen noch entscheidende Merkmale einer erfahrungswissenschaftlichen Theorie.

Im Kontext ihrer *T_3-Sprache* formuliert sie Sätze, die nicht einmal indirekt – auf dem Umweg über ihre Begründungsfunktion für T_2 – auf empirisch individuelle Gegenstände bezogen sind. Ihre theoretischen Begriffe und Gesetze sind zudem meist nicht einmal teilweise in eine empirische T_2-Sprache übersetzbar und damit auch testbar. Ohne Beziehung zu T_2-Erklärungen hängen sie gleichsam in der Luft, verlieren sie die empirische Relevanz, werden sie zu *metaphysischen* Konstruktionen. – Der Schein ihrer empirischen Verifikation durch Beispielsfülle trügt oft: Weil zwischen der Ebene der Basis- und der T_3-Sätze eine Vermittlung durch überzeugende T_2-Gesetzeserkenntnisse weithin ausfällt, kommt es zu einer *unmittelbaren* Anwendung von Begriffen und Gesetzen höchster theoretischer Allgemeinheit auf das Basismaterial. Doch ist diese Anwendung alles andere als die empirische Bestätigung des Gegenständlichkeits-Anspruchs gewisser Konstrukte. In allgemeinste Schemata fügt sich schließlich alles irgendwie. Nur hat dies Sich-fügen eher die Struktur des vitiösen *Zirkels* als die einer erfahrungswissenschaftlichen Bewährung.

Vernachlässigt wird darüber i. a. das Bemühen um korrekte *Erklärungen im Rahmen von T_2*. Das mittlere Stockwerk der RW ist sozusagen nicht recht ausgebaut. Denn es fehlt schon an einem zureichenden Begriff vom *Explanandum*, aus dem hervorginge: In einer die Warumfrage beantwortenden Erklärung ist als Explanandum nur ein Satz zu verstehen; und der müßte als die logische Folge anderer, zusammen „Explanans" genannter Sätze erscheinen. Anstatt nun ihre Erkenntnisaufgabe als die der Integration eines satzartigen Explanandum in einen Deduktionszusammenhang – mit allgemeiner Gesetzeshypothese und Angabe der Antecedensbedingungen – zu begreifen, sieht RW sie aber offenbar anders. Sie hält das Korrelat bloßer, deduktionslogisch nicht organisierter Deskriptionen selbst schon für ihren Gegenstand. Ihn hält sie bereits auf dieser Stufe für erkannt. Auch Wesensschau und Typen- bzw. Strukturforschung werden noch im Stil reinen Beschreibens betrieben. Was sicher damit zusammenhängt, daß der unentrinnbare Satzcharakter schon der Deskription und die darin beschlossenen logischen Erfordernisse übersehen werden.

Von da aus gesehen, ist es kein Wunder, wenn es an einer einwandfreien Formulierung von *Hypothesen* in Form gesetzesartiger Universalsätze mangelt. Auch werden die Bedingungen, unter denen sie zumindest widerlegbar wären, kaum jemals in Form von „Es-gibt-nicht"-Sätzen angegeben. Überhaupt fungiert, was bestenfalls mehr oder weniger bewährte Hypothese sein könnte, nicht selten faktisch als kategorische Thesis mit apodiktischem Anspruch. Widerrufbare und elastisch formulierte Erklärungsvorschläge, die aber den Vorzug empirischer Nachprüfbarkeit hätten, vermißt eine auf die Erklärungsthematik konzentrierte Wissenschaftstheorie weithin.

Aus dem Fehlen korrekter Hypothesenbildung im Kontext einer an den Basissätzen ansetzenden T_2-Erklärung resultiert nun die merkwürdige Sachlage, daß als Primärproblem noch immer die Frage gelten muß, "how the researcher might get a grip upon processes of change within the religions" [7]. Religion als reales, d. h. *prozessuales* und dauernder Veränderung unterworfenes Gebilde, als Resultante dynamisch interdependenter Komponenten soziokultureller, geographischer und anderer Art ist noch vielfach unbegriffen. Diese Aufgabe verlangte schon auf der Stufe der Religionshistorie gesetzeswissenschaftliche Verfahren, die ein Erfassen durchgängiger Regelmäßigkeiten im Ablauf religiöser Prozesse möglich machen könnten.

Die Praxis des Wissenschaftsaufbaus ist es aber nicht allein, die einer Erfahrungstheorie wie der hier als „kritisierende Instanz" herangezogenen zum Stein des Anstoßes werden dürfte. Vor allem das methodologische *Selbstverständnis* der hier gemeinten RW befriedigt nicht.

[7] Religion, Culture and Methodology, Epilogue, p. 159.

Der methodologische *Irrationalismus* droht die satzlogischen und theorie-internen Notwendigkeiten religionswissenschaftlicher Erkenntnis vergessen zu lassen. *Phänomenologie* und *Hermeneutik* werden benutzt für den Zweck, die RW – unter Berufung auf den „Eigenanspruch des Gegenstands" – gegen die Forderungen der allgemeinen Forschungslogik abzukapseln. Intentionalanalyse und Verstehen drohen dabei eine geradezu antirationale Funktion zu gewinnen. Denn sie dienen nur zu leicht einer methodologischen Verabsolutierung des Selbstverständnisses der religiösen Subjekte, des Eigen-Sinnes der Phänomene. Van Baaren stimmt zumindest in diesem entscheidenden Punkt mit der Auffassung der AP – und vielleicht nicht nur mit ihr – überein, wenn er in den schon zitierten ›Papers of the Groningen Working-group‹ [8] bemerkt:

"Science of religion has no reason to accord higher value to what a religion states about itself than to a report by others, because it is not at all sure that in all cases self-understanding is essentially better than the understanding others may have."

Für den in der RW vielfach anzutreffenden Begriff von Phänomenologie bzw. Hermeneutik [9] ist es zudem charakteristisch, daß sogar das Grundgebot der *„Einklammerung"* jedenfalls nicht im Husserlschen Sinne verstanden wird. Wo immer Phänomene als Phänomene *von* etwas – als Erscheinungen eines selbst grundsätzlich nie zur Gegebenheit kommenden „Dahinter" – gedacht werden, da ist noch ein metaphysischer Phänomenbegriff in Kraft. Metaphysische Seins- und Existenzsetzungen werden unvermeidlich, wenn man von einem „in und mit den Phänomenen Gemeinten" spricht und dieses Gemeinte außerhalb der Dimension von Intentionsforschung und darauf bezogener „Auslegung" ansiedelt.

8 Th. P. van Baaren. In: Religion, Culture and Methodology, p. 37.

9 Vgl. G. Van der Leeuw, Phänomenologie d. Rel. 1970³, S. 768–777, 781–788; G. Mensching, Geschichte d. RW. 1948, S. 80–84; K. Goldammer, Formenwelt des Religiösen. 1960, S. XV–XVII, XXII–XXVI.

Doch brechen wir diese kritische Analyse ab. Vom analytischen Standpunkt aus läßt sich vielleicht folgende *Gesamtdiagnose* formulieren:

1. Die RW teilt das Schicksal aller Verstehens-Wissenschaften. In ihrer Forschungspraxis ist sie über reine Heuristik häufig nicht hinausgekommen. D. h. es fehlen ihr zu ihrer vollwissenschaftlichen Gestalt nicht selten entscheidende Merkmale.

2. Gegenüber zentralen Fundamentalansätzen der RW besteht der dringende Metaphysikverdacht: sie sind weder verifizierbar, noch falsifizierbar, noch sonstwie – auf dem Umweg eines indirekten Erfahrungsbezugs – bestätigungsfähig.

3. Das Selbstverständnis der RW dient der Absicherung gegen forschungslogische Überlegungen, in denen Verstehen und Erklären aus ihrer unfruchtbaren Entgegensetzung befreit und auf ihre gemeinsamen Rationalitätsbedingungen zurückgeführt werden könnten.

Niemand wird aus dem soeben unternommenen Versuch einer – nur hypothetisch gültigen – Diagnose den Schluß ziehen, die darin angewandten kritischen *Maßstäbe der AP* und deren *Voraussetzungen* seien selbst als unantastbare Instanzen verstanden. Die Diagnose diente ja nur der Konfrontation mit einer Position, die – wie für so viele Wissenschaften – auch für die RW zur fruchtbaren Herausforderung werden könnte [10]. Natürlich hat RW ihrerseits das Recht, die Kritik wiederum einer Prüfung zu unterziehen. Nur muß sie die

[10] Die Bedeutung sprachanalytischer Methoden für die Theologie untersucht: W.-D. Just, Religiöse Sprache und analytische Philosophie. 1975.

Von theologischem und auch religionsphilosophischem Interesse sind in diesem Zusammenhang außerdem: W. F. Zuurdeeg, An analytical Philosophy of Religion. London 1959. J. Poulain, Logique et Religion. Den Haag 1973.

Die Methodologie der RW kann allerdings von diesen unmittelbar der religiösen – nicht der religionswissenschaftlichen – Sprache gewidmeten Arbeiten wenig profitieren.

Herausforderung auf derselben Ebene annehmen und „parieren", auf der sie ihr entgegentritt: auf der einer prinzipiellen und an den Erfordernissen der allgemeinen Wissenschaftstheorie orientierten Argumentation. Nur fachwissenschaftliche Argumente werden nicht ausreichen.

Der „Positivismusstreit" wäre, wenn auch mit Verspätung, in der RW erst noch zu entfachen. Es ist selbstverständlich, daß an ihm (philosophische) Phänomenologie bzw. Hermeneutik ebenso beteiligt sein müßten wie Ideologiekritik und eine radikale Abschlußreflexion transzendentallogischer Art. Letztere auch deswegen, weil vor allem sie gewisse unreflektierte (erkenntnistheoretische wie epistemologische) Grundannahmen der AP positiv wie kritisch zu erörtern und die Kritik am spekulativen Einschlag bisheriger RW auf eine haltbarere Basis zu stellen gestatten würde. Vor dem Hintergrund ihrer Systemkonzeption (aber auch allein vor ihm) gewänne sogar eine kritisch revidierte Religionsphänomenologie [11] und eine strikt an der Deutung wahrnehmbarer Subjekt-Manifestationen orientierte Religionshermeneutik wieder einen legitimierbaren Sinn.

Summary

This hypothetical diagnosis attempted from the viewpoint of the Analytical Philosophy primarily concerns a typically German variety of Science of Religion, called „Religionswissenschaft des *Verstehens*". The purpose of this inquiry is to demonstrate that – measured by analytical criteria – this irrationalistic approach to religion implies great scientific *defects* with regard to its *concept* formation (1), to the logical and

[11] Etwa im Sinn der von Waardenburg geforderten „Intentionsforschung". Vgl. J. D. J. Waardenburg, Grundsätzliches zur Religionsphänomenologie. In: Neue Zs. f. Syst. Theol. u. Religionsphilosophie 14 (1972) S. 315–335. – Allerdings müßte der dort verwendete Terminus „Absolutes" von seiner metaphysischen Nebenbedeutung (*wirklicher* Sinngeber menschlicher Existenz) befreit werden.

empirical quality of its *propositions* (2), to the formation of its *theories* (3) and finally with regard to its *methodological* self-understanding (4). The summarizing result is this: Science of Religion in the above-mentioned sense is full of speculative elements and runs the risk of losing the character of an empirical science.

This inquiry, however, must be considered as a mere part of a more comprehensive context which is not published here and in which the viewpoint of the Analytical Philosophy is *relativated* by a reflection upon its presuppositions.